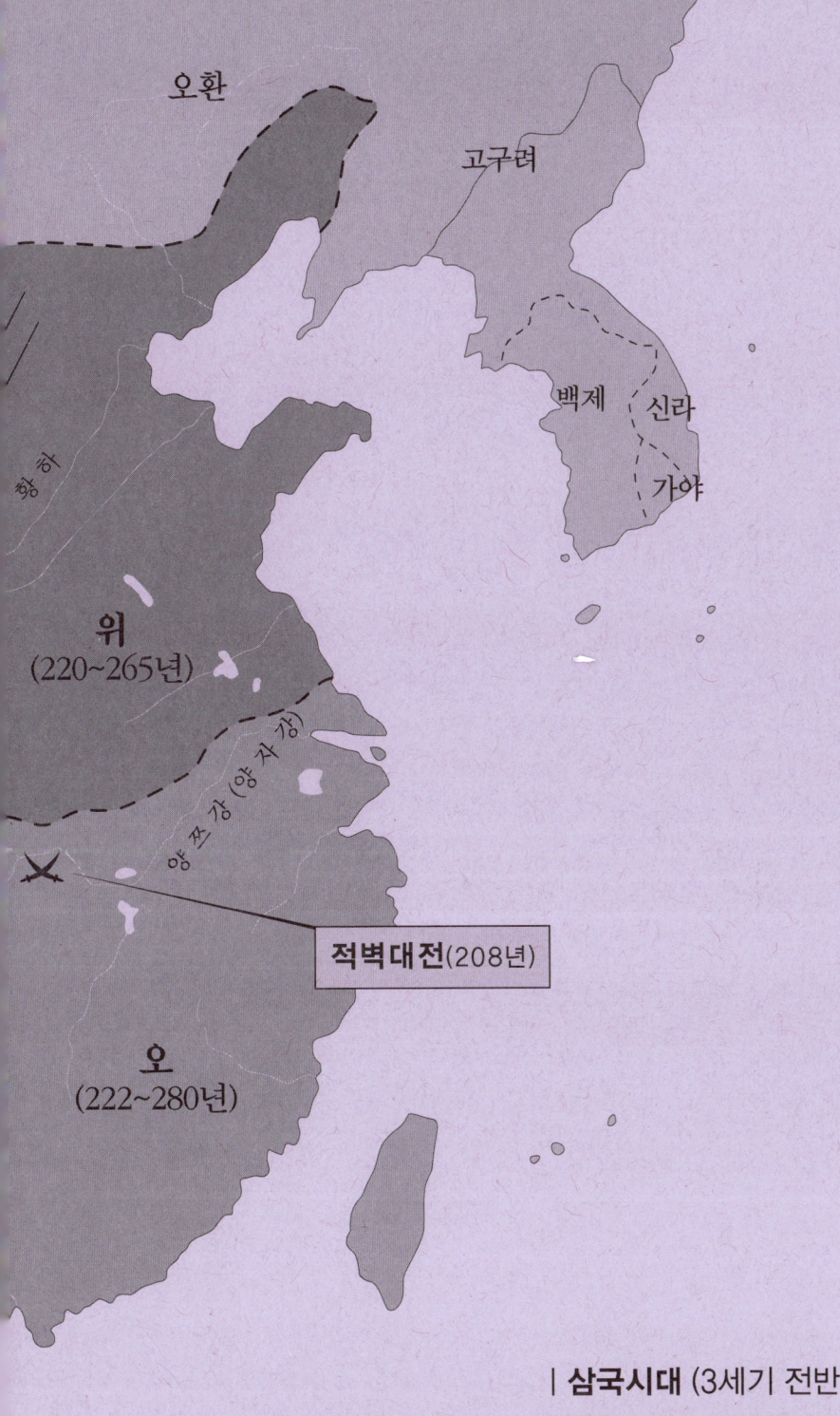

千秋興亡 천추흥망

滄桑分合
作者: Guo Jian
copyright © 2005 by 長春出版社
All rights reserved

Korean Translation Copyright © 2008 by Humandom Corporation
Korean edition is published by arrangement with 長春出版社
through EntersKorea Co., Ltd, Seoul.

이 책의 한국어판 저작권은 (주) 엔터스코리아를 통한
중국의 長春出版社와의 계약으로 따뜻한손이 소유합니다.
신 저작권법에 의하여 한국 내에서 보호를 받는 저작물이므로
무단전재와 무단복재를 금합니다.

넘추흥망

千秋興亡

반만년을 이어온
중국의 천하경영

삼국·양진·남북조
분열과 통일의 시대

총편집 — 거지엔슝 葛劍雄
지은이 — 궈지엔 郭建
옮긴이 — 이지연

따뜻한손

| 개정판 서문 |

  중국역사 총서 『천추흥망』 전 8권은 2000년에 출간되었다.
  중국 역사지리 전문가 거지엔슝葛劍雄 선생이 총편집을 담당하고, 당시 역사학계에서 활동하던 학자들이 집필을 맡았다.
  중국 역사상 중요한 8개 왕조(진, 한, 삼국·양진·남북조, 당, 송, 원, 명, 청)를 배경으로, 시대별로 주요 변화 및 발전 시기를 파악해 왕조별로 정치·경제·군사·문화·과학기술·종교·법률 등 여러 부문에 걸쳐 일어난 역사적 사건과 흥망의 변천사를 체계적으로 보여주고 있다.
  또한 영웅들로 하여금 주먹을 불끈 쥐게 하고 범인들로 하여금 하염없이 눈물을 흘리게 했던 이야기들을 생생하게 묘사하였다. 여기에 역사적으로 주목할 만한 성공의 경험과 실패의 교훈, 치세의 전략과 전란의 실상을 한데 모으고 심도 있는 연구 토론을 거쳐 역사적 교훈을 제시하고 있다.

이 책은 출판 후 제12회 중국도서상을 수상했으며, 전문가들과 일반 대중에게 큰 호평을 받았다.
 이 책의 역사적 가치를 감안하고 수많은 독자들의 요구에 부응해 이번에 개정판을 내게 되었다.
 개정 과정에서 본문의 내용과 문장을 수정하였을 뿐만 아니라, 역사적인 인물·문물·풍경·지도와 관련된 사진과 그림을 충실히 보충하여 시각적인 효과를 한층 높이게 되었다. 동시에 내용적으로도 풍부해짐으로써 역사적인 무게감도 한층 더해졌다.
 개정된 총서는 독립적인 낱권이 합쳐져 또 하나의 규모있는 역사서가 되도록 구성되었다. 따라서 독자들은 자신의 취향에 맞게 낱권 또는 전집으로 선택해 구입이 가능하다.

총서

　북송 원풍元豊 7년(1084년) 11월, 사마광과 그의 조력자들은 19년의 노력끝에 354권에 이르는 대역사서 『자치통감資治通鑑』을 드디어 완성했다. 사마광은 황제 신종神宗에게 올리는 표문에서 이 역사서가 다음과 같은 역할을 하기를 희망했다.

　"전대의 흥망성쇠를 거울로 삼으셔서, 오늘날에 득이 될지 손해가 될지 두루 살피시어, 잘한 것은 상을 내리시고 잘못한 것은 경계하시며, 옳은 것은 취하고 그른 것은 물리치시어, 옛 선왕들의 성덕을 충분히 참고하시고, 전대에는 없었던 치세를 이룩하시어, 천하의 만백성이 그 복을 누리게 하소서."

　그러나 제위를 이어받은 철종哲宗과 이후의 휘종徽宗은 사마광의 고심을 저버리고 『자치통감』에서 일깨워 준 역사적 교훈을 받아들이지 않았다. 더욱이 '옛 선왕들의 성덕을 참고'하거나 '전대에는 없었던 치세를 이룩' 하는 일은 전혀 실현되지 않았다.

　『자치통감』이 세상에 나온 지 42년 후에 금金나라의 대군이 개봉開封으로 쳐들어와 송은 나라의 절반을 잃었고, 휘종과 그의 아들 흠종欽宗 마저도 포로 신세가 되었다. 이로써 천하의 만백성은 복을 누린 것이 아니라 끝없는 화를 당하게 되었다.

　그러나 『자치통감』의 가치는 북송의 멸망과 함께 사라지지 않았다. 오히려 시간이 흐를수록 역대 통치자들이 더욱 중시하는 역사서가 되었다. 『자치통감』에 실려 있는 고대의 역사 서술은 오늘날 우리에게 매우 귀중한 역사 유산이다. 『자치통감』과 같은 역사서의 가치가 오늘날에도 전혀 바래지 않는 이유는, 우리에게 역사적인 사실을 제공할 뿐만 아니라 역사를 바라보는 시각과 저자가 총결한 역사 경험을 알려주기 때문이다. 물론 시대가 다르기 때문에 우리는 그들의 견해에 전적으로 동의하기 어렵고, 때로 비판을 가하는 것도 사실이다. 그러나 수긍할 만한 사실들이 분명히 존재하며, 저자가 제시한 역사적 진실 중 일부는 불변의 가치를 지니고 있음을 어느 누구도 부정할 수 없다.

　역사의 발전에는 일정한 규칙이 존재하는데 이것은 인간의 의지로는 바꿀 수 없는 필연적인 것이다. 그러나 모든 사회 발전의 한 단계, 한 왕조, 한 군주, 한 사건에는 반드시 우연성이 존재하므로 어떤 구체적인 규정에 따라 출현하거나 소멸하고, 흥성하고 멸망하는 것은 아니다. 대체적으로 사람 혹은 사건에 직접적인 영향을 미치는 것은 하늘의 뜻이 아니라 인간의 의지다. 또한 필연이 아니라 우연적인 요소가 많다. 따라서 그 결과는 언제나 유동적으로 변하기 때문에 단순하게 한 가지 결말로 존재하지 않는다.

봉건사회는 우리가 알고 있는 중국 역사시대의 대부분을 차지하고 있다. 그렇다고 해서 봉건사회의 일반적인 규칙만 연구하고, 봉건사회의 생성과 발전에서 멸망까지의 과정에만 국한하여 역사를 고찰한다면, 각 시대의 흥망성쇠를 설명할 수 없다.

역사에서 봉건사회가 발전하던 단계는 지주층이 신흥계급으로 부상하던 시기로, 쇠퇴한 왕조가 망하고 뒤를 이어 흥기한 새로운 왕조 또한 봉건사회의 특징에서 크게 벗어나지 못했다. 새로이 등장한 군주들 역시 지주계급의 이익을 대표하지 않을 수 없었다.

어째서 같은 봉건왕조라 해도 300~400년을 존속하는 왕조가 있는가 하면, 어떤 왕조는 고작 10~20년 동안만 존재했으며 심지어 생겨나지도 못한 왕조가 있는 것일까? 어째서 같은 지주계급

대표라 하더라도 새로운 땅을 개척하는 군주가 있는 반면 어떤 군주는 영토를 다른 나라에 나누어 주고 배상까지 해야 했던 것일까? 어째서 어떤 이는 청렴결백하고 어떤 이는 극도로 사치스러운 것일까? 어째서 같은 계급 내에서도 충신과 간신이 존재하며, 같은 충신이라 해도 그 최후는 확연히 다른 것일까?

우리는 역사 발전의 총체성과 법칙성을 연구해야만 역사의 커다란 흐름을 파악할 수 있으며, 이를 통해 우리가 하려는 일의 성공 여부를 확신하고 불굴의 의지로 이를 추진할 수 있다. 그러나 이 말이 구체적이며 일반적인 역사적 경험을 소홀히 하라는 의미는 결코 아니다. 더욱이 개개인의 입장에서는 역사적 경험을 통해 실용적이고 자기계발적인 지혜를 길러나갈 수 있으며, 이런 간접 경험이야 말로 커다란 자산이 될 수 있다.

이런 의도하에 청톈취안程天權 교수와 장춘출판사 사장님의 공동 기획으로 이 책을 집필하게 되었다. 저자 중의 한 사람으로서, 이 책이 독자들에게 역사적 교훈과 삶의 지혜를 제공하기를 바라마지 않는다.

이 책은 총 8권으로 구성되었고, 권마다 중국 역사상 영향이 큰 왕조 혹은 시기를 선정, 각 시기에서 인물·사건·제도·관점·단계 등등 10~20개의 주제를 선정해 서술하고, 구체적인 사실을 통하여 저자의 관점과 견해를 제시했다. 때로 사실을 서술하는 과정에서 이치가 분명하게 드러나 저자가 많은 말을 할 필요가 없는 경우도 있었다.

이 책이 일반적인 역사서와 다른 점은 각 권의 체계가 통사의 형식을 취한 것이 아니라, 한 왕조 혹은 단계 중에서 비교적 의의가 크고, 전달하기 쉬우면서 다방면으로 연구되어 온 주제를 선별하여 이를 집중적으로 서술했다. 간혹 독자들 중에 자신이 중요하다고 생각하는 주제가 빠져 있어 아쉽다고 생각하는 분이 있을 수 있으므로 미리 양해를 구한다.

우리는 더 많은 독자가 이 책을 읽기 바라는 마음에서 각 권의 시작에는 대강을 요약하는 장을 삽입했다. 이것은 해당 역사 단계의 통사를 잘 모르는 독자들을 위한 준비 단계로서 뒷부분에 나오는 주제와 배경에 대한 독자들의 사전 이해를 높이기 위한 것이므로 이 방면으로 지식이 풍부한 독자라면 읽지 않아도 크게 상관이 없다.

  이 책의 각 장은 독립적인 성격을 갖고 있어 반드시 책의 순서에 따라 읽을 필요는 없다. 따라서 독자들이 흥미를 갖고 있는 부분을 임의로 골라 읽어도 무방하다. 필자 또한 책을 볼 때 이러한 방법으로 재미있는 부분은 여러 번 읽고, 흥미가 없거나 첫 부분을 읽었을 때 재미가 없으면 다시 보지 않는다. 당연히 이 책의 총편집자이자 작가의 한 사람으로서 각 장 모두가 가능한 한 독자 여러분을 매료시킬 수 있기를 진심으로 희망한다.

거지엔슝 | 葛劍雄

| 목차 |

4 · 개정판 서문

6 · 총서

15 · 모순으로 가득 찬 시대
　　— 삼국·양진·남북조시대 개술

51 · 황제를 끼고 제후에게 호령하다
　　— 조조 세력의 흥기

73 · 백성들에게는 먹고사는 문제가 제일이다
　　— 둔전제의 보급

95 · 재주만 있으면 발탁한다
　　— 조조의 용인술

119 · 주도권 장악에 힘쓰고 공격을 최선의 방어로 삼다
　　— 유씨 집단의 전략

143 · 동남 일대를 석권하다
　　— 손씨 집단의 강동 할거

167 · 고위직에는 서인 없고 하위직에는 세족 없다
　　— 구품중정제와 사족 정치의 확립

189 · 사치와 낭비 풍조의 만연
　　— 양진·남북조 통치계급의 부패

219 · 팔왕의 난
　　— 봉건제 재도입의 참담한 결과

243 · 다섯 오랑캐가 세상을 어지럽히다
　　— 민족 억압정책이 부른 참극

261 · **사마씨와 왕씨가 천하를 공유하다**
　　　— 강남에만 만족했던 동진

281 · **비수전투**
　　　— 최후의 남북 대치 국면 조성

301 · **청담이 나라를 그르치다**
　　　— 조위·양진·남조 시기의 사풍

325 · **의심과 학살**
　　　— 남조의 정치 폐단

347 · **전대미문의 개혁**
　　　— 북위 효문제의 개혁

365 · **천하의 토지를 고르게 나눠주다**
　　　— 북조의 성공에 일조한 토지정책

381 · **역사를 거스르면 반드시 망한다**
　　　— 북제의 실패한 민족정책

399 · **호화로써 한화를 추진하다**
　　　— 서위-북주 관농 집단의 정책과 북방통일

419 · **숭불억도와 멸불숭도**
　　　— 남북조의 종교정책

447 · **찬란한 법전**
　　　— 삼국·양진·남북조시대의 입법 활동

463 · **백성에게 가혹하고 권세가에게 관대하다**
　　　— 삼국·양진·남북조시대의 사법

480 · **역사 연대표**

모순으로 가득 찬 시대

— 삼국 · 양진 · 남북조시대 개술

삼국·양진·남북조시대는 발전과 쇠퇴가 함께하고, 희망과 절망이 공존하던 시기였으며, 존망과 변화를 예측하기 어려운 시대였다.

삼국三國·양진兩晉·남북조南北朝시대에는 전란이 끊이지 않았다. 381년 중 평화로웠던 시기가 고작 72년에 불과했으니, 전 기간의 81.1%를 전쟁으로 보낸 것이다. '여러 나라가 줄곧 전쟁을 한 시대'라는 의미로 이름 붙인 전국시대戰國時代도 254년 중 전쟁으로 보낸 햇수가 무려 185년으로 전체 기간의 72.8%였다.

흉년도 자주 들었다. 4세기 동안 홍수·가뭄·메뚜기 피해·전염병 등 각종 자연재해가 619차례, 3년에 두 번 꼴로 발생했다. 이전 4세기와 이후 4세기를 합한 것보다 훨씬 많은 재해였다. 민중은 도탄에 빠져 있었고, 이런 혼란스러운 상황을 평정하겠다고 곳곳에서 '왕'들이 나왔다. 381년 동안 역사서에 기록된 황제만 88명이었고, 후세의 정통 역사서에 기록되지는 않았지만 황제를 자처한 자들도 족히 100명이 넘는다.

한 가지 주목할 만한 점은 전란과 찬탈로 얼룩진 시대였음에도 점차 구조가 정비되고 개념이 명확한 법전이 편찬되어, 그 속에 담긴 사상과 체계가 근대까지 이어져 내려온다는 사실이다.

이 시기는 파괴와 재건의 시대였다. 잦은 천재와 인재로 사회와 경제가 무참히 파괴되고, 인구는 크게 줄었으며, 토지는 황폐해졌다. 그러나 사회·경제는 점진적으로 회복되면서 발전했다. 특히 양자강 유역이 발전하면서 황하 일대와 대등한 경제 중심지가 되었다. 관청의 기록에 의하면, 이 시기 동안 전체 경작 면적은 1.5배 늘어났으며, 발명된 농기구는 그 후 1,000여 년 동안이나 계속 사용되었다.

더욱 놀라운 사실은 세상이 이처럼 혼란스러웠음에도 불구하고 과학과 문화가 계속해서 발전했다는 점이다. 즉, 천문학·수학·의학·농학·철학·사학·문학·회화·조각 등등의 전 분야에 걸쳐 탁월한 성과를 거두게 된다. 이 때문에 삼국·양진·남북조시대는 중국문화사에서 중요한 위치를 차지한다. 이처럼 모순으로 가득찬 시대가 바로 '삼국·양진·남북조' 시대였다.

엄밀히 말하면, 이 시대는 동한東漢이 멸망하고 조조曹操의 셋째 아들 조비曹丕(187~226)가 정식으로 위魏나라 황제가 되던 때부터 서술해야 한다. 그러나 184년 '황건黃巾의 난' 이후로 동한은 이름만 남아 있을 뿐 실제로 망한 것이나 다름없었다. 조비가 한나라 최후의 황제 헌제獻帝를 폐위하고 스스로 제위에 오르기 이전에 이미 위·촉蜀·오吳 세 나라가 대치하는 삼국정립의 국면이 형성돼 있었다. 그래서 역사에서는 일반적으로 삼국정립의 국면을 다진 적벽대전으로부터 수隋나라가 남진南陳을 멸망시키고 전국을 통일한 시기까지 즉, 208~589년을 삼국·양진·남북조시대로 규정한다. 그러나 이 책에서는 서술의 편의를 위해 동한 말기 '황건의 난'부터 군벌들이 할거하던 시대까지 거슬러 올라가고자 한다.

근대 이전 역사가들에게 이 시기의 역사를 서술하는 데 가장 어려운 점은 무엇을 '정통正統'으로 보느냐를 결정하는 일이었다. 진晉의 역사가로 촉한蜀漢에서 높은 벼슬까지 한 진수陳壽는 저서『삼국지』에서 조조가 세운 진晉나라의 전신인 위나라(조위)를 정통으로 삼았다. 이후 각 왕조의 역사가들은 진수의 방식을 따라 자신이 속한 왕조 이전의 왕조를 정통으로 보고 우열을 다투던 기타 정권을 쿠데타 세력이나 사이비로 깎아내렸다.

통일을 이룩한 수 왕조는 전대 왕조인 북조北朝를 정통으로 서술했다. 이러한 선례는 후세 역사 서술에 영향을 주어 언제나 위진魏晉·북조를 역사의 주류로 서술하게 되었고, 이 때문에 이 시기를 '위진·남북조시대'라고 부르게 되었다. 이렇게 기정사실을 무조건적으로 받아들이고 강권정치를 묵인하는 관점은 종종 일부 학자들의 비난을 받기도 했다. 특히 중화와 오랑캐의 구분華夷名分(화이명분)을 중시하는 송宋나라 역사가들은 대부분 한족 정권인 남조南朝를 역사의 정통으로 보았다. 널리 알려진『자치통감資治通鑑』은 남조의 연호를 따랐으며, 송나라 성리학자 주희朱熹의 경우에는 정통을 더욱 중시하여 그가 편찬한『통감강목通鑑綱目』은 유씨 황족의 촉한蜀漢을 정통으로, 조위는 정권을 강탈한 가짜 왕조로 평가절하하고 있다. 본서는 왕조의 흥망성쇠가 아니라 사회적인 발전과 쇠퇴의 관점을 따르고 있기 때문에 고대인들이 운운하는 '정통'이 아니라 전 중화민족의 발전과 흥성을 서술의 기본 방향으로 삼았다.

1. 빈번한 전란과 잦은 왕조 교체

동한은 황건의 난을 겪은 후 빠르게 와해되어 갔다. 여기에 크고 작은 야심가들이 난을 진압한다는 구실로 잇따라 군대를 일으켜 군벌 할거세력을 형성했다. 또한 왕조 내부에서는 황제와 권신權臣, 환관과 외척들이 권력을 장악하기 위해 자주 무력을 휘둘러 통치질서는 문란해지고 국가운명은 풍전등화와 같은 상황이었다.

중평中平 6년(189년) 환관을 아버지·어머니라고까지 불렀던 한 영제靈帝가 재위 21년 만에 죽고, 그 아들 유변劉辯이 14세의 나이로 즉위했다. 역사에서는 그를 소제少帝라고 한다. 어머니 하태후何太后가 소제의 모든 것을 조종했고 하태후는 백정 출신인 오빠 하진何進의 의견을 주로 따랐다. 하진은 환관들의 세력이 너무 큰 것을 보고 산서를 점거하고 있던 동탁董卓에게 군대를 이끌고 낙양洛陽으로 와서 환관들을 제거할 것을 요청했다. 그러나 계획이 사전에 누설되어 하진은 궁에서 환관들에게 피살된다. 그러자 명문가 출신의 원소袁紹·원술袁術 형제가 정변을 일으켜 3,000명에 이르는 환관들을 모조리 살해함으로써 조정을 쥐락펴락하던 환관 집단은 완전히 몰락하였다.

이때 야심만만한 동탁이 병사들을 이끌고 낙양으로 진입해 원소를 몰아내고 소제를 폐위했다. 그리고 9살 난 헌제를 황제로 앉히고 자신은 황제나 다름없는 권력을 휘둘렀다. 이때부터 동한 왕조는 껍데기만 남았을 뿐 망한 것이나 다름없었다. 다른 지방으로 도주한 원소는 황제를 호위하자고 호소하며 지방 군벌들을 결집해 동탁 토벌에 나섰다. 동탁은 헌제와 조정 백관을 데리고 장안長安(지금의 섬서성 서안시)으로 달아났다. 떠나기 전에 동탁이 낙양에 큰 불을 질러 200년에 걸친 호화로운 도시는 삽시간에 잿더미로 변하고 말았다.

동탁 타도를 외치던 군벌들도 동탁과 마찬가지로 야심을 갖고 있었기 때문에 토벌전이 끝나자 각자 본거지로 돌아가 할거했다. 2년 뒤 동탁이 문관의 우두머리인 왕윤王允에게 살해되자 동탁의 부하들은 조정의 문관들을 모두 죽여버렸다. 과거 동한 조정은 환관·외척·문관·무장 등 몇 개 세력으로 구성되어 있었지만 이 때 환관·외척·문관 세력이 모두 제거됨으로써 무장들만이 천하를 호령하게 되었다. 결과적으로 전국은 군벌들의 전쟁터가 되었다.

이 시기의 주요 할거세력은 다음과 같다. 기주冀州·청주靑州·병주幷州의 세 주(지금의 하북·산서성 일대)를 근거지로 삼은 원소와 회남淮南에서 할거한 원술이 있으며, 형주荊州(지금의 호남·호북성 일대)에 자리잡은 유표劉表와 익주益州(지금의 사천지구)에 터를 잡은 유언劉焉이 있었다. 강동江東(지금의 양자강 중하류 지역)에서는 손책孫策, 요동 땅은 공손탁公孫度, 유주幽州에서는 공손찬公孫瓚, 양주凉州에서는 한수韓遂와 마등馬騰이 각각 기회를 엿보고 있었다. 중원에서는 조조와 도겸陶謙 및 여포呂布 등 크고 작은 세력이 쟁탈전을 벌였다. 나머지 여러 지역에서는 황건군 잔여 세력이 계속해서 싸움을 벌였다.

처음에는 이 가운데 원소와 원술 형제의 세력이 제일 강했다. 원씨 집안은 동한의 명문세족으로 4대에 걸쳐 3공三公이 5명이나 나올 만큼 천하에 이름이 높았다. 그러나 원씨 형제는 일찍부터 황제가 되려는 야심을 드러내면서 사이가 나빠졌다. 드디어 동생 원술이 197년*에 황제를 자칭했다. 원소도 동한 정권을 떠받들려 하지 않아 정치적

---

*세계사: 192~193년 로마 5현제 시대

주도권과 영향력을 상실하게 된다. 원씨 형제가 군대를 멋대로 부리고 약탈을 일삼은 탓에 점령 지역의 10분의 9는 텅 빈 상태가 되었다. 결국 형제는 지역과 군사력 면에서 우세를 잃고 조조에게 패했다. 특히 원소는 199년~200년 관도官渡 싸움에서 열 배나 우세한 전력을 가지고도 패하는 수모와 군대가 전멸을 당하는 비운을 겪었다. 원소의 두 아들도 아버지 형제의 전철을 밟아 서로 싸우다가 끝내 모두 조조에게 제거되었다.

삼국시대와 진 왕조

조조는 뛰어난 안목을 바탕으로 세력을 차츰 키워갔다. 그는 17년 동안의 전쟁 끝에 마침내 북방을 통일한다. 조조와 같은 시기에 비교적 세력이 약한 유비劉備와 손권孫權 두 집단이 양자강 유역을 장악했다. 208년* 두 집단은 양자강의 험준한 지세를 이용해 대거 남하한 조조군과 적벽에서 격전을 벌여 조조군을 물리쳤다. 이러한 혼란스러운 상황에서 알 수 있듯이, 당시는 중국 전체를 통일할 수 있는 여건이 아직 마련되지 않은 상태였다. 적벽대전 이후 조조는 북방경영에 전념하였고, 유비는 익주를 공격했으며, 손권은 강동의 통치권을 공고히 다졌다.

지방 할거세력들은 점차 이들에게 합병되어 결국에는 천하가 셋으로 나뉘는 국면이 형성됐다. 220년 조조가 죽자 아들 조비가 헌제를 폐위하고 제위에 올라 위나라를 세웠다. 역사에서는 조씨가 세운 위나라라고 해서 조위라고도 한다. 이듬해 유비도 성도에서 황제의 자리에 오르고 한 왕실을 계승한다는 명분으로 국호를

---

* 세계사: 212년 로마의 카리칼라 황제가 모든 자유민에게 시민권 부여

한漢이라 했다. 촉(지금의 사천성)에 세운 한나라라는 의미에서 촉한蜀漢이라고도 한다. 손권은 조비가 죽은 후 229년에 제위에 올라 오吳나라를 세웠다. 동쪽 지역에 있다고 하여 동오東吳라고도 부른다.

삼국정립의 국면은 대략 60~70년 동안 지속되다가 북방 세력이 점차 막강해지면서 종말을 고한다. 군사 행동이라는 측면에서 보면 남방(촉한과 동오)이 북방(조위)을 공격한 횟수는 2 대 1 정도로 더 많았지만 공세 강도는 더 낮았다. 263년 조위는 군사를 두 방면으로 나누어 촉을 공격하여 촉한을 단번에 무너뜨렸다. 그러나 당시 위나라의 정권은 이미 사마司馬씨 집단이 장악한 상태였다. 2년 뒤에 사마염司馬炎은 조비의 전례를 따라 스스로 제위에 올라 진晉나라를 세운다. 역사에서는 서진西晉이라고도 한다. 정권을 안정시킨 후 진나라 군대는 280년*에 대거 남하해 전국을 통일했다.

진의 통일로 평화와 번영의 시대가 열린 것은 아니었다. 오히려 불과 10여 년이 지나 또 다시 전란의 소용돌이 속으로 빠져들었다. 진 조정은 끊임없는 황족 간 다툼과 외척의 전횡, 호족의 할거, 방탕과 폭정의 추태를 연출했다. 황족과 외척 사이에 서로 죽고 죽이는 '팔왕八王의 난'이 도화선이 되어 통치자들 사이에서 일대 혼란이 빚어졌다. 폭정에 시달리던 백성들은 핍박에서 벗어나고자 무장투쟁을 전개했다. 진의 통치자들은 위기를 떠넘기려는 목적으로 민족 간 충돌을 선동했고, 소수민족 우두머리들은 이 기회를 틈타 군대를 일으켰다. 여러 가지 모순들이 한꺼번에 터져나오자 전란의 양상은 이전보다 훨씬 심각해졌다.

---

* 세계사: 276년 마니교 창시자인 마니가 페르시아에서 처형됨

진의 멸망과 16국 시대

원래 낙양에 도읍을 정했던 진 왕조西晉(서진)는 316년*에 멸망했다. 진 황실의 한 갈래가 남방에서 다시 왕조를 세웠는데 이를 동진東晉이라고 한다. 동진은 진나라에게 멸망당한 동오와 마찬가지로 양자강 일대에 자리를 잡았다. 당시 북방은 군벌들이 할거해 싸우는 형국이었다. 무려 135년 동안 19개 유목민족 정권이 여러 지역을 차지하기 위해 혼전을 거듭했다. 그 가운데서 성한成漢, 2조二趙, 3진三秦, 4연四燕, 5량五凉, 하夏 등 16개 정권이 두각을 나타냈다. 그래서 이 시기를 '16국시대'라고 부른다. 2조는 전조前趙와 후조後趙, 3진은 전진前秦·후진後秦·서진西秦, 4연은 전연前燕·후연後燕·남연南燕·북연北燕을 말한다. 5량은 전량前凉·후량後凉·남량南凉·북량北凉·서량西凉이다.

이 밖에도 짧은 기간 존속한 염위冉魏와 서연西燕 그리고 훗날 북방을 통일한 북위北魏의 전신인 대국代國이 있었다. 이들 북방정권은 기타 세력과 끊임없이 전쟁을 치르는 동시에 남방의 동진東晉과도 계속 정벌전쟁을 벌였다. 전쟁이 끊이지 않자 사회와 경제는 극도로 피폐해졌다.

16국시대는 304년**부터 시작됐다. 이 해에 흉노족 수령 유연劉淵이 좌국성左國城(지금의 산서성 이석)에서 스스로 왕이 되어 한漢나라를 세우고 산서·하북·하남·섬서성 일대를 차지했다. 한은 나중에 국호를 조趙로 고쳤다. 역사에서는 이를 전조前趙라고 한다.

---

* 한국사: 고구려 낙랑군 정복 / 세계사: 313년 밀라노칙령·콘스탄티누스 대제(大帝)의 개종과 그리스도교 공인
** 세계사: 303~306년 그리스도교에 대한 최후의 대박해 시작

같은 해에 저족氐族 수령 이웅李雄도 성도에서 성도왕成都王을 자칭하며 성成나라를 세우고 지금의 사천·운남·귀주성 일부를 차지했다. 나중에 국호를 한漢으로 고쳤기 때문에 성한成漢이라고 한다.

진(서진)이 유연의 한에 의해 멸망당한 뒤 진의 양주자사 장식張寔이 양주에서 할거하며 지금의 감숙성·영하·신강 일부를 차지했다.

한편 갈족羯族 수령 석륵石勒은 자립하여 조왕趙王을 자칭했다. 이어 전조 및 진의 잔여 세력과 수년간 격전을 벌여 북방의 대부분 지역을 통일했다. 이를 후조後趙라고 한다. 그러나 후조의 황족들이 서로를 죽이는 사태가 벌어지자 대장군 염민冉閔이 반란을 일으켜 갈족과 여타 소수민족을 대량 학살하면서 북방은 다시 대혼전으로 접어들었다. 선비족 모용부慕容部가 세운 전연前燕은 이 기회를 틈타 요하遼河 유역에서 중원까지 세력을 넓혔다.

저족이 세운 전진前秦은 관중關中 지역에서 동쪽으로 진출했다. 진은 20여 년간의 혼전을 거듭하여 370년* 무렵 북방을 거의 통일했다. 383년** 전진의 황제 부견符堅은 단번에 전국을 통일할 욕심으로 전력을 다해 동진을 공격했으나 비수淝水전투에서 참패했다. 이로써 북방은 다시 분열 상태로 빠져들었다. 그러자 전진에 의해 사라졌던 할거세력들이 다시 일어나 나라를 세웠다.

이때 선비족 수령 모용수慕容垂가 후연後燕을 건립하고, 강족羌族 수령 요장姚萇은 후진後秦을 세웠다. 선비족의 또 다른 부족 수령 모용충慕容沖은 서연西燕을 건립하고, 농서 선비족 수령인 걸복국인乞

---

* 한국사: 372년 고구려에 불교 전래, 율령 반포 / 세계사 : 375년 서고트가 로마 영내로 이동, 게르만 민족의 대이동 시작
** 한국사: 384년 백제에 불교 전래

伏國仁은 서진西秦을 세웠다. 저족 수령 여광呂光은 후량後涼을, 흉노족 수령 혁련발발赫連勃勃은 하夏를 세웠다. 이들 할거세력은 자신의 영토를 확장하기 위해 서로 격렬하게 싸웠다.

특히 선비족 탁발부拓跋部가 건립한 대국은 386년* 나라를 재건한 뒤 국호를 위魏로 고치고 점진적으로 할거정권들을 병합해 나갔다. 이를 역사에서는 조위와 구분해 북위 또는 후위後魏, 탁발위, 원위元魏라고도 한다. 439년**에 마지막까지 위세를 과시하던 북량北涼을 멸망시키면서 북방에는 서진 멸망 이후 세 번째로 통일 국면이 형성됐다.

북방에서 16국이 치열하게 싸우는 동안 남방에도 변화가 일어났다. 동진에서는 북방 소수민족 정권의 위협 하에 있던 서진 때와 마찬가지로 황족과 황족, 권신과 권신 사이에서 정권 쟁탈전이 빈번하게 일어났지만 그 강도는 서진 때처럼 격렬하지는 않았다. 큰 적이 눈앞에 나타난 상황에서 잠시 대립을 완화시킬 필요가 있었기 때문이다. 이러한 투쟁은 서서히 동진의 통치 역량을 소모시켰다. 그래서 북방이 혼란에 빠져있을 때 북벌을 단행하여 전국을 통일할 기회가 있었지만 번번이 시기를 놓쳤고, 심지어 시기가 무르익었을 때는 내란이 일어나서 결국 강남에만 머물러 있게 되었다.

동진은 사마씨 황족과 남쪽으로 이주해온 권문세가, 강남의 토호土豪들이 함께 통치하는 연합정권이었다. 동진은 사마씨 황족이 영향력을 상실하면서 멸망했다. 420년***군권을 장악한 권신 유유劉裕는 동진을 멸망시키고 송宋을 세웠다. 이를 역사에서는 유송劉宋이라고 한다.

* 세계사 :391년 로마가 기독교를 국교로 공인 / 395년 동·서로 로마 제국 분열
** 한국사: 433년 신라와 백제 동맹 성립
*** 세계사 :412년부터 서고트족이 프랑스와 에스파냐에 정착

남조와 북조의 대치

유송 때부터 남조와 북조가 대치하는 형국이 시작됐다. 북위는 유송 초기에 이미 몇 차례 공격을 시도했고, 유송도 여러 번 북벌에 나서 북위와 싸웠다. 송 문제文帝 유의륭劉義隆이 집권한 기간(424~453년)*은 정치가 비교적 깨끗하고 국력이 막강해서 송은 동진남조의 최강국이 되었다. 문제와 신하들은 중원 북벌을 계획했다. 당시 북위의 태무제太武帝도 영웅심에 불타고 원대한 계획을 품은 군주여서 북방을 통일한 후 이에 만족하지 않고 강남까지 병합하려 들었다.

양측은 450년~451년** 생사존망이 걸린 대결전을 벌였다. 우선 북위 태무제는 직접 군대를 지휘하여 유송의 황하 이남의 전략거점인 현호성懸瓠城(지금의 하남성 여남)을 공격했지만 함락시키지 못하고 퇴각했다. 유송 문제는 이 기회를 놓치지 않고 전국의 주력부대를 총동원하여 북벌에 나섰다. 한 부대는 동관까지 쳐들어가기도 했다. 태무제도 100만 대군을 거느리고 황하를 건너 생사를 건 결전을 벌였다. 결국 태무제는 유송 주력부대에게 대승을 거둔 뒤 회수 양안을 소탕하고 유송의 군사 거점인 팽성彭城과 우이旴貽를 맹렬하게 공격한 데 이어 양자강까지 육박해 들어가서 과보瓜步(지금의 강소성)에 군대를 주둔시키고 강을 건널 것이라는 소문을 흘렸다. 유송군은 적군이 활용하지 못하도록 들판의 곡식을 다 태우고 또한 성을 굳게 지키는 작전으로 전략 요충지 몇 개만을 사수할 수 있었다. 북위군은 전

---
* 한국사: 427년 고구려 장수왕 평양 천도. / 세계사: 429~534년 반달족이 북아프리카에 건너가 반달 왕국을 건설
** 세계사: 451년 칼케돈 종교 회의에서 그리스도의 단성론(單性論)을 부정. 카탈라우눔의 싸움에서 서로마의 아에티우스가 아틸라의 훈족 격파

선이 너무 길어 강을 건너지도 못하고 견고한 성을 함락시킬 수도 없어 어쩔 수 없이 퇴각하면서 방화와 약탈을 일삼았기 때문에 그들이 지나간 곳은 모두 폐허가 됐다. 이 전쟁으로 유송의 국력은 크게 약해졌고 북위 또한 군대의 절반을 잃었다. 이후로 양측은 함부로 도발하지 못하고 회하淮河와 진령秦嶺을 사이에 두고 대치했다.

　유송은 패전 위기를 넘겼지만 곧 황족 간, 그리고 황족과 권신 사이에 심한 내분이 발생하게 된다. 479년* 장수 출신인 권신 소도성蕭道成이 정권을 탈취해 제齊나라를 세웠다. 이를 남제南齊 또는 소제蕭齊라고 한다. 잠시 안정기를 거친 남제는 유송의 전철을 밟아 곧바로 골육상잔의 양상을 보였다. 502년** 남제 정권은 또 다른 권신 소연蕭衍의 수중으로 들어갔다. 소연은 국호를 양梁으로 바꿨는데 남량南梁 또는 소량蕭梁이라고 한다. 그 무렵 북위에서 내란이 발생하여 남방에서는 북방으로부터의 위협이 크게 줄어들었다. 남량의 무제는 재위 47년 동안 대내적으로는 문치를 부흥시키고, 예악을 숭상하며, 사족士族을 중용하고, 불교를 장려하며 귀족들에게 회유정책을 실시했다. 그러나 대외적으로는 매년 무리한 북벌을 실시하고, 빈번한 전략의 실패로 군대는 지치고 국가재정은 악화되었다. 547년 동위 장군 후경侯景이 내란을 일으켰다가 실패해 남량으로 투항하자 무제는 그를 기꺼이 받아들였다. 그러나 이것은 도적을 집안에 끌어들인 격이었다.

　후경은 이듬해 다시 반란을 일으켜 수도 건강성建康城으로 쳐들어왔다. 남량의 황족과 귀족들은 일찍부터 자기 잇속을 챙기기에 급급했기에 입으로는 반란을 평정해야 한다고 외치면서 실제로는 가만히

---

* 한국사: 475년 백제 웅진 천도 / 세계사: 476년 서로마 제국 멸망
** 세계사: 502~507년 동로마 제국이 사산 왕조의 페르시아와 개전

앉아서 자기가 황제가 될 날만을 손꼽아 기다렸다. 무제는 비참하게 굶어죽고 동오·동진·유송·남제·남량의 5개 왕조 수도였던 건강성은 폐허로 변했다. '후경의 난'은 4년 동안 지속됐고 강남의 가장 풍요로웠던 지역은 철저히 파괴되어 남조는 역사에서 다시는 일어나지 못했다.

557년* 장군 진패선陳覇先이 진陳을 건립했다. 남조 최후의 왕조로 남진南陳이라고 한다. 남진의 국경은 강회江淮(양자강과 회수) 사이에 있었고 북조와도 강을 사이에 두고 있었기 때문에 입지상 매우 불리했다. 또한 내정에도 각종 모순들이 드러나면서 지방관들이 본거지를 중심으로 할거했으며, 나라 재정은 파탄이 나고 백성들은 굶주렸다. 더욱이 다음 황제는 즉위 후 주색잡기만 일삼아 백성들은 북조가 내려와 통일을 이루어 주기만을 오매불망 기다리는 상황이었다.

북위의 쇠락과 동서 분열

북위는 450년~451년**의 전쟁 이후 대규모 대외 확장정책을 수정해 내정을 튼튼히 하는 데 온 힘을 쏟았다. 효문제는 전면적인 개혁을 단행하면서 북방의 경제가 발전하고, 민족 대융합이 가속화되었다. 그러나 효문제가 죽은 뒤 사회모순이 다시 심화되고 이를 틈타 소수민족들이 여기저기에서 반란을 일으켰다. 523년 북방 육진六鎭 반란, 524년 관농진關隴鎭 반란, 525년 하북 수병戍兵 반란, 528년 *** 산동 유민 봉기 등이 잇달아 터져서 북위 정권이 흔들리기 시작

---

* 한국사: 553년 나제 동맹이 깨지고 신라가 한강 유역을 차지함
** 세계사: 455년 반달족이 로마 격파
*** 한국사: 신라의 불교 공인 / 세계사: 529~534년 〈로마법대전〉 편찬 시작

출행도(出行圖) | 북제 누예묘(婁叡墓) 출토 벽화

했다. 조정 내부에서도 극심한 정권 쟁탈전이 벌어지고 있었다. 이때 군벌 이주영爾朱榮은 농민 반란을 진압하는 과정에서 실력을 쌓으며 기회를 노리고 있다가 결국에는 조정 대신들을 모조리 죽여 버렸다. 그러나 그 또한 얼마 지나지 않아 살해당했다.

마침내 북위는 534년* 동위東魏와 서위西魏로 갈라졌다. 동위는 업鄴(지금의 하북성 임장 서남)을 도읍으로 삼고 낙양 동쪽의 영토를 차지했다. 동위의 실권은 군벌인 고환高歡이 차지하고 있었다. 서위는 장안을 도읍으로 정하고 낙양 서쪽의 영토를 차지했다. 실권은 군벌인 우문태宇文泰에게 있었다. 남북이 분열된데 이어 또 다시 동서로 대치하는 상황이 벌어진 것이다.

550년** 고환의 아들 고양高洋이 동위를 멸하고 스스로 황제의 자리에 올라 국호를 제齊라고 했다. 북제北齊 또는 고제高齊라고 한다.

---

* 세계사: 443~534년 부르군트 왕국 멸망, 프랑크 왕국에 병합
** 한국사: 552년 백제, 일본에 불교 전파 / 세계사: 493~553년 동고트 왕국 멸망, 동로마 제국령이 됨

557년*우문태의 아들 우문각宇文覺도 서위를 멸하고 황제가 되어 국호를 주周라고 했다. 이를 북주北周 또는 우문주宇文周라 한다. 북제의 고씨 황족은 혈통으로 따지자면 한족의 후예지만, 정치적으로는 선비화 정책을 추진하여 한족을 배척하고 민족압박정책을 실시했다. 특히 선비족 귀족 중심의 통치체제를 유지한 탓에 내부모순이 심각하게 드러나면서 점차 세력이 약해졌다.

 북주의 우문씨 황족은 혈연적으로는 선비화된 흉노족이었다. 그러나 오히려 한족문화를 수용해 서주西周의 전통을 회복한다는 기치를 내걸고 한족의 사족 집단과 손잡고 개혁 조치를 실시하여 점차 세력을 키웠다. 마침내 북주는 577년 북제를 멸망시키고 북방을 통일했으나 오래지 않아 정치 실권이 외척인 양견楊堅의 손에 들어갔다. 581년 양견은 스스로 황제가 되어 수隋나라를 세웠다. 그는 정권을 튼튼하게 하는 동시에 전국을 통일하기 위한 전쟁을 일으켰고, 589년**남방에 마지막까지 남아 있던 남진南陳을 멸망시키면서 통일의 대업을 달성했다. 이로써 304년부터 589년까지 285년 동안의 분열전쟁은 일단락됐다.

2. 복잡한 사회 구조

 빈번한 전란과 정치적 동요는 이 시기의 복잡한 사회모순을 반영한 결과였다. 지주와 농민계급의 대립 외에 지주계급 내부에도 여러 가지 모순이 존재했다. 황족과 군벌, 외척과 환관, 사족과 서족庶族(평민)의 갈등이 심했다. 특히 사족 세력가들

---

* 세계사: 558~561년 프랑크 왕국 재통일
** 세계사: 590~604년 로마 교황 그레고리우스 1세 즉위, 교황권의 확립

과 농민, 권력을 지닌 황족, 평민 지주들 사이의 대립과 투쟁이 심각했다.

세족世族・호족豪族・문벌門閥・고문高門・대성大姓이라고도 불리는 사족은 일찍부터 중국 사회에 출현했다. 진한秦漢 시기부터 권력을 가진 지주들이 패권을 부르짖고, 지역에서 권세를 휘두르며 중앙정부에 대항하는 현상이 나타났다. 서한西漢 때 중앙정부에서 호족들의 세력 확대를 막기 위해 억제정책을 실시했지만 왕망王莽이 한을 찬탈하자 지방 호족들이 혼란을 틈타 세력을 크게 확장했다. 동한 정권은 건국 후 지방 호족들에게 관대한 정책을 폈다. 대대로 관리를 하던 권문세가는 한 지방씩을 독차지하는 한편 유가의 교리를 표방하며 겉으로는 효자충신인 척 가장했다. 동한 말기에 중앙에서는 외척과 환관, 환관과 선비관료 간에 격렬한 투쟁이 여러 차례 일어났다. 이 시기의 선비관료는 유교에 입각한 옛 도덕 수호를 부르짖으며 나아가 권문세가와 손을 잡고 뿌리 깊은 사족계층을 형성했다.

사족들은 정치적으로는 대대로 벼슬을 했기 때문에 중앙이나 지방에서 큰 세력을 확보했다. 사회적으로는 대부분 군대의 지휘관 위치에 있었기 때문에 영향력을 행사할 수 있어 전란이 생길 때마다 지방 무장 세력을 조직하여 성을 쌓고 스스로를 보호하거나 지세가 험난한 곳으로 물러나 기회를 노렸다.

경제적으로는 대부분 자급자족이 가능한 독립적인 장원을 소유하고 있었고, 부역을 담당하는 농민들의 대지주였다. 이러한 농민들은 사족들에게 생명과 생계를 의탁하는 부속품과 같았다. 마음대로 이사를 갈 자유가 없었고, 평소에는 그들을 위해 농사를 짓고 가축을 기르다가 전쟁이 나면 주인을 위해 전쟁터로 나가야 했다. 문화적으로는 옛 도덕을 엄격하게 고수하면서 여론 조성과 저술을 통해 삼강오

류을 선전했다. 이러한 강점 덕분에 사족들은 삼국·양진·남북조시대에 지배계층으로 올라섰다. 황권은 사족계층에 의지하여 그들의 타협과 지지를 얻어야만 통치권을 유지할 수 있었다. 사족계층은 동종同宗·동향同鄉·동료同僚·동학同學 등의 관계를 통해 여러 개의 집단을 형성했다. 추구하는 이익과 목표가 다른 집단은 서로 배척하고 암투를 벌였으며, 때때로 군대를 동원하기도 했다. 만약 황제가 자신들의 이익을 방해하거나 침범할 경우 격렬하게 저항했고, 심지어는 정권 교체도 불사했다. 이것이 삼국·양진·남북조시대에 오랜 분열과 전쟁을 초래한 사회·정치적 주요 원인 중의 하나다.

사족들과는 대조적으로 특권 세력의 배경이 없는 통치계급 구성원들을 서족庶族·소족素族·한문寒門·소성小姓·한소寒素 계층이라고 일컬었다. 이들은 수는 많았지만 줄곧 사족의 압박을 받으며 그들과 투쟁을 벌였다. 이러한 사회적 모순이 격화되자 사족들은 무력으로 맞섰고, 피비린내 나는 도륙도 마다하지 않았다. 상대적으로 황권을 지지하던 서족계층은 낮은 계층에서 군대의 힘을 빌려 황제의 자리에 오르는 이가 많았다. 그러나 역대 황제 중에 사족계층을 움직여 이익을 얻은 황제는 거의 없었다. 황제들은 서족계층을 단지 사족계층의 막강한 세력을 견제하는 수단 정도로 이용했다. 황실과 외척 집단은 가능하면 사족계층과 평화공존하려고 했고 이 과정에서 서족계층의 이익을 희생시켜야 하는 상황이 되면 기꺼이 그렇게 했다.

피지배 계급을 살펴보면, 이 시기 대부분의 농민들은 신체 및 이주의 자유가 없으며 지주인 호족과 종속 관계에 있는 반농노 성격의 '부곡部曲' '음객蔭客'이었다. 이들은 국가 호적에 편입되지 않았다. 주인을 위해 토지를 경작하고 세금을 납부하는 외에 주인에게 각종 부역을 제공하고 전쟁에 참여해야 했다. 많은 농민들이 노비로 전락했고 전란 중에 군벌들은 평민들을 포로로 잡아 부하들과 관리들에게 하사했다. 전쟁과 채무 때문에 노비로 전락하는 농민들도 많았다. 권세가들에게는 소유한 노비의 수가 재력을 가늠하는 기준이었다.

역사서에는 재력 있고 권세 있는 집에서는 저마다 '노비가 천 명', '일꾼이 수백 명'이라고 자랑했다고 기록되어 있다. 삼국시대 촉한의 관리인 양찬楊戩이 제갈량에게 "남자 노예는 농업에 종사하고, 여자 노예는 집안일을 담당한다."라고 말했다. 남북조시대에는 "농사일은 남자 노비한테 묻고, 베 짜는 일은 여자 노비한테 물어라."라는 속담까지 있었다. 북제 때 안지추顔之推는『안씨가훈顔氏家訓』에서 20명이 사는 집에는 노비 20명, 양전良田 10경, 현금 몇 만 냥만 있으면 충분하다고 자손들에게 훈계했다. 이런 사례로 보아 당시에는 노예제의 착취 방식이 중요했음을 알 수 있다. 설사 자유농이라고 해도 무거운 부역의 부담을 지고 봉건국가의 철저한 통제를 받았다.

정권 투쟁의 대리전이 된 민족 갈등

민족 간의 갈등과 투쟁도 있었다. 한족과 소수민족, 소수민족과 소수민족 사이의 갈등이 주요한 사회모순이었다. 북방의 흉노匈奴·선비鮮卑·저氐·강羌·갈羯과 같은 소수민족을 '오호五胡'라고 했다. 이들은 지금의 동북·화북·서북 지역에 흩어져 살았다. 또 많은 부락이 몽골고원과 흑룡강黑龍江 유역에서 남으로 내려왔다. 남방의 소수민족은 다양한 부류로 나뉘었다. 양자강 일대의 광대한 지역에 거주하는 소수민족을 총칭하여 만족蠻族이라고 했으며, '오계만五溪蠻' '오수만五水蠻' 등으로 분류했다. 지금의 서남 지역 소수민족은 요족僚族이라고 총칭했다. 양광兩廣 지역 소수민족은 이족俚族이라고 했다. 한족 통치자들은 민족 간의 충돌을 선동하여 계급모순을 호도하고 통치 위기의 책임을 전가했다. 소수민족 수령들도 민족 간의 원한을 부추겨 개인과 집단의 야심을 실현했다. 이 때문에 민족 간 관계는 언제나 긴장 상태에 놓여 있었고 때때로 민족 간의 원한으로 학살극이 벌어지기도 했다. 민족모순 또한 분열과 전쟁이 장기화되는 원인으로 작용했다.

한족 내부에도 북방과 남방의 장벽이 있었다. 북방 사람들은 남방 사람을 '만자蠻子' 또는 '도이島夷'라고 불렀고 남방 사람들은 북방 사람을 '색로索虜' 또는 '호인胡人'이라고 했다. 양측 모두가 서로 멸시해서 부른 호칭이다. 북방에서 강남으로 이주한 한족은 '창초傖楚' 또는 '창자傖子'로 불렸다. 남방인과 북방인은 언어와 생활 습관에서 다소 차이가 있었다.

삼국·양진·남북조시대에는 계급모순과 민족모순이 병존하면서 뒤섞이고 심화됐기 때문에 줄곧 난세의 상황일 수밖에 없었다. 이러한 모순들이 점차 완화된 이후에 비로소 대통일의 시대가 열리기 시작했다.

3. 파괴와 재건의 반복

삼국·양진·남북조시대의 사회·경제는 변화와 기복이 극심했다. 북방 경제는 동한 말기 및 16국 시대와 북위北魏 말기에, 남방 경제는 동진 말기와 남량 말기에 파탄에 이르렀다. 그러나 전란으로 인한 대규모 파괴를 거치고 일단 사회가 안정되면 경제는 한두 세대만에 회복되었고, 안정기가 길수록 사회·경제는 발전하고 성장했다.

동진시대 연꽃무늬 청자단지

총체적으로 보자면, 남방의 경제 발전이 북방보다 빠르고 성장세도 뚜렷했다. 양한兩漢 시기에 양자강 이남은 경제적으로 낙후된 지역이었다. 그래서 "강남에는 천금을 가진 부자가 없다."라는 말이 있을 정도였고, 농업은 잡초를 태운 다음 물을 대고 볍씨를 뿌리는 원시적 수준에 머물렀다. 그러나 동오의 발전과 서진 말년 북방인들의 대규모 이주로 선진 기술과 인력이 함께 유입되면서 남방지역은 비약적인 경제 발전을 이뤄 점차 또 하나의 경제 중심지가 되었다.

고대사회에서 농업은 경제의 핵심이었다. 그러나 장기적인 전란과 재해로 인해 이 시기의 농업은 여러 차례 심각하게 파괴되어 옥토는 황무지로 바뀌고 기아가 빈번히 발생했다. 역사서에는 사람이 사람을 잡아먹는 참담한 사례까지 기록돼 있다. 사회가 안정될 때마다 많은 통치자들은 농업을 중시해 토지제도와 세금정책을 개혁하고 수리水利 사업을 정비하여 농업의 회복과 발전을 꾀했다. 이로 인해 북방의 경작지가 대량으로 회복되었으며, 생산도구가 개량되고, 전문화된 농기구가 제작되었다. 중국의 전통적인 농기구 대부분 이 시기에 개발된 것이다. 북위의 농학자 가사협賈思勰은 농사 경험과 기술을 총결하여 후대에 지대한 영향을 미친『제민요술齊民要術』을 지었다. 노동력 절약을 위해 물레방아가 널리 보급되어 식량 가공이 편리해졌다. 남방에서는 소를 이용하는 우경牛耕 기술이 보급되어 쌀 생산량이 크게 증가했다.

수공업도 눈부시게 발전했다. 북방에서는 오랜 전란으로 수공업이 큰 타격을 받았다. 북위 초기에는 장인들을 포로로 잡아다가 기술호로 따로 편성했다. 이들은 천민에 속했고, 자손들은 신분을 세습하여 대대로 관청을 위해 물품을 제조했다. 이주의 자유가 없었고, 업종도 바꿀 수 없었으며, 평민과의 결혼이 금지되었다. 그러나 북위 중기에 통제가 느슨해지면서 남방과 북방을 막론하고 수공업 기술이 두드러지게 발전했다. 제련 분야에서는 북위의 기무회문綦毋懷文이 선철과 연철을 섞어서 정련해 강철을 뽑아내는 관강법灌鋼法을 개발했다. 남량南梁의 도홍경陶弘景도 이와 비슷한 연강술煉鋼術을 개발해 강철의 품질과 생산량을 높였다. 특히 도자기 제조 기술은 성숙 단계에 접어들어서 남·북방 모두 수준 높은 청자를 만들었다. 도자기 제조업은 점차 수공업의 중요한 부문으로 자리 잡았다.

전통 직조업도 많은 발전을 보였다. 북방의 하동河東은 여전히 직조업의 중심이었고, 촉군의 비단 직조와 강남의 직조업도 점차 중요한 산업으로 발전했다. 남방에서는 조선·제지업이 크게 발전했다. 남방에서 건조한 큰 선박은 해외까지 항해했고, 남방의 뽕나무 종이나 등나무 종이는 전국 각지에서 판매되었다.

동한 이후 자급자족형 대지주 장원제莊園制가 확산되고, 전란과 자연재해가 겹치면서 자연경제의 비중이 커졌다. 북방의 상품경제는 한 차례 쇠퇴하여 물물교환이 가장 주요한 교역방식이 되었다. 비단과 무명, 조와 쌀은 오랜 기간 가장 중요한 물가지수의 기준이자 지불·유통 수단으로서 화폐의 기능을 대신했다. 상업활동이 활발하게 이루어졌고, 사치품 무역량도 크게 늘었다. 전쟁이 끝날 때마다 도시의 상품 교역은 다시 활기를 띠었다. 낙양의 경우 동한 말기와 서진 말기 두 차례에 걸쳐 도시가 크게 파괴됐지만 평화가 찾아오자 다시 재건돼 북방에서 제일 크고 번화한 도시로 변신했다. 북위 중기에는 낙양에 10여만 호가 살았으며 낙양성 서쪽에 세운 시장은 둘레가 4킬로미터에 이르렀다. 상공업자들만 거주하는 구역이 사방 10여 리나 됐고 업종별로 거주지가 달랐다. 북위 말기 낙양은 다시 크게 파괴돼 반세기 동안 폐허로 있다가 수나라가 천하를 통일하면서 다시 번영했다.

　북방의 도시들은 모두 낙양과 같은 화를 입었다. 진秦과 한漢의 도읍인 장안은 동한 말년 동탁의 난 때, 서진 말년 팔왕의 난 때, 전조가 성을 파괴했을 때 등 다섯 차례나 초토화됐다. 특히 전조에 의해 파괴되었을 때는 장안에 남은 집이 100여 호에 불과했다. 장안은 동진의 장군 유유가 동진을 멸망시키면서 장인들을 모두 건강建康(지금의 남경)으로 끌고 갔기 때문에 텅 빈 성이 되었다가 100여 년 뒤 서위 때 재건되었다. 장안보다 더 비참했던 도시가 조위 때 건설한 업성이었다. 세 차례나 파괴된 끝에 160여 년 동안 버려졌다가 동위-북제 시기에 재건됐다. 그러나 이마저 오래가지 못하고 20년 뒤 다시 북주의 공격을 받았다. 580년 양견이 무력으로 황제의 자리를 빼앗자 업성 수비대장이 반란을 일으켜 업성을 완전히 불태워 버렸다. 이후로 업성은 자취를 감추었다.

　그러나 이런 특별한 경우를 제외하면 북방의 도시들은 수 문제 양견 때 대부분 번영과 활기를 되찾았다. 이와 비교하면 남방의 도시들은 운이 좋은 편이었다.

　강남에서 제일 번영한 대도시는 동오·동진·유송·남

진나라 때 비단신

제·남량·남진의 여섯 개 왕조가 수도로 삼았던 건강성으로 성안에는 4개의 시장이 있었고, 회하 양안兩岸에서도 정기적으로 많은 장이 섰다. 남방에는 강이 많아서 수상운송이 편리하였으므로 상품유통에 유리했다. 강과 강 사이에 있는 강릉江陵·산음山陰·성도成都·수춘壽春·양양襄陽 같은 도시에서도 상업이 번창했다.

대외무역이 가져온 생활의 변화

이 시기 상업에서 가장 괄목할 부분은 대외무역의 발전이었다. 전통적인 육로인 '실크로드' 외에 중국과 세계를 연결하는 바닷길이 열렸다. 동진·남조 시기 남방의 직조업과 도자기 제조업 등의 수공업은 수출의 토대를 마련했고, 남방의 수상 운송업과 조선업은 무역의 발전에 밑거름이 되었다. 번우番禺(지금의 광주)는 가장 대표적인 해외무역 중심지였다. 2만 톤까지 실을 수 있는 거대한 선박이 비단·도자기·칠기와 같은 중국 특산물을 싣고 인도·스리랑카·이란 등으로 갔다가 향료·의약품·진주 같은 외국 물품을 싣고 돌아왔다.

삼국·양진·남북조시대의 경제 발전에 힘입어 생활수준은 양한 시대보다 한 단계 높아졌다. 의식주 등 여러 방면의 수준 또한 이전보다 개선되었다. 예를 들어 과거에는 남방에서 비단옷을 입는 사람이 매우 적었지만 이 시기에는 비단옷을 입은 사람들이 많아졌다. 동진·남조 때 부자들은 모두 비단옷을 입었다.

북방에서 성행한 목축업은 새로운 옷감 생산의 토대를 마련했다. 서진 때 모피로 수건·혁대·바짓단을 만드는 풍조가 유행했다. 어떤 이들은 모피는 '호산胡産'이고 이는 곧 '호인'의 중원 지배를 예시하기 때문에 모피의 유행은 상서롭지 못한 조짐이라고 말하기도 했다.

모피의 등장은 양모가 한족 의상에서 사용되기 시작했음을 설명해주고 있다. 남북조시대 남방에서는 고귀함을 표시하는 상징으로 표범 가죽옷을 입었다. 무명도 해외무역을 통해 점차 중국으로 들어왔는데 당시에는 사치품이었다.

중국인들의 식단도 많이 풍부해졌다. 북방에는 유목을 하는 소수민족의 영향으로 육류와 유제품이 많이 보급됐다. 한족은 치즈를 '양생' 식품으로 여겨 귀빈 접대에 사용했다. 삼국시대 말기 조위의 왕제王濟는 양젖으로 만든 치즈를 동오의 대장 육기陸機에게 대접하면서 이렇게 물었다. "당신네 강남에는 이것과 비교할 수 있는 것이 있습니까?" 그러자 육기는 "천리호千里湖에서 나는 순채(물풀의 일종)가 맛이 좋고, 소금으로 간을 맞출 필요가 없습니다."라고 했다.

동진 때 남방으로 이주해온 사족의 영수 왕도王導는 강남의 사족 영수 육완陸玩을 식사에 초대했다. 육완은 치즈를 먹고 집에 돌아와 설사를 했다.

남방 사람들은 수산물을 즐겨 먹었다. 서진 때 강남 사람 장한張翰은 조정에서 벼슬을 했는데 가을바람이 휘휘 불기 시작하면 남방의 순챗국과 메기가 몹시 그리워 결국 벼슬을 버리고 고향으로 돌아갔다.

주식 부문에서는 쌀밥 외에 밀가루 음식이 다채로워졌다. 『제민요술』에는 국수·꽈배기·빵 등의 밀가루 음식 제조법이 실려 있다. 차를 마시는 풍속도 이 시기에 양자강 유역에서 유행하기 시작했다. 삼국시대 동오의 위요韋曜는 술을 잘 마시지 못해서 연회 때마다 남 모르게 술 대신 차를 마셨다. 남북조시대의 남방 사람 왕숙王肅은 북위에 의탁한 후에도 여전히 차 마시는 습관을 유지했는데 한번에 10리터를 마셔서 낙양의 관리들은 그를 '루치'[1]라고 불렀다. 한번은

---

1) 漏卮 : 바닥이 새는 술잔. 즉 밑 빠진 독에 물 붓듯 잔을 들이킨다는 뜻

연회에서 북위 효문제가 "양고기는 생선에 비교해 어떠한가? 치즈는 차와 비교해 어떤가?"라고 묻자 왕숙은 이렇게 답했다. "양은 땅에서 나는 것 중에서 제일이고, 생선은 물에서 나는 것 중에서 으뜸이므로 모두 좋은 음식입니다. 다만 각자의 입맛이 다를 뿐입니다. 양은 제나라와 노나라 대국보다 좋고 생선은 주나라와 여나라 소국보다 좋습니다. 다만 차는 치즈의 노예가 될 수 없습니다." 이때부터 낙양 사람들은 차를 '낙노酪奴'라 불렀다. 낙양 사람들은 잔치 때마다 차로 손님을 대접했다.

주거와 여행, 운송 부문에도 변화가 생겼다. 실내가구 중에서 제일 큰 변화는 '호상胡床'으로 이때부터 널리 사용되었다. 호상은 접이식 의자로 유목민족이 들여온 물건인데, 이전에 한족들은 두 무릎을 꿇거나 책상다리를 하고 바닥에 앉았으나 호상이 들어오면서부터는 지금처럼 다리를 내리고 앉을 수 있게 되었다.

식탁과 호상

운송 수단에도 커다란 변화가 생겼다. 말등자(발걸이) · 목사리 · 가슴걸이 같은 마구가 발명되었다.

진한시대에 천 리를 달리던 기병들은 오로지 두 다리로 말의 복부를 조여 말을 통제하다가 유목민족에게서 말등자 사용법을 배웠다. 현대에 들어 장사에서 출토된 서진의 도용陶俑(흙으로 구워 만든 조각상)을 분석해 보면 적어도 서진 때에는 원시적인 형태의 말등자가 있었다. 그러다 남북조시대에 말등자가 널리 보급되면서 기병들은 안정된 자세로 말 위에 앉을 수 있게 되었고, 맹렬한 공격에도 쉽게 떨어지지 않았다. 일반인들도 말을 타고 내릴 때 편리해졌고, 말을 타고 있을 때도 통제가 쉬워졌다. 종전 중국의 마차는 말의 흉부 힘으로만 움직였지만 말의 목에 걸게 된 마구인 목사리와 가슴걸이는 어깨 부위를 눌러서 말이 마차를 끌 때 가슴과 어깨의 힘을 충분히 사용할 수 있게 해주었다. 동한 말기에는 전란으로 말이 많이 죽어서 소가 끄는 수레가 중요한 운송 수단이 되었다.

삼국 · 양진 · 남북조시대의 그림을 분석해 보면 우차牛車의 사용에 따라 각종 수레에 관련된 도구가 개량되고 점차 마구에까지 영향을 미친 사실을 알 수 있다. 남북조시대에 와서 완전한 형태의 목사리와 가슴걸이가 제작되어 마차의 적재량이 크게 늘어났다. 이 발명품은 대략 500년 뒤 유럽으로 전해져 유럽 사람들은 화물수레를 끌거나 경작하는 데 말을 이용했다. 이 시기의 마구는 중세 유럽에 전해진 가장 중요한 발명품의 하나로 인정받고 있다.

4. 전란 속에서 피어난 과학·종교·예술

이 시대에는 오랜 전란으로 문명이 퇴보한 것이 아니라 오히려 불 속에서 다시 태어나는 불사조처럼 발전을 거듭해 나갔다.

인류와 자연의 투쟁의 결정체인 과학기술은 놀라운 발전을 보였고, 특히 수학과 천문·역학 분야에서 많은 성과를 거뒀다. 조위 때 수학

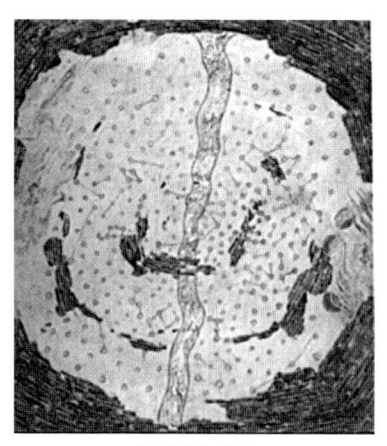

북위시대 성좌도

자 유휘劉徽는 '할원술割圓術'을 사용해 원주율을 소수점 이하 네 자리까지 밝혀냈다. 유송 때 위대한 과학자 조충지祖冲之는 더 나아가 원주율이 3.1415926과 3.1415927 사이에 있다는 것을 계산해냈다. 원주율은 대략적인 비율로는 22/7, 좀 더 정확한 비율로는 355/113이라고 했다. 이러한 성과는 유럽보다 1,000년이나 앞선 것이다. 조충지의 아들 조긍도 수학자로서 구의 체적을 계산하는 공식을 발견했다.

한나라 때의 역법은 오랫동안 사용되면서 점차 그 한계가 드러났다. 동진 때 천문학자 우희虞喜는 항성년恒星年과 태양년太陽年이 일치하지 않고 50년마다 1도씩 차이가 난다는 사실을 발견했다. 이러한 세차歲差의 발견으로 역법학자들은 새롭고 더욱 정확한 역법을 만들 수 있게 됐다. 조충지는 이러한 연구 성과를 토대로 대명력大明曆을 편찬하고 일 년을 365.2428일로 확정했다. 대명력은 이후 700여 년 동안 가장 정확한 역법으로 자리를 굳혔다.

북위 말기에 천문학자 장자신張子信은 섬에서 30여 년간 천체를 관측해 일월오성日月五星의 운행 궤도를 계산하고 역법을 교정했다. 지리학 방면에서는 서진 때 배수裴秀가 지도 제작의 기술을 완비하여 '제도육체制圖六體'라는 지도 제작 이론을 내놓았다. 이 시기에 더욱 유명한 것은 북위의 역도원이 편찬한 『수경주水經注』다. 이 책은 1,252개 물줄기의 원류와 변천 상황을 기록하고 강과 하천 주변의 산과 평원, 도시와 읍, 풍토와 인정을 상세하게 서술하여 고대의 가장 뛰어난 지리학 저서 중 하나로 평가받고 있다.

또 하나 눈부신 발전을 이룬 분야는 기계기술이었다. 가장 유명한 발명가는 조위 때의 마균馬鈞이다. 그는 오래 전에 명맥이 끊긴 지남거2)를 다시 설계·제조했으며, 물을 끌어올리는 번차翻車를 제작하고, 실 잣는 기계인 능기綾機를 개조했다. 조충지 또한 기계로 움직이는 배를 발명했는데 '천리선千里船'이라고 불렀다.

동한 말기의 유명한 의사 화타華陀는 전신마취법을 사용해 외과수술을 했는데 이는 고대 의학의 커다란 성과로 꼽힌다. 서진 때 어의였던 왕숙화王叔和는 『맥경脈經』을 집필해 전통 중의학 중에서도 진맥학의 이론적인 기초를 다졌다.

현실 도피적 종교 사상의 유행

그러나 과학기술의 발전이 아직까지는 삼국·양진·남북조 사람들의 사상에 큰 영향을 미치지는 못했다. 사람들의 정신세계에 큰 영향을 미친 것은 오히려 종교였다. 전란과 재해로 인한 파괴 속에서 사람들은 현실에 대한 믿음을 잃었기 때문에 염세주의와 현실에서 벗어나 내세를 추구하는 사상들이 크게 유행했다. 그 중에도 영향력이 가장 컸던 종교는 당시 중국에 막 들어온 불교였다.

불교는 동한 때 중국에 전해졌고, 16국시대에 북방 소수민족들이 중원으로 들어오면서 널리 전파되었다. 불안한 사회 분위기 또한 불교의 유행을 부추겼다. 후조後趙 때 서역의 승려 불도징佛圖澄이 중원

---

2) 指南車 : 수레 위에 신선의 목상木像을 얹고, 차가 달리는 방향과 관계없이 그 손가락이 언제나 남쪽을 가리키게 만든 고대의 수레

에 와서 불교를 전파했는데 석륵과 석호石虎 부자는 그를 매우 존경하여 '대화상大和尙'이라고 높여 부르며 그의 말이라면 모두 수용했다. 불도징은 893개의 불교사원을 짓고 수만 명의 제자를 거느렸다. 그의 제자 석도안釋道安은 절의 계율을 제정하고 불경을 정리했는데 그 영향력이 중국의 남북으로 퍼졌다. 그 후 서역의 많은 승려들이 중국에 들어왔고 중국의 많은 신도들이 인도로 구법여행을 떠나 다양한 불경을 구해오면서 점점 여러 불교 종파가 생겨났다. 불경이 한문으로 대거 번역되면서 교리도 점차 중국화되었다. 이런 과정에서 부모에게 효도하고 군주에게 충성하라는 유교적 내용까지 교리에 가미되어 각계각층에서 더욱 쉽게 불교를 받아들일 수 있었다. 남북조 시대에는 이미 불교의 사회적 영향력이 막대해져 착취대상을 놓고 황제와 쟁탈전을 벌이게 되면서 황제의 권위에 위협적인 존재가 되었다.

민간에서 널리 유행한 또 하나의 종교는 도교였다. 동한 말년의 태평도와 오두미도五斗米道와 같은 도교는 비밀 농민봉기 조직이었기 때문에 삼국시대에 들어 통치자들의 잔혹한 탄압을 받았다. 그러나 연단煉丹이나 도인導引과 같은 장생불로술, 신선이 되는 법, 귀신을 몰아내는 주술 등을 앞세운 도교의 일부 분파는 통치자들의 신임을 얻으면서 각지에서 유행하기 시작했다. 서진 때 갈홍葛洪은 『포박자抱朴子』를 편찬했다. 그는 신선사상과 결합한 도가사상을 충실히 표현하면서 정치적으로는 유가사상을 가미하여 도교의 주요한 이론가로 등장했다. 북위 초기 구겸지寇謙之는 유가의 예교사상으로 오두미도를 개조해 천사도天師道라는 새 종파를 창립했다. 그는 늘 북위 황제를 위해 신선에게 복을 빌었기 때문에 태무제는 그에게 호의적이었다. 이리하여 도교는 크게 발전해 불교와 대등한 위치가 되었다. 그러나 교리가 복잡하고 무질서해서 불교만큼 사회적 영향력을 행사하지 못했다.

종교의 유행은 통치계급의 사상 변화와 밀접한 관계가 있었다. 동한 말기 이래 극심한 계급투쟁과 민족투쟁, 통치계급 내부의 잔혹한 권력 다툼은 유가사상의 정통 지위를 크게 흔들어 놓았다. 조위-서진 시기 일부 통치계급 실력자들은 유가사상을 믿지 않고 무위자연無爲自然의 도가를 숭상했다. 당시의 도가사상은 '무無'를 근본으로 삼았으며 '현학玄學'으로 불렸다. 세상을 멀리하고 예의범절에 구애받지 않으며 소박함을 강조하였는데 이는 종교 전파에 유리하게 작용했다. 현학과 불교의 교리는 결합이 가능했고 도가의 부흥 또한 도교의 유행에 크게 이바지했다.

문학·예술의 비약적 발전

삼국·양진·남북조시대에는 전란과 재해, 종교적 미신이 횡행했지만 중국인의 상상력과 창조력까지 억누르지는 못했다. 중국 문학에서 이 시기는 선인들의 성과를 이어받아 계속 발전시켜 나가는 중요한 단계였다. 예술 방면에서도 찬란한 성과가 있었다.

특히 많은 시인을 배출했다. 위·촉·오 삼국정립 초기에 활

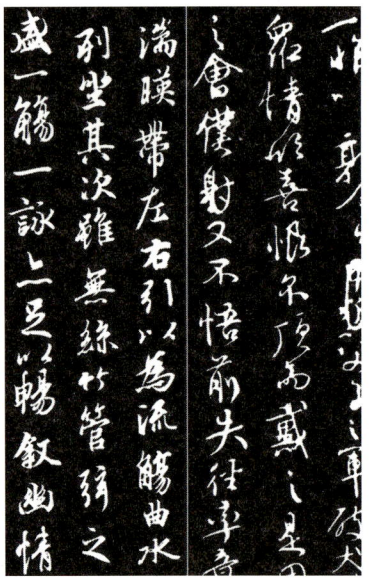

서예가 왕희지의 난정서(蘭亭序) 모사본

동한 조조·조비·조식의 삼부자를 대표로 하는 '건안建安시인'은 현실주의 정신으로 사회상을 묘사했다. 이러한 예술 풍격을 후세 사람들은 '건안풍골建安風骨'이라고 일컬으며 찬양했다. 시가 장르는 오언시와 칠언시로 발전하여 예술성이 높아졌다. 동진 시기 도연명陶淵明을 대표로 하는 '전원田園시인'은 진실하고 생동감 넘치는 수법으로 전원생활을 찬미해 중국 문학사에서 중요한 위치를 차지한다. 동진·유송시대의 사영운謝靈運은 풍경을 묘사하고 감정을 토로하는 '산수시' 유파를 창립해 문학사에 한 획을 그었다. 남제 영명永明 시기에 활약한 사조謝脁와 심약沈約 등은 운율 연구에 몰두해 사성평측을 활용한 시를 썼다. '영명체永明體'라고 하는 이 부류의 작품들은 중국 율격시 발전에 지대한 영향을 미쳤다. 사대부들의 시가도 민간 가요인 악부시의 영향을 받았다. 이 시기 북방의 민요는 소박하고 청량하며 절박하고 굳건한 것이 특징이다. 대표작으로는 민간에 회자되던「칙륵가敕勒歌」「목란사木蘭辭」가 있다. 남방의 민요는 정교하고 청신하며 완곡한 표현으로 사람들의 심금을 울렸다.

역사가와 소설가 그리고 산문가도 많이 나왔다. 혼란한 정치는 수많은 역사서를 탄생시켰다. 지금까지 전해오는 역사서로는 유송 때 범엽范曄이 쓴『후한서』, 서진의 진수陳壽가 편찬한『삼국지』, 남량 때 심약沈約의『송서』와 소자현蕭子顯의『남제서』, 동위 때 위수魏收의『위서』등이 있다. 이밖에도 많은 사서가 있었지만 모두 소실됐다. 역사서에 따르면 양진·남북조시대에 진사晉史를 전문적으로 서술한 책만 20여 집이었고, 16국의 역사를 기술한 것도 20여 집이나 되었다고 한다. 수나라 때만 해도 20여 종의 남북조 관련 역사서가 보존돼 있었다. 이 밖에 특정 지역의 역사·지리·풍속을 기록한 방지方志(지방의 역사서)가 많았다. 지금까지 전하는 것으로는『화양국지華陽國

志』와 『낙양가람기洛陽伽藍記』 등이 있다. 사서와 방지는 사실의 기록일 뿐만 아니라 우수한 문학작품이기도 하다.

또 현실생활을 묘사하고 진실한 감정을 토로한 빼어난 산문 작품들이 많이 나왔다. 그중 제일 유명한 작품이 도연명의 『도화원기』로서 불멸의 걸작으로 꼽힌다. 전통적인 사辭나 부賦도 많이 지어졌는데 형식을 중시하고 경전을 인용한 변려체가 유행해 관청의 공문까지도 이러한 문체를 사용할 정도였다. 동시에 소설도 문단에서 뚜렷하게 한 장르를 형성했다. 그중 간보干寶가 지은 『수신기搜神記』와 유의경劉義慶의 『세설신어世說新語』가 대표적이다.

시와 산문이 발전하면서 이론적인 정비가 필요했다. 조위의 황제 조비는 『전논典論·논문論文』이라는 문학비평서를 써서 건안 시기에 유행한 문장의 풍격과 체제를 비판하고 평가했다. 이것은 중국 최초의 문학비평서다. 남제 때 유협은 『문심조룡文心雕龍』에서 문체와 문풍이 발전하는 원인을 체계적으로 분석하여 이후 문학이론의 기초를 세웠다. 남량 때 종영鐘嶸이 쓴 『시품詩品』은 시 평론의 서막을 연 비평서다.

문학의 발전보다 더욱 시선을 끄는 성과는 조형예술의 탁월한 작품들이다. 뛰어난 화가들이 수없이 많이 나왔다. 동진의 위대한 화가 고개지顧愷之는 사실적인 인물 묘사로 이름을 날렸다. 그의 그림은 마치 눈동자만 그려주면 바로 입을 열고 말을 할 것만 같았다고 한다. 또 남량의 화가 장승요張僧繇는 벽화로 유명했다. 안락사라는 절에 네 마리의 백룡을 그렸는데 그 중 두 마리에 눈동자를 찍는 순간 하늘로 날아올라갔다는 화룡점정 전설의 주인공이다. 한편 종이가 널리 사용되면서 서예는 회화보다 빠르게 발전하여 중국적인 특색이 듬뿍 묻어나는 예술 분야로 자리 잡았다.

예서가 해서와 행서로 바뀌기 시작한 시기는 동한 말기부터다. 조위의 서예가 종요鍾繇는 해서에 뛰어났으며 서예의 수준을 한 차원 높였다. 동진의 왕희지王羲之와 왕헌지王獻之 부자는 각각 '서성書聖' '소성小聖'으로 일컬어졌으며, 이들의 작품은 천 년 세월을 거쳐 오늘날까지 전해지고 있다. 후대 서예의 각종 유파는 모두 이 시기에 싹을 틔웠다.

불교의 전파는 조형예술에 풍부한 소재를 제공했다. 건축·조각·회화가 한데 어우러진 석굴사원 벽화도 불교의 전파 경로를 따라 서쪽에서 동쪽으로 유행했다. 신강 극자이·키질 석굴군·감숙성 돈황 막고굴·산서성 대동 운강석굴·하남성 낙양 용문석굴 등과 같이 웅대하면서도 정교한 석굴예술의 보고는 모두 다 이 시기에 제작되었다.

황제를 끼고 제후에게 호령하다
─ 조조 세력의 흥기

중국 역사를 통틀어 볼 때 세상이 혼란스러우면 실권 없는 황제들이 정치 세력의 도구로 이용되는 경우가 많았다. 동한 말기 군벌들이 할거하는 혼란기에 황제를 끼고 제후들을 호령하여 신흥 세력으로 우뚝 일어선 것이 조조 집단이다.

1. 어지러운 시대의 간교한 영웅, 조조

서기 196년* 7월, 이름뿐인 중국의 최고 통치자, 동한의 헌제 유협은 무참하게 파괴된 수도 낙양에 처량한 모습으로 돌아왔다. 이 불운한 허수아비 황제는 이때 겨우 15세였다.

이로부터 6년 전, 군벌 동탁이 그를 유명무실한 황제로 내세운 뒤 장안으로 데려갔고, 어린 황제는 적막하고 협소한 임시 황궁에서 거의 연금 상태로 5년의 세월을 보내느라 군벌들 간의 혼전과 백성들의 참담한 생활에 대해 전혀 알지 못했다. 동탁이 죽자 그의 부하 이각李傕은 관중(섬서성 위하 유역일대)의 혼란을 틈타 헌제를 자기 병영으로 납치했다. 헌제는 한참 뒤에야 군벌의 도움으로 이곳을 빠져나올 수 있었다.

조정의 일부 문관들은 여러 지방 군벌의 도움을 받아 어린 황제를 낙양으로 데려오고자 했다. 헌제는 그제야 전란 중의 유랑생활이 어

---
* 한국사: 194년 고구려 진대법 실시

떤 것인지 뼛속 깊이 깨닫게 된다. 그러나 이각이 황제를 놓아주도록 승낙한 것을 후회하여 헌제는 관중의 군벌과 흉노족의 추격을 받기도 하고 또한 여러 무장세력의 협박을 받기도 한다. 설상가상으로 호위병사들은 나날이 줄고 양식마저 떨어져 헌제는 온갖 고초를 겪어야 했다. 일행은 군벌의 추격을 따돌리기 위해 먼저 섬서성 북부에서 황하를 건넌다. 배는 작고 사람은 많아서 뒤에 도착한 병사들과 하급 관리들은 배에 먼저 타려고 서로 싸우며 필사적으로 달려든다. 마음이 급해진 대신들이 그들을 칼로 베어버리라고 명령을 내리자 잘려진 손가락이 배 안으로 떨어졌고, 일행은 이것을 하나하나 주워 강으로 버려야 했다. 심지어 배 안이 좁아 어린 황제를 업어야만 했다. 황하를 건넌 사람은 헌제와 동병상련의 어린 황후, 수행하는 몇 십 명의 문관과 호위무사들 뿐이었다. 이들은 황하의 북쪽 안읍安邑에 잠시 머물다 다시 맹진孟津에서 황하를 건너 낙양으로 돌아왔다. 장안에서 낙양까지는 700여 리밖에 안 되지만 일 년이나 걸려서 겨우 도착할 수 있었다.

그러나 낙양으로 돌아온 동한의 황제는 '집(궁궐)'으로 돌아가지 못했다. 낙양의 궁궐은 오래 전에 이미 잿더미가 되었기 때문이다. 헌제는 어쩔 수 없이 죽은 대환관 조충趙忠의 집에 머물렀다. 황제를 수행하는 관리들과 의탁할 곳을 찾아 온 고관들은 쓰러져가는 담벼락에 몸을 기대어 쉬고, 하급관리들은 산나물을 뜯어 배를 채웠다. 상황이 그러해도 기冀(지금의 하남성 일대) · 청靑(지금의 산동성 북부) · 병幷(지금의 산서성 일대)의 3개 주에서 할거하던 군벌들은 전쟁을 치르기에 바빴으므로 황제와 동한 정권을 돌볼 겨를이 없었다.

군벌 가운데 세력이 제일 강했던 원소는 헌제를 영접하고 동한 조정을 다시 세울 능력이 있었다. 책사인 저수沮授도 그렇게 하기를 건의했다. 그러나 원소는 자신이 4대에 걸쳐 5공五公을 배출한 명문 출신이므로 스스로 황제의 자리에 앉을 자격이 있다고 여기고, 어린 황제 따위는 거들떠볼 필요가 없다고 생각했다. 한나라의 운이 이미 다했다고 판단한 다른 책사들도 군웅들이 서로 황제가 되려 하는 상황에서 어린 황제를 모셔 오면 일을 더욱 번거롭게 만들 뿐이라며 저수의 요청에 반기를 들었다. 원소는 황제를 데려오지 않기로 결심했다. 원소는 이듬해인 197년, 의기양양한 모습으로 '대장군'의 지위 (동한 때 대장군은 조정에서 가장 많은 관리를 거느렸다)를 받아들이고 황제에 오를 때를 기다렸다.

반면, 원소의 동생 원술은 황제가 되려는 야심을 억누를 수가 없었다. 비록 회남 일대만 차지하고 있어 세력이 원소에 미치지 못했음에도 공공연히 자신을 천자라 칭하며 황제 노릇하기에 바빴다. 다른 세력들도 동한의 어린 황제는 일말의 이용가치가 없다고 생각했다.

그러나 당시 연兗(지금의 산동과 하남성 일부)과 예豫(지금의 하남성 동남부 일대), 두 주를 차지하고 있던 조조는 이런 형세를 다른 측면에서 바라보고 기회를 잡는다.

헌제가 낙양에 도착한 지 한달 후, 조조는 사촌동생 조홍曹洪을 보내 헌제를 맞이하게 했다. 헌제를 호위하는 장령 동승董承은 처음에는 이들의 요구를 거부했지만 내분이 일어나자 오히려 조조에게 도움을 요청했다. 조조는 직접 낙양으로 병사를 이끌고 와서 천자를 호위하는 또 다른 장령인 한섬韓暹을 몰아낸 뒤 망가질 대로 망가진 조정을 장악했다.

그러나 낙양은 이미 잿더미가 돼 있었다. 더구나 군벌들이 대결을 벌이고 있는 상황에서 조조는 자신의 군사력만으로는 폐허가 된 낙양을 지키기에 역부족이라고 판단하여 헌제와 동한의 조정을 자신의 근거지인 허창許昌으로 옮기게 했다. 이때부터 조씨 세력은 한나라 황제의 이름을 내세워 적대적인 군벌세력 토벌에 나섬으로써 이미 보유하고 있던 강력한 군사력의 바탕 위에 정치적 우위까지 확보하게 된다.

비정한 야망가

조조는 명문 귀족 출신이 아니었다. 그의 아버지 조숭曹嵩은 원래 보잘것없는 인물로 가문의 내력이나 어린 시절에 대해 알려진 바가 거의 없다. 전하는 말에 따르면, 조숭은 실제로는 하후夏侯씨의 자손인데 후에 환관 조등曹騰의 양자로 들어가면서 성을 조曹씨로 바꿨다고 한다. 동한 말기에 환관들이 권력을 전횡했는데 조등은 그중 가장 세력이 강한 환관 중의 한 사람이었다. 그는 안제安帝·순제順帝·충제冲帝·질제質帝·환제桓帝 등 다섯 황제를 모셨고, 비정후費亭侯에 봉해졌으며 중상시中常侍와 대장추大長秋를 지냈다. 조숭은 양아버지의 도움을 받고 또한 관운이 있어 관직이 대사농大司農까지 이르렀으며 거액을 들여 태위太尉 자리를 사서 한나라 최고위 관직인 삼공의 하나로 올라섰다.

이러한 관료 집안에서 성장한 조조는 어려서부터 공부를 게을리 하고, 사냥을 즐기며, 방탕한 생활로 시간을 보냈지만 꾀가 많았다. 삼촌은 조조를 바로잡기 위해 아버지에게 그의 행실을 일러바치곤 했다. 이에 꾀를 낸 조조는 삼촌 앞에서 얼굴을 일그러뜨리며 몸이 마비된 시늉을 한 뒤 중풍에 걸렸다고 말했다. 그러나 삼촌의 이야기를 들은 아버지가 찾아와서 그를 살피자 오히려 완전히 정상으로 행동했다. 아버지가 어찌 된 일인지 묻자 그는 이렇게 말했다. "삼촌께서 저를 싫어하

조조의 초상화

셔서 없는 말을 지어내신 듯합니다." 조숭은 이때부터 의심이 생겨 이후로 동생이 조조에 관해 하는 말을 믿지 않았다.

청년 시절의 조조도 어릴 때와 다를 바 없었다. 명예와 절개를 중시한 당시의 사대부들과는 완전히 달랐다. 그러나 사대부들 중에는 그를 신임하는 사람들도 있었다. 특히 당시의 명사인 교현橋玄은 조조와 첫 만남에서 의기투합하여 아내와 자식들을 보살펴달라고 부탁하며 말했다. "천하가 앞으로 혼란스러워질 텐데 인재가 아니면 세상을 평정할 수 없을 걸세. 천하를 안정시키는 일은 아마도 자네에게 달려 있을 거라 생각하네."

그 후 교현은 인물평으로 유명한 허자장許子將에게 조조를 소개해 주었다. 허자장은 조조를 보고 "치세의 능신이요, 난세의 간웅이 될 사람"이라고 예언했다.

조조가 '태평한 시대에 유능한 신하'의 면모를 보인 것은 20세 때다. 이때 처음으로 벼슬길에 올랐는데 부친의 영향력 덕분에 효성스럽고 청렴한 인물孝廉(효렴)로 추천돼 낙양의 북부위北部尉가 되었다. 낙양성 북부 지역 치안을 책임지는 자리였다. 그는 취임 하자마자 오색봉을 만들어 관청 대문 양쪽에 걸어놓고 법을 어기는 자가 있으면 평민 귀족 가릴 것 없이 모두 이 몽둥이로 때려죽였다. 한번은 한의 영제가 가장 총애하는 환관 건석蹇碩의 삼촌이 법을 어기자 자신의 규율에 따라 때려 죽였다. 다행히 조조는 집안이 좋았기 때문에 별 탈 없이 지나갔고 이 일로 낙양에서 유명인사가 되었다.

황건의 난이 일어나 천하가 뒤숭숭해지자 조조는 '어지러운 시대의 간교한 영웅' 기질을 유감없이 발휘했다. 젊어서 병서를 많이 읽은 조조는 기도위騎都尉의 직위로 황건적 토벌에 참가했다. 동탁의 난 때 조조는 낙양에서 몰래 도망을 쳤는데 이 과정이 소설『삼국연의』에서는 멋대로 과장되어 있다. 예를 들면 이렇다. 조조는 본래 동탁을 죽이려고 했는데 일이 여의치 않자 어쩔 수 없이 줄행랑을 놓았으나 도중에 사로잡히고 말았다. 이때 그곳 현령인 진궁陳宮의 도움을 얻어 함께 도망을 간다. 도중에 옛 친구인 여백사呂伯奢의 집에서 묵게 되는데 여씨 식구들이 조조를 대접하려고 돼지 잡는 칼을 갈자 자신을 죽이려는 것으로 오해하고 여씨 식구 8명을 모조리 죽여 버렸다. 오해가 풀린 뒤에도 술을 마시고 집으로 돌아오는 죄 없는 여백사를 죽이고 큰소리를 쳤다. "내가 세상 사람들을 버릴지언정 세상 사람들이 나를 버리게 할 수는 없소."

사실 이 이야기는 역사서에서는 찾아볼 수 없다. 어떤 역사서에도 조조가 동탁을 죽이려 했다는 내용은 나오지 않는다.

다만 일부 역사서에 이런 이야기가 기록되어 있다. 조조가 젊은 시절 낙양에 있을 때 환관 장랑의 저택으로 뛰어들어갔는데 장랑의 사람들에게 포위 공격을 당하게 된다. 이때 조조는 미늘창을 휘둘러 포위를 뚫고 담을 넘어 도망간다. 그의 무술 실력이 뛰어났음을 알 수 있는 이야기이다. 한 역사서에는 또 이렇게 기록되어 있다. 조조가 여백사의 집을 지나갈 때 여씨의 자제들이 나쁜 마음을 먹고 그를 공격하려고 했으나, 오히려 조조가 그들 중 몇 사람을 죽였다는 것이다.

일부 소설에서는 신빙성을 높이기 위해 조조가 의심이 많아서 무고한 사람을 마구 죽이고 "내가 세상 사람들을 버릴지언정 세상 사람들이 나를 버리게 할 수는 없소."라고 외쳤다 말한다. 혼란한 시대를 살았던 대부분의 강자들은 이런 악독한 면을 어느 정도 지니고 있었던 것 같다. 조조의 일화를 믿고 안 믿고는 독자가 선택할 몫이다.

190년 조조는 진류陣留(지금의 하남성 개봉시 동남쪽)에서 군사를 일으키고 각지의 반동탁 군벌들과 연합해 동탁 토벌에 나섰다. 가산을 털고 현지 세력가들의 지원을 받아 5,000명에 이르는 군대를 조직했다. 조씨와 하후씨 자제들은 앞다투어 조조 군대에 들어갔다. 조홍曹洪·조인曹仁·조휴曹休·조진曹眞·하후돈夏侯惇·하후연夏侯淵·하후상夏侯尙 등은 모두 군관을 맡아 조조 세력의 핵심이 되었다.

이때부터 조조 세력은 본격적으로 천하를 다투기 시작했다. '동탁토벌연맹'이 와해되자 조조는 군대를 지휘하여 동쪽으로 세력을 확장했다. 191년 흑산黑山의 농민군 10여만 명이 연주 동쪽 지역을 점령했다. 조조는 흑산 농민군을 격파하고 동군東郡의 군청 소재지인 동무양東武陽 일대를 핵심 근거지로 삼았다. 이듬해 농민군이 대거 반격을 해오자 조조는 소부대로 하여금 동무양을 지키게 하고 자신은 주력부대를 이끌고 농민군의 근거지를 공격했다. 대승을 거둔 조조에게 동군은 첫 번째로 든든한 근거지가 되었다.

얼마 후 청주의 농민군이 연주를 공격해 연주목 유대劉岱가 전사했다. 조조의 책사인 진궁은 조조를 새로운 연주목으로 세우도록 유대의 부하들을 선동했다. 조조는 대군을 이끌고 수장壽張(지금의 산동성 동남쪽)에서 농민군과 결전을 벌였다. 초기에는 연전연패를 거듭하여 농민군 주둔지 기습에 실패하고 포로가 될 뻔한 적도 있었다. 조조는 차근차근 진을 쳐가면서 싸우는 전술이 더 유리하다고 판단했고, 그의 전략으로 인해 농민군 세력은 점차 약화되기 시작했다. 농민군은 원소가 차지하고 있던 청주와 기주로 후퇴하지 않는 한 더 이상의 퇴로는 없었기 때문에 조조군의 압박에 밀려 후퇴하다가 제북濟北에서 포위되었다. 설상가상으로 식량마저 바닥이 났던 터라 농민군은 조조에게 투항할 수밖에 없었다. 조조는 이때 투항한 10여만 농민군을 청주군으로 편입시켰다. 이로써 조조의 세력은 훨씬 커졌다.

그 후 몇 년 동안 조조와 원술·도겸·여포 등 군벌세력들은 중원 일대에서 일진일퇴의 싸움을 벌였다.

193년, 도겸의 부하가 조조의 아버지 조숭을 살해했다. 조조는 아버지의 원수를 갚기 위해 군대 전체를 이끌고 도겸의 근거지인 서주(지금의 산동과 강서성 사이)를 맹공격해 10개 성을 격파하고 무고한 백성 수십만 명을 살해했다. 특히 5개 현은 조조군의 학살로 인적이라고는 찾아볼 수 없었고 닭·개·돼지·양까지도 모두 도살당했다. 이렇게 학살을 일삼는 사이 책사인 진궁陳宮과 부하 장막張邈이 후방에서 반란을 일으켜 여포에게 의탁했다. 연주에서는 동아東阿(지금의 산동성 동아 서남부)·견성鄄城·범範 등의 세 지역만이 조조의 지배하에 있었다.

조조는 회군하여 여포와 싸움을 벌였다. 양측은 복양濮陽에서 100여 일이나 대치했다. 전쟁 초기에 조조는 복양의 수비대장 전씨의 기만전술에 걸려들어 하마터면 여포의 포로가 될 뻔했다. 양측이 혼전을 거듭하는 가운데 군량이 바닥나자 조조는 잠시 원소의 제안을 받아들일까 고민했지만 책사 정욱程昱이 이를 만류했다. 이듬해 조조는 다시 공격을 시작해 여포를 무찔러 연주 통치권을 회복했다. 그러자 장안에 있는 동한의 허수아비 조정은 조조를 연주목으로 정식 임명했다. 196년 동한 조정과 황제가 피란을 간 사이 조조는 예주를 공격하고 영천의 황건군을 무찔러 연주와 예주를 차지한 대군벌이 되었다.

허수아비 황제를 내세워 정통성을 확보하다

조조는 헌제와 조정을 자신의 근거지인 허창으로 맞아들였다. 이러한 조치는 그가 세력을 키우는 데 중요한 역할을 하게 된다. 중국은 예로부터 '정통'을 매우 중시했다. 일찍이 춘추시대에 여러 제후국이 서로 싸울 때 제나라 환공桓公은 제후국들을 통일하고 천하를 얻었다. 이때 환공이 내건 구호가 '존왕양이尊王攘夷(유명무실한 주나라 왕실을 호위하고 오랑캐를 물리친다)' 였다. 고조高祖 유방劉邦이 개국한 때로부터 조조가 헌제를 영접할 때까지 한나라는 401년이라는 긴 세월 동안 지속됐다.

조위시대 쇠뇌 격발 장치

한 왕조가 천하를 다스린다는 관념은 사람들 마음속에서 쉽게 사라지지 않았다. 비록 동한의 조정이 실질적인 군사력은 없었지만, 군웅들도 여기저기서 할거하고 있을 뿐, 큰 영향력을 행사하며 한 왕조를 대신할 만한 정치 세력은 아직 나타나지 않았기 때문이다. 따라서 한 왕실을 손에 넣는 것이야말로 황제를 끼고 제후들을 호령할 수 있는 정치적 우위를 확보하는 길이었다.

신흥 정치 세력인 조조 집단은 명성이나 정치력 면에서 아직까지 영향력이 크지 않았기 때문에 권문세가들로부터 '내시의 서자'라는 멸시를 받았으며 사족계층으로부터도 따돌림을 당했다. 정치·경제·군사적으로 세력이 약한 조씨 세력이 한 단계 발전하기 위해서는 유명무실한 동한 왕실의 간판이 필요했다. 이것을 이용하여 약점을 가리고, 막강한 세력의 공격을 방어하며, 명문세족들의 인정을 받을 수 있기 때문이었다.

유랑의 고통을 뼛속까지 맛본 헌제는 자신을 따르는 일부 문관과 함께 조정을 허창으로 옮기고 연호를 건안으로 고쳤다. 헌제는 조조가 자신을 모신 데 대한 보답으로 그를 무평후武平侯에 봉하고 삼공의 하나인 사공司空의 직위에 앉히는 한편 행거기장군行車騎將軍에 임명했다. 원래 헌제는 조조에게 대장군의 자리를 맡기려 했으나, 조조는 원소와의 갈등을 피하기 위해 이를 극구 사양하고 직위를 원소에게 양보했다.

그 대신 조조는 자기 심복을 조정 내부에 심어놓았다. 그의 책사 순욱荀彧에게 시중侍中(황제를 측근에서 모시는 신하) 겸 상서령尙書令(황제에게 올라온 보고서를 관할)을 맡겨 조정의 모든 문서 왕래를 감독하게 한 것이다. 조조의 사공부야말로 진정으로 왕명이 나오는 곳이었다.

조조가 한나라 조정의 정치적인 우세를 제어하기 위해서는, 모든 군사 통제권을 자신이 쥐고 있어야 했다. 그가 점유하고 있는 지역은 예전부터 사방으로 적과 맞서 싸워야 한다는 중원이었다. 당시 북쪽에는 막강한 원소 세력이 자리잡고 있고, 서쪽에는 관중을 차지한 한수와 마등 세력이 포진해 있었다. 서남쪽에는 남양을 차지한 장수張繡 세력, 동남쪽에는 회남을 근거지로 하고 있는 원술이 있었다. 동쪽으로는 서주를 점령한 맹장 여포가 버티고 있었다.

조조는 형세를 분석하고 두 가지 전략을 세웠다. 먼저 남쪽을 치고 북쪽은 나중에 친다, 우선 약한 쪽을 공격하고 강한 쪽은 나중에 공략한다는 작전이었다. 세력이 강한 원소와의 충돌은 가급적 피하고 먼저 허창을 위협하는 장수 세력을 없애기로 했다. 이어 세력은 약하지만 야심이 큰 원술을 치고, 그 다음에 변덕스러운 여포를 제압해 자신의 남쪽 진지를 안정시키고 북쪽에서 세력이 제일 강한 원소는 그 다음에 대처하기로 했다. 다행히 원소는 유주를 차지하고 있는 공손찬과 싸우느라 남쪽에는 신경 쓸 겨를이 없었다.

조조의 책사 종요는 관중으로 가서 조조의 조정에 충성하도록 한수와 마등을 설득했다. 덕분에 조조는 자신의 전략적 구상을 실현할 기회를 얻었다.

2. 사방의 적을 정복하다

조조가 자신이 세운 계획을 실현하는 과정은 결코 순탄치 않았다. 197년 봄, 조조는 직접 군사를 거느리고 남양을 공격했다. 장수가 투항했다가 다시 뒤통수를 치는 바람에 조조는 화살을 맞고 부상을 당했다. 큰아들 조앙曹昻과 조카 조안민曹安民은 전사하고, 전군은 허창으로 퇴각했다.

이때 원술은 스스로 황제라 칭하고 여포와 한창 격전 중이었다. 조조는 재빨리 군대를 이끌고 황제의 명이라는 구호 아래 원술 토벌에 나서 대승을 거두었다. 그 다음 다시 두 차례에 걸쳐 장수를 공격해 끝내 물리쳤다.

장수는 남쪽으로 달아나 형주에 근거지를 두고 있던 유표에게 도움을 청했다. 그러자 조조는 즉시 헌제에게 상소를 올려 강남의 손책을 오후吳侯로 봉할 것을 요청했다. 손책에게 반대 세력을 토벌할 권한을 준 까닭은 손책이 서쪽으로 세력을 확대해 유표의 측면을 위협하면 유표가 전력을 다해 장수를 지원하지 못할 거라고 판단했기 때문이다.

조조는 주력을 집중해 여포를 공격했다. 조조는 여포의 근거지인 하비下邳(지금의 강소성 저영현)를 재빨리 포위하고 강둑을 무너뜨려 성을 물에 잠기게 했다. 이어 여포의 부하들에게 투항을 권유하는 전술을 써 마침내 여포를 사로잡았다. 이리하여 조조는 연주 · 예주 · 서주 3개 주 모두를 차지했다.

조조가 남방 공략에 전력을 다하고 있는 사이, 원소는 공손찬과 싸워서 이기고 유주를 점령한 다음 창끝을 중원으로 돌려 군대를 이끌고 남하했다. 여포를 물리친 조조는 주력부대를 이끌고 북상하여 관도 일대에서 진을 쳤다.

이때 거기장군 동승은 헌제의 '허리띠에 감춘 밀조'를 받았다며 허창에서 군사를 일으켜 조조 암살을 기도했다. 조조를 도와 여포를 물리친 유비도 서주에서 반란을 일으켰다. 조조는 바로 병사를 이끌고 돌아와 동승을 죽이고 유비를 제압한 뒤 사람을 보내 한수와 마등을 안심시켰다. 패기만만한 손책은 조조의 본거지를 습격해 황제를 맞아들이려는 계획을 추진하다 자객에게 암살당한다. 조조로서는 후환이 없어진 셈이다. 조조는 손책의 동생 손권이 형의 자리를 계승한다는 사실을 알고 바로 헌제에게 건의해 그를 토로장군討虜將軍으로 임명했다. 후방을 안정시키기 위한 조치였다.

결단력이 있는 조조와 반대로 원소는 행동이 느렸다. 책사들이 이 기회에 재빨리 남하해 조조를 물리치라고 건의했지만 원소는 막내아들이 병에 걸렸다는 이유로 움직이지 않았다. 원소군이 대거 남하했을 때는 조조가 이미 내란을 진압한 뒤였으므로 결과적으로 조조에게 숨 돌릴 틈을 준 것이다. 정예부대로 조조가 지배하는 지역의 국경을 자주 기습하면 조조군은 응전하느라 지치고 경제력도 소모될 수 있다고 원소의 책사들이 또 다시 건의했다. 그러나 원소는 이 의견 또한 받아들이지 않고 한 번의 결전으로 조조의 주력을 섬멸하고 연·예·서의 3개 주를 소탕하려 들었다. 원소는 우유부단하고 남을 의심하기 좋아해 마음에 안 드는 소리를 한 책사들을 가두거나 강등시켰다. 이 때문에 부하들은 두려움에 떨었다.

원소군과의 전투

200년 봄, 원소는 수십만 대군을 이끌고 공격을 시작했다. 선봉을 맡은 대장군 안량顔良이 먼저 황하를 건너 조조의 전진기지인 백마성白馬城을 공격했다. 주력부대가 황하를 건너는 데 유리한 지역을 선점하기 위한 조치였다. 반격에 나선 조조는 군대를 곧바로 백마성으로 보낸 것이 아니라 백마성 서쪽 연진延津으로 향하게 했다. 이는 황하를 건너 원소군의 배후를 치기 위한 작전이었다. 작전은 주효했다. 원소군은 어쩔 수 없이 병력을 분산시켜 연진으로 향했다.

조조군은 원소의 군대가 서쪽으로 이동할 때 백마성을 기습했고 안량의 부대를 공격해 섬멸했다. 안량은 관우에게 죽음을 당했다. 원소의 주력부대가 황하를 건너자 조조는 군대를 이끌고 서쪽으로 이동했다.

원소가 기병을 보내 추격하자 조조는 고의로 치중輜重을 포기한 다음, 원소의 기병이 치중을 약탈하는 사이 기병 수백 명을 이끌고 나아가 단숨에 원소의 기병 1,000여 명을 물리쳤다. 이 전투에서 원소의 대장 문축文丑이 사망했다.

비록 조조가 두 번의 전초전에서 이겼지만 적의 세력이 우세한 상황은 역전시킬 수 없었다. 조조군은 원소의 주력부대가 황하를 건너오자 관도에서 대치한 채, 방어진지를 튼튼하게 구축하고 가급적이면 대결을 피했다. 원소는 조조의 군량이 부족한 사실을 알고 유비를 여남汝南 지역으로 보내 조조군의 식량 보급로를 공격하면서 조조의 후방을 교란했다. 원소군의 군영은 몇 십 리에 걸쳐 있었고 군비가 충분했다. 궁수들을 집중 배치해 조조 군영을 향해 끊임없이 화살을 쏘았다. 화살이 비 오듯 쏟아지는 바람에 조조군은 자기 진영 안에서도 방패를 높이 들고 다녀야 했다. 이 때문에 조조군의 사기도 크게 떨어졌다.

조조는 군대 내에서 동요가 일자 허창으로 퇴각했다가 후일을 기약하려고 했으나 순욱이 말렸다. 조조는 곧 병사들을 보내 원소의 병참 보급로를 공격하여 1,000여 대의 식량 운송마차를 불태우는 개가를 올렸다. 그러나 두 달 정도 대치하자 군사력은 점점 약해지고 식량도 떨어졌다. 승리의 기회는 보이지 않았다. 조조는 군량을 수송하는 부대에 15일만 더 버티면 원소를 물리칠 수 있으므로 다시는 고생스럽게 운송을 할 필요가 없을 것이라 약속했다.

얼마 뒤, 원소를 이길 기회가 드디어 왔다. 그해 10월, 원소의 책사인 허유許攸는 원소에게 관도에 있는 조조측의 주력부대는 내버려두고 직접 허창을 공격하라고 건의했지만 원소는 이 말을 듣지 않았다. 허유는 화가 나서 원소를 배반하고 조조에게로 갔다. 그는 "원소군의 군량이 군영 북쪽 40여 리 지점 오소烏巢에 있으니 군사를 보내 군량을 불태워버리면 손을 쓸 수 없을 것"이라고 말했다. 조조의 부하들은 대부분 반신반의하였지만 순유荀攸 등은 절호의 기회로 여겼다.

조조는 정예부대 5,000여 명을 이끌고 어둠을 틈타 기습에 나섰다. 병사들은 입을 다물고, 말에 재갈을 물리고, 원소군 깃발을 들고서 완전히 어두워지면 길을 따라 오소로 잠입해서 다음날 새벽에 도착 즉시 공격하라고 명령을 내렸다. 군량을 지키던 순우경淳于瓊은 이를 조조군 휘하 소부대의 방해작전쯤으로 여겨 병사를 이끌고 나갔다가 패하자 원소에게 급보를 보내고 진지를 지켰다.

날벼락 같은 소식을 접한 원소는 조조의 주력군이 오소로 간 사이 본 진영이 틀림없이 비어있을 것으로 보고 조조군의 진영에 맹렬한 공격을 퍼부으면 단번에 조조를 섬멸할 수 있다고 판단했다. 그래서 소수의 기병만을 골라 오소로 보내고 모든 병사들은 조조의 진영을 총공격하라고 명령했다.

이렇게 양측의 주력부대는 서로 반대 방향으로 이동했다. 그 결과 조조는 분투하여 오소를 파괴하고 원소군의 군량에 불을 질러 불길이 하늘까지 치솟았다. 반면 조조의 진영에서는 조조의 사촌동생 조홍이 원소의 맹공격에 맞서 진영을 사수하여 원소는 끝내 조조 진영을 함락하지 못했다.

오소의 패전 소식이 전해지자 원소군의 사기는 바닥으로 떨어졌고, 조조군은 이를 놓치지 않고 전면 공격에 나섰다. 원소와 아들 원담袁譚이 먼저 황하를 건너 도망치자 지휘관을 잃은 원소의 군대는 완전히 무너졌다. 조조군의 완승이었다. 조조는 헌제에게 올린 승전보에서 원소의 죄상을 낱낱이 나열하며 "한꺼번에 원소의 대장군 8명을 죽이고 7만여 명을 참수하였습니다."라고 공을 과시했다.

원씨 형제를 제압하고 북방을 장악한 조조

원소는 자신이 의지하던 주력부대가 관도의 싸움에서 조조에 의해 궤멸되자 분노과 괴로움을 이기지 못하고 일 년 만에 병사하고 말았다. 원소의 부하 일부는 원소의 작은아들 원상袁尙을 옹립하여 권력을 계승하게 했으나 큰아들 원담은 거기장군을 자칭하며 여양黎陽(지금의 하남성 준현 동쪽)에 군대를 주둔시켰다.

조조는 계획을 세우고 군대를 정비했다. 먼저 남하하여 유비를 격파하고 다시 황하를 건너 원씨의 근거지를 공격했다. 그러나 처음 두 차례 공격은 효과가 별로 없었다. 조조는 책사인 곽가郭嘉의 건의를 받아들여 공격을 잠시 미루고 때를 기다렸다. 과연 얼마 지나지 않아 원씨 형제는 서로 원수가 되어 골육상잔을 벌였다.

패배한 원담이 조조에게 도움을 요청하자 조조는 군사를 동원하여 원씨 형제를 갈라놓을 좋은 기회가 왔다고 생각했다. 조조는 원담과 결탁하여 겹사돈 관계를 맺는 한편, 병력을 집중해 원상의 근거지인 기주를 공격했다. 그는 포위하고 공격하는 전략을 세우고 먼저 기주 업성을 맹공격했다. 장강의 물을 끌어다 업성으로 퍼붓자 원상의 주력부대가 업성을 구하러 달려오는 사이 중간에서 요격하여 단번에 원상의 주력부대를 궤멸한데 이어 업성에 공격을 퍼부어 함락시킴으로써 기주 전체를 장악했다.

그런 다음 원담이 맹약을 배신했다는 죄를 뒤집어씌워 혼인관계를 파기하는 한편, 군대를 보내 원담이 차지하고 있던 전략 요지인 청주를 빼앗았다. 원소의 또 다른 아들 원희袁熙는 유주에 주둔하고 있었는데 부하인 초촉焦觸에게 유주를 빼앗겼다. 초촉이 유주목을 자칭하며 조정으로 귀순할 의사를 밝히자 조조는 즉시 조정을 통해 초촉의 관직을 추인하고 초촉 밑의 군수와 현령들도 모두 후작侯爵으로 봉하여 사람들로부터 크게 인심을 얻었다. 조조는 관직을 주어 이익을 보장해주는 방법으로 큰 효과를 보았다. 당시 병주를 차지하고 있던 원소의 외손자 고간高干도 조정에 귀순할 뜻을 비치자 높은 관직을 내렸다. 그러나 고간이 곧 후회하고 조조의 명을 따르지 않자, 조조는 그를 역적으로 선포하고 병주를 차지한 다음 살해했다.

원상과 원희가 북방 소수민족인 오환烏桓의 땅으로 도망치자 조조는 곽가의 건의를 받아들여 군대를 거느리고 오환을 기습해 백랑白狼에서 격파했다. 20만여 명에 이르는 소수민족과 한족 백성들이 조조에게 투항하자 조조는 이들을 국경 안으로 이주시켰다. 그러자 원씨 형제는 더욱 북쪽으로 도망가 요동태수 공손강公孫康의 근거지로 갔다. 조조는 공손강이 원씨 형제를 위해서 자신과 싸우지는 않으리라 확신하고 군대를 이끌고 중원으로 돌아왔다. 얼마 지나지 않아 공손강은 원씨 형제의 머리를 조조에게 바쳤다.

꼬박 5년이라는 시간을 거쳐 조조는 마침내 207년에 청주·병주·기주·유주 등 4개 주를 장악함으로써 북방에서 세력을 공고히 했다. 이로써 명실공히 조정의 깃발을 건 제1의 군벌세력이 된 것이다. 북방은 거의 통일되었고 전란은 끝을 맺었다. 조조는 재상직을 복원한 다음 스스로 재상이 되어 조정 개혁을 단행했다. 자신의 부하들도 요직에 앉혔다. 북방의 통치는 정상궤도로 들어서게 되었다.

조조의 다음 전략 목표는 남쪽이었다. 당시 형주를 차지하고 있던 사람은 명망 높은 유표였다. 그는 대학자이자 문인으로서 통치 지역에 대규모 학교를 세워 예절을 가르치고 옛 경전을 연구했다. 그러나 그는 중원의 혼전은 수수방관했다. 후세 사람들은 그를 한가하게 앉아서 이야기나 하는 사람이라는 뜻으로 '좌담객坐談客'이라고 불렀다. 208년 조조가 대군을 거느리고 남하하기도 전에 유표는 병들어 죽었다.

뒤를 이은 아들 유종劉琮은 유약하고 무력했다. 그의 부하들은 조조에게 투항하라고 권고했다. 조조가 지방의 할거세력 토벌에 나선 까닭은 황제의 명에 따른 행동이기 때문에 이에 저항하면 신하된 자의 도리를 어기는 것이고, 더구나 형주의 병력으로는 조조와 맞서기 어렵다는 것이 이유였다. 결국 유종은 투항하고 조조는 형주를 순조롭게 손에 넣게 되었다. 투항을 거부하던 유비는 병력이 적고 세력이 약해 연전연패를 거듭하며 하구夏口로 퇴각했고 유표의 맏아들 유기劉琦와 세력을 합쳤다.

조조는 단번에 남북을 통일할 요량으로 강동에 있는 손권에게 편지를 보냈다. "받드는 자에게는 상을 내리고, 거역하는 자는 벌하리라."는 천자의 명을 받들어 치수군 80만이 오를 벌하러 왔으니 유종을 본보기로 삼아 빨리 투항하라는 협박의 내용이었다. 연전연승으로 오만해질 대로 오만해진 조조는 뜻밖에 적벽대전에서 유비와 손권의 연합군에게 크게 패하여 어쩔수 없이 중원으로 퇴각했다.

이때부터 조조는 남쪽 정벌에 신중한 태도를 보이는 한편, 3년 후 관중 지역을 점령하게 되면서 중원 서부에 대한 지배력을 굳건히 하게 된다.

3. 황제의 이름으로 사회 안정을 도모하다

조조는 세력이 막강했지만 생전에는 줄곧 명분상 동한 조정을 옹위하며 한 왕조의 간판을 내리려 하지 않았다.

213년 조조는 위공魏公으로 봉해져 구석九錫(고대의 황제가 중신에게 내리는 9가지 물건)을 하사받았고, 기주 10군은 그의 봉국이 되었다. 조조는 조정의 관직을 그대로 따라 봉국의 관직을 정했다. 216년에는 위왕魏王에 오르고 천자가 사용하는 의장용 기를 설치했으나, 명의상으로는 여전히 한 왕조의 신하였다. 220년 조조가 병사하고 아들 조비가 그의 자리를 계승했다. 10개월 뒤 조비는 헌제를 폐위하고 스스로 황제가 되어 정식으로 조위를 세웠다.

북방을 통일한 조조는 일찍이 '양현자명본지령讓縣自明本志令'에서 "내가 없다면, 얼마나 많은 자들이 왕을 칭할까?"라고 공언했다. 자화자찬이지만 결코 틀린 말은 아니었다. 조조가 천자의 이름을 빌려 제후들을 제압한다는 정치전략을 사용했기 때문에 당시의 크고 작은 군벌들이 함부로 나서서 왕을 자처하지 못했다. 일찍 패망한 원술을 제외하고는 다른 군벌들은 주목州牧, 장군 정도의 칭호에 만족해야 했다.

조조가 이러한 원칙을 고수하고 있을 때 한 왕실의 정통 후예라고 주장하는 유비는 조조가 죽기 일 년 전에야 한중왕이라고 자칭하다가 조비가 한을 멸망시키자 정식으로 황제라고 칭했다. 동오의 손권은 조비가 한을 대체하자 스스로 신하라 칭하고 조비의 통치를 받았다. 그래서 조비로부터 오왕吳王으로 책봉됐다. 손권은 조비가 죽을 때까지는 오왕이라고 칭하다가 그 후에 '대제大帝'로 바꿨다. 조조의 정치전략은 어느 정도 국가의 분열과 혼란을 막아 통일과 사회 안정에 기여한 바가 있음을 부정할 수 없다.

조조는 천자를 끼고 제후를 호령하는 전략을 사용하여 정치적 우위를 상당히 확보할 수 있었다. 세력을 확장할 때는 황제의 명을 받아 죄인을 벌한다는 명분을 앞세우고, 방어를 할 때는 조정을 호위한다는 명목을 내걸었다. 회유가 필요할 때는 관직으로 이익을 보장하여 돈을 쓰지 않고도 사람들의 인심을 크게 샀다. 이 전략은 적대세력을 와해시키는 데 유리하게 작용했다. 정통성이라는 간판은 인재를 끌어들이는 데 효과적이었다. 문무인재들은 조정을 위해, 동시에 조조를 위해 전략을 제공하고 용감하게 싸우기를 원했다. 투항자나 배신자를 받아들이는 데도 정통이라는 간판은 효력을 발휘해 이들이 투항을 결정하는데 도움을 주었다.

백성들에게는 먹고사는 문제가 제일이다

— 둔전제의 보급

농본주의 사회에서는 먹는 문제가 가장 시급했다. 따라서 천하가 어지러울 때는 먹고사는 문제를 해결하는 자가 정치에서 기선을 잡을 수 있었다.

동한 말기에는 오랜 전란으로 사회가 피폐해질 대로 피폐해졌다. 전쟁의 원인 제공자 중 한 사람인 조조는 '사람 뼈가 들판에 널려 있고, 천 리를 가도 닭 울음소리 하나 안 들리는구나'3)라는 시를 썼다. 조조와 동시대 사람인 시인 왕찬(王粲 177~217)도 '문을 나서면 보이는 것이 없고, 백골이 들판을 가득 덮었네'4)라는 시구를 남겼다.

사서에도 성 전체가 도륙을 당했다거나 마을 전체가 몰살당했다는 기록이 헤아릴 수 없을 정도로 많다. 설상가상으로, 흉년이 자주 들고 전염병이 창궐하여 인구는 크게 줄어들었다. 동한 시기 전국 인구의 최고기록은 5,600만 명인 데 반해 삼국 말기 위·촉·오의 전체 인구는 1,600만 명에 불과했다. 그나마 이 수치는 삼국 경제가 조금 나아진 다음의 통계이기 때문에 삼국이 정립되기 이전의 인구는 이보다 훨씬 적었을 것으로 추측된다.

---

3) 白骨露于野, 千里無鷄鳴(백골노우야, 천리무계명)
4) 出門無所見, 白骨蔽平原(출문무소견, 백골폐평원)

전란이 여러 해 계속되면서 크고 작은 군벌들은 가능한 한 병력을 늘리기 위해 강제로 농민들을 징집했다. 이로 인해 노동력은 크게 줄어들었고, 농업은 심각하게 파괴되었다. 군벌들은 백성들의 생사 따위는 전혀 돌보지 않았기 때문에 군량이 떨어지면 곳곳에서 약탈을 일삼은 뒤 흥청망청 써댔다. 더 이상 빼앗을 것이 없는 지경이 되면 군대는 스스로 무너져 버렸다. 당시 제일 강한 세력으로 알려진 원소와 원술도 다른 군벌들과 마찬가지로 약탈에 의존했기 때문에 군사의 수가 너무 많을 때는 밥도 먹이지 못했다. 원소의 군대는 때때로 오디를 따서 연명했고, 원술의 군대는 강에서 조개를 채취하며 주린 배를 채웠다.

중원에 터를 잡고 여러 해 동안 싸웠던 조조도 줄곧 군량 부족으로 고생했는데, 심지어 죽은 사람의 인육을 군량에 섞어 병사들에게 나누어주기도 했다. 전국이 전시 상태였던 까닭에 농민들은 의지할 곳을 잃고 유랑민 신세가 되어 가급적 먼 곳으로 도망을 갔다. 기름진 벌판은 점차 황무지로 변했다. 원소와 공손찬이 청주를 놓고 전쟁을 벌인 2년 동안 청주 지역의 열에 아홉 집은 비게 되었고, 벌판에는 풀 한 포기 남지 않았다.

1. 농업을 장려하여 군량 확보를 꾀하다

이러한 민생파탄의 상황에서 신흥 조씨 세력은 농업 회복의 중요성에 주목했다. 조조가 연주를 점거하고 청주의 황건군을 물리친 뒤 대량의 물자와 노동력을 노획했을 때 주요 모사 중 한 사람인 모개毛玠가 건의했다.

"백성들이 마음 편히 농사를 지을 수 있다는 믿음조차 사라진 혼란스러운 지금, 전국을 뒤덮은 기근 현상으로 국가에 비축된 양식이 없습니다. 전쟁의 밑바탕이 되는 군사력을 보전하려면 물자의 뒷받침이 있어야 합니다. 따라서 지금은 천자를 받들어 정통성을 확보하고, 농업을 회복하여 물자를 축적하는 일이 우선입니다. 이렇게 해야 패왕霸王의 과업을 이룰 수 있나이다."

조조는 모개의 건의를 받아들여 어떻게 하면 농업을 회복할 수 있을지 대신들과 궁리했다. 금군을 지휘하는 중호군 한호韓浩는 농업의 회복은 제1의 당면 과제라고 주장하여 조조의 찬사를 받았다.

한호에 이어 조조의 책사 사마랑司馬朗은 이렇게 건의했다. "대량의 토지가 주인 없는 황무지가 되어 버렸습니다. 이 기회에 주나라 때 실시하던 정전제井田制를 다시 시행합시다. 모든 토지를 국가 소유로 하되 농민들에게 똑같이 나눠주어 경작하게 하면 식량과 토지 문제를 동시에 해결할 수 있을 것입니다." 그러나 조조는 그의 의견이 시대에 뒤떨어진다고 판단하고 받아들이지 않았다.

이때 조기棗祗가 둔전屯田을 만들자고 주장했고, 결국 둔전제가 채택되어 시행되었다. 둔전제 시행은 조조 집단의 세력 확장에 중요한 역할을 하게 된다.

조기는 무장 출신으로 일찍이 원소의 영입 제의를 거절하고, 조조가 군사를 일으키자 조씨의 진영으로 들어갔다. 조조는 조기를 동아현 현령에 임명했다. 동아현은 조조 세력이 확보하고 있던 가장 중요한 세 도시 가운데 하나였다. 조조의 대군이 되돌아올 때 동아현에서 제공한 군량에 의존했다. 조기는 194년 여포가 침입했을 때 동아현을 굳게 지켰다. 그 공으로 조조는 그를 근위부대장 격인 우림감羽林監으로 발탁했다.

둔전제는 원래 군량을 확보하기 위해 국가가 경작자를 집단적으로 투입하여 국유지나 새로 확보한 변방의 영토를 경작하게 하는 제도였다. 그러나 조기가 제시한 둔전제는 고향을 떠난 농민들을 모집하여 둔전객으로 삼고, 관청에서 일정량의 토지와 함께 밭갈이 소·종자·농기구를 주어 경작하게 한 다음, 연말에 수확량에 따라 세를 받도록 하자는 것이었다. 토론에 참석한 대부분의 사람들은 농민이 받은 밭갈이소의 마릿수에 따라 세를 받아야 한다고 주장했지만 조기는 수확량에 따라 세를 거둬야 한다고 고집했다.

"만약 소의 마릿수로 세를 부과하면 관청 입장에서는 풍년이 들었을 때 곡식을 더 많이 거둬들일 수 없습니다. 흉년이 들었을 때는 백성들을 위해 거둬들이는 곡식의 양을 줄여주어야 하지만 그렇지 못합니다."

조조는 원래 소의 마릿수로 계산하는 방식을 선호했다. 그러나 조기가 계속 설득하자 결론을 내리지 못하고 계속 토의를 시켰다. 후성侯聲은 소의 마릿수에 따라 세를 거두면 농민들한테 유리하고, 수확량에 따라 받으면 관청에 유리하다고 했다. 마지막에 순욱이 조기를 지지하자 조조는 조기의 의견을 따랐다.

조조는 헌제를 영접하던 해에 둔전 설치령을 반포했다. 그는 "나라의 안정은 강한 병사와 충분한 식량에 달려 있다. 과거 진나라와 한나라는 정전제를 시행해 천하를 얻었고, 한 무제는 둔전제를 실시해 서역을 평정했다. 이는 전대가 우리에게 물려준 우수한 제도다."라고 하면서 관할 지역에 둔전의 조직을 하달했다. 우선 임준任峻을 전농중랑장典農中郎將으로 임명해 농업진흥 업무를 주관하게 하고, 조기를 둔전도위屯田都尉로 임명해 허창 일대의 둔전을 관리하게 했다. 아울러 각지에 전문관리를 두고 둔전을 관리했다. 둔전제는 점차 조조 세력의 국책으로 발전했다.

국유지를 경작하는 농민들을 조직·통제하고 농업 발전을 촉진하는 제도는 그 유래가 오래되었다. 전국시대 상앙商鞅의 변법은 농민 3대에 잡역과 병역을 면제해줌으로써 한韓·조趙·위魏 같은 인접 국가 농민들을 진秦나라로 끌어들여 진국의 국유지를 경작하게 하려는 조치였다. 상앙은 이를 통해 진나라의 건장한 인력이 변경을 지키도록 활용하여 국방을 튼튼히 할 수 있었다. 위나라 양왕襄王도 농민들을 변경으로 이주시켜 황무지를 경작하게 하여 국경을 지키고 양식을 확보했다. 서한 초기 조착晁錯은 변경 지대에 둔전 설치를 건의하여 이주해온 농민들에게 충분한 생필품과 농기구를 나눠주고 농한기에는 군사 훈련을 시켜 흉노의 침입을 막았다. 결국 한 무제는 서역의 변경 지역에 대규모 둔전을 경영하여 흉노와 싸워 이길 수 있었다.

중대한 제도 개혁은 시대와 역사가 요구한 산물이다. 전쟁이 자주 일어나고 경제가 피폐해져서 군량과 식량이 극도로 부족한 상황이 아니었다면 통치자들이 둔전제를 계획하고 시행하지는 않았을 것이다. 마찬가지로 농민들이 유랑민으로 떠돌지 않고, 안정된 사회를 절실히 원하지 않았다면 관에서는 충분한 노동력을 확보해 국유지를

경작도

경작할 수는 없었을 것이다. 따라서 조조 세력의 둔전제는 고대의 제도를 답습한 것임과 동시에 특정한 역사의 산물이었다.

농민을 강제 모집한 민둔제

조씨 집단이 시행한 둔전제는 두 가지로 나뉜다. 하나는 민둔民屯이고, 또 하나는 군둔軍屯이다. 조기의 건의는 주로 민둔을 염두에 둔 것으로 경작 주체는 농민이었다.

이 시대의 농민들은 자기 토지를 잃고 여기저기 떠돌아다니는 유민, 원래부터 자기 땅이 없었던 빈민, 그리고 다수의 조씨 집단이 전쟁에서 붙잡아온 포로들로 나눌 수 있다. 조기 등이 맨 처음 조직한 둔전의 노동력은 조조 집단에게 약탈당한 황건 농민군 병사와 그 가족들이었다. 명목상으로는 백성을 '모집'해 둔전에 편입시켰다고 하지만, 실제로는 모두 강제로 투입했다. 둔전을 책임진 관리가 무력으로 농민들을 협박해 둔전을 경작하게 한 것이다.

일반적인 둔전 체제는 한 둔전에 농민 50명을 두고 둔전사마屯田司馬로 하여금 관리하게 하는 것이었다. 둔전사마의 상급자는 각 군현으로 파견된 전농관典農官이었다. 현에는 전농도위, 군에는 전농교위 혹은 전농중랑장을 두었다. 군현의 전농관과 지방관은 서로 간섭하지 않고 독립적으로 활동하도록 했으나 실제로는 마찰을 일으키는 경우가 잦았다. 따라서 나중에는 지방관이 전농관을 겸임하는 경우가 많아졌다.

진陣이나 병영을 뜻하는 '둔屯'이라는 명칭이나 사마, 도위, 교위 같은 농업 담당 관직명에서 알 수 있듯이, 둔전제는 일종의 준군사적 편제이다. 둔전에 가입한 농민을 둔전객이라고 했다. 이들은 신체상의 자유에 많은 제약을 받았다. 마음대로 둔전을 벗어나거나 다른 곳으로 옮겨갈 수 없었다. 반드시 둔전관의 명령대로 경작해야 하며 동시에 일정한 노역을 져야 했다. 또 군사 훈련에 참가하고 비상시에는 전투에 나가야 했다. 자녀들도 나이에 따라 일정한 농사일을 담당해야 했다.

한 호戶의 둔전객이 경작하는 면적은 일반적으로 30~50무畝였다. 관청의 밭갈이소를 사용하면 둔전객은 수확량의 60%를 관청에 바치고 40%를 자기 소유로 했다. 자신의 밭갈이소를 사용하면 수확량의 50%를 관청에 바치고 나머지는 자기 소유로 할 수 있었다.

둔전객은 신분이 낮고 그 신분도 세습되었다. 따라서 강제적인 모집 제도는 농민들의 배척을 받았다. 많은 농민이 둔전객으로 강제 편입되었다가 달아났다.

역사 기록에 의하면, 조조의 책사 원환袁渙은 둔전령이 반포된 후 조조에게 "백성들은 오랫동안 살아온 곳을 쉽게 떠나려 하지 않으니 강제로 둔전에 가입시킬 수가 없습니다. 자발적으로 들어오게 하는 것이 좋지 않겠습니까?"라고 건의했다. 조조는 원훈의 건의를 받아들여 둔전객을 강제로 모집하지 못하도록 명령을 내렸다. 그러나 이러한 정책 변화는 실제로 효과가 크지 않았다. 둔전객은 여전히 강제로 국유지에 얽매이고, 신체의 자유가 없는 농민들이었다.

상비군의 자급자족을 도모한 군둔제

군둔은 민둔보다 나중에 생겼다. 군둔은 민둔과 비교하면 진나라와 한나라의 낡은 제도를 답습한 측면이 강하다.

조씨 집단이 초기에 줄곧 전투를 벌이다 보니 군사들은 이리저리 돌아다니느라 지쳐 한곳에 정착하여 농사를 지을 겨를이 없었다. 208년 적벽대전에서 패한 조조는 앞으로는 속전속결식의 대규모 전투가 아니라 전선이 비교적 평탄한 소규모 전투가 많아질 것으로 내다보았다. 따라서 신속하게 상비군으로 확장하여 변방의 전투에 투입할 수 있는 군대가 필요했다. 그러려면 군량을 실어 나르는 부담을 줄이고 변경의 상비군이 자급자족할 수 있어야 했다.

조조는 209년 동오와 인접한 회남 지역에서 둔전을 조직했다. 군둔을 주장한 사람은 사마의司馬懿다. 사마의는 조조에게 이렇게 건의했다.

"과거 주나라 무왕 때 기자箕子는 나라를 다스리는 데는 식량 문제가 제일 중요하다고 하였습니다. 현재 우리나라에서 20만 명의 군대를 양성하고 있는데 이는 장구한 계책이 아닙니다. 전쟁은 아직 끝나지 않았지만 군사들로 하여금 변방을 지키면서 동시에 경작을 하게 해야 합니다."

사마의는 조조·조비·조예曹叡의 삼대에 걸쳐 서북·회남·회북 지역에 군둔을 조직했다. 사마의가 조직한 군둔제는 진한 시기와 대체적으로 비슷했다.

회남·회북 지역의 군둔 운영 책임을 맡은 사람은 명장 등애鄧艾였다. 등애는 둔전객의 후예로 어릴 적에 관청의 소와 돼지를 길렀다. 젊은 시절 둔전도위를 따라 하급관리 노릇을 했는데 말을 심하게 더듬어서 '논을 관리하고 수풀을 지키는 관리'를 담당했다. 후에 사마의의 신임을 받아 그의 아전이 되었다가 다시 상서랑尙書郞으로 승진해 둔전 업무를 맡았다. 조위 정권은 등애를 회남·회북에 파견하여 둔전의 상황을 살펴보게 했다. 등애는 돌아와서 조정에 운하 건설을 주장하는 「제하론濟河論」을 제의했다.

과거에는 조씨 세력의 중심이 허창이었기 때문에 주로 허창을 중심으로 대규모 둔전을 일궈 식량을 전국에 공급했다. 그러나 이미 군사적 중심이 남쪽으로 옮겨갔고 주요 적수는 동오가 되었다. 동오와 싸우기 위해 군량을 중원으로부터 아주 멀리까지 운송해야 하다 보니 결국 운송 담당이 전투병의 반을 넘는 실정이었다. 원래 회남·회북은 양질의 토양이어서 비옥한 땅이지만 장기간 지속된 전란으로 인해 어쩔 수 없이 식량을 외지에서 수입하고 있었다. 등애는 다음과 같이 건의했다.

"회남에 2만 명, 회북에 3만 명 등 총 5만 명의 군사를 장기 주둔시켜 변방을 지키는 동시에 경작을 하도록 하는 것이 바람직합니다. 5만 주둔 병사 가운데 20%는 수비를 맡고 나머지는 농경에 종사하도록 하되 매년 순번을 정해 임무를 교대하게 하십시오."

그는 추산을 거쳐 다음과 같이 제시했다.

"회남·회북의 토질은 허창보다 비옥하고 물도 충분해 수확량은 허창의 세 배가 넘습니다. 따라서 매년 둔전의 수입이 500만 곡斛을 넘을 것입니다. 6, 7년 후에는 3,000만 곡의 양식을 저장할 수 있습니다. 이는 10만 대군을 5년 넘게 먹여 살릴 수 있는 군량입니다. 동오를 공격하면 가는 곳마다 승리를 거둘 수 있습니다. 허창의 둔전을 정지시키고 농사에 필요한 물자를 회남·회북으로 옮겨 둔전을 조직해야 합니다."

등애의 건의에 조정은 귀를 기울였다. 조정에서는 등애를 회남·회북 지역에 파견해 대규모 둔전을 시행하게 했다. 동시에 저수시설과 운하도 대대적으로 건설되어 이 지역은 조위 정권의 식량창고가 되었다.

군둔의 편제는 영營을 기본 단위로 하여 5리마다 영을 설치하고 영마다 60명씩 배치했다. 이들은 경작을 하면서 관할 지역의 수비도 담당했다. 군둔의 관리는 군관이 맡았다. 수확량의 분배 방식은 민둔과 같았다. 군둔의 병사는 둔전객 농민보다도 신분이 낮았다. 이들의 아들은 대를 이어 병역에 종사하고, 딸은 반드시 병사에게 시집가야 했다.

청나라 사학자들의 고증에 따르면, 16개 지역에 전농둔전관을 두었으며 군둔은 조위·촉한·동오의 변경 지역에 골고루 분포했다는 기록을 역사서에서 찾아볼 수 있다고 한다.

둔전의 분포는 규칙을 띠고 있는데, 둔전이 제일 많이 집중된 곳은 조위의 수도와 주요 도시 주변이었다. 그 다음으로는 촉한과 동오 인접 지역, 세 번째가 주요 교통로 및 운송로 주변이었다. 수도와 주요 도시 주변의 둔전은 조정과 각급 행정기관의 수요를 해결하기 위한 것이었으며, 국경 부근의 둔전은 변방부대의 병사들에게 가까운 곳에서 양식을 공급하고 또한 군량을 비축해 대규모 전쟁에 대비하기 위한 것이었다. 교통로와 운송로 주변의 둔전은 운송 비용을 조달하기 위한 것으로 운송인원의 식량과 가축사료를 제공했다.

2. 둔전의 두 가지 역할

둔전제는 중대한 성과를 이루었다. 예를 들어 허창은 원래 예주 영천군의 한 현이었다. 중원에 위치해 지세가 평탄하고 남양 및 형주와 가까운 데다 수로로 회남 지역까지 갈 수 있어 둔전제가 가장 먼저 실시된 곳이기도 하다. 역사서의 기록을 보면, 조기가 이 지역의 둔전을 책임졌는데 마침 그해에 날씨가 좋아서 대풍작을 거두어 조씨 집단에 몇 백만 곡에 이르는 군량을 제공했다. 사마의는 관중 지역에 둔전을 설치했는데 여러 해 계속해서 풍작을 거두어 많은 양을 비축했다. 한번은 중원에 흉년이 들자 사마의가 500여만 곡의 식량을 운송해 구제하기도 했다.

등애가 건의한 회남과 회북의 둔전은 수리시설의 건설을 촉진했다. 이로써 농지에 충분히 물을 댈 수 있었기 때문에 곡식의 생산량이 크게 증가했다. 조위 말년에 이르면 회남·회북 일대의 둔전과 군둔의 총인구 수는 이미 30만여 명이나 되었다. 여기에 비축한 군량은 그 후 서진이 동오를 멸망시키는 데 전쟁 물자로 제공되었다. 둔전제는 조씨 집단과 조위 정권에 든든한 물질적 기초가 된 것은 물론, 그 후 서진이 위나라를 이어 전국을 통일하는 데에도 중요한 토대가 되었다.

둔전제는 전란으로 파괴된 농업을 다시 일으켰다. 둔전제의 시행으로 각급 행정기관에서는 농업을 중시하고, 농업 회복 방안을 토의했으며, 관리들의 능력을 평가할 때도 재임 중 조정에 식량을 얼마나 많이 상납했는가를 주로 보았다. 둔전제 시행과 아울러 국가적으로

소경작 | 가욕관(嘉峪關) 벽화

대규모 수리시설 건설에 나섰다. 등애는 회북에서 회양淮陽과 백척百尺에 인공수로를 만들어 황하의 물을 끌어다 회하와 영수에 연결하고 동시에 영수 양안의 농토 300여 리에 수로를 관통시켜 2만여 경頃에 물을 댈 것을 건의했다.

또한 유정劉靖은 지금의 북경 지역의 둔전을 관리했는데, 양하를 높게 끌어오기 위해 강 중간에 돌무지를 쌓아올려 높이가 한 장, 동서 길이가 30장, 남북 길이가 70장 되는 '언덕으로 연결되는 칸막이'를 세웠다. 이로써 강물이 갈라지면서 언덕의 측면으로 흘러 100만 무 이상의 농토에 물을 댔다. 이러한 수리시설은 주로 정부의 둔전에 도움이 되었지만 현지 백성들이 농업을 발전시키는 데도 큰 역할을 했다.

유복劉馥이 양주자사揚州刺史로 있을 때 작피芍陂 · 여피茹陂 · 칠문七門 오당吳塘 등에 수리시설을 건설해 관민이 모두 논에 물을 대는 혜택을 받았으며 이로 인해 식량 비축량도 늘어났다. 정혼鄭渾도 양평陽平과 패군沛郡 태수로 있을 때 수리시설을 만들어 논을 개량했다. 현지 백성들은 처음에는 벼를 심는 데 익숙지 않고 수리시설 건설공사에도 참여하려 하지 않았다. 정혼은 백성들을 끈질기게 설득하고, 직접 건설에 참여해 겨울 한 철 만에 시설을 완공했다. 그 뒤 이 지역은 여러 해 동안 계속 풍작을 거두었다. 현지 백성들은 정혼을 기리고자 수리시설의 이름을 '정못'이라 지었다.

조위는 둔전제 실시 과정에서 수리시설 건설에 관심을 쏟았을 뿐 아니라 농경기술을 중시하여 정교한 경작기술을 강조했다. 둔전객 한 명이 경작하는 토지 면적은 넓지 않더라도 기술과 정성을 쏟아 경작하게 했다. 등애는 서북 지역에서 둔전을 관리할 때 몸소 농기구를 들고 나가 둔전객과 둔전 군사들에게 한漢대의 '구종법區種法'을 시범으로 보여주었다. 구종법은 고랑과 이랑을 만들어 농사를 짓는 방법으로 한나라 때 나온 선진 경작기술이다.

  조위의 둔전은 단위면적당 생산성 제고를 중시했는데 둔전을 실시하는 토지는 대부분 토질이 좋아서 시험재배를 해볼 필요 없이 개간만 해도 경작이 가능했다. 한나라 때 제일 좋은 토지의 생산량은 한 무당 1종種, 즉 6곡 4두斗였고 일반적인 토지의 한 무당 생산량도 1~3석은 되었다. 조위 둔전의 생산량은 이보다 훨씬 많았다. 서진의 사상가 전현傅玄의 견해에 따르면 조위의 둔전은 일반적으로 밭의 경우 10여 곡, 논은 몇 십 곡의 소출을 냈다. 조위는 둔전제를 실시하는 동시에 피의 재배를 널리 보급했다. 피는 가뭄에 잘 견디고, 생산성이 높아 한 무당 20~30곡씩 수확이 가능했다. 비록 알곡의 양이 한 석에 3~4되 정도로 적고 맛은 떨어져도 사료로 쓸 수도 있고 술로도 빚을 수 있었다. 둔전제는 이렇게 경작기술과 수확량이 많은 작물의 보급을 촉진했다.

둔전제의 확산

  군량 보급은 당시 모든 군웅들이 시급히 해결해야 할 당면 과제였다. 영리한 군웅이라면 모두 둔전의 시행을 생각했다. 그래서 지략과 식견을 갖춘 동오와 촉한의 통치자는 재빨리 둔전제를 널리 보급했다. 비교적 일찍 둔전제를 시행했고 제도의 내용이 조위와 가장 비슷했던 곳이 동오다.

  동오의 중심지는 양자강 중·하류 평원이었다. 한나라 때는 이곳의 개발이 비교적 더디어, 땅은 넓으나 사람은 적고 일부 지역에서는 여전히 화전에 의존하고 있었다. 동오는 건국 후 강력한 북방정권에 맞서기 위해 대규모 군대를 조직하려 했는데 이를 위해서는 식량문제 해결이 절박했으므로 조위가 둔전을 실시한 지 얼마 지나지 않아 곧바로 시행에 들어갔다.

역사 기록에 따르면, 동오의 대장군 육손陸遜은 21세 때 해창海昌의 둔전도위를 맡았다. 육손의 나이를 근거로 추산해 보면, 이때가 조위에서 둔전제를 실시한 지 불과 6년밖에 되지 않은 서기 202년이었다. 이를 통해 동오의 손씨 정권이 북방의 조위 정권과 거의 비슷한 시기에 둔전제를 시행하여 군량 보급 문제를 해결하려 한 사실을 알 수 있다.

삼국시대 곡식 저장 항아리

동오의 둔전제도 민둔과 군둔으로 구성되었으며 운영 방법도 조위의 둔전제와 비슷했다. 둔전객은 정부에 묶인 신분으로 신체의 자유가 없었다. 현재 남아 있는 사료만으로는 둔전객이 어떤 방식으로 조정에 세를 납부했는지 알 수가 없다. 역사서에는 동오 때 민둔이 설치된 지역이 10곳으로, 강남 여러 지역에 퍼져 있었다고 기록되어 있다.

군둔 또한 조위와 큰 차이가 없었다. 군둔의 기본단위 또한 둔屯이라 불렸다. 기록에 따르면, 군둔을 실시한 지역은 14곳으로 조위와 인접한 지역에 주로 분포되어 있었고 일부 둔전은 조위로부터 장악한 것이다.

예컨대 환성皖城(지금의 안휘성 잠강)의 둔전은 원래 조위의 여강廬江 태수 주광朱光이 조성한 것이었으나, 동오의 공격을 받아 주광과 그 밑에 소속된 수만 명의 둔전객 모두 동오의 포로가 되었다. 동오는 이곳에 제갈각諸葛恪을 파견해 둔전을 계속 경영함으로써 동오의 중요한 둔전 지역이 되었다. 서진 초기에 장군 왕혼王渾은 환성을 습격해 동오 둔전이 비축한 180여만 곡의 식량과 4,000여 경의 논, 600여 척의 배를 불태워 버렸다. 이로 미루어 환성 둔전이 엄청난 규모였음을 알 수 있다.

유비 집단은 초기에 이곳저곳을 떠돌며 게릴라전을 폈기 때문에 든든한 근거지도 없었고, 둔전을 조직할 수도 없었다. 적벽대전 후에 익주를 점령하여 비옥한 토지와 풍부한 천연자원을 갖춘 성도成都 평원에서 물자를 조달하기 시작했지만 식량 조달 면에서 조위나 동오만큼 성과를 거둔 것은 아니었다.

한중을 점령한 촉한은 조위가 차지한 관중 지역과 인접하게 되자 조위의 군대에 대항하기 위해 한중에 병력을 대거 투입했다. 한중은 식량 생산에 한계가 있어 군량을 충분하게 공급할 수 없었기 때문에 익주에서부터 먼 거리를 거쳐 군량을 조달해야 했다. 촉의 영토는 험준한 산세가 끊임없이 이어져 방어작전에는 유리했지만 군량 수송에는 장애가 되었다. 따라서 촉한 정권으로서는 한중에서 대규모의 둔전을 조성해 가까운 곳에서 식량을 공급하는 방법밖에 없었다.

제갈량이 북벌에 나섰을 때 한중의 식량을 전선까지 실어 나를 수 없어 식량 조달이 막혀 작전을 포기한 적도 있다. 제갈량이 마지막으로 관중을 공격할 때 위하渭河 유역에서 둔전을 경영했는데, 그는 이것이 촉을 위한 장구한 계획이라고 생각했으나 안타깝게도 시작한 지 얼마 지나지 않아 병사하고 말았다.

현존하는 사료를 보면, 촉한은 군둔만을 시행한 것으로 보이나 구체적인 방식은 명확하게 나와 있지 않다. 군둔은 한중 이외에 남부와 동부의 변경에서도 실시했는데 촉한의 둔전은 변경 지역 방어용 이었음을 알 수 있다.

3. 사회 안정과 둔전제의 몰락

둔전제는 전란 시기의 사회 상황에 대응하기 위해 실시된 조치였다. 그러나 삼국정립이 확정되자 전쟁은 나날이 줄어들었고, 사회도 점차 정상으로 회복되었으며, 사회질서도 안정되었다. 이 때문에 둔전제도 내리막길을 걷기 시작했다.

지방의 대지주들은 권세와 지위를 이용해 토지를 빼앗거나 국유지를 차지했고, 둔전객을 강제로 자신의 사병이나 하인으로 만들어 국가와 노동력을 놓고 쟁탈전을 벌이기도 했다.

둔전제는 농민들을 심하게 착취하는 제도여서 수확에 따른 농작물의 분배가 국가에 유리하고 농민에게 불리했다. 농민들이 고생하여 수확한 식량은 대부분 봉건국가의 창고로 들어갔고, 자신들에게는 간신히 입에 풀칠할 정도만 돌아왔다. 농민들은 토지에 대해 아무런 권리도 없었기 때문에 생산 의욕은 갈수록 떨어졌다. 더욱이 신체의 자유가 없어서 국가를 위해 농사를 지어 식량 생산을 담당하는 이외에도 각종 노역과 병역의무를 져야 했으며 사회적 지위는 극히 낮았다. 이들은 전란이 빈번할 때는 난리를 피하기 위해 둔전제를 참고 견뎠지만 비교적 평화로운 상태가 되자 더 이상 강제적인 군사 편제와 무거운 부역 의무를 참을 수가 없었다.

더욱이 위나라 명제 조예가 죽고 조상曹爽이 실권을 잡으면서부터 통치자들은 날로 사치스러워졌다. 귀족관료들이 둔전 토지를 사유화하고 둔전의 수입은 그들의 창고로 흘러들어갔기 때문에 둔전제 자체가 심각한 사회 문제를 야기했다. 정변을 일으켜 조상을 살해한 사마의가 정권을 찬탈하고 사족 계층을 회유할 목적으로 둔전과 둔전객 및 밭갈이 소를 사족들에게 공공연하게 나누어 주는 한편, 사족들이 둔전을 차지하는 행위를 눈감아 주면서 둔전제는 총체적으로 붕괴되기 시작했다.

상품경제의 회복과 발전에 따라 둔전관과 군관들 중에는 예전처럼 둔전객들이 바치는 곡물을 충실하게 국고로 보내는 대신 시장에 내다팔아 이익을 챙기는 사람들도 있었고, 혹은 휘하의 둔전객이나 하급관리들을 동원하여 자기 사업에 이용하는 사람들도 있었다. 둔전객에 대한 착취도 날로 심해졌다. 원래 관청의 '밭갈이소'를 쓰는 둔전객은 수확물의 60%를 관청에 내고, 자신의 소를 사용하는 사람은 50%를 바쳤지만 조위 말년에 이르면 관청의 소를 사용하는 자는 수확물의 80%, 자신의 소를 쓰는 자는 70%를 바쳐야 했다. 이러한 가혹한 착취는 농민들의 의욕을 바닥까지 떨어뜨렸다.

둔전제를 시작할 당시 둔전의 수확량은 한 무당 몇 십 곡에 달했으나 조위 말년에는 몇 곡밖에 되지 않았고, 심지어 조세를 낼 수 없어 곡식의 씨앗으로 대신하기도 했다. 조위의 통치자들은 생산자의 적극성을 진작시키고자 일부 관청 소속 노비들을 둔전에 지원해주고 노비의 신분을 높이는 방법으로 생산성을 끌어올리려 했지만 큰 효과를 거두지 못했다.

둔전제는 조위 말년에 이르러서는 더 이상 유지할 수 없는 상태가 되었다. 달아난 둔전객들을 보충할 수 있는 농민들을 끌어들이기도 어려웠고, 남아있는 둔전객에 대한 착취를 늘릴 수도 없었다. 일찍이 조위 정권에 막대한 이익을 가져다준 제도는 무익한 존재로 전락하고 있었다.

264년, 위나라 조정을 이미 장악하고 있던 사마염司馬炎은 둔전제의 폐지를 선포했다. 성省마다 각급 둔전관직을 없애고 둔전관과 전농관은 모두 군수나 현령 등 일반 행정직으로 전임되었다. 위나라가 서진 정권으로 교체된 후 266년에 사마염은 다시 농관農官마저 없앴다. 이로써 조위의 둔전제 중에서도 가장 특색이 있던 민둔마저 와해되었다.

280년 서진이 양자강을 건너 동오를 멸망시킨 이후, 둔전은 군사적으로도 이미 시대에 뒤떨어진 제도였으므로 사마염은 이 해에 '점전법占田法' 실시를 선포했다.

점전법의 실시로 농노 성격의 둔전객들은 모두 평민 호적에 올라 국가의 주민대장에 등록된 일반 백성이 되었다. 또한 남자 농민 한 명은 70무의 경작지를, 여자는 30무를 점유할 수 있게 허용되었다. 정부는 50무의 토지를 경작하는 남자가 4곡을 경작세로 내고 동시에 집집마다 비단 3필疋과 면 3근斤을 세금으로 내도록 감독했다.

정부는 농민들의 실제 점유 토지량을 모르는 상태에서 이론상 50무를 기준으로 정해 세부담액을 매기고 한 사람이 내야 하는 경작세와 호구세를

서진시대 곡식 저장 항아리

확정했다. 또한 각급 귀족관료들은 관직등급 점전의 한도에 따라 노비의 수를 정한다고 규정했다. 이렇게 해서 둔전제는 역사의 무대에서 사라졌다.

중국 역사를 보면 모든 왕조가 '농업으로 나라를 세운다'라고 주장했다. 옛사람들의 "먹는 것이 만물의 시작이며 인사人事의 근본."이라든지 "백성은 먹는 문제를 제일로 삼는다."라는 말은 모두 이러한 이치를 지적한 것이다. 고대 중국은 농경사회였기 때문에 농업생산은 사회와 정치의 흥망성쇠를 좌우했다. 조씨 세력의 성장과 둔전제는 불가분의 인과 관계에 놓여 있었다. 조씨 세력은 유리걸식하는 농민과 군병들을 조직해 국유의 황무지를 경작하게 함으로써 부진했던 농업을 다시 일으켜 국가 수입을 증대했다. 이를 통해서 일부 농민과 군대를 위한 식량 보급 문제를 해결하고, 첨예한 사회적 모순을 완화함으로써 둔전제는 사회 안정에 크게 공헌했다. 조씨 집단은 '먹는 문제'가 사회모순의 근원임을 파악하고 응급조치로 둔전제를 실시하여 전란의 시대에 가장 먼저 통치질서의 안정화를 꾀할 수 있었다. 또한 풍부한 식량자원을 장악함으로써 정치·군사적 역량을 크게 키워 천하를 다투는 전쟁에서 최후의 승리자로 우뚝 서게 되었다.

그러나 지금까지 살펴본 바와 같이 둔전제는 다분히 응급처치였을 뿐 토지문제를 근본적으로 해결할 수 있는 우수한 처방은 결코 아니었다. 전란이 지나가자 전쟁을

서진시대 닭장 모양의 부장품

빌미삼아 덮어두었던 각종 모순들이 다시 불거지면서 농민의 토지문제는 다시금 주요한 사회모순으로 부각되었다. '관에 유리하고 백성들에게는 불리한' 둔전제는 당연히 피지배 계급에게 철저하게 외면을 당할 수밖에 없었다.

재주만 있으면 발탁한다
— 조조의 용인술

'사람으로 다스리는(人治)' 정치 환경에서는 군사·정치적 인재가 가장 중요한 '전략자원'이다. 덕과 재능을 겸비한 인재가 가장 이상적이지만 차선책으로 재주만을 가진 인재를 등용하는 경우도 많았다. 조조가 바로 이 방면에서 타의 추종을 불허한 인물이다.

1. 능력을 원칙으로 인재를 등용하다

　　　　　　　　　　동탁이 난을 일으키자 조조
와 원소는 군대를 일으켜 동탁에 맞설 것을 은밀히 논의했다. 그러던
어느 날 원소가 조조에게 "만약 군대를 일으킨 후 성공하지 못하면
어쩔 생각인가?"라고 물었다. 그러자 조조는 "공은 어떻게 할 생각
입니까?"라고 되물었다.

　원소가 답했다. "나는 황하의 험준한 요새를 지켜 황하 이북에서
세력을 발전시키고, 오랑캐의 병력을 빌려 남쪽을 쳐서 천하를 차지
하려고 하네. 그러면 틀림없지 않겠는가?"

　그러나 조조는 원소와 생각이 전혀 달랐다. "저는 천하의 재능 있
는 사람들을 우선적으로 기용하려 합니다. 이를 대원칙으로 인재를
다스리면 세상에 해내지 못할 일이 없을 것입니다. 상商나라를 세운
성탕成湯, 주나라를 개국한 무왕이 왕업을 이룩한 근거지가 어디 한
곳입니까? 오로지 지세가 험한 것에만 의지하면 임기응변은 불가능

할 것입니다."

이 대화에서 알 수 있듯이 원소와 조조는 창업을 뒷받침하는 요소에 대한 생각이 완전히 달랐다. 그 후 역사에서 보듯, 이 둘은 천하를 다투는 과정에서 각자의 관점을 확실하게 밀고 나갔다. 『삼국지』와 『자치통감』에서는 위의 대화를 조조가 원소를 물리친 관도 전투 뒤에 다시 서술하면서 조조와 원소의 관점 차이가 결국 승패를 가른 원인이라는 점을 분명하게 보여주고 있다.

조조는 일찍부터 '창업은 인재를 얻고 그들이 재능을 발휘해야 가능하다'고 보았다. 조씨 집단이 군웅들과의 싸움에서 두각을 나타내고 북방 쟁탈전에서 최후의 승자가 될 수 있었던 힘은 바로 철저한 인재등용 원칙 덕분이었다. 그의 인재등용 원칙에서 주목할 것은 '재주만 있으면 발탁한다'는 점이었다. 그는 능력을 매우 중시하고 인품은 크게 상관하지 않았기 때문에 모든 것을 다 갖추지 않더라도 재능과 학식만 있으면 발탁하여 관직을 주었다. 이같은 원칙은 다른 사람들에게 본보기가 되었다.

품행에 상관없이 발탁하다

조조의 용인술은 그가 쓴 세 편의 포고령에 잘 나타나 있다. 바로 유명한 '구재삼령求才三令', 즉 인재를 구하는 세 가지 포고령이다. 재주만 있으면 발탁한다는 내용의 〈유재시거령惟才是擧令〉이 210년에 반포됐다. 그 내용은 다음과 같다.

'예로부터 왕조를 창건하고 중흥시킨 군주는 모두 현인이나 군자와 함께 천하를 다스리기를 바랐다. 그런데 그들이 재능 있는 사람을 얻은 것은 우연인가? 아니다. 인재를 발견하는 데 능했기 때문이다. 지금은 천하가 아직 평정되지 않아서 나라에 특별히 인재가 필요한 시기다. 『논어』에서는 맹공작孟公綽과 같은 사람은 진나라의 조씨·위씨와 같은 대족의 신하가 되기에는 적합하지만 등騰·설薛과 같은 작은 나라의 대부 노릇을 하기에는 적합하지 않다고 했다. 청렴결백한 선비만을 써야 한다면 제나라 환공은 어떻게 패업을 이룰 수 있었겠는가? 지금 세상에 아직도 강태공처럼 재주가 있으면서도 기회를 얻지 못해 회하 강변에서 낚시나 하고 있는 사람이 있는가? 또 진평과 같이 재능이 있는데도 형수와 간통을 했다거나 뇌물을 받았다는 소문 때문에 발탁되지 못하는 인재가 있는가? 여러 신료들은 나를 보좌하여 재능을 따져서 인재를 선발하도록 하라. 나는 중책을 맡기겠노라.'

제 환공을 보좌해 패업을 이룬 관중管仲은 유교적 기준으로 본다면 마음이 곧고 깨끗한 선비貞廉之士(정렴지사)라고는 할 수 없다. 그는 친구와 장사를 할 때는 적은 본전으로 큰 이익을 챙겼고, 전쟁에 나가 돌격할 때는 맨 뒤에 서고 퇴각할 때는 맨 앞에 섰으며, 옛 주인인 자규子糾가 피살되었을 때도 주인을 따라 죽지 않고 오히려 제 환공을 보좌했다.

서한 초기의 공신인 진평陳平은 형수와 간통하고, 뇌물을 받았다는 소문이 돌았지만 위무지魏無知는 그를 한 고조 유방에게 추천했다. 한 고조는 진평의 품행이 바르지 못하다는 이야기를 듣고 위무지를 불러 꾸짖었다. 그러자 위무지는 오히려 "폐하께서 문제 삼으시는 것은 품행이고, 제가 추천한 것은 재능입니다. 현재 초나라와 한나라가 서로 싸우고 있는 상황에서 가장 필요한 것은 재능입니다. 폐하께서 말씀하신 그런 일이 무슨 대수겠습니까?"라고 설득했다.

214년에는 〈유사취사무폐편령有司取士無廢便令〉이 반포됐다. 조조는 이 포고문에서 재능과 품행은 별개의 것이므로 관리를 뽑을 때 단점이 있다고 해서 무작정 인재를 내치지 말라고 했다.

'품행이 바른 사람이 반드시 공을 세우는 것이 아니며 공을 세우는 사람이 반드시 품행이 바른 것은 아니다. 진평은 품행이 단정한 선비였는가? 소진蘇秦은 약속을 엄격히 지키는 사람인가? 그러나 진평은 한나라를 지켜냈고, 소진은 약소국인 연燕나라를 구했다. 이렇게 볼 때 선비들이 일면의 단점을 가지고 있으면 등용하지 말아야 하는가? 각급 관리들은 이러한 나의 뜻을 새겨 두면 세상의 아까운 인재를 방치하지 않게 되어 관청의 사무도 모두 타당하게 처리될 것이다.'

217년에는 재주 있는 인재를 발탁하는 데 품행에 구애받지 말라는 내용의 〈거현무구품행령擧賢無拘品行令〉이 반포됐다. 조조는 이 포고령에서 관리들은 덕이 높고 결단력이 있으며 적과 맞서 힘써 싸우는 사람, 재주가 뛰어나고 조직을 잘 통솔하는 사람, 장수의 재질을 갖고 있지만 평판이 나빠서 멸시당하는 사람, 어질지도 않고 효심도 없지만 나라를 잘 다스리는 방법이나 병법을 잘 아는 사람을 추천하라고 당부했다. 그리고 만약 이런 인재를 알고 있다면 빠짐없이 추천하라고 강조했다.

조조는 역사에서 재주만 있고 덕은 없는 유명한 인물들을 예로 들어 자신의 정책을 선전했다. '이윤伊尹과 부열傅說은 모두 노예였다. 그런데 이윤은 성탕을 보좌하여 상나라를 세웠고, 부열은 무정武丁을 보좌하여 상나라를 중흥시켰다. 관중은 옛 주인에게는 배신자였지만 제 환공을 보좌하여 패업을 이루었다. 소하蕭何와 조참曹參은 낮은 관리였고, 한신과 진평은 평판이 나빠서 사람들의 비웃음을 샀지만 한나라의 개국공신들이었다. 오기吳起는 장군이 되려고 아내를 죽여 신임을 얻고 돈으로 관직을 샀으며 모친상을 당하고도 제사에 참석하지 않았지만, 그가 위나라에 있을 때는 진나라가 동쪽으로 진격할 엄두를 못 내고, 초나라에 있을 때는 위·조·한 세 강국이 감히 남쪽으로 세력을 뻗지 못했다'

실력으로 권문세족을 견제하고 허장성세를 타파하다

중국 역사상 집권자가 직접 명을 내려 인재를 적극 추천하도록 장려하면서, 재능을 최우선으로 치며 품행은 상관치 말라고 지시한 경우는 극히 드물다. 고대의 유가는 '덕치'와 '예치'를 강조했는데 군주에서부터 말단관리에 이르기까지 하나같이 도덕으로써 모범을 보이면 백성들은 자연스럽게 그 덕에 감화되어 따르게 되고 이로써 천하가 크게 다스려진다고 했다. 법치를 강조하는 법가도 관리들은 모두 청렴한 선비가 되어야 한다고 강조했다.

진秦나라는 법치를 중시한 국가였는데 1975년 호북성 운몽 수호지睡虎地에서 출토된 진나라 때의 유물 죽간에는 〈위이지도〉[5]가 적혀 있다. 그 내용인즉 관직에 있는 자는 반드시 청렴하고 성실하고 공명정대해야 하며, 군주는 너그럽고 신하는 충성하며, 부모는 자애롭고 자식은 효도하는 것이 '정치의 근본'이라고 했다. 이어 관리에게는 다섯 가지 선이 있는데 충성과 믿음으로 윗사람을 공경하고, 청렴하여 원망을 사는 일이 없어야 하며, 판결은 타당해야 하며, 선행을 즐기고, 남을 공경하고 양보하는 마음을 가져야 한다고 했다. 이는 유가에서 말하는 군자와 별 차이가 없다.

그러나 조조의 포고령은 뜻밖에도 '어질지도 않고 효성스럽지도

---

5) 爲吏之道 : 관리가 지켜야 할 도리

않지만不仁不孝(불인불효)' 재주 있는 인물을 추천하라고 요구했으니 실로 전무후무한 일이다. 이러한 조조의 용인술에는 정치적인 배경이 깊숙이 깔려 있었다.

첫째, 이것은 단순히 인재를 구하는 문구가 아니라, 일종의 정치 선언문으로 볼 수 있다. 동한 시기에 명문거족의 세력이 점차 성장하고, 사족계층도 차츰 형성되었다. 이들은 강력한 사회세력이었다. 이 계층은 유가의 인의도덕을 고상하게 떠들고, 오로지 충효절의를 추구하면서, 세상에서 자기들만이 유일한 심판관이라고 생각했다. 동한에는 대대로 관리를 지낸 명문호족이 적지 않았는데 이들이 바로 전형적인 사족계층을 대표했다. 동한 말년의 혼란기에 일부 명문호족들은 군대를 일으켜 한 지역을 차지하는 등 이들로 인해 혼전이 그치지 않았다. 그 주요 인물은 원소·원술·유표·공손찬·유장 등으로 이들은 모두 인의도덕을 내세우는 권문세족을 대표하는 인물들이다.

조조는 비록 관리 가문 출신이지만 가문이 환관에게 빌붙어 벼락부자가 되었기 때문에 당대의 권문세가들로부터 업신여김을 당했다. 권문세족들이 그의 주요 적수였기 때문에 조조가 천하를 다툰 후로는 군사적으로 그들을 물리치는 동시에 정신적으로도 그들을 압도해야 했다. 재능을 중시하고 도덕을 가벼이 여기는 정책을 편 까닭은 정신적 지주에 의지하여 일신의 편안함만을 추구하는 권문세가들을 폄하하고 모욕함으로써 강제로 그들을 자신의 통치에 복종하도록 만들려는 정치적 포석이었다.

둘째, 조조의 이러한 용인술은 사회풍조를 전환하기 위한 수단이었다. 동한 시기에 관리로 선발되려면 효행으로 유명해야 했다. 곽거郭巨라는 사람은 식량이 떨어지자 입 하나라도 덜어서 어머니라도 잘 봉양하고자 아들을 땅에 파묻었다고 한다. 이것이 효행을 행한 사람의 사례였다. 혹은 예절이 바른 사람이 추천되었다. 어머니가 쟁반에 배를 내오자 큰 것을 형들에게 양보한 공융孔融의 이야기가 그 일례이다. 또는 재물을 탐하지 않고 재물에 동요하지 않는 사람이어야 했다.

  이런 덕목을 갖춘 사람을 '효렴'하다고 보고 지방관이 효렴한 인물로 천거해 수도로 보내서 관리로 등용시키거나 자체적으로 채용하여 지방 관청에 배치하기도 했다. 충효와 절의로 명성이 매우 높은 사람은 황제가 친히 조서를 내려 임명하고 수레를 보내 수도로 데려와 높은 관직을 수여했다. 따라서 자신의 이름을 널리 알리는 것이 관리가 되는 비결이다보니, 결국 허장성세의 풍조가 나타나 선비들은 허세를 부리고 일부러 남들의 눈에 띄는 일을 하려고 애쓰게 되었다.

  유가의 가르침에 따르면, 부모가 죽으면 자식은 삼년상을 치러야 한다. 그런데 어떤 사람들은 7~8년을 묘 옆에서 초막을 짓고 잡곡만 먹으며 살고, 사람만 나타나면 눈물이 그렁그렁하여 처량하게 울고

북경 이화원(頤和園) 회랑의 채색화 | 공융이 어머니가 배를 내오면 형들한테 큰 것을 양보했다는 고사를 묘사

자신을 괴롭혀 뼈만 앙상한 모습으로 변했는데, 이렇게 뼈만 앙상한 모습을 사람들은 골립骨立이라 부르며 가장 효성이 지극한 사람으로 여겼다.

또 예법과 도덕에서는 충성을 중시했는데 당시의 많은 사람들은 황제뿐 아니라 상사·스승·연장자에게 충성을 바쳤다. 만약 장관이 탄핵을 받아 관직을 떠나게 되면 그 밑의 관리들도 모두 관직을 버리고 함께 물러났다. 명예와 이익에 연연하지 않는 청렴한 모습을 보여주기 위해 지방관이 자기를 천거하거나 심지어 황제가 불러도 모두 사양하고 몇 번이나 요청을 해야 마지못해 나왔다. 충의를 나타내기 위하여 부모나 장관 또는 친구가 피살되거나 모욕을 당하면 발 벗고 나서서 복수하여 한을 씻었다. 또 어떤 사람은 이름을 날리려고 일부러 터무니없는 행위나 괴이한 말을 하여 남들을 놀라게 했다. 억지로 꾸며대는 것에서 나아가 서로 치켜세우고 무리를 만들어 사욕을 꾀하면서도 '고결하고 공정한 언론淸議(청의)'이라고 우겼다. 이런 식으로 호족세력이 조성하는 여론은 정부의 권위에도 영향을 미쳤다.

동한 말년의 혼란 속에서 통치질서를 회복하려 했던 조조는 정부의 통제를 받지 않는 여론을 용인할 수 없었고, 국가의 이익을 개인의 도덕관념 아래 놓는 풍조가 확산되는 것을 내버려둘 수 없었기 때문에 관리사회에 만연한 허장성세의 관습을 타파해야 했다. 205년 조조는 풍속을 바로잡기 위해 〈정제풍속령整齊風俗令〉을 반포하여 당시의 사회, 특히 원소가 통치하던 지역에서 유행하던 허례허식, 사조직 결성, 자신과 다른 의견에 대한 배척, 사실의 날조 등의 풍조를 일소했다. 동시에 공융을 사형에 처하고 예형祢衡을 쫓아내, 이 명을 따르지 않는 인사들에게 경고의 메시지를 보냈다.

인의도덕을 지키되 허례허식은 배제하다

　조조가 포고령을 발표한 일차 목적은 유능한 인재를 선발하여 통치역량을 강화하기 위해서였다. 조조 세력이 차츰 강해진 데에는 인재를 중시하는 정책이 큰 몫을 차지한다. 조조가 이러한 법령을 반포한 목적은 조씨 세력의 통치기반을 다지고, 여러 방면의 인재를 확보하기 위해서였다. 따라서 출신이 미천하거나 평판이 좋지 못한 인재들까지도 통치집단으로 끌어들일 수 있도록 등용의 문을 활짝 열어두었다.

　조조집단은 중원에서 줄곧 혼전의 소용돌이 속에 놓여 있었기 때문에 군사와 정치 부문에서 많은 인재가 필요했다. 통치가 기본적으로 안정되고 나서도 각 정부기구에 포진하여 정상적인 통치구조를 만들어줄 많은 인재들이 필요했다. 또한 이 정책을 통해 조조는 자신의 역량을 강화하는 동시에 인재들이 적의 진영으로 빠져나가거나 민간에 흩어져 통치권을 위협할 화근으로 자라는 위험을 방지할 수 있었다.

　여기서 주의해야 할 점은 조조가 이러한 법령을 반포했다 하더라도 인의도덕과 같은 덕목을 완전히 배제하지는 않았다는 사실이다. 따라서 포고령 구절만 가지고 조조가 '불인불효'를 제창했다고 결론지을 수 없다. 사실상, 조조는 당시 정치의 실제적인 수요에 발맞추어 격식에 구애받지 않는 인재선발을 강조함으로써 원소 등으로 대표되는 권문세족의 영향력을 약화시키고, 허례허식으로 가득 찼던 당시의 풍조를 바로잡으려 했다.

　그러나 한편으로는 인의도덕을 중시했던 것도 사실이다. 예를 들면, 원소를 무찌르고 난 직후에 조조는 〈수학령修學令〉을 반포했다.

그는 전란이 15년이나 지속되어 청소년들이 인의예절의 기풍을 보지 못한 것을 매우 걱정스럽게 생각했다. 그래서 지역마다 학교를 복구하여 그 지역에서 덕이 높은 사람을 골라 교육을 담당하고 선왕의 도를 가르치게 했다. 조조가 아들 조식을 맡긴 사람도 '덕행을 갖춘 형자앙德行堂堂 邢子昂'이라 불리는 명사 형옹邢顒이었다. 조조는 또 〈청시령淸時令〉을 발표해 선비와 군자들에게 '나라에 충성하고, 군주가 하려는 일에 충실하게 복무해야 한다'고 강조했다. 위에서 말한 〈거현무구품행령〉에서도 '덕이 높은 사람'을 추천하라고 말했다. 이처럼 조조의 정책은 인의도덕을 배제한 것이 결코 아니었다.

게다가 조조는 진정한 효자충신들을 끔찍이 아꼈다. 부하인 필심의 어머니와 처가 여포에게 납치되자, 조조는 그의 가족들이 여포에게 괴롭힘을 당할까 걱정하며 필심을 따로 불러, 여포에게 의탁해 자식의 도리를 다하라고 권했을 정도였다. 필심은 결코 조조를 배반하지 않겠다고 약속했으나, 결국은 여포에게로 도망을 가서 관직을 받았다. 여포가 조조에게 패한 뒤 필심도 붙잡혔다. 사람들은 모두 필심이 죽음을 면하기 어려울 거라 생각했지만, 조조는 오히려 "부모에게 효도하는 사람이 군주에게 충성하지 않을 리 있는가? 이것이 바로 내가 추구하는 바이다."라고 하면서 필심에게 노魯나라 재상을 맡겼다.

관우는 당대의 명장으로서 200년에 조조가 유비를 격퇴했을 때 조조의 포로가 되었다. 조조는 관우를 편장군偏將軍으로 봉하고 후하게 대우했지만 관우가 오래 머물 의사가 없음을 알고는 관우와 친한 장료張遼를 보내 그의 속마음을 알아보게 했다. 관우는 장료에게 "나는 오랫동안 형님의 두터운 은혜를 입었네. 그래서 유비 형님과 생사를 함께할 것이야. 조조가 아무리 잘해준다 할지라도 조만간 형님에게로 돌아갈 것일세. 다만 공을 세워 조조에게 보답하려는 것이지."라고 말했다.

장료는 돌아가서 사실대로 이야기하려 했지만 조조가 관우를 해칠까 두려웠다. 그래서 몇 번을 생각하고는 탄식하며 말했다. "조공은 아버지와 같고, 관우는 형제와 같다." 그러나 군주와 아버지는 형제보다 중요하므로 장료는 결국 사실대로 보고했다. 그러자 조조는 감탄하면서 "관우는 주인을 대하는 데 있어서 그 근본을 잊지 않으니 천하의 의사라 할 것이다."라고 말했다.

그해 원소와의 전쟁에서 관우는 원소 측 대장 안량顔良을 베고 조조를 위기에서 구해냈다. 조조는 후한 상을 내리고 관우를 '한수정후漢壽亭侯'로 봉했다. 그러나 관우는 유비가 원소 진영에 있다는 것을 알고 유비에게로 돌아가기로 결심하여 곧 조조에게서 받은 상과 함께 글을 남기고 떠나버렸다. 조조 수하의 장수들이 쫓으려 하자 조조는 오히려 "그는 옛 주인에게 충성하는 것이니 쫓을 필요 없다."라고 만류 했다.

문빙文聘도 유표의 장수로 명성을 날린 인물이었다. 유표가 죽자 유종은 조조에게 투항했다. 그러나 문빙은 옛 주인을 위해 땅을 지키지 못한 것을 슬퍼하며 항복하려 하지 않았다. 비록 전군과 함께 조조 군대에 편입되었지만 문빙은 여전히 슬퍼하고 있었다. 조조는 이에 감탄해 문빙을 '충신'이라고 칭찬하고 두터운 상을 내렸다. 또 강하태수江夏太守로 임명해 병권을 맡기고 양자강 방어선을 지키게 하는 한편 관내후關內侯로 봉했다.

2. 조조의 문신들

'재주만 있으면 발탁한다'는 포고령은 조조가 북방을 기본적으로 평정한 뒤에 반포한 것이지만, 이전에 천하를 다투는 과정에서도 줄곧 이 방침을 고수했다. 다만 공개적으로 선포하지 않았을 뿐이다. 조조 집단의 성장 초기에 핵심인물은 의심할 나위 없이 조씨와 하후씨의 자제들이었지만, 정책 결정에 참여한 사람들은 언제나 외부 인사들이었고 심지어 적대세력 진영에서 투항한 사람도 있었다. 이들 중에는 권문세가의 자제는 물론 출신이 미천하고 평판이 안 좋은 사람도 있었다. 그러나 한 가지 재주만 있으면 조조의 밑에서는 모두 중책을 맡을 수 있었다. 몇 가지 예를 들면 다음과 같다.

초기에 가장 중요한 책사는 순욱이었다. 순욱은 영천 대족大族 출신으로 젊어서 효렴으로 천거돼 관리로 있다가 오래지 않아 천하에 난이 일어나자 관직을 버리고 고향으로 돌아왔다. 동탁의 난 때 종족宗族을 기주로 옮겨 원소에게 상객 대접을 받았다. 그의 가문은 대부분 원소를 위하여 일했지만 순욱은 원소가 대업을 이룰 만한 인물이 아니라고 판단하고, 191년 당시 약소 세력이었던 조조에게로 갔다. 이때 순욱의 나이 29세였다.

조조는 그의 재능을 높이 평가해 '나의 장자방(한나라의 개국공신)'이라 부르며, 사마직을 맡기고 자신을 위해 계책을 세우도록 했다. 조조가 도겸과 여포를 상대로 혼전을 거듭할 때 순욱은 먼저 여포를 공격하여 연주兗州 근거지를 공고히 한 다음 도겸을 상대해야 한다고 주장했다. 헌제가 낙양에 돌아오자 순욱은 조조에게 직접 낙양으로 가서 헌제를 맞이하라고 적극적으로 건의했고,

조조는 이후에 각종 장애를 극복하여 천자를 끼고 제후들을 호령하는 정치적 우위를 확보하게 되었다. 순욱은 시중 겸 상서령이 되어 조조가 대외적으로 전쟁에 나설 때마다 허창에 남아서 질서 정연하게 국정을 처리했다.

원소와의 대립이 첨예해지자 순욱은 조조를 위하여 정세를 분석하고 이렇게 지적했다. "공(조조)은 인재를 명망에 구애되지 않고 재주에 따라 적절히 기용하니 도량에서 이긴 셈이고, 대사를 결정하는데 있어 임기응변에 능하니 모책에서 이긴 셈이며, 법령이 분명하고 상벌을 반드시 행하여 모두가 죽을 때까지 싸우니 무력에서도 이긴 셈이고, 인자함으로 남을 대하여 인재가 수두룩하니 덕마저 이긴 셈입니다. 이렇게 네 가지 방면에서 모두 앞서므로 반드시 원소를 무찌를 수 있습니다." 조조는 이 말을 듣고 원소를 공격하기로 결심을 굳힌다. 관도의 싸움 때는 식량이 떨어져 허창으로 퇴각하려고 했지만 순욱의 충고를 듣고 마음을 돌리기도 했다. 조조가 원소를 물리치고 남하하여 유표를 치려 했을 때도 순욱은 여세를 몰아 하북으로 진군해 북방을 통일하라고 건의했다.

순욱은 '재주만 있으면 발탁한다'는 조조의 인재 선발 방침을 충분히 이해하고 있었기 때문에 곽가·순유·종요·진군·사마의·치려·화흠 왕랑·순열·두습 등등과 같은 유능한 인재들을 추천했다. 이 중에는 권문세가의 자제도 있고 무명의 선비도 있지만, 적지 않은 수가 재상의 자리에 올랐다. 역사 기록에 따르면, 순욱이 추천한 사람 중에서 관직을 담당할 만한 능력이 없었던 사람은 고작 둘밖에 없었다고 한다.

조조 초기의 또 다른 중요한 책사는 순욱이 추천한 곽가였다. 곽가의 이름은 봉효奉孝로, 영천 지방의 미천한 출신이었다. 동한 말년 대

혼란 때 곽가는 먼저 원소에게 의탁했는데 원소가 겉으로는 인재를 불러모은다고 하면서도 실제로는 자신의 일가친지들만 신임하자 다시 조조에게로 갔다. 순욱의 추천으로 장시간 대화를 나눈 조조는 "나로 하여금 대업을 이루게 할 사람은 반드시 이 사람일 것이다."라고 기뻐했으며, 곽가도 "조조는 진정 나의 주인이십니다."라고 화답했다. 곽가는 조조에게 여러 번 뛰어난 계책을 올렸는데 귀신같이 적중했다. 그러나 곽가는 사소한 것에 구애받지 않는 성격이었다. 영천 대족 출신인 책사 진군陳郡은 그의 이런 점이 마음에 들지 않아 조조 앞에서 여러 번 곽가를 혹평했지만 곽가는 전혀 변함이 없었고 조조도 그대로 곽가를 신임했다.

원소와 원술을 물리친 조조는 곽가의 건의에 따라 가벼운 무장으로 오환烏桓을 기습해 대승을 거뒀다. 곽가가 병으로 일찍 죽자 조조는 "어질도다, 봉효여! 슬프도다, 봉효여! 애석하도다, 봉효여!"라며 통곡했다. 조조는 적벽대전에서 크게 패하고 돌아오면서 또 한번 탄식했다. "만약 곽가만 살아있었다면 내가 이런 지경에까지 이르지는 않았을 것을……."

중요한 문신 정욱程昱도 한미한 가문 출신이었다. 정욱은 조조가 연주목兗州牧이 되었을 때 천거되어 곧장 따라나섰다. 진궁이 여포와 연합하여 반란을 일으키자 정욱은 지원군이 올 때까지 동아 등 3개 성을 굳게 지켰다. 이로 인해 조조는 근거지를 지킬 수 있었다. 서주를 함락시킨 후 유비가 어쩔 수 없이 조조에게 의탁하게 되자, 정욱은 여러 차례 유비를 죽이라고 진언했지만 조조는 동의하지 않았다. 정욱은 날카롭고 직설적이었기 때문에 늘 동료들과 충돌을 빚었으며, 한번은 반란을 일으킨다고 고발을 당한 적도 있었지만, 조조는 처음과 변함없이 그를 신임했다.

가후는 적진에서 건너온 중요한 문신 중 한 사람이었다. 그는 출신이 비천해서 동한 말 효렴으로 천거되었지만, 밀어주는 사람이 없어 어쩔 수 없이 낭郞의 신분으로 관직의 임명을 기다렸다. 동탁의 난 때 동탁 등 관서의 장수들이 가후의 본적이 서북이라는 점을 마음에 들어해 서북 군벌의 책사가 되었다. 그러나 동탁의 장수들 사이에 내분이 일어나자, 그는 다시 남양 지역을 차지하고 있던 군벌 장수張繡 밑으로 들어간 다음, 책사가 되어 조조를 칠 수 있는 계책을 올렸다.

　조조와 원소가 싸움을 시작했을 때, 가후는 장수에게 조조가 천자의 이름을 걸고 싸우고 있으므로 "조조에게 항복하는 것이 정도일 뿐 아니라 일찍이 조조에게 반기를 들고 조카를 죽게 만든 것에 대한 후환을 씻을 수 있는 길이니 조조에게 투항하라."라고 건의했다. "조조는 패왕이 되려 하기 때문에 개인적인 원한을 따지지 않고 천하에 자신의 덕을 드러내 보이려 할 것입니다." 결국 장수는 조조에게 의탁했고 조조는 크게 기뻐하며 가후의 손을 잡고 "니의 신망을 세상에 알린 사람은 바로 자네라네."라고 말했다. 훗날 가후는 조조 진영에서 큰 활약을 했으며 태위의 자리에까지 올랐다.

3. 조조의 무신들

　　　　　　　무장 쪽은 더욱 흥미진진하다. 조조 진영에는 뛰어난 무장이 많았지만, 출신과 경력은 모두 제각각이었다. 출신으로 말하자면 조씨 자제와 하후씨 자제를 제외하고는 비천한 출신이 적지 않았다.

악진樂進은 원래 조조의 막사를 지키는 졸병이었으나 공을 세워 조조가 장수로 삼았다. 그는 관도전투에서 원소의 대장 순우경의 목을 베었고, 훗날 훌륭한 대장이 되었으며, 후작의 지위까지 올랐다. 우금于禁은 일찍이 황건 농민봉기에 참가했다가 조조군에게 포로로 잡혔을 때 왕랑이 대장감이라며 조조에게 추천했다. 우금을 만나본 조조는 군사마軍司馬로 임명하고 병사를 거느리고 광위성廣威城을 치게 했다. 이 전투에서 손쉽게 성공을 거둔 우금은 조조를 따라다니며 수많은 전쟁에서 전공을 세우고 조조의 명장이 되었다.

유명한 장군 장료는 병주 안문雁門 사람으로 처음에는 군대의 관리였다. 동한 말년, 병주자사 정원丁原은 장료가 용감하고 힘이 세다는 말을 듣고, 그를 낙양으로 보내 당시 정권을 쥐고 있던 하진何進의 호위 임무를 맡겼다. 하진은 환관들을 주살하고자 장료를 하북으로 보내 병사를 모으게 했다. 장료가 병사 1,000여 명을 데리고 낙양으로 돌아왔을 때는 이미 하진이 피살되어 동탁이 조정을 장악하고 있었으므로 동탁 휘하로 들어갔다. 동탁이 패한 뒤 장료는 여포를 따라 서주로 갔다. 이때 이미 장료의 주인은 네 번이나 바뀐 셈이었다.

198년, 여포가 조조에게 죽음을 당하자 장료는 휘하 부대를 거느리고 조조에게 투항했다. 『삼국연의』에 나오는 것처럼 포로가 된 뒤 여포에 대한 대의를 끝까지 지킨 것이 아니었다. 조조에게 합류한 그는 충성심을 불태우며 여러 차례 전공을 세웠다. 오환을 습격할 때도 적극적으로 싸움을 청하는 등 기세가 드높아 조조가 지휘용 깃발을 넘겨주자 장료는 용감하게 돌진하여 오환을 크게 무찔렀다.

장료의 전과 중에서 가장 유명한 것은 적벽대전 후에 합비를 굳게 지킨 공로이다. 당시 조조는 패잔병을 이끌고 중원으로 돌아가면서 장료·악진·이전 등의 맹장을 전략 요지인 합비에 남겨 두었다. 손권이 10만 대군을 거느리고 합비를 공격했을 때, 장료가 거느린 병사는 7,000여 명에 불과했다. 장료는 자신들이 먼저 공격해 적군의 날카로운 기세를 꺾어야 한다고 판단해, 800명의 별동대를 거느리고 동오 진영으로 돌격했다. 가는 곳마다 적을 쓰러뜨리며, 손권의 군대 깊숙한 곳까지 쳐들어간 장료는 손권에게 몇 차례 도발한 뒤 태연히 성으로 돌아왔다. 동오군은 열흘 넘게 성을 공격했으나 별다른 수확을 얻지 못한 채 결국 철수하게 되었다. 장료가 철수하던 동오군을 추격하기 시작하자 동오군은 순식간에 혼란에 빠졌고 하마터면 손권이 포로로 사로잡힐 뻔했다. 이때부터 장료는 강회 지역 일대에서 위엄을 떨쳤다.

명장 장합張郃도 적진에서 얻은 인재였다. 장합은 원래 한복의 부하장수였는데 한복이 패한 뒤 원소에게 의탁했다. 원소가 관도에서 조조와 싸울 때 장합은 전력을 기울여 오소烏巢를 구원해야 한다고 극력 간언했지만 원소가 듣지 않았다. 결국 원소는 크게 패하고 난 뒤 오히려 징합이 자기에게 앙심을 품고 있다고 의심하자 장합은 이때 조조에게 의탁하게 된다. 장합은 당시 원소 진영에서 이름을 날리고 있었던터라 조조는 그의 손을 붙잡고 환영하며 "과거 오자서는 못난 군주의 박해를 받아 자칫 생명을 잃을 뻔하지 않았는가. 미자微子처럼 몹쓸 군주인 주왕으로부터 도망치고, 한신처럼 일찍이 한으로 돌아가는 것이 낫네."라고 했다.

조조는 즉시 장합을 편장군偏將軍에 임명하고 도정후都亭侯로 봉한 다음 군대를 주어 업성을 공격하게 했다. 장합은 이내 성공했고, 그때부터 조조의 유능한 핵심 장수가 되었다. 219년 유비가 한중을 공격할 때 주요 장수인 하후연이 전사하자 조조군은 한때 혼란에 빠졌다. 당시 장령 곽회郭淮는 "장(합) 장군은 명장이고 유비도 그를 무서워합니다. 지금 상황이 급박하니 장 장군이 아니면 평정하기 어려울 것입니다."라고 건의했다. 모든 장군들은 장합을 최고지휘관으로 받들어 유비와 맞섬으로써 위기국면을 타개했다.

조조는 사람을 쓸 때 조건에 구애받지 않았기 때문에 출신과 품행을 상관하지 않았으며, 특히 개인적인 은혜나 원한 관계를 따지지 않았다. 장수를 대할 때가 그랬다. 장수는 관서 무위武威 사람으로 동한 말년에 조상의 원수를 죽이고 아버지와 함께 산택으로 도망갔다. 관중에서 군벌들의 패권다툼이 벌어지는 동안 부친과 함께 이각을 위하여 여포를 공격했지만 부친이 전사하자 부하들을 거느리고 중원으로 들어와 남양에 주둔한 유표에게 의탁했다.

조조가 제일 처음 남진할 때 장수는 먼저 투항했다. 그런데 조조가 아버지의 첩을 첩으로 삼자, 크게 화가 나서 조조 진영을 습격했다. 조조는 날아오는 화살에 맞아 달아나고, 아들과 조카는 혼란한 틈에 죽고, 총애하는 장군 전위典韋도 전사했다. 그러나 조조가 관도에서 원소와 대전을 치를 때 장수는 가후의 권유로 조조에게 다시 항복했다. 조조는 크게 기뻐하면서 그의 손을 잡고 연회에 참가하는가 하면, 아들 조균曹均에게 장수의 딸을 아내로 맞아들이게 하고, 장수를 양위장군으로 임명했다. 장수는 부하들을 거느리고 관도전투에 참가해 전공을 세웠다.

또한 이름난 선비인 진림陳琳은 원래 원소의 막사에서 문서를 관리했는데, 관도전투가 일어나기 전에 원소를 대신해 조조를 토벌하자는 격문의 초안을 작성했다. 이 글에서 그는 신랄한 어조로 조조를 '환관의 자손'이라 욕했다. 관도전투 후에 진림이 조조에게 항복하면서 후환이 두려워 불안해하자 조조가 말했다. "자네는 원소를 위하여 문장을 써서 나를 공격했는데 나 한 사람 욕하는 것으로 충분했다.『춘추』에도 그 사람만을 미워하라고 했는데 무엇 때문에 우리 조상까지 모욕했는가?" 진림이 처분을 바라자 조조는 더는 따지지 않고 자신을 위해 붓을 잡도록 했다.

4. 반대파를 포용하는 용인술

조조는 결코 일률적으로 엄벌에 처하지는 않았다. 일부 신하들의 돌출 언행이나 반란의 기미로 볼 수 있는 언행까지도 상황을 파악하고 세심하게 구분하여 대처했다. 조조집단의 생사존망이 걸린 관도전투에 나섰을 때, 대부분의 신하들은 원소에게 패할 것으로 여겨 안절부절못했다. 어떤 자는 빠져나갈 구멍을 마련하기 위해 원소와 내통해 항복할 계획까지 세웠다. 관도전투를 승리로 이끈 조조는 원소 진영에서 자신의 부하들이 원소에게 보낸 편지를 여러 통 찾아냈지만 죄를 물을 만한 물증을 모두 태워버려 많은 사람을 안심시켰다.

북으로 오환을 공격하려는 전략에 대다수 신하들이 반대하고 나섰다. "대군이 중원을 떠나 북상하게 되면, 그 사이 유표가 중원을 치고 동한 조정마저 제압하는 일이 벌어질 수 있습니다. 그러면 우리는 대단히 수동적인 입장에 처할 것입니다." 그러나 조조는 오히려 곽가 등 소수파의 의견을 받아들여 과감히 북방으로 쳐들어가 큰 승리를 얻었다. 조조가 조정으로 돌아오자 많은 신하들이 조조에게 책망과 처벌을 받을까 봐 두려워했지만, 예상 외로 조조는 반대의견을 낸 인사들에게 상을 주면서 말했다. "나는 경솔하게 출병했다. 다행히 승리했지만 운이 좋았던 것이고, 타당한 행동은 아니었다.

그대들이 출병을 저저하려고 한 것은 사려 깊은 충고이기에 마땅히 상을 주어야 한다."

조조의 용인술은 조씨 세력이 급속히 커질 수 있었던 중요한 요인이었다. 조씨 집단은 출신이 보잘것없는 인물들을 대거 끌어들여 사회적 기반을 넓히고, 조위 정권의 통치권을 공고히 할 수 있었다. 또한 그의 용인술은 적진에서 인재들을 끌어오는 데 중요한 역할을 했다. 삼국의 지도자 중에서 조조가 배신자나 투항자를 받아들이는 데 가장 성공적인 인물이었다고 할 수 있다. 비록 더 많은 세력들을 규합하려는 데 본래 목적이 있었지만 조건에 구애받지 않는 용인술은 여러 방면에서 큰 효과를 불러일으킨 것이 사실이다.

충성하지 않는 자는 용서하지 않는다

그러나 조조의 용인술은 역시 전제정치를 실행하기 위한 수단의 하나였다. 역대 제왕들처럼 그의 용인술 또한 나름대로 개인적이며 음모론적인 일면이 있었다. 그가 문제 삼지 않는 것은 문·무관들이 과거 다른 사람들에게 충과 효를 다하지 않았다는 사실일 뿐, 이것이 결코 조조 자신에게 충성하지 말라는 뜻은 아니었다. 그는 자신에게 충성하지 않는 신하들은 용서하지 않았으며, 심지어 충성심을 벗어난 생각마저도 허용하지 않았다.

최고의 책사 순욱의 경우가 가장 좋은 사례다. 조조가 점점 왕위에 대한 야심이 커져가고 있을 때 순욱의 행동이 자못 조조에 대한 충성심을 벗어났다. 212년, 조조가 신하들에게 자신을 국공國公으로 추대하도록 암시를 주었을 때 순욱은 그를 찾아와 의견을 묻는 신료들에게 "조공(조조)이 군대를 일으킨 것은 국정을 바로잡으려는 우국충

정 때문이다. 그러니 쓸데없는 소리들 말라."고 일갈했다. 이 말이 조조의 귀에 들어가자 조조는 매우 불쾌하게 여기고 그날부터 순욱을 멀리했다. 순욱은 전전긍긍하다가 병들어 죽었다.

 조조를 위하여 오랜 기간 인사 업무를 담당했던 최염崔琰과 모개의 말로는 순욱보다 더 비참했다. 조조가 위왕이 된 뒤 양훈楊訓이 글을 올려 조조의 공적과 은덕을 찬양하자 어떤 이는 양훈이 권세에 빌붙는다고 공격했다. 양훈을 추천했던 최염이 양훈에게 편지를 써서 "표문을 보았는데 참 잘 썼소. 때는 마땅히 달라져야만 하는 시대요."라고 했다. 이 말은 원래 양훈을 위로하고, 그를 공격한 자를 비난한 것이었다. 그런데 누군가가 조조에게 최염이 원한을 품고 양훈을 비방한다고 일러바쳤다. 조조는 그 편지를 직접 보고 나서 최염을 강제노역에 처했다. 어느날 조조는 다시 사람을 보내 최염이 반성하는 기미가 있는지 엿보게 했다. 그러나 최염이 여전히 손님을 접대하느라 바쁘고, 집 앞은 사람들로 붐벼 시장 바닥 같을 뿐만 아니라, 조정 일을 논의하면서 때로는 원망 섞인 말을 한다는 보고가 올라왔다. 조조는 즉시 최염을 죽이라는 명령을 내렸다.

 모개는 오랜 동료의 비명 소식이 날아오자 완곡한 표현으로 누군가에게 말했다. "지금 가뭄이 오래 지속되는 것은 아마도 처벌이 너무 엄하기 때문일 걸세." 결국 이 말이 화근이 되어 그는 고발을 당해 감옥에 갇혔다. 모개는 사람을 통해 조조에게 하소연하여 목숨은 겨우 건졌으나, 곧바로 파면되어 집에서 늙어 죽고 말았다.

 혼란한 시대에 조변석개하는 장수들에 대해 조조는 과거의 잘못은 따지지 않았지만, 자신의 부하가 된 다음의 대우는 처음 투항해 올 때와 같지 않았다. 우금의 일화가 그 예다. 우금은 조조가 천하를 다툴 때 전쟁에서 큰 공을 세웠다. 관우가 번성을 공격했을 때, 우금은

칠군과 함께 수장되자 어쩔 수 없이 관우에게 투항한 반면, 또 다른 장수 방덕龐德은 투항을 거부하고 죽었다. 이 소식이 전해지자 조조는 대노하여 "우금은 거의 30년이나 나를 따라다녔지만, 위험한 지경에 처하자 방덕처럼 나를 위해 죽음으로써 충절을 지키지 못하는구나."라고 비난했다.

우금이 포로가 된 지 얼마 후, 관우가 동오에 패하자 우금은 다시 동오에 잡혀있게 되었다. 동오와 조위가 화친하게 되면서 우금은 다시 조씨 진영으로 돌아왔다. 때는 조조가 이미 죽은 후였다. 아들 조비는 겉으로는 우금을 흉노에 붙잡혀 갔다가 고생 끝에 돌아온 한나라의 소무蘇武에 비교하며 칭찬했지만, 실제로는 그를 조조의 묘에 보내 그 묘를 지키게 했다. 방덕은 의연하게 대의를 지키고 우금은 무릎을 꿇고 투항하는 그림을 묘지의 사당에 미리 그려놓았다. 이 그림을 보고 우금은 수치스러움을 견디지 못하고 우울해하다가 병들어 죽었다.

고대 중국의 군주 전제정치는 사실상 '인치人治'였다. 인재를 어떻게 쓰느냐가 통치권을 유지하고 보호하는 데 중요한 역할을 했다. 중원의 혼란과 삼국의 분쟁은 어떤 의미에서 보면 인재 쟁탈전이었다. 청나라 사학자 조익趙翼은 일찍이 "인재는 삼국시대에 제일 넘쳐났다."라고 감탄한 바 있는데, 이는 위·촉·오 삼국의 군주가 모두 인재를 중시했음을 뜻한다.

주도권 장악에 힘쓰고
공격을 최선의 방어로 삼다
— 유씨 집단의 전략

원래 정치 역량이 부족한 세력이 역사의 무대로 부상하려면, 반드시 주도권을 먼저 장악하고 맹우를 찾아야 한다. 제갈량이 유비에게 제시한 전략, '융중대책'이 그 대표적인 사례다.

1. 유비와 제갈량의 만남, 삼고초려

　　　　　　　　　　　　유비가 제갈량을 영입하기 위해 삼고초려三顧草廬한 이야기는 삼척동자도 이미 알 정도로 유명하다. 소설 『삼국연의』에 나오는 이 이야기는 오랜 세월을 전해 내려오며 칭송받는 미담이 되었다. 하지만 실제로 유비가 제갈량을 영입한 것인지, 제갈량이 스스로를 추천한 것인지에 대해서는 역사서마다 조금씩 다르게 서술되어 있다.

　『삼국지』에서는 유비가 몸소 제갈량을 방문했다고 되어 있고, 대부분의 역사서도 그렇게 서술하고 있다. 그러나 『위략魏略』이나 『구주춘추九州春秋』에는 연전연패에도 불구하고 끝까지 싸우는 유비의 용기에 탄복해 유비가 번성樊城에 주둔하고 있을 때 제갈량이 자발적으로 찾아가 계책을 내놓았고, 유비가 이에 탄복해 그를 책략가로 삼고 그의 말과 계획을 모두 따르게 되었다고 적혀 있다.

　그러나 제갈량이 촉한의 황제 유선劉禪에게 바친 「출사표出師表」에는 이렇게 적혀 있다. '선황제(죽은 유비를 가리킴)께서는 신의 비천함을 아랑곳하지 않고 지체를 낮추면서 세 번이나 저를 찾아오셔서 당대의 일을 자문하셨습니다.'

제갈량이 내용을 과장하여 자신을 높이려는 것이 아니라면, '삼고초려설'이 좀 더 믿을 만하다. 하지만 삼고초려보다 더욱 주목할 내용은 '당대의 일을 신하에게 자문했다'는 대목이다. 유비가 제갈량의 칩거지인 융중을 찾아오자, 제갈량은 먼저 천하의 정세를 분석한 후 실력을 키워 천하를 차지할 전략을 제시했다. 역사에서 '융중대책隆中對策'이라고 부르는 이 전략은 유비세력의 발전에 막대한 영향을 끼치게 된다.

도원결의의 주인공, 유비

유비집단은 당시 중원을 엿보는 군벌 가운데 세력이 제일 약했다. 유비는 서한 경제景帝의 아들인 중산정왕中山靖王 유승劉勝의 후예라고 자칭했다. 역사 기록으로 보면 유승은 술과 여자를 좋아해서 아들만 120여 명이나 되어 중국 역사상 아들을 제일 많이 낳은 사람으로 유명하다.

전하는 말로는 유승의 아들 유정劉貞이 탁현涿縣을 물려받았으며 유비는 그 후손이라고 한다. 그러나 유비 대에 이르러 그의 집안은 이미 돗자리

유비의 초상화

와 짚신을 팔아 생계를 겨우 유지할 만큼 몰락한 상태였다. 유비는 어려서 아버지를 여의고 어머니와 함께 돗자리를 짜고 신을 팔아 연명했다. 뒷날 정적들은 이를 가리켜 '신 파는 놈'이라고 비웃었다. 조조에게 감금되었을 때 유비는 새끼로 신을 꼬는 모습을 보이며 자신은 야심이 전혀 없다는 뜻을 표시한 적도 있다. 그러나 실상 그는 어릴 때부터 우산 모양의 큰 나무 아래 앉아서 친구들에게 자신은 장래에 이렇게 우산 덮인 마차(황제의 수레)에 탈 것이라고 말했다.

15세에 유비는 공손찬公孫瓚 유덕연劉德然과 함께 유명한 유학자 노식盧植에게서 학문을 배웠는데 이때 이미 사람을 대하는 태도가 남달랐다. 그는 책 읽기를 즐기지는 않았지만 개와 말, 음악과 아름다운 복식을 매우 좋아하여 부잣집 자제처럼 보였다. 평소에는 말수가 적고 감정을 얼굴에 드러내지 않았지만 의리를 중시하는 친구들과 사귀기 좋아했다. 대상인인 장세평·소쌍 등과 친했는데 유비가 군대를 일으킬 때 이런 친구들이 자금을 댔다. 물론 제일 유명한 친구는 관우와 장비였다. 역사서의 기록에 의하면 이 세 사람은 숙식을 함께 했고, 친형제와 같은 사이였으며, 많은 이들 앞에서 관우와 장비는 반드시 유비의 양 옆에 나란히 섰다고 한다. 이것이 소설에서는 복숭아꽃 만발한 정원에서 의형제를 맺는 '도원결의'로 미화되었다.

황건의 난이 일어나자 유비는 세력을 규합해 농민군 진압 전쟁에 참전하였고, 혁혁한 전공을 인정받아 안희현安喜縣 현위縣尉에 임명되었다. 그러나 며칠 못 가서 독우督郵(지방의 감찰관)와 충돌이 생기는 바람에 독우를 묶고 곤장 200대를 때린 다음 관직을 내팽개친 채 떠났다. 그러나 『삼국연의』에서는 장비가 독우를 때린 것으로 되어 있다.

동한 말기 군벌들이 다투는 혼란 속에서 유비는 아직 독자세력을 구축하지 못한 상태다. 때문에 소규모 병력을 이끌고 공손찬·전개·도겸 조조·원소·유표 같은 대군벌의 명령을 따랐다. 조조가 아버지의 복수를 위해 도겸을 맹렬히 공격할 때 여포의 습격을 받았는데 유비는 먼저 도겸 쪽에 섰다. 도겸은 유비를 끌어들이기 위해 유명무실한 동한 조정에 유비를 추천해 예주자사豫州刺史로 임명하게 했다. 그래서 사람들은 유비를 '유예주'라고 불렀다. 도겸이 죽자 그의 부하들은 한때 유비를 서주목徐州牧으로 추천했다. 당시 그가 통제할 수 있는 서주는 두세 개 도시에 불과한데다가 그마저 곧 여포에게 빼앗겼다.

조조는 여포를 치고 원소와 맞서기 위해 유비와 연합한 뒤 한번은 유비에게 이렇게 말했다. "지금 천하에는 자네와 나만이 영웅일세. 원소는 아무것도 아니지." 두 사람은 문을 나서면 같은 수레를 타고 좌석에 앉을 때도 나란히 앉을 정도로 가깝게 지냈다. 하지만 동승董承의 정변 음모에 끼어든 유비는 조조와 갈등이 생기자 원소 진영으로 들어가 그의 별동대가 되어 남하하는 조조의 후방 운송부대를 습격했다. 원소에 이어 유비도 이내 조조에게 패배한 뒤 어쩔 수 없이 형주의 유표에게 의탁하여 소부대를 이끌고 신야新野에 주둔하고 있었다. 제갈량을 찾아간 것이 바로 이때였다.

2. 제갈량의 전략, 융중대책

제갈량은 형주 사람은 아니었다. 고향은 낭야琅邪이며 몰락한 사족의 자제였다. 어릴 때 아버지를 여의고 형주에서 관리를 하는 삼촌을 따라 형주로 왔다. 삼촌이 죽자 융중(지금의 호북성 양양현)에 은거했다. 그는 뜻하는 바가 매우 높아 늘 자신을 고대의 명재상 관중, 명장 악의樂毅에 비유하였지만 이러한 자평은 박릉博陵의 최주평崔州平, 영천의 서서徐庶 등 가까운 친구들 외에는 누구도 인정하지 않았다.

그는 은거 기간에 서서徐庶 · 석광원石廣元 · 맹공위孟公威와 함께 공부를 했는데 이들 세 사람은 학문을 깊이 연구했지만 제갈량은 요지만 파악하고는 더 깊이 이해하려 들지 않고 늘 무릎을 껴안고 길게 휘파람을 불며 이렇게 말했다. "자네들은 나가서 관리를 하면 군수와 자사까지는 할 수 있을 걸세." 그들이 "자네는 어디까지 할 수 있는가?"라고 묻자 제갈량은 그저 웃을 뿐이었다.

신야로 옮긴 유비는 서서의 추천을 받아 특별히 제갈량을 방문했다. 이것이 서기 207년의 일로 이때 제갈량은 26세 청년이었고 유비는 46세 중년이었다.

제갈량은 융중에서 유비에게 당시 천하의 정세를 설명해 주었다. 내용은 대략 이렇다.

'동탁의 난 이후 전국은 군벌들 간의 혼전 상태였습니다. 호걸들이 동시에 일어나 지방에서 할거하고 주를 벗어나 군을 연결한 군벌은 수없이 많았습니다. 그중에서 조조집단은 이름도 없고 세력도 약했습니다. 조조가 명망이나 군사력 면에서 모두 원소와 비교할 수 없었지만 결국 원소를 무찔렀습니다. 이것은 하늘의 뜻도 있었으나 대부분 조조의 뛰어난 용인술 덕분입니다.

호북성 양번의 고융중 | 제갈공명이 젊어서 은거하던 곳

현재 조조는 100만 명의 백성을 거느리면서 천자를 끼고 제후들을 호령하니 조조와의 정면대결은 불가능합니다. 강동의 손씨 세력은 아버지와 형제 삼대가 한 지방을 차지하고 있지요. 이들은 양자강 일대의 험난한 지세에 의존하면서 현지 호족들의 지지를 받고 있습니다. 따라서 이들과 손잡고 그들을 후원자로 삼아야지 절대 병합하려 들어서는 안 됩니다.

형주는 광활하여 북으로는 한수漢水와 면수沔水에 이르고, 남으로는 남령南岭에 이르러 광주廣州로 통합니다. 서쪽은 파촉巴蜀(지금의 사천성)으로 이어지고, 동쪽은 강동江東으로 바로 통할 수 있어 소위 요지라 할 수 있습니다. 또한 형주의 주인 유표는 이 지역을 지켜낼 만한 위인이 못 되므로 이는 하늘이 장군(유비)에게 부여한 기반입니다. 다만 결과는 장군이 그럴 마음이 있는가 없는가에 달렸습니다. 익주는 지세가 험하고 천리 땅이 비옥하여 하늘이 내린 곡물창고라 할 정도입니다. 한 고조도 여기에서 일어나 왕업을 이룩했습니다. 본래 이 지역을 장악한 유장劉璋은 무능하고, 익주 북쪽 한중 지역에 할거 중인 장노張魯 또한 현지의 호응을 얻지 못하는 상태입니다. 따라서 유능한 인재들은 모두 현명한 군자를 바라고 있습니다.'

이런 설명을 한 뒤 제갈량은 유씨 집단이 취할 전략을 제시했다.

'우선 '한 왕실의 후예'라는 점을 이용해 인재를 많이 사귀고, 형주와 익주에 할거 중인 세력이 약해진 틈을 타 두 지역을 점령하여 근거지로 삼은 뒤 이 두 지역의 우세한 전략적 지위와 지리적 조건을 이용해 근거지를 공고히 하여, 내정을 개선하고 실력을 배양해야 합니다. 서쪽과 남쪽의 소수민족은 회유책으로 달래고, 동쪽의 손씨(손권) 집단과는 연맹을 결성해야 합니다. 일단 '천하에 변화가 생겨' 중원에 전쟁이 일어나면 형주의 군대는 상장군 한 명이 통솔하여 중원의 중심지인 남양과 낙양을 공격합니다. 이어 장군(유비)이 익주의 군대를 직접 통솔하여 진령을 넘어서 관중을 공격한 후 관중에서 중원으로 출격하여 갈라져 들어간 다음, 함께 공격하면 반드시 중원 백성의 환영과 지지를 얻어 한 황실을 부흥시킬 것입니다.'

유비가 형주를 차지하다

제갈량의 분석과 건의를 귀담아들은 유비는 탄복하면서 제갈량에게 산에서 내려와 이 계획을 함께 실현하자고 청했다. "내가 공명(제갈량의 자)을 얻으면 물고기가 물을 얻은 것과 같습니다." 이후 유비와 제갈량은 군신 관계로 역사에 재미있는 이야기를 많이 남겼다. 그러나 이것은 어디까지나 훗날의 일이었다.

제갈량이 '융중책'을 제시할 당시 유비는 기본적으로 이 원대한 계획을 실현할 만한 실력을 갖추지 못한 처지였다. 이듬해 조조의 대군이 남정을 시작했을 때 유표는 병사한 상태였으며, 형주자사 자리를 계승한 유종은 바로 투항했지만 이를 유비에게 알리지 않았다. 소식을 들었을 때는 조조의 대군이 이미 접경선까지 당도한 상태여서 유비는 황급히 후퇴했다. 10여만 명의 난민들은 유비의 소수 부대를 따라 함께 남으로 도망갔는데 대오가 혼잡해 하루에 겨우 10여 리밖에 걷지 못했으므로 이동이 매우 느렸다. 반면 조조는 전략 요지인 강릉을 빼앗기 위해 몸소 5,000명의 경기병輕騎兵을 이끌고 하룻밤에 300여 리를 쏜살같이 추격하여 장판長坂(지금의 호북성 당양시 동북쪽)에서 유비를 따라잡았다.

제갈량의 묘책도 유비에게 도움을 줄 수 없었다. 다급한 나머지 유비는 처자식을 버리고 제갈량·조운 등과 함께 기병 수십 명만 거느리고 혈로를 뚫어 달아났다. 다행히 장비가 다리를 끊어놓아 조조군의 추격이 늦어지는 바람에 포로 신세만은 면할 수 있었다. 미리 배를 준비한 관우는 수군을 거느리고 마중을 나왔다. 일행은 강을 따라 내려가서 유표의 큰아들 유기가 지배하는 하구(지금의 무한시 남쪽)에 이르러 패잔병을 수습하고 그와 세력을 합치니 전부 1만 명이 넘었다. 이리하여 다시 일정 규모 이상의 군대를 얻은 유비는 이를 이끌고 번구樊口(지금의 호북 악성)에 주둔했다.

이때 강동의 손권은 노숙魯肅을 형주로 보내 정황을 살피게 했다. 노숙은 강동 상류 지역의 정세가 이미 급변하고 있고 유비만이 자신들과 연합하여 조조의 무장세력에 대항할 수 있다고 판단해, 제갈량을 시상柴桑(지금의 강서성 구강시 부근)으로 초청해 손권과 함께 조조에 대항할 작전을 논의하게 했다. 이때 제갈량은 상대방을 자극하여 분발하게 할 요량으로 손권에게 투항할 것을 권고했다. 손권이 격분하여 조조와 싸우겠다는 결심을 밝히자 제갈량은 그제야 양측의 역량을 있는 그대로 지적했다.

"조조 군대는 근 천 리 먼 길에서 출정을 왔기 때문에 이미 피로가 쌓여있는 데다 모두 북방 사람이어서 수중전에 서툽니다. 또한 새로 합류한 유종의 수군은 말로는 80만 대군이라고 큰소리치지만 실제로는 20만을 넘지 못합니다. 만약 유비와 손권이 연합해 조조군과 수중전을 벌이면 반드시 조조를 무찌를 수는 있습니다. 조조가 패하면 형주 북부를 지키려고 근거지를 이탈할 수는 없으므로 어쩔 수 없이 중원으로 돌아갈 것입니다. 그러면 형주와 동오는 중원과 정립할 수 있습니다."

손권은 제갈량의 제안을 받아들여 유비와 동맹을 맺는 한편 주유周瑜에게 3만 군대를 주고 시상으로 가서 주둔하며 유비와 긴밀하게 연락을 취하게 했다. 조조는 승리에 급급해 훈련된 대규모의 수군을 최전선에 집중 배치한 결과, 적벽대전에서 주유의 화공火攻에 패배하여 큰 손실을 입고 철수하게 된다. 손권 자신은 주력부대를 이끌고 합비로 출격하고, 주유는 적벽에서 승리한 군대를 앞세워 다시 강릉을 공격했다. 조조군은 양자강 전선에서 전면적인 방어작전을 펼쳤다. 유비는 오히려 이 기회를 잘 활용해 남쪽으로 형주 남부의 무릉武陵·장사長沙·계양桂陽·영릉零陵 4군을 획득하여 형주 정복이라는 전략 목표의 절반을 실현했다. 유비는 먼저 병약한 유기에게 형주목 자리를 양보했지만 일 년도 지나지 않아 유기가 병사하게 되면서 아무런 저항 없이 형주목이 되었다.

융중대책의 첫 행보 - 익주 점령

손권은 적벽대전 이후 북쪽으로 진격했으나, 조조의 원군이 바로 나타나 실패했다. 손권은 자신이 북쪽을 공격하는 사이 반대쪽으로 가서 네 개 지역을 점령하며 세력을 넓히고 있는 유비를 보고 경계심을 늦출 수 없었다. 그러나 조조를 견제하기 위해서는 유비와 연합하지 않을 수 없었다.

손권은 여동생을 유비에게 출가시키는 한편, 사절을 보내 함께 익주를 공격하자고 설득했다. 유비 집단에서는 이 문제 때문에 논쟁이 일어났다. 손권의 제안을 받아들이자고 주장하는 사람들은 "동오는 형주를 넘어 익주를 멀리서 통제할 수 없기 때문에 익주는 결국 우리에게 넘어올 것입니다."라는 의견을 폈다.

반면 반대하는 사람들의 의견은 이러했다.

"동오와 함께 익주를 공격하다가 실패하면 동오 측에 기회를 주게 되어 이쪽을 엿보게 될 것입니다. 그러니 먼저 동오의 제안에 동의한 다음, 아군이 형주를 점령한 지 얼마 되지 않아 경솔하게 나설 수 없다고 둘러대어 동오 쪽에 주요 병력을 맡기고, 우리는 동오에게 형주로 출병하는 통로를 내주는 편이 낫습니다. 그러면 동오는 분명 지금 나서지 않고 훗날 혼자 익주를 삼킬 기회를 다시 찾으려 할 것입니다."
유비가 결국 두 번째 의견을 따르자 손권은 하는 수 없이 포기했다.

손권과 유비 두 세력이 모두 상대방에게 이득이 되는 일에 뛰어들지 않고 있을 때 오히려 조조는 주저 없이 서쪽으로 진군했다. 211년, 조조가 관중을 거쳐 한중의 장로張魯를 공격하자 관중의 마초와 한수 같은 장군들은 반조조군을 일으켜 동관潼關에 주둔시키고 조조군이 서쪽으로 진군하는 길을 막아버렸다. 조조는 관중의 여러 장수들과 벌이는 결전을 직접 진두지휘하여 단번에 마초 등의 군벌들을 무찌르고 관중을 점령했다. 마초는 양주로 후퇴했다.

조조군이 관중을 점령하자 한중의 장로와 익주의 유장은 직접적인 위협을 받게 됐다. 당황한 유장은 책사 장송張松의 의견을 받아들여 한의 종실인 유비에게 군대를 이끌고 익주로 와서 한중의 장로를 공격하여 익주를 지키고 조조를 방어하는 것을 도와달라고 요청했다. 유비에게는 이것이 익주를 차지할 절호의 기회였다. 그는 즉시 수만의 병사를 거느리고 서쪽으로 향했고, 형주는 제갈량과 관우가 남아서 지키게 했다.

당시 조조의 주력부대는 이미 동부전선으로 옮겨가서 동오가 유수구濡須口에 쳐놓은 방어시설의 파괴를 기도하고 있었다. 유비는 득의양양한 모습으로 유장의 요청을 받아들여 군대를 거느리고 익주로 진입해 손님의 자격으로 부성涪城을 점거했다. 유장은 후회막급이었지만 유비를 쫓아내기에는 이미 늦었을 뿐만 아니라 그의 부하 장수들도 연달아 유비에게 넘어간 상태여서 유장은 주요 도시 몇 개만 사수할 수 있었다.

그러나 유비가 익주를 차지하는 과정은 결코 순조롭지만은 않았다. 낙성雒城을 일 년 동안 포위 공격했는데도 함락시키지 못했을 뿐 아니라 이 과정에서 많은 사상자가 생기고 낭장郎將 방통龐統이 성 아래에서 전사했다. 유비는 할 수 없이 제갈량에게 장비·조운 등의 장수들과 원군을 이끌고 익주로 와서 같이 싸우도록 했다. 낙성을 얻은 유비가 전군을 이끌고 성도成都로 진격하자, 군사의 수도 적고 계략도 없는 유장은 대세가 이미 기울었다고 판단하고 성에서 나와 투항했다. 이로써 유비는 손쉽게 익주목이 되었고 점령한 뒤 근거지를 공고히 한다는 '융중대책'의 첫 행보를 내딛었다.

동맹의 분열

유비가 익주를 점령한 이듬해에 손권은 유비에게 형주를 돌려달라고 요구했다. '유황숙劉皇叔이 형주를 빌리고 돌려주려 하지 않았다'라는 속담이 있는데 이는 소설 『삼국연의』 때문에 나온 말이고 유비가 실제로 손권에게서 빌린 땅은 강릉이었다. 형주는 본래 손권의 땅도 아니었고 유비가 자기 힘으로 형주 4군을 공격하여 차지한 것이어서 손권과는 사실상 아무런 관계가 없었다. 다만 주유가 죽고 도독을 맡은 노숙이 손권에게 강릉을 유비에게 빌려주어 익주 장악의 발판으로 삼으라고 권유했었다. 동오의 입장에서는 통치 중심지에서 멀리 떨어진 전략 요충지를 유지하기가 쉽지 않기 때문에 유비를 보내 강릉을 지키게 하면 조조를 막을 수 있다는 속셈이었다.

당시 양측은 유비가 익주를 점령하면 강릉은 동오 측에 돌려주기로 논의를 끝낸 상태였는데, 손권이 내놓으라는 것은 강릉을 포함한 형주 전체였다. 이는 유비를 얕잡아 보는 행위였다. 강릉은 유비집단의 양대 전략적 근거지를 연결하는 중추지이기 때문에 돌려주면 융중대책을 실현할 수 없게 된다. 그러나 동오 편에서 보면 손권의 요구는 타당한 것이었다. 유비가 차지한 4개 군은 동오의 측면을 위협하는 지역이기 때문에 만약 유비와 손권이 적이 되어 싸움이 벌어지면 유비는 장사에서 군대를 보내 바로 동오의 퇴로를 공격하면 된다. 군사력이 약한 동오의 입장에서는 형주를 차지하지 못하면 군주와 신하 모두 다리를 뻗고 잘 수 없는 상황이었다. 쌍방이 모두 양보할 수 없는 상황에서 유비는 양주를 확보한 다음 강릉을 돌려주겠다는 회신을 보냈다. 손권은 격분하여 대장 여몽에게 장사·영릉·계양의 3개 군을 습격하라고 명령했다. 유비는 5만 명의 군사를 이끌고 익주에서 동쪽으로 출격하고, 관우에게는 남하해서 동오와 싸우라고 명령했다. 두 맹우 사이에 전쟁은 시간문제였다.

이때 조조가 직접 군대를 이끌고 한중을 공격하자 장로는 잠시 저항하다가 이내 조조에게 투항했다. 한중을 잃고 파촉이 크게 당황하자 유비는 마지못해 손권과 강화했다. 양측은 상수湘水를 경계로 형주를 절반씩 나누기로 했다. 유비는 남군·영릉·무릉의 3개 군을 남기고 손권은 강하·장사·계양의 3개 군을 얻었다. '융중대책'의 성과가 절반의 손실을 본 셈이다.

유비는 주력군을 북으로 옮겨 조조를 방어했는데 몇 년 동안 유비와 조조는 공방전을 거듭하며 밀고 당기기에 바빴다. 218년, 유비는 주력을 이끌고 북상해 양평관陽平關에 주둔하면서 한중을 빼앗기로 결심했다. 이듬해 유비의 부하 장수 황충黃忠이 정군산定軍山 전투에서 조조군의 한중 지휘관인 하후연을 죽이고 승리하자, 조조는 직접 군대를 이끌고 한중으로 와서 유비와 몇 개월을 싸웠으나 이길 수 없었다. 조조는 한중 지역이 좁고 생산물이 많지 않아 장기전을 펼치기 어려우며 공격은 쉽고 수비는 어려운 점을 고려해 철수했다. 마침내 유비는 한중을 점령할 수 있었다. 그해 여름 유비는 한중왕을 자칭하였고 유비 집단의 세력은 정점에 다다랐다.

3. 융중대책의 실패

제갈량의 '융중대책'에 따르면 형주와 익주 두 주를 점령한 다음의 행보는 반드시 중원 북벌을 준비하는 단계였다. 그러나 북벌에는 몇 가지 선결조건이 있었다.

'형주와 익주의 내정을 개혁해 튼튼한 전략적 근거지로 만들어 북벌의 주력군에게 끊임없이 물자를 제공할 수 있어야 한다. 서북과 서남쪽 소수민족들과의 관계를 원만히 한다. 동오와 튼튼한 동맹 관계를 맺는다.'

특히 천하에 변고가 생기도록 하려면 몇 가지 선결조건이 있었다.

'중원에서 조조의 통치권을 흔들 만한 큰 사변이 발생해야 한다. 이 조건이 충족되고 나면 한나라 황실 정통의 기치를 내걸고 두 갈래로 출병하여 천하를 단숨에 평정할 수 있게 된다.'

제갈량의 계획에서 형주군이 주력군이었다. 제갈량은 병력이 형주에서 출발해 남양 분지를 지나 500~600리만 곧장 달려가면, 조조의 통치 중심지인 허창과 낙양을 공격할 수 있으므로 조조의 주력을 무찌를 수 있다고 보았다. '관중에서 출병하는 다른 갈래의 부대는 조조의 통치권이 무너지는 상황에서 중원을 소탕하고 하동을 공략하

여 평정한다'

그러나 이후의 정세 변화와 융중계획의 전망은 맞아떨어지지 않았다. 우선 형주 쟁취는 동오의 도움으로 실현되었다. 그러나 적벽대전의 결과로 동오가 형주까지 세력을 미치게 되자, 이해관계가 얽힌 직접적인 대립 양상이 나타나 동오와의 연맹은 근본적으로 흔들릴 수밖에 없었다. 그 다음으로 익주 공략 또한 조조의 직접적인 압력을 받아 실현된 것이었다. 유비가 익주를 공격할 때 처음에는 주력군을 그대로 남겨 형주를 지키게 했으나 예상 밖의 거센 저항을 받자 형주의 주력을 촉으로 이동시킬 수밖에 없었다. 또한 유비는 조조와 한중을 놓고 싸우는 과정에서 주력부대 전체를 동원하다시피 했는데, 이 상황에서 형주군은 고립된 비정규 지휘관 신세가 되어 북벌의 주력이 되지 못했을 뿐 아니라 동오를 위협하기에도 역부족이었다. 더욱이 형주군 지휘관인 관우는 이런 상황에 대해 전혀 느끼는 바가 없는지 자기 마음대로 행동하며 원래의 계획대로만 움직였다. '융중대책'의 구상은 결국 물거품이 되고 말았다.

219년, 관우는 조조에게 전면 공격을 시작했다. 하지만 조조의 통치력은 조금도 무너질 기미가 보이지 않았다. 한중에서 패했다고 하지만 조조의 주력은 손실을 입지 않았다. 유비의 근거지인 익주는 아직도 공고하지 못하고, 주력은 모두 한중에 있었으며, 방릉房陵과 상용上庸으로 보내 형주군의 북벌에 참여시킨 맹달孟達과 유봉劉封의 부대는 이 지역에 들어온 지 얼마 안 된 상황이었다. 관우는 심혈을 기울여 계획하고 협력해야 할 북벌대업을 자신이 주인공인 군사적 모험으로 변질시켰다. 초기에는 공세가 순조롭게 진행되어 관우가 번성에서 조조군을 수장시키고 조조군의 대장 방덕을 죽이고 우금을 포로로 사로잡았다. 중원은 크게 놀라 조조는 수도를 옮기려고까지

했지만, 조조가 대장 서황徐晃을 보내 지원하자 고립무원의 상태에 빠진 관우군은 공세를 멈추었다. 이때 사마의가 동오에 연락해 관우의 퇴로를 습격하자고 제안하자 손권은 즉시 대장 여몽呂蒙을 보내 강릉을 치게 했다. 앞뒤로 협공을 받은 관우 부대는 끝내 전멸하고 관우는 처형당했다.

형주군의 패배는 사실상 융중대책이 실패했음을 의미한다. 이듬해 중원에는 정말로 사변이 일어났다. 조조가 병사하자 조비는 한조漢朝를 폐하고 정식으로 조위를 건국한 것이다. 이로 인한 정치적 변동이 크기는 했으나 실질적인 충격은 매우 미미하여 제갈량이 원래 희망했던 대동란은 전혀 일어나지 않았다. 일 년 뒤 유비 또한 스스로 황제로 칭하고 한조 통치 회복을 선포했다. 하지만 이때 맹달이 다시 조비에게 투항했기 때문에 형주와 협동으로 펼치려던 작전마저 실패로 돌아갔다. 유비는 여전히 포기하지 않고 형주를 탈환할 목적으로 주력 전부를 몸소 이끌고 동오를 공격했다.

손권은 한편으로는 대장 육손陸遜을 파견해 방어선을 구축하게 하고 다른 한편으로는 조비에게 신하를 칭하여 오왕에 책봉되었다. 유비가 동오를 상대로 시작한 전쟁은 시기와 전략 면에서 성공 가능성이 희박했다. 그는 대군을 거느리고 험난하기 이를 데 없는 양자강 삼협三峽을 따라 내려갔으나 이런 지형에서는 군사가 아무리 많아도 무용지물일 뿐이었다. 동오의 육손은 지형을 활용하여 유비와 대치하면서 번번이 유비의 공세를 저지했고 유비의 군대가 피로에 지치자 반격을 가해 효정猇亭 일대에서 유비를 무찔렀다. 결국 유비는 지치고 낙담한 상태에서 병이 들어 일어나지 못하고 백제성에서 세상을 떠났다. 그는 죽기 전에 제갈량에게 아들을 보좌하되 만약 아들이 재주가 없으면 제갈량이 직접 왕이 되라고 부탁했다. 제갈량은 눈물을 흘리며 명을 받았지만 마음속으로는 유선劉禪을 보좌하기로 굳게 다짐했다.

4. 제갈량의 집권과 촉한의 후기 정세

제갈량은 재상으로서 촉한의 대권을 맡게 되었다. 그는 촉한이 삼국 중에서 제일 약소한 정권이란 사실과 효정에서의 패배로 원기가 크게 저하된 점을 감안해 볼 때, 이대로 정권을 유지하려면 동오와의 동맹을 회복하는 수밖에 없다는 사실을 명확히 인식했다. 설령 동오가 북벌에 협조하지 않더라도 적어도 조위의 세력을 견제할 수 있으므로 뒷일을 걱정할 필요가 없다는 판단이었다. 그래서 유선을 보좌하던 초기에 제갈량은 동오에 사신을 파견했다. 동오의 손권도 촉한과 적수가 될 마음은 없었다. 특히 동오와 유비가 대전을 벌일 때 조비가 동오를 공격한 적이 있었기 때문에, 동오와 조비 사이에는 근본적으로 동맹 관계가 성립된 적이 없었다. 이로써 촉한과 동오는 곧 약한 동맹 관계를 회복했고, 두 약소국이 한 강대국을 상대하는 형태로 다시 한번 삼국정립의 국면이 형성되었다.

이상한 점은 제갈량에게는 자신이 세운 전략을 직접 실

제갈공명(諸葛孔明)의 초상화

현할 기회가 전혀 없었다는 사실이다. 유비가 살아있을 때 제갈량의 역할은 외교·정치가로서 유비를 도와 동오와 연락하고 내정을 다스리는 위치였다. 소설 『삼국연의』에서는 제갈량을 신묘한 존재로 미화하고 있지만 사실상 그는 초기에 혼자서 전투를 지휘한 적이 없었다. 이제 융중대책을 실현할 권력은 쥐었지만 그 계획을 실행할 시기는 이미 지났다. 겉으로는 여전히 이 계획에 따라 행동하는 것 같지만 그의 목표는 이미 촉한 지역이나마 사수하는 것으로 변해 있었다.

동오와 동맹 관계를 다시 맺은 제갈량은 225년 남중南中에 군대를 파견해 2년이나 끌어온 소수민족의 반란을 평정했다. 이 지역은 대략 지금의 사천성 서남과 운남성 일대에 해당하는데 소수민족의 우두머리 맹획孟獲 등이 2년 전에 반란을 일으킨 곳이기도 하다. 제갈량은 출병하기 전에 수하의 책사 마속馬謖에게 남중 소수민족에 대해서는 심리전으로 기세를 꺾는 것이 상책이고 공격으로 성을 얻는 것이 하책이라고 당부했다. 즉 심리전을 사용하고 공격은 가급적 자제하라는 말이다. 이것은 '융중대책'에 있는 '남쪽으로 이월을 회유南撫夷越(남무이월)' 하라는 소수민족 회유책과 일치한다. 제갈량이 이 방침에 따라 맹획을 '일곱 번 붙잡았다가 일곱 번 풀어준' 결과, 서남쪽 소수민족들은 끝내 촉한 정권에 마음으로 복종하고 다시는 반란을 일으키지 않았다. 제갈량은 철군하면서 현지의 소수민족 우두머리에게 자치를 맡기고 한족 관리들은 남기지 않아 소수민족과의 갈등을 감소시켰다. 식량과 물자를 계속해서 익주로 보급하게 된 남중은 이로써 익주의 후방기지가 되었다.

제갈량은 법치에 주력했다. 그는 촉한의 오랜 정치 혼란은 조정의 기강이 확립되어 있지 않고 법률체계가 명확하지 않기 때문이므로 반드시 기강을 바로잡고 상벌을 분명히 해야 한다고 생각했다. 그는 법을 매우 엄격히 집행하였고 다음과 같은 유명한 말을 남겼다. "나의 마음이 저울과 같다면 편견이 생기지 않을 것이다."

또한 그는 '나라를 위해 온 힘을 다 바치고 죽어서야 그친다'는 정신으로 촉한 정권에 충성했다. 제갈량은 특히 근검하고 청렴하여 개인 재산을 축적하는 법이 없었다. 집에 있는 15경의 밭과 뽕나무 800그루도 모두 유비가 익주를 얻은 후 그에게 상으로 준 것이었다. 제갈량 치하에서 촉한은 비교적 청렴했으며 각급 관리들은 법에 어긋나는 행동은 하려 하지 않았다.

불굴의 정신으로 북벌을 추진하다

내정을 안정시키고 동오와 동맹을 맺고 소수민족과의 대립을 해결한 제갈량은 형주는 이미 모든 길이 막히고 조위 내부에는 뚫고 들어갈 곳이 없는 불리한 상황임에도 불구하고 불굴의 정신으로 북벌을 단행했다. 이것이 흔히 말하는 '육출기산六出祁山'이다. 여섯 번 기산(지금의 감숙성 서화현 서북쪽)으로 출병을 했다는 뜻인데 기산출병은 사실상 두 번에 그쳤다. 227년, 대군을 거느리고 면양沔陽에 주둔한 제갈량은 이듬해에 북벌에 나섰다. 먼저 조운이 지휘하는 군대를 보내 기곡箕谷을 근거지로 삼아 미郿를 거짓으로 공격하게 한 다음 자기는 주력을 이끌고 기산을 포위했다. 처음 전투에서는 승리하여 천수天水·안정安定·남안南安의 3개 군이 위를 버리고 촉을 따르니 관중 일대가 크게 당황했다.

위나라 명제 조예는 서둘러 관중에 가서 대장군 조진曹眞에게 미를 지키게 하고, 노장군 장합에게 5만 군사를 거느리고 제갈량 주력과 맞서게 함으로써 방어선을 구축했다. 제갈량이 신임하던 선봉 마속은 평소 전투에 관한 일을 논할 때 모두 이치에 맞았지만 결정적으로 실전 경험이 부족해 물에서 멀리 떨어진 산 위에 병영을 세운 결과 장합에게 패했다. 제갈량은 하는 수 없이 군대를 철수시켰다. 이해 겨울, 제갈량은 동오의 육손이 침범을 시도한 조위의 장수 조휴曹休를 무찔렀다는 소식을 듣고 다시 산관散關(지금의 섬서성 보계시 서남쪽)에서 2차 북벌에 나섰다. 그러나 조조군의 장수 학소郝昭가 전략 요지인 진창을 굳게 지켰기 때문에 제갈량은 20여 일간 맹공을 퍼붓고도 끝내 승리하지 못했으며, 군량마저 떨어지자 포위를 풀고 군사를 돌릴 수밖에 없었다.

229년, 제갈량은 3차 북벌에 나섰다. 무도武都와 음평陰平 두 군을 공격해 차지한 다음 전진기지로 삼았다. 230년, 조위의 대장 조진과 사마의는 군대를 이끌고 촉한을 공격했고 제갈량은 성고成固와 적판赤坂에 주둔하며 맞섰다. 며칠간 계속 큰 비가 내려 조위군이 하는 수 없이 철수하자 이때 촉의 장군 위연魏延이 군대를 이끌고 강중羌中을 공격해 승리를 얻었다.

231년, 제갈량은 5차로 출병하여 위를 공격하고 조위는 사마의를 총사령관으로 삼았다. 사마의는 제갈량의 후방 공급선이 너무 길어 지구전은 펼 수 없음을 알고 상규上邽를 굳게 지키면서 전투를 피했다. 제갈량은 싸움을 걸기

삼국시대 청동 쇠뇌 격발 장치

위해 온갖 방법을 궁리했지만 사마의는 꿈쩍도 하지 않았다. 제갈량은 기계장치로 움직이는 말이나 소 모양의 수레 '목우유마'를 만들어 식량을 운반하고 시기를 앞당겨 밀을 수확하게 했지만 여전히 식량 공급이 부족하여 결국 철군하고 말았다. 이때 조위의 대장군 장합이 추격해오다가 매복에 걸려 전사했다. 234년, 제갈량은 6차 북벌에 나서 사곡斜谷(지금의 섬서성 미현 서남쪽과 고대 진령을 넘는 주요도로)에서 출병해 오장원五丈原(지금의 미현 서남쪽)에 주둔하면서 둔전을 조성해 위나라 군대와 장기적으로 대치하고자 했다. 그러나 그가 먼저 병이 깊어져 세상을 뜨자 촉한 군대는 한중으로 후퇴할 수밖에 없었다.

공격이 최상의 수비

제갈량의 '육출기산' 북벌은 노력만큼 성과는 없었다. 제갈량이 '해서는 안 된다는 것을 알지만 한다'는 식으로 완고하게 원래의 전략대로 밀어붙인 것 같지만, 자세히 분석해 보면 실제로 이미 전략을 수정했다는 사실을 알 수 있다. '공격이 최상의 수비다'로 요약되는 그의 북벌전략은, 열세인 상황에서도 전력을 다해 주도권을 잡아 조위에게 익주를 공격할 기회를 쉽게 내주지 않는 방향으로 전개되었다.

즉 공격은 가급적 모험을 피하고 승산이 없는 전투는 하지 않는 식이었다. 첫 번째 출병에서 부하 장수 위연이 자오곡子午谷에서 북진하여 바로 장안을 공격하자고 건의했지만 제갈량은 "이 길에 조위의 강력한 군대가 지키고 있을 것이네. 만일 전투에서 패해도 전군이 후퇴를 할 수 없으니 좋은 계책이 아니네."라며 받아들이지 않았다. 그러면서 제갈량은 위연이 말한 방향으로는 거짓으로 공격하는 척하면서 서북 방향을 통해 기산으로 나왔다. 그의 새로운 전략목표는 우선 관중 서부에서 위군을 격파하고 관중을 점령하는 것이었다. 이러한 목표가 실현되지 않으면 차선책으로는 양주를 점령해 양주의 인력자원(고대 양주의 남성들은 무예를 중시하고 말타기와 활쏘기에 능했다)과 말을 탈취하고, 동시에 관중의 측면을 위협하여 위군이 관중에서 전력으로 익주를 공격할 수 없게 만드는 전략을 구상했다. 이런 구상 때문에 여섯 차례의 공세에서 세 차례는 서북쪽으로 향하다 지금의 감숙성 동남부에서 선회했다. 제갈량은 마초·마대·강유 등 양주 출신들을 줄곧 중용했다. 그러나 군사를 이끌고 나가 승리를 거두기 전에 먼저 죽음을 맞이하여 제갈량 자신의 목표를 끝내 실현하지 못했다.

제갈량의 후임자 또한 변함없이 공격을 최상의 방어로 삼는다는 전략을 실행하되 구체적인 목표만 자주 수정했다. 재상직을 승계한 장완蔣琬이 상용上庸에서 출병해 중원으로 진격하려 했으나 이 진로는 산이 높고 길이 험해 대군이 이동하기에 적합하지 않아 실제로는 이 작전을 펴지 못했다. 촉한에서 9년 내내 출병하지 않자 244년 조위는 관중에서 대대적인 공격에 나섰다. 촉한은 고전했지만 결국 위군을 크게 무찔렀다.

강유姜維는 병권을 잡자 제갈량의 전략을 되살렸다. 247년부터 9차례의 북벌을 진행해 전략적 주도권을 탈환하기는 했지만 매년 군대를 동원했기 때문에 촉한의 국력이 모두 소진되었고 내정도 점차 부패해갔다. 263년 조위가 대거 공격해 오자 촉한은 이를 막아 내지 못하고 여지없이 한중을 잃게 되었다. 위나라 장군 등애鄧艾가 음평에서 대산을 타고 넘어 기병을 이끌고 성도 평원으로 들이닥치자 촉한은 바로 무너지고 말았다.

대단히 약세였던 유비집단이 중원의 패권 다툼에 참여하여 최종적으로 삼국정립의 한 축이 될 수 있었던 데는 기회를 잘 활용한 것 이외에도 명확한 계획이 크게 주효했다. 이 계획은 '근거지'의 중요성, '맹우 확보'의 중요성, 약세의 조건에서 '전략 주도권 쟁취'의 중요성을 강조하여 정치와 군사 방면에서 우수한 전략으로 평가받고 있다. 전투흥망

동남 일대를 석권하다
— 손씨 집단의 강동 할거

'조조는 천시를 점하고, 유비는 인화를 얻고, 손권은 지리에 의거했다'는 견해는 소설가들의 얄팍한 결론일 뿐이다. 실제로 동오는 '지리'뿐 아니라 '인화'를 활용했으며, 특히 강남의 사회·경제 발전이라는 '천시'에 부응했다.

남송의 시인 신기질辛棄疾(1140~1207)은 「남향자·경구의 북고정에 오르다南鄕子·登京口北固亭有懷」라는 유명한 시에서 이렇게 노래했다.

어디 가서 중원을 바라보랴?
눈에 가득 들어오는 북고루의 풍경
천고의 흥망성쇠 그 몇 번이던가?
유유히 흘러가는 양자강의 물결이여!
소년 장군에 만 명의 군사라
동남을 차지해도 전쟁을 쉬지 않았네
천하의 영웅을 그 누가 적수로 맞으랴?
조조인가? 유비인가?
아들을 낳으려면 모름지기
손중모孫仲謀(중모는 손권의 자) 같아야지!

何處望神州?(하처망신주)
滿眼風光北固樓(만안풍광북고루)
古今興亡多少事,(고금흥망다소사)
悠悠,(유유)
不盡長江滾滾流,(부진장강곤곤류)
年少萬兜鍪,(연소만두무)
坐斷東南戰未休,(좌단동남전미휴)
天下英雄誰敵手?(천하영웅수적수)
曹劉, 生子當如孫仲謀.(조유생자당여손중모)

시구 중 '천하의 영웅'은 조조가 한 말이다. 언젠가 조조는 술자리에서 유비에게 '천하의 영웅은 오직 우리 두 사람뿐'이라고 말한 적이 있다.

'아들을 낳으려면 모름지기 손중모 같아야지'라는 구절은 다음과 같은 고사에서 나왔다. 213년 조조가 군대를 거느리고 동오의 요새인 유수구를 공격했다. 유수구는 양자강과 회화 사이의 주요 교통로 중에서 가장 중요한 요새였다. 조조는 수군을 주력으로 삼아 공격에 나섰는데 첫날 전투에서 손권의 수군에게 수천 명이 익사당하고, 3,000여 명이 포로가 되는 참패를 당했다. 그 후 조조는 함부로 수상공격을 감행하지 못했다. 그래서 동오의 수군이 계속해서 싸움을 걸어도 조조군은 수비만 할 뿐 나오지 않았다.

화가 난 손권은 작은 배 한 척을 직접 몰고 조조군의 수군 진영 앞까지 와서 상황을 살폈다. 조조 진영의 장병들은 동오의 수군이 또다시 싸움을 거는 것이라 생각했지만 조조는 손권의 의도를 바로 알아차렸다. 조조는 군사들에게 각 진영을 단단히 지키고 화살을 함부로 쏘지 말라고 명령했다. 손권은 조조의 진영 밖을 맴돌다가 북을 치면서 자기 본영으로 돌아갔다. 조조는 손권의 배 위에 가지런히 놓인 무기와 정렬된 대열에 감탄하며 말했다.

"아들을 낳으려면 응당 손중모와 같아야 한다. 유표의 아들 같은 놈은 개 돼지나 마찬가지다."

유표의 아들 유종은 조조가 형주를 대대적으로 공격하자 즉시 투항했기 때문에 조조는 마음속으로 유종을 멸시하고 있었던 것이다.

역사서 『위략魏略』에는 손권이 조조 군영을 살핀 이야기가 좀 다르게 나온다. 손권이 큰 배를 타고 조조 진영을 살피러 오자 조조는 즉시 화살을 쏘라고 명령했다. 배 한쪽에 화살이 잔뜩 꽂혀 배가 기울자 손권은 뱃머리를 돌려 다른 쪽에 화살이 꽂히게 하여 균형을 잡아 무사히 돌아갈 수 있었다는 내용이다. 이 이야기는 소설 『삼국연의』의 '초선차전草船借箭' 즉 '볏단을 실은 배로 화살을 빌리다'라는 고사의 유래가 됐다.

1. 손씨 집단, 강동 지역을 장악하다

손권의 뛰어난 담력과 지모는 아버지에게서 물려받은 집안의 전통이었다. 아버지 손견孫堅은 부춘富春(지금의 절강성 부양) 사람으로 젊은 시절 현의 하급 관리였다. 어느 날 손견과 그의 아버지가 함께 배를 타고 전당錢塘으로 가다가 한 무리의 해적들이 길에서 상인을 약탈하는 장면을 목격했다. 해적들은 뻔뻔스럽게도 강기슭에서 빼앗은 물건을 나누고 있었고, 많은 상선들이 무서워서 배를 대지 못하고 있었다. 이때 손견은 아버지에게

"해적들을 처리하는 것은 어렵지 않습니다."라고 말했다. 그는 칼을 들고 큰소리로 외치며 해안가로 뛰어가서는 마치 관병이 해적을 잡으러 온 것처럼 행동했다. 진짜 관병에게 포위된 줄로 착각한 해적들은 재물을 버리고 앞 다투어 달아났고, 손견은 뒤쫓아 가서 해적 한 명의 목을 베었다. 이때부터 손견은 강동에서 이름을 떨쳤다.

동한 말년 황건의 난에서 용맹스럽게 이름을 떨친 손견은 그 공로를 높이 평가받아 동한 조정으로부터 오정후烏程侯로 책봉됐다. 또 동탁의 난이 일어났을 때도 고향의 청년 병사들을 이끌고 동탁의 무리를 토벌했다. 연합군이 해체되자 손견은 원술의 지휘 아래로 들어가 원술을 위해 적들과 맞섰다. 그러나 192년에 원술의 명을 받고 유표를 공격하다가 유표의 부하 황조黃祖의 손에 죽음을 맞이했다. 이때 그의 나이 37세였다. 이 일로 손씨 세력과 유표 세력은 대대로 원수지간이 되었다.

손견이 죽을 때 아들 손책은 17세에 불과했지만 이미 유력 인사들과 폭넓은 친분을 맺고 있었으므로 강소성과 안휘성 일대(강회)에서 명성이 높았다. 손견의 뒤를 이은 손책은 명사 장소張昭를 찾아가 원술한테 병사를 빌리고 외삼촌인 단양태수 오경吳璟과 힘을 합쳐 강동을 차지할 계획이라고 밝혔다. 장소는 손책에게 이렇게 충고했다.

손권의 초상화

"좀 더 멀리 보고, 아버지 손견의 진취적인 성향과 적극성을 배우게. 강동을 점유하고 형주와 양주까지 통일해 천하를 제패함으로써 춘추시대 오나라 월나라와 같은 패업을 이루게."

손책은 장소의 충고를 받아들여 원술로부터 아버지의 부하들에 대한 지휘권을 얻어내고, 추가로 몇 백 명을 더 모집해 핵심세력으로 삼았다. 손책의 부대를 별동대로 활용할 생각을 하던 원술은 손책이 자신을 위해 격전을 벌이게 할 요량으로 전투에서 승리하는 즉시 해당 지역 통치권을 준다는 미끼를 항상 던졌지만, 손책이 정말로 승리하고 나면 모르는 척했다. 그러나 손책은 꾹 참고 반발하지 않았다. 강동을 점거한 유요劉繇와 충돌하게 된 원술은 손책과 유요에게 쫓겨난 오경을 첫 번째 교전에 내보냈다. 손책은 원술의 계략을 역이용해 2년 동안 고투한 끝에 마침내 강동 지역 전체를 차지했다. 이때 원술은 이미 몰락한 상태여서 손책은 조조의 손아귀에 있는 동한 조정의 명을 받아 역적을 토벌하는 오후에 책봉됐다. 그는 독자세력을 구축하고 강력한 군벌 중의 하나가 되어 양자강 중하류 일대로 세력을 확대하기 시작했고, 199년에는 유표를 격파하여 강하江夏(지금의 하남성 남부 및 호북성 북부 지역)와 예장豫章(지금의 강서성 대부) 두 군을 장악했다.

이듬해 조조와 원소가 관도에서 격전을 벌이자 손책은 그 틈을 타 허창을 습격해 한 헌제를 맞아들이려는 계획을 세웠다. 그러나 그가 의욕적으로 헌제를 맞아들일 준비를 하던 중에, 배신한 수하의 장수에게 기습을 당한다. 이때 손책의 나이는 26세에 불과했다. 죽기 전에 손책은 장소 등에게 동생 손권을 잘 보필하라고 당부하면서 이렇게 말했다.

"지금의 혼란한 형세에서 강남의 역량과 지세로 족히 천하를 제패할 수 있네. 군대를 거느리고 싸워 천하를 빼앗는 데는 내가 자네들보다 낫지만, 어질고 재능 있는 인재들이 능력을 발휘하게 하여 강동의 기업基業을 유지하는 것은 자네들이 나보다 낫네."

반란을 진압하고 강남 경영에 주력하다

손권이 형의 권력을 승계했을 때는 겨우 19세였다. 당시 손씨 세력이 통치하는 지역은 회계·오군·단양·예장·여릉 등으로 5개 군을 모두 포함하고 있었다. 그러나 이 지역에 대한 통치기반이 튼튼하지 못한데다가 산간 지역의 소수민족 부락은 손씨 정권의 통치를 받지 않았고, 외진 지역의 토호들은 자신들의 세력이 예전처럼 강하다고 자부했으며, 북방에서 남하한 사족들은 군대를 보유하고 있었으므로 손씨 정권에 복종하지 않았다.

통치집단 내부에도 손권에게 복종하지 않는 사람들이 많아서 조조에게 의탁하려는 자도 있었고, 독자세력을 구축하려는 자도 있었다. 대외적으로는 북방의 조조가 강동을 호시탐탐 노리고 있었고, 서쪽의 유표와 황조는 줄곧 손씨를 상대로 압박정책을 취했다.

이러한 정세 하에서 손권은 아버지와 형의 친구들과 막료들에게 긴밀하게 의지하고 더 많은 인재들을 자기편으로 끌어들이는 한편, 장소·주유·노숙·정보程普 등에게 권한을 대폭 위임했다. 이에 따라 통치집단의 핵심인물들은 점차 일치단결하고 집단 내부에는 인재가 넘치게 되었다. 그 결과, 당시의 여러 할거세력 가운데 손씨 정권의 기세가 가장 드높았다.

손책은 생전에 이술李述을 여강廬江태수로 임명했는데 손책이 죽자 이술은 손권의 통치를 거부하고 여강에서 할거했다. 이 지역은 대략 지금의 안휘성 서남부와 호북성 동부, 하남성 남부의 대별산大別山에 해당하며 당시 전략적으로 중요한 곳이었다. 손권은 군대를 동원해 포위 공격하면서 조조가 실권을 쥐고 있는 동한 조정에 이술의 반역죄에 대한 표를 올렸다. 아울러 조조에게 다음과 같이 서신을 보냈다.

'조공께서는 황제를 보필하는 중신이십니다. 이술의 일방적인 주장에 현혹되지 마시고 철저히 진상을 조사해 주소서'

당시 조조는 하북으로 진군해 원소의 잔여 부대를 소탕 중이었기 때문에 병력을 빼내어 간여할 수 없는 상태여서 중립을 유지했다. 손권은 고전 끝에 여강의 군성환郡城皖을 함락하고 이술의 목을 베어 반란을 진압했다. 손권은 다시 부하 장수들을 나누어 보내 조정의 명령에 불복하는 소수민족들을 잔혹하게 탄압하고 소수민족 부락에서 동오에 부역을 제공하도록 압력을 행사했다.

손권은 내부 문제에 비해 대외 관계가 더 중요하다고 생각했다. 이 방면에서 그는 노숙에게서 많은 영향을 받았다. 노숙은 주유가 추천한 인물이었다. 손권은 노숙에게 아버지와 형이 이룩한 가업을 계승하는 한편, 한조가 기운 현 상황에서 고대 제齊나라 환공桓公이나 진晉나라 문공文公과 같은 패업을 이루고 싶다고 표명했다. 제와 진은 환공과 문공 재위시기 부국강병책을 펴서 춘추오패春秋五覇의 강국으로 성장했다. 노숙은 단도직입적으로 손권에게 이렇게 지적했다.

"한 고조 유방은 처음에 의제를 받들어 세우려 했지만 항우와 같은 호걸이 있는 탓에 실현할 수 없었습니다. 현재의 조조가 바로 옛날의 항우와 같기에 고대의 제 환공이나 진 문공과 같이 중앙 조정을 받들어 세운다는 명분으로 패업을 이루는 것은 불가능합니다. 한 왕조의 쇠퇴는 이미 돌이킬 수 없으며, 조조의 세력은 막강할 뿐만 아니라 천자를 끼고 제후들을 마음대로 호령하는 상황이어서 짧은 시간 내에 제거할 수 없습니다. 현재의 정세로 보아 반드시 강동에 발을 붙이고 천하의 변화를 조용히 관찰해야 합니다. 강동은 여러 가지 유리한 점이 있으니 이를 제대로 활용하면 중원을 상대로 정립할 수 있습니다. 북방은 역대로 정치의 중심지였으나 지역이 광대하고 정세가 복잡하여 신속하게 평정할 수 없습니다. 바로 이러한 기회를 활용하여 강남에서 세력을 확장해 먼저 강하의 황조를 없애고 그 다음에 유표를 병합하여 양자강의 요새를 독점한 뒤 왕위에 올라 천하를 도모하면 한 고조와 같은 패업을 이룰 수 있습니다."

　노숙의 전략 방침은 간단했다. 즉 남방에서 스스로 황제가 되어 할거한 뒤 손견과 손책을 대신하여 적극적으로 중원정치에 개입해 중앙 조정을 도우라는 전략이다. 손권은 노숙의 이야기를 듣고 깨달은 바가 있어 한 왕실을 보필한다는 구호를 다시는 내세우지 않고 오로지 강남 경영에 주력했다. 이와 같이 북으로 방어하고 서·남으로 세력을 확대하는 전략은 점차 동오 정권의 변함없는 국책이 되었다.

2. 조조에게 대항하느냐, 투항하느냐

　　　　　　　　　　노숙의 건의에 따라 대외적으로 공세를 펼칠 첫 번째 대상은 바로 손씨 세력의 숙적 황조였다. 원래 유표의 부하였던 황조는 나중에 독자적인 세력을 형성하고 손책이 죽은 뒤의 혼란한 상황을 틈타 강하군을 탈취하면서 손씨 세력에게 심각한 위협이 되었다. 손권은 5년 동안 세 차례에 걸쳐 서부 정벌에 나서 208년 봄 마침내 황조의 목을 베어 부친의 원수를 갚고 동오의 상류 지역에 장벽을 세웠다.

　손씨 세력의 두 번째 공격 목표는 형주의 유표였다. 그런데 손권이 황조를 막 패배시켰을 때 북방의 조조가 대대적으로 남하했는데 형주의 새 주인 유종은 싸워보지도 않고 투항했다. 조조는 승리의 기세를 몰아 형주에 얹혀 있던 유비를 맹렬하게 추격하고 양자강까지 쳐들어간 다음 손권에게도 서신을 보내 노골적으로 협박했다. 이런 긴급 상황에서 손권은 어찌할 바를 몰라 노숙을 하구로 보내 사정을 살피게 했다. 유비, 제갈량과 접촉한 노숙은 제갈량을 시상으로 초청해 손권과 만나도록 주선했다.

 제갈량의 설득으로 유비와 연합해 조조에 대항하기로 결정한 손권은 통치집단 내부에서 광범위한 토론을 진행하게 했다. 당시 장소 등은 유비와 연합해 조조에 대항하는 계획에 반대했다. 그들의 의견은 이러했다.

 "조조는 천자의 이름으로 사방을 토벌하기 때문에 이는 명분에 합당하여 정치적인 우세를 점할 수가 있습니다. 만약 그에게 대항하면 이는 곧 조정에 반기를 드는 것과 같습니다. 그럼 도리에 어긋나니 우리에게 불리한 요소로 작용할 수 있습니다. 더구나 이미 형주를 차지하고 강동의 상류에 위치한 조조는 강을 따라 내려올 수 있어 양자강의 천연요새마저 우리에게 도움이 안 되는 상황입니다. 뿐만 아니라 조조는 유표의 배 수천 척을 노획한 상태이기 때문에 수륙 두 갈래의 병력은 이미 당해낼 수가 없습니다. 실력에서 이렇게 큰 차이가 있으니 잠시 투항하는 척하면서 조조와의 결전을 피하는 편이 낫습니다."

 강경하게 저항을 주장하는 사람은 주유와 노숙 등이었다. 이들의 논리는 이러했다.

 "조조는 대개 일반 관리가 투항하면 다시 등용하고 관직을 주어 여전히 누리며 살게 해줍니다. 그러나 우리의 주군 손권은 한 지역의 통치자이기 때문에 투항하면 결코 안전을 보장 받을 수 없습니다. 조조의 군대가 강하기는 하지만 몇 년 연속으로 정벌전쟁을 치렀고 먼 길을 와서 지쳐있으며 또한 수전에 능숙하지 못하기 때문에 전투력

자체는 많이 떨어진 상태일 것입니다. 설령 유표의 수군을 동원한다 해도 그들은 조조에게 투항한 지 얼마 되지 않았기 때문에 사태 추이를 관망하면서 결사적으로 싸우려 들지 않을 것이 분명합니다. 조조 군대가 80만이라 하지만 자세히 분석해 보면 남하한 북방 군대는 15만~16만을 넘을 리가 없고, 재편한 형주 군대도 많아야 7만~8만일 것입니다. 또 한겨울이 다가오니 북방에서 남하한 군마의 사료가 부족한 것도 조조 군대가 당면한 큰 문제입니다. 특히 조조의 후방에서는 관중의 군벌들이 견제하고 있기 때문에 남쪽으로만 전력을 다해 공격할 수는 없는 상황입니다. 따라서 이런 요소를 모두 종합적으로 고려할 때 정예군 수만 명만 있으면 조조를 충분히 막아 낼 수 있습니다."

양쪽 의견을 경청한 손권은 결단을 내렸다.

"조조는 옛날부터 황제의 자리를 빼앗으려고 하면서 오직 원소·원술·여포·유표와 강동의 나를 노렸다. 이제 나머지 세력은 모두 조조에 의해 멸망되었고 오직 나만이 남아있다. 나와 간적 조조는 동시에 양립할 수 없다!" 그러면서 그는 칼을 뽑아 앞에 있던 탁자를 동강내며 "다시 조조에게 투항하라는 말을 꺼내는 자가 있으면 이렇게 될 것이다."라고 선언했다.

적벽대전과 주유의 활약

손권은 주유에게 3만 명의 정예병을 주어 조조와 싸우게 했다. 주유와 조조군은 양자강 적벽 일대에서 강을 사이에 두고 대치했다. 조조군 진영에 전염병이 퍼져 조조군은 처음 전투에서 패했다. 조조는 부대원들이 수전水戰에 빨리 익숙해지게 하려고 전함들을 모두 끈으로 연결해 하나가 되도록하여 풍랑에 흔들리는 것을 방지했다. 주유의 휘하 장수 황개黃蓋는 화공전법을 사용하면 속전속결로 끝낼 수 있을 것이나 만약 장기간 대치하게 되면 강한 조조군에게만 유리하다고 건의했다. 주유는 그의 의견을 받아들였고 이에 황개는 곧바로 조조에게 거짓 투항의 편지를 띄웠다. 조조는 반신반의하면서도 특별한 방비책은 세우지 않았다.

208년 겨울, 황개는 큰 배 10척에 마른 나무와 갈대를 가득 싣고 기름을 잔뜩 발라 장막을 덮어씌운 다음 동남풍을 타고 곧장 조조 진영으로 향했다. 이미 투항하겠다는 편지를 받은 조조는 아무런 방비책도 마련하지 않고 있었다. 황개는 조조 진영으로부터 1~2리 떨어진 위치에서 각각의 배에 일제히 불을 붙이라고 명령을 내렸고 불타는 배들은 동남풍을 타고 가서 하나로 꽁꽁 묶여 있는 조조군의 전함에 맹렬한 기세로 부딪쳤다. 순식간에 불길이 솟아오르고 짙은 연기가 자욱한 가운데 조조의 수군 진영과 해안가의 군영까지 모두 불바다가 되었다.

주유가 지휘하는 전군이 강을 건너 맹렬히 공격에 나섰고 유비의 군대도 진격하여 수륙 양공 작전을 폈다. 허둥지둥 달아나기에 바쁜 조조군은 혼란속에서 불에 타 죽거나 물에 빠져 죽는가 하면 손권·유비 연합군에게 죽음을 당한 자도 수없이 많았다. 조조군은 조직적인 저항을 할 사이도 없이 절반이 넘는 인명과 군마의 손실을 보고 몇 십 리 밖으로 패주했다. 조조는 후방의 안전을 염려해 조인을 남겨 강릉을 지키게 하고 자신은 주력을 이끌고 중원으로 되돌아갔다.

적벽대전으로 삼국정립의 국면이 형성되어 조위의 세력은 양자강 이북에서 남으로 진출이 저지되었고, 손씨 집단은 강남의 통치권을 확립하여 중원 정권에 맞설 수 있다는 자신감이 크게 고취되었다. 노숙이 말했던 전략이 일차적으로 실현된 것이다. 이 전략을 실현한 일등공신은 주유였다.

적벽대전에서 승리한 주유는 군사를 거느리고 양자강의 요충지인 강릉을 공격해 조인이 지휘하는 조조군과 격전을 치렀다. 주유는 처음에는 감녕甘寧을 보내 이릉夷陵(지금의 호북성 의창시 동남)을 포위하고 강릉의 상류에서 조조군의 퇴로를 공격할 계획이었다. 그러나 뜻밖에도 조인이 주력부대를 이끌고 감녕의 부대를 포위하는 바람에 주유는 강을 건너 맹렬하게 강릉을 공격했다. 주유는 앞장서서 싸우다가 화살에 맞아 부상을 당하고도 강북에 계속 주둔하면서 몸소 군영을 순시하여 군사들의 사기를 북돋웠다. 양측이 일 년 가까이 대치하는 동안 조조군은 사상자가 많이 나오고 후방으로부터 물자 공급이 어려워지자 하는 수 없이 강릉을 포기하고 방어선을 양양과 번성까지 축소시켰다.

주유와 조인이 대전을 벌이는 기회를 틈타 유비는 형주 강남의 네 개 군을 공격해 손에 넣었다. 주유는 유비세력의 확장을 우려해 손권에게 편지를 보내 유비를 오군으로 옮기게 하여 세력을 분산시켜 그에 대한 통제를 강화하자고 건의했으나 유비는 동오에서 제시한 방안에는 전혀 흥미가 없었다. 그러자 주유는 유비와 함께 익주를 공격하여 유비세력의 전력을 소모시키려는 계획을 세워 보지만 유비가 그 의도를 사전에 간파하여 성공하지 못한다.

마침내 주유는 병으로 죽고 말았다. 주유는 손씨 정권 초기의 주요 인물로서 문무를 겸비했으며 아량이 넓고 활달했다. 동오의 노장 정보는 처음에는 주유를 업신여겨 마주칠 때마다 그를 난처하게 했지만 주유는 크게 신경 쓰지 않았다. 정보는 훗날 이를 반성하며 "주유와의 교제는 마치 좋은 술을 마시는 것과 같아서 모르는 사이에 취한다."라고 탄복했다. 소설『삼국연의』에서는 제갈량을 부각시키기 위해 사실과는 다르게 주유를 '너그럽지 못하고 거만한 인간'의 전형으로 폄하했다. 그러나 이는 공정하지 못한 처사다.

노숙과 여몽의 활약

주유가 죽자 노숙이 도독 직무를 이어받게 되었다. 정세를 살핀 결과 아직은 유비와 반조조 연합을 유지하는 전략이 필요하다고 판단한 노숙은 유비에게 강릉을 빌려주도록 손권을 설득하는 한편, 유비가 서쪽으로 익주를 차지하도록 부추겼다. 이로써 두 세력 간의 갈등이 줄어들어 손씨 정권은 내정 안정에 힘쓰고 강남의 발전을 꾀할 수 있었다.

210년, 손권은 보즐步騭을 교주交州 자사로 파견하여 통치 영역을 영남 지역까지 확대했다. 212년, 손권은 수도를 말릉秣陵(현재의 남경시)으로 옮기고, 건업建業으로 개칭했으며, 석성을 쌓았다.

이때부터 강남에 본거지를 둔 정권은 모두 수도를 이 용반호거6)의 도시에 건설했다. 그해 손권은 여몽의 건의를 받아들여 유수구에 요새를 세워 조조군이 양자강 방어선을 공격할 때 이용하는 수로를 막아놓게 된다. 유

형주 고성 | 삼국이 각축을 벌였던 역사의 현장

---
6) 龍盤虎居 : '용이 서리고 호랑이가 걸터앉았다'는 뜻으로 지세가 험준하다는 말

수구의 요새는 이듬해 조조군과 수개월 동안 대치하게 되었을 때 조조군이 더이상 전진하지 못하고 어쩔 수 없이 퇴각하게 만든 중요한 역할을 하게 된다. 당시 조조는 후퇴하면서 손씨 정권의 경제를 파괴할 목적으로 강회 일대의 백성을 중원으로 강제 이주시켰다. 그러나 결과적으로 경제공황이 일어나 10여만 호의 백성이 도리어 강남으로 이주했다.

노숙이 제시한 전략에는 형주를 차지해 강동의 상류 방어선을 강화하는 내용이 들어있었다. 유비가 익주를 빼앗았을 당시 손권은 강릉을 되찾으려 시도했고 또한 유비에게 형주를 넘기라고 요구했다. 이로써 쌍방의 동맹은 유명무실해졌다. 유비는 직접 대군을 거느리고 형주를 빼앗으려 했으나 조조가 한중으로 출병해 익주를 위협했기 때문에 어쩔 수 없이 손권과 담판을 통해 형주의 땅을 똑같이 나누기로 했다.

217년, 노숙이 병사하자 여몽이 그의 자리를 대신했다. 여몽은 형주를 차지하기 위해 적극적으로 나섰다. 219년, 유비의 대장군 관우가 북벌에 나서 번성을 공격하자 여몽은 관우의 후방이 비었을 때 형주를 습격·점령해야 한다고 주장했다. 이때 조조도 사마의의 계책에 따라 사람을 보내 손권과 유비의 동맹을 이간질하고 있었다. 상류 지역의 잠재적 위협을 단번에 영원히 제거하기로 결심한 손권은 여몽을 불러들이는 대신 젊고 경력이 짧은 육손에게 임무를 맡겼다.

육손은 관우에게 서신을 보내 그의 공덕을 칭송하고 장기적으로 사이좋게 지내기를 희망한다는 의사를 표시하여 관우를 잔뜩 추켜세웠다. 자신만만해진 관우가 육손은 안중에도 없이 형주 수비군을 번성 전선으로 옮겼다. 손권은 조조에게 형주를 습격하겠다는 의사를 표시하고 비밀을 지켜달라고 요구했다. 조조는 관우의 군대를 철수시킬 목적으로 이 소식을 관우에게 누설했다. 그러나 관우는 철군하지 않았다. 여몽은 전함을 상선으로 위장시켜 형주의 수비군을 기습했다. 형주를 지키던 관우의 부하 장수는 관우와 갈등이 있던 사람으로 여몽이 투항을 권고하자마자 바로 항복했다.

 형주로 진군한 여몽은 군율을 엄격히 세워 부하들이 관우 병사들의 가족을 괴롭히지 못하도록 했다. 한번은 같은 지역 출신 병사가 비가 오니 민간인의 삿갓을 빼앗아 갑옷을 가렸는데 여몽은 군율에 따라 이 병사를 참수했다. 그러자 군중은 숙연해지고 형주의 백성들은 안심했으며, 관우의 병사들은 이 소식을 듣고 전의를 완전히 상실했다. 관우가 군사를 돌려 여몽과 형주를 다투려 했지만 부하들은 대부분 배신하거나 가족을 찾아 떠났기 때문에 군대는 여지없이 무너졌다. 관우는 당양當陽과 맥성麥城으로 패주하다가 여몽의 부하들에게 사로잡혀 죽음을 당했다.

3. 저자세를 하나의 전략으로 취했던 손권

 형주 장악은 노숙이 제시한 전략을 실현한 것으로 손씨 정권이 양자강 유역 전체를 얻는 결과를 가져왔지만 이로 인해 유비세력과 격돌하게 되었다. 손권은 위기를 완화하고자 유비에게 여러 번 강화를 제의했고 정치적으로도 최대한 낮은 자세를 취했다. 220년 조비가 한을 폐하고 황제가 되자 이듬해 유비도 한 왕실을 계승한다며 황위에 올랐지만 손권은 즉위를 서두르지 않았다.

 221년 유비가 친히 대군을 거느리고 토벌하러 오자 손권은 한편으로는 육손에게 군대를 통솔하여 맞서게 하고 다른 한편으로는 조비의 신하를 자처했다. 조비는 손권을 오왕에 봉했다. 손권은 신하들에게 "예전에 한 고조도 처음에는 항우가 내린 봉작封爵을 받지 않았는가?"라고 상황을 설명했다. 이런 저자세로 손권은 조비의 공세를 모면하고 조비와 유비 양측과 동시에 싸워야 하는 불리한 상황을 예방할 수 있었다. 조비 입장에서는 가만히 앉아서 구경하기만을 원했을 뿐 전쟁에 간여할 생각이 없었기 때문에 손권은 유비와 총력전을 벌일 수 있었다.

머지않아 벌어질 두 맹우 사이의 전쟁에서 동오의 사령관 육손은 중요한 역할을 한다. 나이는 어리지만 중책을 맡은 육손은 유비의 대군이 효정에 도착했을 때 군사들에게 "상대는 기세가 왕성하다. 따라서 아군은 높은 지세를 이용하여 방어에만 전념하고 나서서 싸워서는 안 된다."라고 경고했다. 유비가 아무리 싸움을 걸어도 육손이 절대로 나가서 싸우지 않자 유비군의 사기가 크게 떨어졌다. 게다가 한여름이 되니 유비군은 전염병 확산을 막을 목적으로 군영을 700리에 걸쳐 길게 늘여서 배치했다. 육손은 유비군의 이러한 약점을 간파하고 오군을 수륙 양면으로 배치한 다음 유비 군영에 불을 질렀다. 오군이 계속해서 유비의 군영 40여 곳을 잇달아 공격하여 무찌르니 유비군은 심각한 피해를 입고 뿔뿔이 흩어지면서 적군의 추격을 따돌리기 위해 군수품을 길에 쌓아놓고 불을 질렀다. 유비는 백제성으로 물러나고 육손은 완승을 거두었다.

이러한 큰 승리를 얻은 다음에도 손씨 정권은 정치적으로 여전히 저자세를 취했다. 손권은 약자가 강자와 연합해 다른 약자를 공격하면 결과적으로 자신마저 강자에게 먹힌다는 이치를 잘 알고 있었다. 조비와의 연맹 또한 완병지계[7]였다. 당시 조비는 손권의 아들을 인질로

---

7) 緩兵之計 : 적의 공격을 지연시켜 시간을 버는 계책

백제성 | 사천성 봉절현에 위치

보내라고 요구하는 한편, 병력을 동원하여 압력을 가하는 등 점점 목을 조여오고 있는 상황이었다.

동오가 유비에게 승리를 거두고 얼마 뒤 위는 동오를 상대로 공격을 개시했다. 조인이 유수구를, 동시에 하후상夏侯尙은 강릉을 공격했다. 상황이 이렇게 되자 손권은 다시 유비에게 화해를 청했고 유비는 요청을 받아들였다. 이듬해 유비가 죽자 촉한의 대권을 쥔 제갈량은 동오에 사신을 보내 다시금 동맹을 제안했다. 손권도 매우 바라던 바여서 즉시 동의하여 촉한과 동오는 또 다시 반조위연맹을 결성했다. 그러나 손권이 조위에 대해 저자세를 결코 버린 것은 아니었다. 비록 조위와 왕래를 하지는 않았지만 여전히 오왕이라는 봉작을 사용하면서 가급적 조위와의 갈등이 고조되는 것을 피했다.

손권은 조위와 갈등이 첨예화되는 것을 바라지 않았지만 조위는 그렇지 않았다. 손권의 강남 차지가 실현되던 초기에, 조위는 동오의 전선이 매우 길어 대응이 쉽지 않을 거라 예상하여 여러 해 동안 공격을 계속 진행했다. 효정전투 당시 조위의 공격은 반년 동안 지속되었지만 동오의 방어선을 결국 뚫지 못하고 이듬해에 철수했다. 위 문제 조비는 동오의 방어선을 우회하는 것으로 전략을 바꿔 224~225년 두 차례 군대를 거느리고 공격에 나섰는데 주요 공격

방향을 동부로 돌렸다. 두 차례 모두 광릉廣陵(지금의 강소성 양주)까지 쳐들어갔지만 강을 건널 방법이 없어 드넓은 강만 바라보다가 어쩔 수 없이 후퇴했다.

226년 조비가 병사하자 손권은 조위에 공세를 취해 군사를 두 갈래로 나눠 위나라를 공격했다. 손권은 직접 군사를 이끌고 강하군을 쳤고 제갈근諸葛謹은 양양을 공격했지만 모두 실패했다. 동오 내부에서도 다시 소수민족의 반란이 일어나 손권은 군대를 철수시키고 수비 체제로 돌아섰다.

동오 정권의 최후

229년, 손권은 황제의 자리에 올랐고 역사에서는 그를 '오 대제'라고 부른다. 촉한에서 제갈량이 공격을 최상의 방어로 삼았던 북벌(육출기산) 시기에 동오에서도 잇달아 조위를 향해 공격을 개시했다. 이러한 공세의 실질적인 목적은 조위를 사지로 몰아넣기 위해서가 아니라 촉한과 마찬가지로 전략적 역량을 재정비하기 위해서였다.

조위는 대군을 합비에 집중적으로 주둔시켜 동오 공략의 전진기지로 삼았다. 합비에서 강남으로 진군하면 일거에 동오의 동서 연계를 차단할 수 있었고 이때 동오의 수도 건업을 공격하면 동오의 존립에 직접적인 위협을 가할 것으로 판단했기 때문이다. 따라서 동오는 230, 233, 234년 세 차례나 합비를 공격해 눈엣가시를 뽑아버리려 했지만 모두 성공하지 못했다.

촉한과 동오는 위나라를 공격하는 과정에서 협력이 잘 이루어지지 않아 시간적으로도 보조를 잘 맞추지 못했고, 전략 목표도 제각각이어서 양국의 동맹은 군사동맹이라기보다는 정치적으로 서로 성원하는 수준의 준동맹이었다고 볼 수 있다. 252년 손권이 세상을 떠나자 동오의 내정에 각종 위기가 나타나 때때로 내란이 발생하기도 했지만, 양자강 일대의 지세를 활용하여 강남을 차지하는 큰 전략에는 전혀 변함이 없었다. 한편 조위의 권신 사마의司馬懿는 263년 촉을 멸망시키는 주역이 되면서 사마씨 가문의 권력을 더욱 공고히 했다. 마침내 2년 뒤인 265년 그의 손자 사마염司馬炎이 선양의 형식으로 조위를 멸하고 진晉나라를 건국한다. 이를 서진西晉이라고도 한다. 동오와 북방의 조위 및 서진은 계속 공방전을 벌였는데, 공격 횟수는 비록 양측이 똑같았지만 동오는 공격으로써 방어를 삼는 전략을 취했다고 볼 수 있다.

오나라 최후의 황제 손호孫皓는 잔혹하고 미신에 빠진 인물이었다. 271년, 어떤 이가 "누런 깃발이 자욱이 하늘을 덮은 모습이 동남쪽에 보일 때 마침내 세상을 차지할 사람은 형주와 양주의 임금이어라."라는 참언을 지어내 퍼뜨리자, 손호는 이 말을 듣고 크게 기뻐하면서 추운 겨울임에도 불구하고 서진西晉에 대한 대공세에 나서려고 했다. 그러나 목숨을 잃고 싶지 않았던 장군들과 병사들은 전선에서 투항하겠다고 공공연히 떠들었다. 손호는 하는 수 없이 명령을 철회하고 철수했다. 서기 280년, 서진의 주력군이 양자강 상류에서 강을 따라 내려오면서 일시에 동오의 수도 건업을 함락시키자 손호는 바로 나와서 투항했다. 이로써 동오 정권은 멸망했다. 손책이 강을 건넌 때로부터 계산하면 동오 정권은 86년을 지속했다. 손권이 황제가 된 때부터 계산해도 59년의 역사로 삼국 가운데 존속 기간이 가장 긴 정권이었다.

4. 실리와 인화로 발전을 도모하다

동오의 손씨 정권이 동한 말년의 혼란기에 삼국정립의 한 축이 될 수 있었던 가장 중요한 요인은 실제 상황에 부합하는 전략 방침을 고수했기 때문이다. 당시 강동은 정치 중심에서 벗어나 있었고, 강력한 군벌들이 끊임없이 혼전을 치르는 중원 지역과는 비교적 먼 곳에 위치해 있었다. 비록 이 지역은 경제가 발달하지는 못했지만, 전란을 피해 중원에서 이주해 온 인력과 기술을 받아들여 농업·수공업·상업 분야에서 신속한 발전을 이뤄 남방 경제발전의 기초를 다졌다. 손씨 정권은 강동에 할거하면서 동남 지역을 석권해 중원의 정권과 맞선다는 전략 방침을 일찍이 확립하고, 전략의 실행에 있어 내정의 안정과 선약후강先弱後强의 겸병책을 강조했다. 이러한 책략은 중원을 다투고 대응하기에 바빴던 조씨 정권과 비교해 보면 손씨 정권의 실상에 부합하는 전략이라 할 수 있다. 또한 중원의 혼전에 온 힘을 다해 참여하고 정통 회복에 힘쓴 유비 정권과 비교하면 손씨 정권의 발전에는 걸림돌이 매우 적었다고 할 수 있다. 이러한 정확한 전략 방침은 손씨 세력의 발전에 중요한 요인으로 작용했다.

손씨 정권이 성공할 수 있었던 또 하나의 원인으로 유리한 지리적 조건을 잘 활용했다는 점을 들 수 있다. 소설 『삼국연의』에

남경의 석두성 | 제갈공명이 호랑이가 걸터앉은 형상이라고 말한 '석성'이다.

서 조조는 천시를 점하고 유비는 인화를 얻은 반면 손권은 지리에 의거했다고 한 것도 이 점을 가리킨 말이다.

손씨 정권의 지리적 이점이란 물길이 그물처럼 짜여진 양자강 유역 일대를 확보하고 있었던 것을 말한다. 이 지형은 수비는 쉽고 공격이 어렵기 때문에 공격하는 쪽에서는 깊숙이 쳐들어가기 어려운 반면, 수비하는 쪽에서는 겹겹이 둘러싸인 수로를 이용해 방어선을 쳐 저항하고 가로 방향으로 병력을 움직이는 데 유리하다. 양자강은 매우 넓고 물살이 거세며 물길도 복잡하여 북방의 군대가 강을 건너려면 반드시 장기간의 준비를 거쳐야 했고, 특히 행진하는 사이로 대군이 돌진하여 강을 건넌다는 일은 불가능했다. 조비는 두 차례나 양자강 문턱까지 쳐들어갔지만 두 번 모두 강만 바라보며 "하늘이 (양자강으로) 남북을 갈라놓았다."고 탄식한 바 있다.

그러나 지리적 입지만으로 정권이 오래 유지될 수는 없다. 촉한이 건국한 곳은 험난하기로 유명한 파촉산 일대이지만 263년 조위의 대군이 진격하자 촉한 정권은 바로 무너져서 정권의 지속 기간은 42년에 불과했다. 유비 정권은 인화로 이름이 높다고 하지만 제갈량이 죽자 곧 장수와 재상들이 충돌했고 또한 "촉나라에는 좋은 장수가 없고 산적 출신이자 노장군인 요화廖化가 선봉을 맡는다."는 말이 나올 정도로 제갈량 이후에는 출중한 문신과 무장이 거의 없었다.

반면 동오는 지리적 조건 외에도 인화를 잘 활용하여 장기 집권을 할 수 있었다. 손씨 정권 내부는 비교적 단결이 잘 이루어져 초기에도 심한 충돌은 찾아볼 수 없었으며, 전쟁 중에도 배신하여 적국으로 투항하는 사례가 매우 적었다. 통치집단에는 인재가 넘쳐났고 위기 때마다 문신과 무장들은 공을 세웠다. 노숙·주유·육손 등이 그 예다. 실제로 인화는 지리적 조건보다 더욱 중요한 요소였다. 조비가 일찍이 감탄하여 말하기를 "저들에게는 인재가 많아서 아직 넘볼 수 없다."라고 할 정도였으니 말이다.

고위직에는 서인 없고 하위직에는 세족 없다
― 구품중정제와 사족 정치의 확립

조조는 '재주만 있으면 발탁한다'는 원칙으로 인재를 선발하여 가문과 출신은 중요하게 생각하지 않았다. 그러나 그의 아들 조비는 구품중정제를 실시해 문벌이 높은 사람들을 우선적으로 관직에 앉혔다. 이는 사실상 형태만 바꾼 관직 세습제였다. 실로 역사의 아이러니가 아닐 수 없다.

서진 때 파양현鄱陽縣에 도간陶侃이라는 현리가 있었다. 그는 비록 낮은 관직에 있었지만 사대부들과 열심히 사귀었다. 어느 날 효렴으로 천거된 범규范逵가 그의 집을 지나게 되었는데 도간이 범규를 집으로 초대해 극진히 대접했다. 도간은 어릴 때 아버지를 여의어 집이 매우 가난했다. 도간의 어머니는 귀한 손님이 온 것을 보고는 긴 머리를 잘라 술과 고기, 음식으로 바꾸어 손님에게 푸짐하게 대접하고 그의 하인들에게도 음식과 술을 배불리 먹게 했다. 도간은 범규를 100리 밖까지 배웅했다. 이때 범규가 "자네, 군에 가서 관리를 해보겠는가?"라고 묻자 도간은 당연히 그럴 마음은 굴뚝같지만 추천해주는 사람이 없다고 답했다. 범규는 그를 마음에 새겨두었다가 상경 도중 합비를 지날 때 여강태수 장기張夔를 만나 도간의 재주와 덕을 극력 칭찬했다.

장기는 도간을 합비로 불러들여 독우督郵로 임명했고 나중에는 주부主簿로 승진시켰다. 주의 부종사部從事가 순찰을 와서 탄핵하겠다고 협박하며 금품을 요구하려 하자 도간은 군의 관리들을 이끌고 부종사에게 맞섰다. "군에서 잘못하는 것이 있다면 탄핵으로 바로잡을 수 있지만 이렇게 강제로 요구하고 정도를 넘어서신다면 우리도 방법이 없는 것은 아닙니다." 그가 으름장을 놓자 그 후로 부종사는 다시 문제를 일으키지 않았다.

장기의 부인이 중병에 걸려 몇 백 리 밖에서 의사를 불러와야 하는 상황이 발생했다. 엄동설한이어서 태수의 수하 관리들도 떠나기를 꺼려할 때 도간이 나섰다. "주군을 모시는 일은 아버지를 모시는 것과 같다. 그러니 주군의 부인은 어머니와 같다. 어머니가 중병을 앓으시는데 전심전력을 다해야 하지 않겠는가?" 도간은 눈보라를 무릅쓰고 의원을 데려왔다.

여강태수 장기는 도간이 조정에서 관직을 맡도록 효렴으로 천거했다. 낙양에 도착한 도간은 몇 번이나 당시의 세력가인 장화張華를 찾아갔지만 매번 냉대를 받았다. 그러나 도간이 여전히 겸손하고 예의바르게 처신하자 마침내 장화는 도간과 오래 이야기를 나누면서 그의 재주를 알아보게 되었다. 장화는 그를 낭중郎中으로 임명하여 파견했다. 낭중의 자리에 있던 도간은 가난한 집안 출신인 복파伏波장군 손수孫秀의 휘하로 가서 사인舍人이 되었다. 도간은 백방으로 노력하여 높은 관직을 얻었지만 출신이 미천한 탓에 권문세가들에게 자주 무시를 당하며 살았다. 한번은 도간이 동향사족 양음楊晫과 같은 수레를 타고 나간 적이 있었는데 이부랑吏部郎 온아溫雅가 이를 보고 양음에게 "너는 왜 서민과 한 수레를 타는 것이냐?"라고 비아냥거렸다. 서진 말년에 대란이 일어났을 때, 도간은 문관의 벼슬을 버리고 무관이 되어 난을 평정해 동진東晉 조정의 명장이 되었다. 이후 벼슬이 팔주 도독에까지 이르렀다.

1. 세족이 정치권력을 장악하다

이 이야기는 양진·남북조 시기, 사족士族정치의 특징을 전형적으로 보여주는 사례다. 당시에는 관리를 선발할 때는 물론이고 관직 임용과 사람을 사귈 때도 문벌을 따졌다. 혼인관계를 맺을 때는 더 말할 나위가 없었다. 사족과 미천한 출신의 구별을 국책의 기본으로 삼았다. '임금이 바뀌면 신하도 바뀐다'는 후세의 논리와 다른 점은 왕조가 자주 바뀌어도 사족이 고위직을 독점하는 데는 아무런 변화가 없었다는 사실이다. 중요한 관직은 언제나 몇 십 개의 가문, 심지어는 몇 개의 권문세족들이 나누어 장악했다.

남방의 외래 성씨인 왕王·사謝·원袁·소蕭, 오吳나라 성인 주朱·장張·고顧·육陸, 북방의 왕王·최崔·노盧·위韋·유柳, 북성(원래 선비 부락의 수장이 한나라 성으로 바뀜)인 원元·장손長孫·우문宇文·어於·두竇씨 등은 모두 오랫동안 정권을 좌지우지하며 재상과 장군 자리를 번갈아 차지하고 대를 이어 고관을 지냈다.

근래 학자들이 역사에 기록된 이 시기의 모든 통치계급과 중앙 및 지방관원들에 대한 자료 분석을 통해 다음과 같은 표준을 채택했다. 역사서에서 대성씨大姓氏, 명문귀족, 혹은 삼대가 연속해서 5품 이상의 관직에 오른 자로 기록된 사람들은 '사족'이다. 그리고 현성懸姓, 소성小姓, 혹은 대를 걸쳐 낮은 관직을 지냈거나 혹은 일 대에 한해 5품 이상의 관직을 맡은 자로 기록된 사람들은 '소성'이다. 아버지 대에 어떠한 통치계급에 참여한 흔적이 없는 사람들은 '한소寒素(미천한 신분)'다.

25~30년을 한 세대로 잡고 통계를 내본 결과, 서진이 전국을 통일

한 후 사족계층이 통치계급에서 차지하는 비율은 줄곧 50% 이상을 유지했고, 동진까지 합쳐 양진 시기의 비율은 평균 71.92%였으며, 동진 중기에는 그 비율이 가장 높아 무려 79.7%에 달했다. 또한 남조 시기 전체의 평균 비율은 60.1%였고, 북조 시기 전체의 평균 비율은 60.75%였으며, 북위 중기는 무려 79.7%에 이르렀다.

반대로 미천한 신분계층이 통치계급에서 차지하는 비율은 줄곧 10% 정도였고 20%를 초과한 적은 없었다. 관리의 직급으로 볼 때도 중요한 고위직은 모두 사족계층이 장악했다. 사료에 기재된 양진·남북조 시기 고급 문관(사도에서 태수까지) 4,137명 가운데 사족이 65% 이상을 차지했다. 또한 중앙에서 의사 결정을 하는 자리 중에서 사족이 차지한 비율은 70% 이상이었다.

통치계급 중 어느 한 계층이 정치권력을 독점하는 것은 역사에서 흔히 볼 수 있는 현상이다. 그러나 양진·남북조 시기와 같은 사족정치는 세계 어느 곳에서도 찾아볼 수 없다. 사족은 정치뿐 아니라 경제·문화·언론 등 거의 모든 부문에서 독점적 우위를 누렸으며 필요시에는 군사 부문에서까지 우위를 차지하면서 정치권력 독점을 보장하는 밑바탕이 되었다. 특히 주목할 만한 점은 사족들이 정치권력을 독점하도록 보장하는 정치제도가 명분상으로는 덕과 재능에 따라 사람을 임용한다고 내세우는 찰거察擧제도로부터 나왔다는 사실이다. 이런 제도를 '구품중정법九品中正法' 또는 '구품관인법九品官人法'이라고 한다.

찰거와 정벽征辟은 동한 때 관리를 선발하던 주요 방법이었다. 각지의 군수가 매년 중앙에 품성과 학문을 겸비한 인재 두세 명을 추천하는 제도를 '찰거'라고 한다. 중앙에서는 조정 대신의 추천에 따라 우수한 인재를 불러들여 근무하게 하고 지방 군수도 현지의 인재를 추천해 지방 관리로 근무하게 할 수 있었다. 이 둘을 합쳐 '정벽'이라고 한다. 관리를 선발하는 주요 기준은 덕행으로 첫째가 효성, 둘째가 청렴이었다. 유가에서는 부모에게 효도하는 자는 조정에서 반드시 황제에게 충성하며, 평소에 물질의 유혹에 흔들리지 않는 사람은 관직에 오르면 반드시 공평하고 사심이 없다고 주장했다.

문제는 이런 기준이 너무 모호한 것이어서 계량화해 비교할 수도 없고, 겉으로만 꾸미거나 지방관들과 결탁하는 것을 막기도 어렵다는 점이다. 이러한 폐단을 방지하기 위해 동한 시기에 여러 지방에서는 인물을 평가하는 민간 관례가 생겼다. 현지에서 명성과 덕망이 높은 인사가 인물을 평가해 등급을 나누면 지방군수가 인재를 추천할 때 그 등급에 따라 처리하는 것이었다. 그러나 선비들끼리 서로 추켜세우고 허위로 덕행을 꾸미는 폐단이 여전히 존재했으며, 심지어 동한 말년에는 권문세족들이 선발 수단을 통제하기에 이르렀다. 그래서 조조는 '재주만 있으면 임용한다'는 선발 방식을 시행하여 권문세족들의 영향을 벗어나 허위 조작의 기풍을 뿌리 뽑으려 했다. 하지만 조조의 뒤를 이은 조비는 권문세가들의 지지를 얻어 순탄하게 조위를 세우고, 220년에 이부상서吏部尚書 진군陳群이 제안한 관리 선발제도 개혁방안(구품관인법)을 수용했다.

2. 구품중정제 실시로 사족 정치를 확립하다

구품관인법의 주요 내용은 다음과 같다. 우선 각 주·군에서 덕망이 높은 인사를 중정中正으로 삼았다. 중정은 현지 인재에 대한 평가를 전문적으로 책임지는 자로서 인재를 덕행과 재능에 따라 9등(9품)으로 나누고 지방관리가 조정에 인재를 추천할 때는 반드시 품에 따라 올려 보낸다. 조정에서는 이 등급에 따라 매년 10만 명당 한 명을 관직에 임용했다. 중정이 제도를 운용하는 핵심이기 때문에 구품중정제라고 한다.

사마의가 집권했을 때에는 각 주에 '대중정'을 두어 각 군의 중정을 관할하게 했다. 각 군의 중정이 3년마다 현지의 인물을 한 차례 평가해 등급을 매겨 주에 올리면 대중정이 다시 검토하는 방식이었다. 대중정의 재평가가 끝나면 조정의 사도司徒에게 올려 또 다시 점검하고 착오가 없어야 이부상서에게 보내 임용케 한다.

구품중정제를 통해 인재를 뽑는 데 주요한 평가기준은 이론적으로는 품행·재능·가문 이렇게 세 가지였다. 그러나 재능이라는 항목은 그다지 중시되지 않았고 품행을 제일 중요하게 여겼다. 품행의 기준은 유가의 삼강오륜인데 자질구레한 것도 많았다. 예를 들면 서진 때 『삼국지』를 쓴 진수는 부친의 복상기간에 병에 걸려 일어날 수 없게 되자 여종에게 약을 달여 달라고 했는데 이것 때문에 이웃들 사이에 그가 상중에 여종과 함께 밤을 보냈다는 소문이 퍼졌다. 당연히 예교에 어긋나는 일이어서 진수는 관직을 얻지 못하다가 진무제의 총신 장화의 도움으로 효렴에 천거되었다. 진수는 관직이 치서시어사治書侍御史까지 올랐는데 어머니가 세상을 떠난 뒤 고향인 촉군에 묻지 않고 낙양에 매장했다는 비난을 받고 결국 면직되어 다시는 관직에 오르지 못했다.

염찬閻瓚은 부친이 돌아가신 뒤 계모를 모셨는데 계모가 성격이 고약하여 염찬이 아무리 효성을 다해도 마구 책망하고 심지어 그가 부친의 황금보화를 훔쳤다고 관가에 무고했다. 사실을 철저히 조사했지만 염찬은 불효자로 청의되어 십 몇 년을 관직에 나가지 못했다. 이렇게 관청에서 어떤 인물에 대해 조성하는 비난의 여론을 '청의淸議'라고 했다. 청의를 당한 자는 곧바로 벼슬길이 막혀 평생토록 관리가 되지 못했다. 양진·남북조 시기에는 청의를 당하는 일이 유죄판결을 받는 것보다 무서운 일이었다. 동진 때 사영운은 복상기간에 시 몇 수를 지은 것이 알려져 청의를 받고 관직을 그만두게 되었다.

또 하품으로 평가받은 사람들은 큰 관직에는 오르지 못했다. 이함李含은 진왕秦王의 낭중령郎中令으로 진왕이 죽고 장례가 끝나자 바로 상복을 벗었는데 이 일로 대중정의 비난을 받아 친구의 변호에도 불구하고 품계가 5품으로 떨어졌다. 온교溫嶠의 어머니가 돌아가셨을 때가 마침 전시였다. 따라서 어머니를 제때 묻을 수가 없었지만 공유孔愉가 이를 지적하며 온교는 효심이 부족해 높은 품계에 오를 수 없다고 평가했다. 세월이 흘러 온교가 소준蘇峻의 난을 평정하여 큰 공을 세우자 공유가 찾아왔다. 온교는 그의 손을 붙잡고 눈물을 흘리면서 "천하가 어지러워 충효는 점차 사라지고 있지만 옛사람의 절개를 잊지 않고 지키는 건 그대 한 사람뿐이네."라고 했다. 사대부들은 온교는 공평무사하고 공유는 정도를 지키고 아첨하지 않는다고 칭찬했다.

남북조시대 시인 사영운의 초상화

때때로 중정들도 청의를 당하곤 했다. 서진 때 회남의 소중정 왕식王式이 부친상을 당했다. 그의 계모는 복상 기간이 끝나고 전남편의 아들 집으로 옮겨가 살다가 죽은 뒤에는 전남편의 무덤에 묻혔다. 이 때문에 왕식은 예법에 어긋나고 정의를 해친다고 탄핵을 받았고 양주 대중정과 조정사도까지 같이 탄핵을 받았다. 왕식은 최후에 청의를 받아 평생동안 연금되었다.

인재 발굴의 유일한 기준 – 문벌

만약 이런 사례를 통해 당시 관리들의 도덕수준이 상당히 높았을 것이라고 결론을 내린다면 완전히 잘못된 생각이다. 중정을 맡은 사람들은 모두 권문세족 출신으로 그 지방의 권문세족과 한통속이었다. 따라서 서로를 추켜세우는 관계 속에서 청의는 권문세가들이 통제하는 여론에 지나지 않았다. 세력 있는 권문세족의 자제들은 언제나 상품으로 평가받았고 중정이 인물을 평가하는 기준은 실제로는 가문이라는 배경이었다. 이는 유가에서 말하는 '재능에 따라 관리를 선발한다'는 이론에 제도를 억지로 끼워 맞춘 것이다.

심지어 북위北魏 효문제는 "만약 문벌을 따지지 않으면 맑고 탁한 것이 함께 섞여 군자와 소인의 구별이 없어질 것이다."라고 말했다. 한번은 효문제가 이충과 함께 관리 임용제도에 대해 토론했다. 이충은 "관직을 설치한 목적이 일부 사족 자제를 위한 것입니까, 아니면 황제를 도와 나라를 다스리기 위한 것입니까?"라고 물었다. 효문제는 "당연히 나라를 다스리기 위해서지."라고 답했다. 이충이 "그러면 폐하는 왜 문벌만 중시하시고, 유능한 인재를 선발하지 않으십니까?"라고 물었다. 효문제의 대답은 이러했다. "만약 확실하게 걸출한 재능이 있다면 자연히 드러날 것이다. 하지만 군자의 가문에는 설령 당대의 인재가 없더라도 그 덕행은 두터울 것이기 때문에 그런 사람을 쓰는 것이다."

이렇게 문벌은 점차 인물을 평가하고 관리를 선발하는 유일한 기준이 되었다. 고관을 지낸 가문적 배경이 없는 사람은 관료조직으로 비집고 들어가기 어려웠지만, 고관의 자제들이 높은 자리에 올라 많은 녹봉을 타는 일은 식은 죽 먹기였다. 당시 일부에서는 이런 현실을 한마디로 "고위직에는 비천한 가문 출신이 없고 하위직에는 세족이 없다上品無寒門 下品無勢族(상품무한문 하품무세족)"라고 요약했다. 구품중정제는 점차 사족이 정치권력을 독점하는 수단이 되었고 이로 인해 사족계층은 극도로 폐쇄적인 집단이 되었다. 그래서 역사에서는 구품중정제 실시를 사족정치 확립의 지표로 본다.

  중정이 선발한 고품의 인재들은 현인의 사고를 갖고 있다고 생각했기에 일반 사무는 맡기지 않았다. 사무적인 업무를 하면 실수를 범하기 쉽고, 실수를 하면 심판을 통해 법관과 옥리에게 책망을 받아 점잖은 이미지에 먹칠을 하고 현자의 명성에 손상을 주기 때문이었다. 따라서 양진·남북조 시기의 관직은 모두 청淸과 탁濁 이렇게 크게 두 가지로 나뉘었다. 청관은 '청요지관淸要之官'이라고 하여 지위가 중요하면서도 실제적인 책임을 지지 않는 관직을 말한다. 즉, 황제의 좌우에서 잘못에 대해 충고하는 고문격인 산기상시散騎常侍, 국사의 편찬을 담당하는 저작랑著作郎, 공문과 경서에 관한 일을 맡는 비서승秘書丞 등등이다. 고품 인재들은 이런 관직에서부터 시작해서 관료사회의 관례에 익숙해지면 독자적인 주관자의 자리를 담당했다. 이때 실수를 해도 하급관리가 대신 책임을 지게 되므로 체면이 바닥에 떨어질 일은 없었다. 청관들은 중앙의 정책 결정 부서인 중서성이나 상서성에 들어가 일을 맡을 수 있었다. 탁관은 사무직에 종사하는 관리나 하품의 작은 관리를 말하는 것으로 미천한 출신들을 위해 준비한 자리였다.

  청탁과 사서士庶는 양진·남북조 시기 관료사회에서 가장 중요한 구분이었다. 북위 선무제宣武帝가 하루는 조회에서 자신이 직접 산기상시 명량明亮에게 용무장군이라는 관직을 수여했다. 산기상시는 정5품이고 용무장군은 정4품이기 때문에 명량은 한 등급 승진한 셈이다. 그런데 명량은 앞으로 나아가 거절의 뜻을 비쳤다. "소신의 관직은 산기상시로서 제3청(북위 때 청관은 다시 세분화하여 삼청구류三淸九流의 등급으로 나뉘었다)입니다. 그리고 용무장군은 탁관에 해당됩니다. 문관과 무관의 길이 다르니 소신에게 다른 관직을 내려주소서." 그러자 선무제는 "구류 내의 관리는 모두가 군자다."라고 화를 내면서 들어주지 않았다. 사실상 용무장군은 진정한 탁관은 아니었다. 다만 당시에는 이 관직을 대부분 서족 출신들이 맡았기 때문에 명량은 그들과 함께 일하는 것을 수치스럽게 생각한 것이다.

　남량南梁 때 사족 유교庾喬는 형주의 별가총리주무別駕總理州務를 맡고 있었다. 당시 형주자사였던 소역蕭繹(후에 양원제梁元帝가 된다)은 미천한 출신인 범흥화范興話를 전리문서주부典理文書主簿로 임명하고 유교에게 범흥화가 부임하면 그를 잘 보살펴주라고 특별히 당부했다. 하지만 정월 초하룻날 백관이 줄지어 인사할 때 유교는 범흥화와 한 줄에 서려 하지 않았다. "소인 범흥화와 한 줄에 설 수 없다."는 것이었다. 소역은 하는 수 없이 범흥화를 나오라고 했다. 범흥화는 화가 나고 수치스러워 하다가 큰 병이 나서 곧 세상을 떠났다.

3. 특권을 거머쥔 사족계층의 폐쇄성

　　　　　　　　　　　　사족은 구품중정제를 토대로 관리 선발은 물론 임명에서도 특권을 누리며 통치계급 내에서 특수계층으로 군림했다. 이런 특권은 대대로 이어져 사족계층은 갈수록 폐쇄적인 집단이 되었고 장소를 막론하고 우월감을 과시했다.

현령이었던 도연명이 "내 어찌 닷 말 쌀(현령의 낮은 녹봉) 때문에 허리를 꺾을 수 있겠는가?"라고 한 유명한 일화가 있다. 도연명은 서진의 명장 도간의 증손으로 조부는 무창태수를 지냈다. 따라서 사족의 후예라 할 수 있다. 도연명 대에 와서 비록 가문이 몰락했지만 그는 여전히 사족계층의 우월감을 지니고 있었다. 주의 주부로 천거됐지만 탁직이라고 꺼려 응하지 않았다. 참군參軍으로 발탁됐을 때도 여전히 낮은 청직만 못하다고 친구에게 하소연했다. 결국 한 고을을 책임지는 팽택彭澤의 현령으로 임명되자 그때서야 취임했다. 아전이 군의 독우督郵가 오면 옷을 단정히 차려입고 예를 갖추어 마중해야 한다고 아뢰었다. 사실 독우는 관리가 아니라 군수가 각 현을 돌아보도록 파견한 군수 소속의 아전이었다. 위진 시기에 독우는 모두 미천한 출신들이 맡고 있었다. 사실 도연명의 증조부 도간도 독우에서 시작했지만 도연명 자신은 한 수 높은 사족으로 자처했기 때문에 독우를 대접하는 것이 불만이었다. 그래서 "쌀 다섯 말 때문에(작은 관직을 지키기 위해) 소인배에게 허리를 굽힐 수는 없다."며 사직하고 떠나버렸다. 이는 고결한 행동이라기보다는 사족의 오만한 태도를 드러낸 행위다. 당시 많은 사족 출신 현령들이 도연명처럼 독우 접대를 꺼려해 남진南陳시대에 들어 독우라는 직책은 아예 없어졌다.

사족계층의 자폐증은 남조 시기에도 계속됐다. 황제라 해도 한 사람의 신분을 바꿀 수 없었으며 사족과 서족, 문벌과 한인의 구별은 이미 돌이킬 수 없을 만큼 견고해져서 국가를 이루는 기초가 되었다. 서족은 관직을 맡고 권력을 쥘 수는 있어도 여전히 존중받지 못했으며 사회적인 지위가 거의 없는 것이나 마찬가지였다.

남조 최초의 왕조인 유송劉宋 (420~479) 문제 때, 중서사인 채흥종蔡興宗은 황제의 총애를 한 몸에 받았지만 출신이 비천하여 사대부들의 괄시를 당했다. 이 때문에 그는 항상 풀이 죽어있었다. 문제는 그를 측은하게 여겨 "네가 사대부로서 사족 대접을 받으려면 사족의 우두머리인

시인 도연명의 초상화

왕구王球가 너에게 예로써 대하게 만들어야 한다. 왕구를 찾아가서 내 뜻을 전하면 그는 너에게 깍듯이 대할 것이다."라고 했다.

채흥종이 명을 받들고 찾아가 황제의 뜻을 전한 다음 자리에 앉으려 하는데 왕구가 부채를 휘두르면서 "앉지 말라!"라고 제지했다. 채흥종은 당황하여 화가 난 채 궁으로 돌아와 황제에게 결과를 보고했다. 문제는 화를 내면서 "그래, 정녕 그를 어떻게 해 볼 방법이 없단 말인가?"라고 개탄했다. 며칠 뒤 조회가 끝나자 문제는 왕구에게 채흥종의 체면을 봐서 예의상 왕래하라고 당부했다. 그러나 왕구는 "사족과 서족의 구별은 나라의 법이기에 소신은 폐하의 명을 받들 수 없습니다."라고 거부했다. 문제는 하는 수 없이 다시는 이 일을 거론하지 않았다.

또 남조의 두 번째 왕조인 남제南齊 때 무제는 미천한 출신의 기승진紀僧眞을 무척 총애했다. "문벌을 따져서 뭘 하는가? 기승진 같은 사람은 그 어느 사족보다도 풍채가 늠름하고 도량이 넓지 않은가."라고 할 정도였다. 기승진은 무제에게 "저는 보잘것없고 무관 출신이기에 특별히 바라는 것이 없사옵니다. 다만 폐하께 한 가지 청이

있사온데 사대부가 되게 해주십시오."라고 간청했다. 그러자 무제는 "이 일은 강효나 사약 같은 사람들에게 달렸으니 나도 어쩔 수 없네. 그들을 찾아가 부탁해보게."라고 권유했다. 기승진은 강효를 방문했다. 기승진이 앉자마자 강효는 하인을 불러 "내 의자를 손님과 멀리 떨어진 곳으로 옮겨 놓거라."라고 말했다. 기승진은 할 수 없이 그냥 돌아왔다. 풀이 죽은 그는 무제에게 "사대부는 정말 천자께서도 임명하실 수 있는 신분이 아니옵니다."라고 했다.

유송 효무제의 어머니인 노태후의 조카손자 노경지路瓊之가 사족의 영수 왕승달王僧達을 방문했는데 왕승달은 한마디도 하지 않았다. 뿐만 아니라 노경지가 간 뒤 그가 앉았던 의자를 가져다 태워버리라고 지시했다. 노태후가 울면서 이 일을 하소연하자 효무제는 오히려 "그 아이는 할 일 없어 왕승달을 찾아갔습니까? 치욕을 자초하는 일입니다."라고 언짢아했다.

사족계층을 위한 보학과 문벌혼인 제도

가문이 미미한 사람들이 호적을 위조하여 사족계층으로 섞여 들어오는 현상을 막기 위해 남북조시대에는 보학譜學이 번성했다. 동진시대에 가필賈弼은 강남 18주 116군의 각 씨족의 가계를 편찬했는데 모두 712권이나 됐다. 가씨 집안에서는 대대로 족보를 편찬하는 학문이 이어졌다.

유송·남제 때에도 많은 사람들이 권문세족의 내력을 기록한『백가보百家譜』라는 책을 편찬했다. 남량南梁 조정에서는 보국이라는 기관을 따로 설치해 족보와 가보 편찬을 담당하게 하고 이것을 관리 선발의 한 기준으로 삼았다. 족보를 잘 알아야 인사 업무도 잘 해낼 수 있기 때문이다. 유송 때 왕홍王弘은 이부상서로 있었는데『백가보』를 외우다시피 해 매일 수천 명의 관직 후보자들을 대할 때 그 집안의 할아버지와 아버지 이름자를 틀리는 적이 없었다. 당시 할아버지나 아버지의 이름자는 조상을 존경하는 뜻에서 아들이나 손자의 이름에 쓰기를 꺼렸으니 왕홍이 외운 글자 수는 실로 엄청났을 것이다. 유담劉湛이 뒤를 이어 부임하여 가계에 따라 관리를 선발했다.

남제 때 이부상서였던 왕안王晏이 병으로 관직을 그만두자 무제는 황실 친척인 서창후 소란蕭鸞에게 그 일을 맡겼다. 그러자 왕안이 무제에게 편지를 보내 "서창후는 영민하고 일을 잘하지만 사족들의 족보에 익숙하지 않기에 직무를 수행하기 어려울 것입니다."라고 교체를 건의했다. 무제는 이 의견에 따를 수밖에 없었다. 남량 초기에 서면徐勉이 이부상서로 있으면서 족보에 정통하여 철저히 성씨의 등급에 따라 관리를 선발하고 후보자들에게 보내는 서신에는 할아버지와 아버지 이름에 들어가는 글자는 피하여 썼으므로 크게 환영을 받았다.

그러나 그 이전에 북위 효문제는 이미 사족 성의 등급을 법률로 정하고 성족姓族제도를 정식으로 만들라고 명하여, 한족의 사족은 군성郡姓으로 통칭하고 아버지 조상의 관직에 따라 등급을 확정할 것을 규정했다. 삼대에 걸쳐 삼공이 있으면 '고량膏粱'이라 하고, 상서령·중서령·복야僕射가 있으면 '화유華腴'라 했다. 상서가 있으면 '갑성甲姓', 구경九卿이나 주목州牧이 있으면 '을성乙姓', 산기상시태중대부가 있으면 '병성丙姓'이라 했다. 그 중에 산동에서는 이태원 왕씨, 청하 및 박릉 최씨, 범양 노씨, 조군 및 농서 이씨, 형양 정씨가 가장 높았다. 관중에서는 경조 위씨·두씨, 하동 배씨·유씨·설씨, 홍농 양씨가 가장 명문이었다. 북방 이민족 계열인 선비족도 갑·을·

병·정의 4등급으로 나누었는데 목·육·하·유·루·우·혜·위 라는 8성이 제일 높았다. 동시에 문벌에 따라 관리를 선발하는 법률 〈방사격方司格〉을 제정하여 모든 관직은 반드시 성족에 따라 등급을 나누어 골라서 임용하도록 규정했다.

신분이 낮은 자들이 사족과 혼인해 사족계층으로 편입되는 현상을 막기 위해 양진·남북조시대에는 엄격한 문벌혼인 제도를 시행했다. 서족은 결코 사족과 통혼할 수 없었으며 사족 내부에서도 통혼 대상에 차등이 있어 사족들 마음대로 정할 수 없었다. 사족 출신의 무관도 사족과 통혼할 수 없었다. 동진 초기에 권력가였던 대사마 환온桓溫이 수하인 왕탄지의 딸을 며느리로 맞으려 했다. 왕탄지는 관직은 낮지만 동진의 대족 출신이었다. 왕탄지 본인은 이 혼사에 동의하려 했지만 그의 아버지는 오히려 "네가 돌았느냐? 어찌 환온의 권세가 무서워 딸을 병사 노릇하는 사람에게 시집보낼 수 있단 말이냐?"라며 꾸짖었다. 남제 때 동해 사족 왕원王源이 서족 만장滿璋과 혼인관계를 맺자 중승中丞 심약沈約이 글을 올려 왕원을 탄핵했다. '왕·만 가문의 혼인 소식을 듣고 실로 놀랐습니다. 조상을 욕되게 하는 짓이니 이는 지나친 일입니다.'라는 내용이었다. 그는 왕원의 관직을 박탈하고 평생 연금할 것을 요구했다.

북위 효문제는 조서를 내려 황족·황제의 인척·사족은 "수준이 비슷하지 않은 부류와는 통혼할 수 없다."라고 밝히며 "법률로 정해 그것을 확정한다."고 거듭 천명하고 이를 위반한 자는 범법죄로 다스리게 했다. 남량 시기에 후경이 강남으로 도망와서 강남의 대족인 왕씨·사씨와 통혼하려 하자 무제는 "왕·사 문벌은 너무 높아 너와는 어울리지 않는다. 주·장 이하의 성씨 중에서 구혼이 가능할 것이다."라고 충고했다. 사족은 혈통의 순수성을 지키기 위해 극단적으로 행동하는 경우도 종종 있었다. 북위의 대성인 최씨는 한쪽 눈이 먼 딸이 있었는데 구혼자가 없자 모친이 그녀를 서족에게 시집보내려 했다. 이 사실을 들은 그녀의 고모는 "내 동생이 일찍 죽었다고 어떻게 그 딸에게 모욕을 줄 수 있겠는가?"라고 하면서 그녀를 자신의 며느리로 삼았다.

한편 서족은 사족과의 혼인을 영광으로 여겼다. 심지어 집안이 죄를 지어 멸족을 당한 사족의 부녀자들과 혼인하는 것도 영광으로 생각했다. 북제 때 미천한 출신의 상부주부相府主簿 손건孫搴은 유능했기 때문에 황제는 그에게 멸족을 당한 대족 위씨 여자를 내려 아내로 삼게 했고 그는 이것을 매우 영광스럽게 여겼다. 미천한 출신의 다른 관리였던 진원강陳元康이라는 사람은 멸족당한 대족 노씨 여성을 하사받자 본처를 내치고 노씨를 본처로 삼았다.

4. 구품중정제의 폐단

구품중정제는 실시한 지 오래지 않아 맹렬한 비판을 받았다. 수많은 조정의 신하들과 정치평론가들이 이 제도에 신랄한 비판을 가했다. 그 중 제일 대표적인 사례가 서진 때 유의가 황제에게 올린 「구품유팔실소九品有八失疏」라는 상소문이다. 여기서 유의는 구품중정제의 폐해 여덟 가지를 비판했다.

첫째, 중정이 천거권을 쥐고 높이 앉아 남의 명예와 치욕을 마음대로 정한다. 특히 중정은 권세 있는 자와 결탁하였기 때문에 고위직에는 낮은 가문 출신이 없고, 하위직에는 세족 출신이 없는 기이한 현상이 나타났다.

둘째, 중정은 지위는 낮지만 인사권을 장악하고 있어서 서로 경쟁이 벌어지게 되어 정치에 폐해를 끼친다.

셋째, 인품을 평가할 때 낮은 품계를 소인에 비유하기 때문에 모욕적이다.

넷째, 중정 본인에 대한 감독 수단이 마땅치 않다. 평가받는 사람이 중정의 잘못을 적발하는 것을 허용하면 진실을 규명할 수 있는 길을 열어주는 것이고 적발을 금지하면 '일국의 입을 막아 한 사람의 세력을 키워주는' 꼴이 된다.

다섯째, 중정 한 사람이 수천 명이 넘는 한 군의 사람들 중에서 누가 현명하고 누가 부족한지 정확하게 판단하기는 어렵다. 평가 내용 또한 정부가 관리들을 평가하는 실적고과와 무관하기 때문에 관리가 되려는 사람들이 정도를 벗어나도록 만든다.

여섯째, 품행만을 주요 평가기준으로 삼아 끼리끼리 무리를 짓는 악습을 조장한다.

일곱째, 구품의 분류는 결코 평가 대상자가 어떤 재능을 가지고 있는지를 설명하지 못하므로 재능에 따른 임용이 불가능하다.

여덟째, 하품으로 평가받은 자에게 예교가 부족하다고만 할 뿐, 정확하게 평가하여 나쁜 일은 징계하고 잘한 일은 상을 주지 않으니 중정이 세력가와 결탁하여 사욕을 채우기에 편리하다. 이는 '이름은 중정中正(치우치지 않고 곧고 올바름)이나 실제로는 관가의 역적' 일 뿐이다.

유의의 비판은 구품중정제의 폐단을 바르게 지적하고 있다. 진무제는 이에 회답을 내려 지지를 표시했다. 그밖에 사공 위관衛瓘 등이 구품중정제를 없애라고 상주했으나 진무제는 받아들이지 않았다. 서진 사람 단작段灼은 "상품으로 천거된 자는 제후의 자손이 아니면 요직에 있는 자의 형제들이다."라며 중정의 인물평가를 비판했다. 남북조시대에도 구품중정제에 대한 비판은 줄곧 이어졌고 유의가 지적한 폐단 또한 계속해서 나타났다. 북위 선무제의 조서에도 "중정의 관리 선발은 문벌만 따진다."라고 지적되어 있다. 이것은 유의가 일찍이 중정은 권세 있는 자에게만 아첨한다고 지적한 폐단과 같은 맥락이다.

동진 때 유명한 관리 하소何劭가 세상을 뜨자 중정 원찬袁粲이 조문을 갔다. 하소의 아들 하기何岐는 마침 병에 걸려 나와서 접대를 하지 못했다. 원찬은 밖으로 나와 이를 갈며 "올해는 이 계집종이 기른 자식을 꼭 하품으로 평해버리고 말리라!"라고 말했다. 옆에 있던 친구가 "자네는 망인의 친구로서 조문하러 온 것이네. 아들을 꼭 봐야 할 필요가 뭐가 있는가? 하물며 하기가 잘못이 많다고 해도 하소가 살아 있을 때 하품으로 평가하지 않다가 하소가 죽자 곧 하품으로 평가한다면 사람들은 자네를 약한 자는 업신여기고 강한 자는 겁내는 사람이라고 할 것이네."라고 충고하자 비로소 그런 생각을 거두었다. 이것 또한 유의가 말한 "약한 자는 깎아내리고 강한 자는 떠받든다."는 지적을 상징하는 일화다.

중정이 직위를 이용해 사적인 원한을 푸는 것은 쉬운 일이었다. 때로는 반대 상황이 벌어져서 중정 자신이 보복을 당하기도 했다. 서진 때 손수孫秀는 원래 낭야琅邪왕국의 서리였는데 몇 차례나 하품으로 평가돼 승진을 하지 못했다. 덕망이 높은 명사 왕연王衍이 중정이 된 뒤 여전히 하품으로 처리하려 하자 사촌형인 왕융王戎이 좀 인정을 베풀라고 했다. 마침내 손수는 쿠데타를 일으켜 황제가 된 사마륜司馬倫의 심복이 되어 중서령의 자리까지 올라 권세가 조정 안팎에 미쳤다. 손수는 옛날 자신을 업신여긴 사람들에게 모두 보복했지만 유독 왕씨 형제만은 건드리지 않았다.

더 심한 경우는 중정이 뇌물을 먹고 품을 정하기도 했다. 북위 때 대중정 이선무李宣茂는 뇌물을 받았다가 적발되어 쫓겨났다. 양니陽尼도 중정 때 뇌물을 받았다가 뒷날 탄핵되어 관직에서 쫓겨났다. 원래 중정은 모두 현지의 덕망 높은 사대부가 맡았는데 남북조시대에 와서는 관리의 추천만 있으면 누구나 중정이 될 수 있었다. 북위의 율수幸修는 중정이 됐을 때 겨우 18세에 불과했다. 북위 때 중정은 꼭 현지인이 아니어도 황제의 측근인 경우 그곳이 자신의 고향이라고 말하면 그 지역의 중정이 될 수 있었다. 심지어는 황제가 총애하는 환관도 중정을 맡았다.

구품중정제는 각종 폐단이 속출하던 중에도 줄곧 지속되어 남북조시대 관리 선발의 중요한 기준이 되었다. 구품중정제는 당대의 사회상에 부응하여 권문세족이 정치권력을 독차지하는 현상을 실제로 제도화한 결과물임을 알 수 있다. 사족계층이 몰락하기 시작하는 수나라 때에 와서야 비로소 이 제도는 폐지됐다.

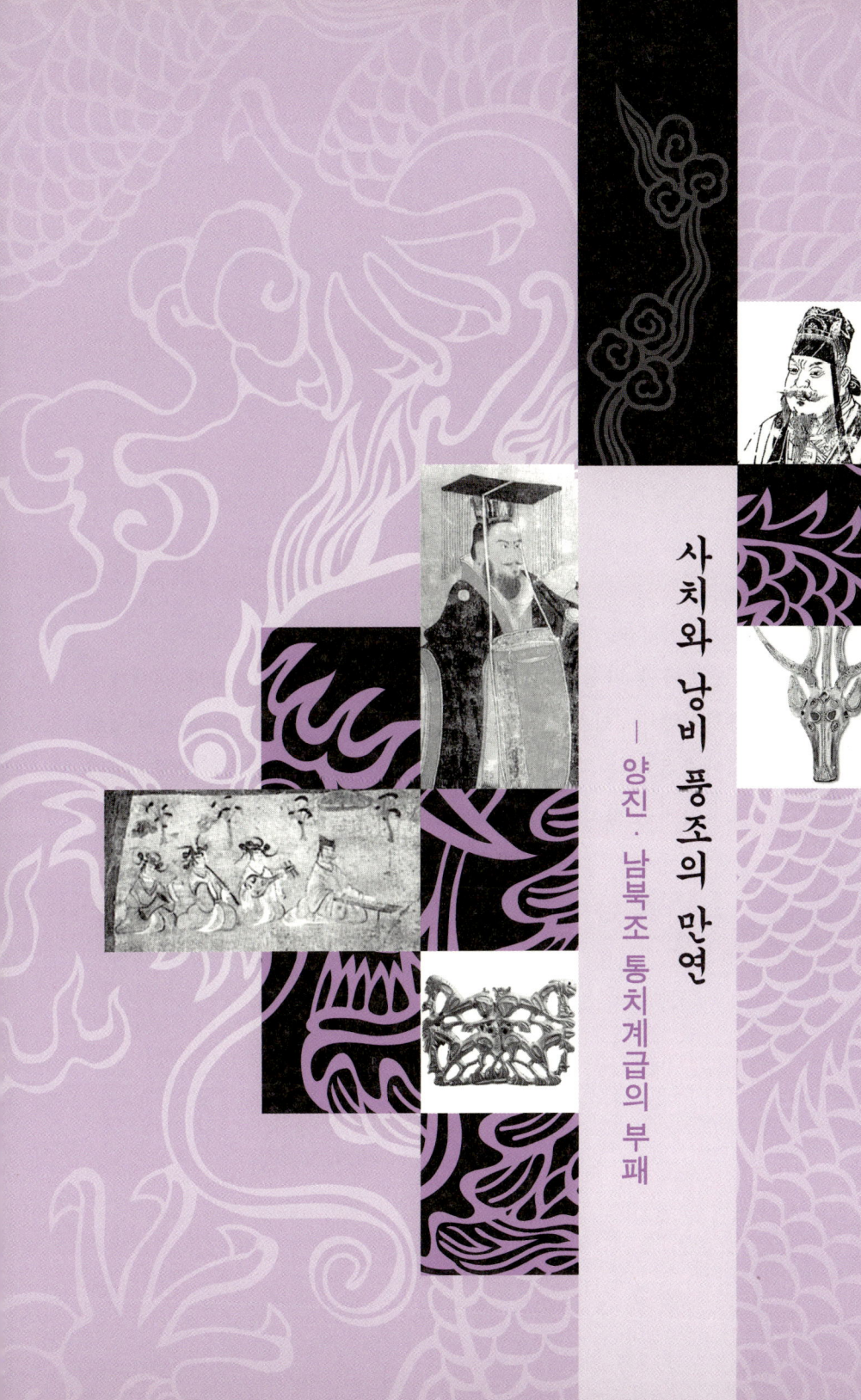

사치와 낭비 풍조의 만연
― 양진 · 남북조 통치계급의 부패

전쟁이나 약탈을 통해 경제 외적으로 착취를 일삼던 시대에는 통치자들이 '밑천이 안 드는 장사'로 막대한 부를 쌓았다. 이렇게 긁어모은 부는 흥청망청 사치하는 데 쓰였다. 삼국·양진·남북조시대에는 병적인 사치와 낭비가 극에 달했다.

중국 역사상 양진·남북조시대만큼 통치계급이 사치와 방탕을 일삼은 시기도 없었다. 그 양상은 거의 광풍에 가까워 물질적 만족뿐 아니라 정신적 만족을 병적으로 추구하는 수준으로 치달았다. 당시 통치계급에 속한 많은 사람들은 부의 자랑이 부를 누리는 것보다 훨씬 중요하다고 여겼다. 또한 이러한 과시성 사치풍조가 만연할수록 기발한 생각을 부추겨 극도의 사치풍조를 조장하고 '호탕하고 시원스럽게'라는 명성을 널리 얻을수록 뒷사람들의 흠모의 대상이 된 것이 사실이다. 이런 사치와 음탕을 일삼는 풍조는 안타깝게도 몇 번의 경제 피폐를 겪는 상황에서 더욱 유행했다. 게다가 당시 극도의 사치와 낭비를 일삼은 사람들이 겉으로는 청담清談, 충효 사상을 표방하여 겉과 속이 극명한 대조를 이루었다.

시대를 막론하고 통치계급은 언제나 사치스럽고 방탕한 생활에 심취하는 것이 사실이다. 진나라와 한나라, 삼국시대에도 이런 기록들이 다수 존재하지만 양진·남북조시대와 같은 광풍에 가까운 수준은 찾아보기 어렵다. 이러한 풍조는 서진 이후에 본격적으로 시작되었다고 볼 수 있다.

조조 통치 시기에는 동한 말기 통치계급의 부패 풍조를 규제했으며 당시 경제가 극도로 피폐한 상황이었기 때문에 사치와 음란을 막기 위해 노력했다. 조조 자신도 소박함에 있어서는 모범을 보였다. 그래서 역사에서도 그를 '절약하고 화려함을 즐기지 않는다'고 했다. 비빈들의 의복에는 수를 놓은 적이 없고, 옷감도 비단을 사용하지 않았으며, 신은 한 가지 색상의 천으로 만들었다. 궁중의 병풍과 장막에 구멍이 나면 기워서 쓰고 이불도 장식을 하지 않았다. 또 제도를 제정하여 관리와 백성의 의복에도 수를 놓지 못하도록 했다. 『삼국지 위지魏志 최염전崔琰傳』에서 「세어世語」를 인용한 기록에 따르면 조조의 며느리가 수놓은 옷을 입었다가 조조에게 들켜서 규정을 위반했다는 이유로 집에서 자결하도록 명을 받기도 했다. 조조가 통치하던 시절에는 위국의 관리 사대부들이 청렴한 생활을 위해 스스로 노력했는데 조조의 총신마저 마차를 요란하게 꾸미지 않을 정도로 관리들이 검소한 생활을 실천했다. 그러나 조조가 죽고 조비가 동한을 멸하고 조위의 황제가 되면서 이러한 규제가 점차 완화되었다. 조비 자신이 궁궐을 많이 지음에 따라 사치와 낭비의 풍조도 일어나기 시작했지만 이때까지만 해도 병적인 수준은 아니었다.

1. 사치와 방탕으로 얼룩진 서진시대

사치와 낭비 풍조를 본격적으로 확산시킨 인물은 진 무제 사마염司馬炎이었다. 서진西晉의 초대

진 무제 사마염의 초상화

황제 사마염은 사마씨집단의 교활하고 가식적이며 잔혹한 성향을 여실히 드러냈다.

조씨의 위나라를 폐하고 황제가 된 그는 겉으로는 사치를 금하고 검소함을 주창했다. 즉위한 해에 조서를 내려 절약을 널리 실천하라고 지시하면서 악부樂府의 화려한 온갖 놀이를 금지하고, 사냥도구에 무늬를 새기거나 꽃을 그리는 것을 폐지한다고 선포했다. 궁정에서 쓰는 소 수레의 청색 고삐가 끊어지자 삼노끈으로 바꿔 쓰라고 명령하기도 했다. 어의 정거程據가 무제에게 꿩의 머리털로 만든 옷 한 벌을 선물하자, 이를 금지되어 있는 '기괴한 복장'이라며 많은 사람이 보는 앞에서 불태워 버렸다. 또 무늬를 수놓은 비단과 같은 사치품을 금한다고 조서를 내렸다. 이 조서에서 그는 신하와 백성들의 의복과 마차 모두 제도를 위반해서는 안 되며 만약 지방 현에서 일 년에 세 차례 이상, 수도(낙양) 소재 현에서는 일 년에 열 차례 이상 위반 사건이 발생하면 해당 현의 수령을 면직한다고 규정했다.

그러나 무제 자신은 사치스러웠으며 여색을 밝혔다. 그는 종묘를 지으면서 형산의 목재와 화산의 돌을 가져다 쓰고, 건물 앞에는 12개의 구리 기둥을 세우고 겉에는 금을 입혀 각종 사물을 조각하고 진

연거행낙도燕居行樂圖 | 위진시대 묘에서 출토. 악기를 연주하며 한가로이 노니는 모습을 그렸다

주로 장식하라고 명하였는데 호화롭기가 이를 데 없었다.

특히 재위 9년부터는 삼공구경 이하 관리들의 딸을 후궁으로 들이도록 하면서 각급 관리들의 딸은 황실에서 후궁으로 간택될지 여부가 결정되기 이전에는 혼인을 금한다고 선포했다. 삼공구경의 딸은 부인과 빈으로 맞았지만 태수 및 그 이하 관리의 딸들은 궁녀로 삼았다. 명문가의 딸들은 황제의 간택을 피하기 위해 일부러 옷을 남루하게 입고 불결하게 꾸몄다. 동오를 평정한 서진은 동오의 궁전에 있던 5,000여 명의 기녀와 첩들을 궁궐로 데려왔다. 이리하여 후궁이 1만 명이 넘었다. 무제는 누구와 잠자리를 해야 할지 몰라 때때로 양이 끄는 수레에 탄 뒤 양이 멈춰 선 방으로 들어가기도 했다. 이 때문에 후궁들은 열심히 문 앞에 대나무 잎을 꽂아 놓거나 소금을 뿌려서 양을 유인하려고 했다.

무제는 말로는 사치를 금한다고 했지만 측근의 권력가들이 공공연하게 혹은 암암리에 예물을 보낼 때마다 언제나 웃으면서 받고, 예물의 많고 적음에 따라 관직을 하사했다. 언젠가 남쪽 교외에서 하늘에 제사를 지낸 무제는 신하들과 이야기를 나누다가 정직하기로 소문이 난 유의에게 물었다. "자네 보기에 나는 한나라의 어느 황제에게 비길 수 있는가?" 그러자 유의는 "환제, 영제입니다."라고 답했다. 무제는 "이것은 나를 매우 낮게 보는 것 아닌가?"라고 매우 불쾌해 했다. 유의는 "환제, 영제는 관직을 팔아 돈을 국고에 넣었지만 폐하는 자기 주머니에 넣고 있습니다. 그러니 환제, 영제보다 못하다는 것입니다"라고 대꾸했다. 무제는 멋쩍음을 감추고 억지웃음을 지었다.

무제는 또 권세 있고 지위 높은 신하들에게 서로 부를 경쟁하도록 부추겼다. 손아래 처남 왕개王愷에게 자금을 대주고 석숭石崇과 부를 다투게 한 유명한 일화가 있다. 무제는 재물을 긁어모으고 사치를 일삼는 측근들에 대해 언제나 칭찬을 아끼지 않았고 절대로 지적하는 법이 없었다. 여러 대신들이 무제가 총애하는 하증何曾이 사치가 심하다고 탄핵했지만 무제는 결코 하증을 질책하지 않았다. 무제가 사위인 왕제王濟의 집에서 식사를 한 적이 있었는데 옆에서 시중드는 여종은 수백 명에 이르렀고 모두 비단옷을 입고 있었으며 식기는 전부 유리로 만든 제품이었다. 요리 또한 매우 풍성했는데 특히 젖으로 찐 돼지찜의 맛이 일품이었다. 무제가 이 요리는 어떻게 만들었느냐고 묻자 왕제는 사람 젖으로 찐 것이라 답했다. 이 말을 들은 무제는 얼굴색이 바로 변하더니 반만 먹고 가버렸다. 아마 이런 맛을 내지 못한 자신의 요리사에 대해 화가 났던 것 같다. 그러나 왕제의 지나친 사치를 결코 훈계한 적이 없었다. 익주에 감군監軍 자리가 공석이 되어 조정의 신하가 당림唐淋과 양종楊宗 두 사람을 무제에게 추천했다. 무제는 산기상시 문립에게 두 사람이 어떤 인물인지를 물었다. 문립은 "당림은 재물을 탐하고 양종은 주벽이 있습니다."라고 말했다. 무제는 "재물 욕심은 만족스럽지만 주벽은 고치기 힘들다."라고 말하고 당림을 익주로 파견하기로 결정했다.

　서진에서 사치와 낭비풍조가 극성을 부리기 시작한 까닭은 무제 자신이 몸소 실행하고 신하들에게 부추기면서부터였다. 이 시기에는 재물을 물 쓰듯 하며 화려함을 자랑하는 것이 하나의 관행이었다. 무제의 총신 하증은 마차를 극도로 화려하게 꾸몄으며, 음식은 왕실 못지않아서 하루치 요리값만 1만 전이 넘었음에도 불구하고 먹을 만한 것이 없다고 불평했다. 조정의 연회 때 하증은 조정에서 내오는 요리를 전혀 먹지 않았다. 아들 하소도 아버지를 본받아 의복과 노리개가 창고에 가득했고 음식은 반드시 산해진미만 먹었으며 하루치 식사 비용은 2만 전이 기본이었다. 무제의 사위 왕제는 북망산 아래 살았는데 당시 낙양은 사람이 많고 땅은 좁아서 말 타고 사냥하기를 즐길 수 없었다. 왕제는 넓은 땅을 구입하여 말을 타고 활을 쏘았으며 도랑을 판 뒤 동전을 엮어 주위를 한 바퀴 둘렀는데 이것을 '금도랑'이라고 불렀다.

　권력가들은 어떻게 하면 부를 과시할 수 있을까 온갖 궁리를 다하여 화장실 디자인까지도 서로 경쟁했다. 무제의 딸 무양舞陽공주는 화장실 안에 정교하게 옻칠을 한 작은 상자를 놓아두었는데 그 안에 마른 대추를 가득 담아서 화장실에 가는 손님들이 코마개로 사용하도록 했다. 손님이 볼일이 끝나면 밖에 있는 여종이 물을 가득 담은 금대야와 손 씻을 때 사용하는 가루비누(녹두가루에 각종 약물을 섞고 짓이긴 알갱이로 만든 비누. 목욕할 때 사용하면 피부를 매끄럽게 해준다)를 들고 손님이 손을 씻도록 시중을 들었다. 왕돈王敦이 부마가 되어 처음으로 궁정에서 볼일을 볼 때 이 물건들이 무엇에 쓰는 것인지 몰라 마른 대추와 가루비누를 간식인 줄 알고 몽땅 먹어치워서 큰 웃음거리가 되었다.

석숭은 형주자사 임지에서 거래하던 상인을 죽이고 물건을 약탈하여 벼락부자가 되었다. 그의 집 화장실에는 손님들이 볼일을 볼 때 시중을 드는 화려한 차림의 여시종이 몇 명 있었다. 화장실 안에는 각종 향료·화장용품·마취제와 함께 화려하게 꾸민 큰 침대를 준비해 놓고 손님들이 볼일이 끝나면 새로운 옷으로 갈아입혀 침대에서 잠시 쉬도록 했다. 한번은 유실이라는 손님이 석숭네 집 화장실에 들어갔다가 얼른 나오면서 석숭에게 침실을 화장실인 줄 알고 잘못 들어갔다고 사과했다. 그러자 석숭은 크게 웃으며 화장실이 맞다고 말했다. 부담스런 분위기 때문에 대부분의 손님들이 화장실 사용을 꺼렸지만 왕돈만은 태연자약한 모습으로 화장실에서 휴식을 즐겼다.

부를 겨루며 사람 목숨을 파리처럼 여기다

극심한 사치와 낭비의 표현 중 하나는 부 겨루기였다. 가장 전형적인 예가 석숭과 왕개의 고사다.

석숭은 엿으로 가마를 씻고 왕개는 촛불로 밥을 지었다. 왕개는 자색 실과 남색 비단으로 장막(부녀자들이 외출할 때 행인의 시선을 피하기 위해 사용하는 가리개)을 만들었는데 길이가 40리나 되었다. 그러자 석숭은 50리 길이의 비단 장막을 만들어 그를 이겼다. 석숭이 황제의 궁전을 본떠 산초나무에 흙을 섞어 벽을 칠하자(방온·향·다

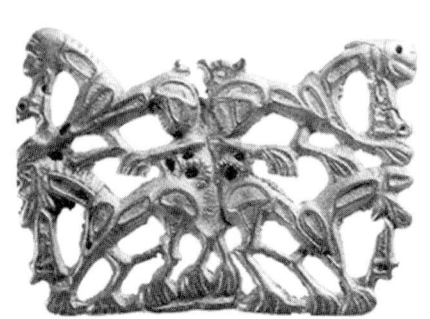
서진시대 금으로 만든 장식품

산의 의미가 있다) 왕개는 적석지[8]로 벽을 발랐다. 무제가 어느 날 왕개에게 길이가 두 척이나 되는 산호를 빌려주었는데 가지가 아름답고 세상에서 보기 드문 보배였다. 왕개가 석숭에게 산호를 보여주자 석숭은 소매에서 철 몽둥이를 꺼내더니 이것을 산산조각 냈다. 왕개가 크게 화를 내자 석숭은 "화낼 것 없네. 돌려주면 되지 않는가?"라고 하면서 하인을 불러 자기 산호를 가져오게 했다. 높이가 3~4척이나 되는 크기에 가지가 6~7개나 되는 그 모습에 왕개는 아연실색했다.

광적인 사치와 낭비의 다른 표현은 잔혹함이었다. 석숭은 손님을 접대할 때 언제나 미인들이 옆에서 술을 권하게 했다. 손님이 술을 마시지 않으면 사람을 시켜 술을 권한 미인을 끌어내 목을 쳤다. 한번은 왕도와 그의 사촌형 왕돈이 석숭의 집으로 초대를 받았다. 왕도는 술을 마시지 못하지만 이런 장면을 보고 마지못해 마시는 바람에 크게 취했다.

하지만 왕돈은 단호한 자세로 미인이 세 명이나 죽어나갈 때까지 여전히 마시지 않았다. 왕도가 이를 꾸짖자 왕돈은 "석숭이 자기 집 사람들을 죽이는데 너와 무슨 관계가 있느냐?"라고 반문했다. 석숭과 왕개는 재물을 서로 과시했는데 석숭은 왕개가 할 수 없는 세 가지가 가능했다. 하나는 손님에게 금방 콩죽을 끓여주는 것이고, 둘째는 겨울에도 손님에게 부추를 대접하는 것이었다. 셋째는 석숭의 소가 왕개의 소보다 약해 보이는데도 두 사람이 야외로 놀러 나갔다가 누가 먼저 낙양으로 돌아오나 내기를 하면 석숭의 수레가 매번 먼저 낙양 성문을 들어서는 것이었다. 왕개는 석숭의 집사와 소몰이꾼을 매수해 그 비결을 알아냈다. 콩죽은 미리 콩을 삶아 놓았다가 필

---

[8] 赤石脂 : 줄무늬와 색이 있는 풍화석. 당시에 사람들은 이것을 단약 제조나 벽 장식에 썼다

요할 때 쌀죽에 넣으면 됐다. 부추도 미리 부추 뿌리즙을 짜서 잘 보관했다가 겨울이 되면 보리싹과 섞어 부추를 대체했다. 소도 원래는 빠른 소인데 처음에는 일부러 속도를 통제하다가 성문이 보이면 고삐를 느슨하게 하여 빨리 달리게 한 것이었다. 왕개가 이런 요령대로 해보았더니 과연 세 가지 모두 석숭을 능가할 수 있었다. 석숭은 비밀을 누설한 집사와 소몰이꾼을 찾아내 모두 죽여 버렸다.

서진 말년 가밀賈謐이 조정을 장악하자 석숭은 그에게 백방으로 아첨을 했는데 얼마 지나지 않아 조왕趙王 사마륜司馬倫이 정권을 잡았다. 사마륜은 석숭의 조카 구양건歐陽建과 묵은 감정이 있어 석숭을 가밀의 무리로 몰아 파직했다. 조왕의 심복 손수는 석숭에게 용모가 출중할 뿐 아니라 피리도 잘 부는 녹주라는 애첩이 있다는 얘기를 듣고 사람을 보내 아름다운 첩을 달라고 했다. 석숭이 심부름 온 사람에게 여종과 첩들 중에서 마음대로 고르라고 하자 그는 녹주를 지명했다. 그러자 석숭은 "녹주는 내가 아끼니 줄 수 없소."라고 거절했다. 손수는 훗날 조왕을 설득해 석숭을 죽이고 그의 가산을 몰수했다. 기록에 따르면 석숭에게는 30여 곳의 물레방앗간, 800여 명의 남자 노예가 있었고 진주 · 보석 · 땅 · 집이 부지기수였다고 한다.

사치와 낭비의 또 다른 병적인 증상은 미친 듯이 긁어모으면서도 인색하기 짝이 없는 탐비貪鄙다. 서진의 유명한 신하였던 화교華嶠는 재산을 긁어모아 왕실보다 더 부유했지만 그 인색함은 극에 달해 돈

서진시대 사자 형상의 소형 금 장식품

미치광이라는 뜻의 '전벽錢癖'으로 통했다. 전설에 의하면 그의 집에 자두나무를 심었는데 동생이 자두를 먹어도 자두씨의 개수를 세어 돈을 받았다고 한다.

사도 왕융王戎은 이보다 더 인색한 것으로 유명하다. 그의 가산은 전국 각지에 분포해 있었는데 그는 수도 낙양에서 논밭·별장·물레방앗간·노예가 가장 많은 사람으로 손꼽혔다. 하지만 매사 돈 문제는 철저히 따졌다. 시집간 딸이 몇 만 전을 빌려갔는데 오랫동안 갚지 않자 딸이 친정에 오면 무뚝뚝한 얼굴로 마주하지도 않았다. 딸이 서둘러 돈을 갚은 뒤에야 낯빛이 달라졌다. 조카가 결혼할 때는 홑옷 한 벌을 보냈고 곧바로 사람을 보내 빚을 갚으라고 독촉했다. 그의 집에 심은 자두는 달콤하고 맛이 있었는데 그는 자두를 팔면 남들이 씨를 얻을까 두려워 사람을 시켜 자두씨를 빼내 버리고 팔았다. 사람들은 왕융의 인색함은 이미 중증이어서 그 어떤 약으로도 고칠 수 없다고 비난했다.

하지만 이보다 더 심한 사람이 있었다. 사마등司馬騰은 '팔왕의 난' 중에도 꿋꿋하게 재물을 긁어모았다. 형인 동해왕 사마월司馬越이 그를 업성에 파견했다. 당시 업성은 전란 중이었기 때문에 관가 창고에는 아무것도 없었지만 사마등은 집에다 창고를 짓고 재물을 산더미처럼 쌓아놓았다. 그러나 그는 매우 인색했기 때문에 자신을 따라다니는 관병들에게는 조금도 나눠주지 않았다. 급상汲桑과 석륵이 업성을 공격했을 때도 그는 반나절을 계산하고 나서야 사병들에게 쌀과 베를 나눠주었다. 그의 이런 행동 때문에 사병들은 그를 위해 목숨을 바칠 생각이 전혀 없었고 결국 뿔뿔이 흩어졌다. 결국 사마등과 네 명의 아들은 모두 살해되었고 재산은 하나도 남김없이 모두 빼앗겼다.

극도의 사치를 위한 재력 마련은 결국 백성에 대한 착취로 이어졌다. 조정의 관리들은 지방관에게 강요하고 지방관은 온갖 수단을 동원해 백성의 고혈을 짜냈기 때문에 관료사회는 급격히 부패했다. 청백리라도 고위관료에게 괴롭힘을 당하지 않으려면 예물을 바쳐야 했다. 두예杜預는 강을 건너 동오를 칠 준비를 하고 있었다. 사람들은 그가 정직한 관리라고 생각했지만 그마저 낙양의 집권자들에게 예물을 보냈다. 그는 이에 대해 이렇게 말했다. "음모에 휘말리는 것을 막으려는 것뿐이지 무슨 이득을 보겠다는 것은 아니다." 정직으로 유명했던 또 다른 관리 구희苟晞는 연주자사兗州刺史로 임명돼 나갔는데 조정이 혼란한 것을 보고 화가 미칠까 두려워 권력가들과 친하게 지내며 신변의 안전을 도모했다. 그는 연주에서 진귀한 물건이 생기기만 하면 낙양으로 보냈다. 연주는 낙양에서 대략 500리 거리였는데 진귀한 물품의 신선함을 유지하기 위해 특별히 천리우를 한 마리 사서 아침에 떠나 저녁에 돌아오도록 했다. 정직한 관리들조차 모두 이렇게 할 정도니 남관오리들은 더 말할 나위도 없었다. 서진 왕조의 수명이 짧고 동란으로 얼룩질 수밖에 없었던 주요한 이유는 바로 이러한 광적인 사치와 낭비풍조 때문이었다.

2. 동진 권문세족들의 광적인 사치

사치풍조는 서진의 멸망과 함께 사라진 것은 아니었다. 막 양자강을 건넜을 때의 동진 조정은 재정이 빈약하여 우연히 새끼돼지 한 마리를 얻으면 가장 맛있는 음식으로 여겼고 특히 등심 부위는 최고 부위로 생각해 오직 황제 원제만을 위해 남겨놓았다. 이를 임금님이 먹는 고기라는 뜻에서 '금련禁臠'이라고 했다. 그러나 당시 강남의 토착사족들은 여전히 교만하고 사치스러웠으며 음탕한 생활을 일삼고 있었다. 강남의 명사 기첨紀瞻의 집에는 손님이 묵는 숙소에 연못과 죽림이 있었는데 건강 황궁의 정원보다 우아하고 아름다웠다.

　동진의 무장들은 전란 때 재물을 강탈해 벼락부자가 되었다. 도연명의 할아버지인 명장 도간은 미천한 출신의 아전이어서 집이 가난해 어머니가 머리를 잘라 바꾼 술과 고기로 손님을 대접했다. 서진과 동진, 두 왕조에 걸쳐 활동한 도간은 전란 중에 입신출세하여 왕돈의 뒤를 이어 팔주의 도독이 되어 북방 소수 정권과의 전쟁과 내부 반란 평정에서 큰 공을 세웠다. 그는 사치스러워서 집에는 첩이 수십 명에 나이 어린 종이 수천 명이었고 진귀한 보물은 동진 조정보다 많았는데 이런 재물들을 정직하게 얻었을 리가 없다. 대장군 유윤劉胤은 강주자사였는데 술과 여색에 빠져 허우적거렸고, 자신의 임무가 조정의 물자를 운송하는 것임에도 불구하고 자기 장사를 하느라 바빠서 시간을 낼 틈이 없었다. 집에는 금은보화가 창고에 넘쳐났고 첩들은 헤아릴 수 없이 많았다.

　동진 때 남으로 이주해 온 권문세족들은 곧 강남에 자리를 잡고 예전 습성대로 행동하기 시작했다. 동진의 명재상 사안謝安은 건강 근교의 산림을 빼앗아 별장을 지어놓고 자녀들을 데리고 와서 놀곤 했

우차 | 동진시대 벽돌 그림

는데 한 끼 식사에 황금 100냥 어치에 달하는 음식을 먹어치웠다. 동생 사석謝石은 무절제한 생활을 일삼았다. 낭야 왕씨 자손인 왕국보王國寶는 긁어모은 재산이 얼마나 되는지 본인도 잘 모를 정도였고 첩은 100명이 넘었으며 진귀한 골동품이 창고에 가득했다. 치음郗愔은 재물 모으기를 즐겼는데 창고에 수천만 냥의 돈을 쌓아놓고도 쓰기를 아까워한 반면 아들 치초郗超는 돈을 물 쓰듯 했다. 한번은 치초가 아버지를 끈질기게 조르자, 치음이 할 수 없이 창고를 하루 동안 개방한다고 승낙하면서 마음속으로 몇 백만 냥 정도 손실을 보겠거니 생각했다. 그러나 치초는 친척과 친구들을 불러 하루 사이에 창고에 있는 현금을 절반이나 가져갔다. 치음은 속이 쓰렸겠지만 치초는 오히려 호탕하다는 명성을 얻게 되었다.

동진 사족들의 낭비벽은 서진과 다를 바 없었고 인색함에 있어서도 서진에 뒤지지 않았다. 남으로 이주해온 사족 위전衛展은 관직이 강주자사에 이르러 가산이 엄청났다. 그러나 남으로 이주해온 친지들을 한 푼도 노와주지 않았다. 의탁하러 온 친지들 모두에게 한 근의 약재를 주는 것으로 돌아가라는 말을 대신했다. 그의 조카가 한숨을 쉬면서 "외삼촌이 박정하여 초목으로 내쫓는구나."라고 한탄했다.

강남 대족 주찰周札은 왕돈이 처음 군사를 일으킬 때 그를 도와 건강에 진입했다. 이후 주씨 일족 5명이 후에 봉해졌지만 얼마 지나지 않아 왕돈은 주씨가 나쁜 무리와 결탁해 반역을 꾸민다는 죄목으로 주씨 5후를 체포하라고 병사들을 보냈다. 주찰은 재물을 탐하고 여색을 밝히며 오직 부동산 긁어모으기에만 힘쓰는 인물이었다. 병사들이 들이닥칠 무렵 주찰의 부하들이 싸우겠으니 무기와 재물을 달라고 요구했다. 창고에 좋은 갑옷과 무기가 가득 있음에도 불구하고 주찰은 내주기가 아까워 망가지고 오래된 무기만을 주었고 더욱이 자신의 재물을 나눠주면서 병사들을 독려할 생각이 없었다. 그 결과 부하들은 뿔뿔이 흩어졌고 주찰은 그 자리에서 죽음을 당했다.

동진 사족의 탐관과 비열함의 대명사는 환현桓玄이라고 할 수 있다. 역사에서는 다음과 같이 전한다. 진귀한 물건의 수집을 취미로 삼은 그는 특히 금·옥·보석을 아껴서 잠시도 손에서 놓지 않았으며 다른 사람이 비옥한 전답이나 아름다운 정원, 또는 훌륭한 서화를 갖고 있는 것을 보면 어떻게 해서든지 빼앗으려고 했다. 그는 상대를 협박하거나 유인하기도 했으며 심지어 윷놀이와 비슷한 저포놀이로 상대를 기만하기도 했다. 또 자기 집의 조경을 위해 심복을 보내 각지에서 좋은 나무와 대나무를 파오게 하고 황제 자리를 빼앗은 뒤에는 더욱 황음무도해져서 30명이 앉을 수 있는 가마를 만들어 200명이 들게 했다. 그러나 마침내 유유劉裕가 쿠데타를 일으켜 환현은 살해당했다.

동진의 황족들은 일찍부터 '금련'에 불만이 많았으며, 모두가 사치스럽고 음탕하며 부를 과시하기에 바빴다. 가장 전형적인 인물이 회계왕會稽王 사마도자司馬道子였다. 그는 소년 시절에는 공리공담으로 유명했지만 효무제의 동생 신분으로 조정을 장악했다. 불교를 신봉한 그는 뇌물을 받았으며 낭비가 심해서 늘 측근들과 밤새도록 술을 마시고 조정 일은 돌보지 않았다. 측근들은 그를 위해 저택을 짓고 인공산을 쌓았으며 연못을 파고 대나무숲을 만들었다. 그는 연못 끝에 술집을 지어 놓고 궁녀에게 시중을 들게 하고 측근들과 함께 배를 타고 술집으로 가서 술을 마시며 즐겼다.

어느 날 효무제가 그의 집에 와서 놀다가 "집에 동산이 있어 즐길 수 있는 것은 정말 좋은 일이다. 그러나 장식이 너무 과하면 세상 사람들한테 절약의 모범을 보일 수 없지 않겠느냐."라고 완곡하게 지적했다. 사마도자는 동산을 만든 책임자 조아趙牙에게 "만약 황제께서 산이 인공으로 만들어진 것을 알았다면 너는 틀림없이 죽음을 면치 못했을 것이다."라고 말했다. 그의 아들 사마원현司馬元顯은 더욱 거리낌 없이 축재에 힘써 황제보다도 부자였다고 한다. 환현이 난을 일으키자 운송이 끊겨 건강에 물자 공급이 어려워졌다. 조정의 관리들은 매일 쌀 7되(당시 병사들의 하루 식량은 쌀 5되)밖에 안 되는 양을 배급받았으나 아버지와 아들은 여전히 주색에 빠져있었다.

3. 검소함을 실천한 개국 황제들

현명한 통치자들은 누구나 극도의 사치풍조가 권력의 위기를 초래한다는 사실을 분명하게 알고 있다. 서진과 동진 이후의 일부 통치자들, 특히 16국·남북조시대의 개국황제들은 역사적 교훈에 눈을 돌려 사치풍조를 타파하려고 노력했다. 서진을 멸망시키고 전조前趙를 세운 유요劉曜는 관직이 없는 자는 말을 타지 못하게 하고, 봉록이 800석 이상인 관리들의 부인만 수놓은 비단옷을 입도록 했으며, 민간에서는 추수 이후에만 술을 마시도록 허용했다. 전진왕前秦王 부견符堅은 관중의 일부 부유한 상인들이 집에 천금을 쌓아놓고 수레와 복장은 왕과 제후처럼 화려하게 치장하는 것을 보고, 수도 100리 이내에서는 조정의 관리를 제외하고는 수레를 타거나 금·은박 장식을 한 비단옷을 입지 못하며, 이를 어긴 자는 사형에 처한다고 명령을 내렸다.

특히 남조南朝의 역대 황제들은 거의 모두 사치를 금하는 법령을 제정했고 많은 황제들이 몸소 실천했다. 유송의 개국황제 유유는 공주가 출가할 때마다 돈 20만 냥만 주고 금·옥·비단은 주지 않았다. 큰 딸이 출가할 때는 자기가 입던 낡은 옷 한 벌을 주면서 사치하지 말라고 훈계했다. 황궁에는 각종 농기구를 비치해두었다. 심지어 침대 머

남제의 개국 황제 소도성의 초상화

리맡은 흙벽이었으며 거기에 베를 씌운 등롱을 걸어 놓았다. 손자인 효무제 유준劉駿이 이것을 보고 " '농부 할아버지' 보다 약간 낫다."라고 말했다.

　남제南齊를 개국한 고제 소도성은 사치풍조를 바로잡으려고 힘쓴 남조 시대의 가장 유명한 군주다. 유송 말년 조정을 장악한 그는 사치를 금하는 17조의 법령을 반포했다. 자질구레한 물건에 금·은박 장식을 금지하고 비단신은 물론 치마에 수를 놓아서는 안 된다는 내용이 담겨있다. 이 조치는 백성들의 사치성 낭비 풍조를 근절하기 위해서였다. 소도성은 심지어 궁 안의 동으로 만든 못과 장식도 모두 철제로 바꾸었다. 궁인들은 모두 자주색 신을 신도록 하며 제후들이 따로 궁궐을 짓는 것을 금한다고 하달했다. 그는 평소 "내가 천하를 10년 다스리면 황금과 흙을 같은 값이 되도록 만들 것이다."라고 말했다.

　남량南梁의 개국황제 소연은 소도성보다 더 근검절약했다. 그는 일 년 내내 매일 한끼, 그것도 채소만 먹었으며 술도 마시지 않고

음악 연주도 원치 않았다. 무명옷을 입고, 침대에는 검은색 목면 장막을 걸었으며, 모자 하나를 가지고 3년을 쓰고, 한 이불로 2년을 덮었다. 궁 안에는 화려한 물건이 없고 궁녀들의 치맛자락은 땅에 끌리는 법이 없었다. 남진南陳의 개국황제 진패선은 출신이 미천하여 검소함을 중시했다. 검소한 생활을 솔선수범하여 식사 때는 몇 가지 반찬에 그릇은 도기만 사용하고 가희도 부르지 않았다.

북조에서 사치풍조를 바로잡기 위해 힘쓴 가장 유명한 황제는 바로 북주北周의 무제武帝 우문옹宇文邕이다. 그는 황궁의 각종 조각과 화려한 장식품을 모두 없애버렸다. 또한 황실 동산의 상선전上善殿이 웅장하여 장관을 이루나 사치풍조를 조장하는 나쁜 본보기라 생각하여 불태워 버렸다. 후궁은 10여 명에 불과했고 자신은 무명옷을 입고 무명이불을 덮었으며 금은보화도 전혀 없었다. 북제北齊를 멸망시킨 뒤 업성과 진양의 대다수 궁궐들을 모두 폐쇄하고 그 안의 조각이나 장식품은 백성들이 가져가도록 했다.

검소한 황제의 사치스런 자손들

그러나 검소함을 몸소 실천한 황제들의 노력도 후대의 자손들에 이르면 별다른 효력을 보지 못했다. 조상들과 부친의 검소한 생활에도 불구하고 자손들은 몹시 사치스러웠다. 유송 무제의 손자인 효무제는 '농부 할아버지'인 조부의 가르침은 상관하지 않고 궁궐을 크게 지어놓고 하루 종일 만취해 있었다. 사치를 위해서 재물이 필요했던 효무제는 지방장관이 임기가 끝나 조정으로 돌아올 때는 반드시 황제에게 재물을 바쳐야 하는 나쁜 전례를 세웠다. 만약 지방장관이 가지고 돌아오는 재물과 수행원들이 많으면 반드시 그와 저포놀이를 하여 자신의 수중에 넣었다. 조정의 신하들에게도 마찬가지였다. 총신 안사백顔師伯이 뇌물을 받아서 집에 천금을 쌓아놓으면 효무제는 항상 그와 저포놀이를 했다. 안사백은 황제와 내기를 하면서 일부러 100만 냥을 잃어주기도 했다.

무제의 다른 손자인 명제 유욱劉彧은 더욱 사치스러웠다. 당시는 조정의 재정이 어려워 문무백관들의 봉록을 줄이는 상황이었지만 어용 물품은 '정어正御' 30벌, '부어副御' 30벌, '차어次御' 30벌을 만들라고 했다. 그의 아들 후폐제後廢帝(학정으로 폐위가 되어 붙여진 시호) 유욱劉昱이 결혼할 때는 신하들에게 각자 100냥 이상의 황금을 예물로 보내도록 암시했다. 그런데 시흥태수 손봉백孫奉伯이 거문고와 책 이렇게 한 쌍만을 바치자 명제는 화가 나서 그에게 사약을 내려 죽였다. 이후부터 황실에 경조사가 있을 때 신하들은 반드시 예물을 바쳐야 했다.

효무제 때 교주자사가 된 원굉垣閎은 임기를 마친 뒤 황제에게 상납할 막대한 재물을 가지고 조정으로 올라오는 도중에 효무제가 죽어 그 재물이 고스란히 수중에 들어와 갑부가 되었다. 원굉은 명제 때에 또 익주자사로 부임했다가 조정으로 돌아올 때 몇 천 금에 달하는 재물을 갖고 와서 명제에게 절반을 바쳤다. 욕심이 끝이 없던 명제는 조정의 위관에게 그를 잡아와 심문하도록 지시했으나 원굉은 재빨리 재물 전부를 명제에게 헌상하여 위기를 벗어날 수 있었다.

남제의 고제는 일생을 근검절약했으나 그의 아들 무제 소이蕭頤는 낭비를 일삼았고 무제의 손자 소소업蕭昭業(역사에서는 울림왕鬱林王으로 불린다)은 가산을 탕진했다. 소소업은 황태손으로 있을 때는 황제 자리를 물려받기 위해 근검하고 공손한 것처럼 가장했지만, 일단 황제가 되자 곧바로 음탕함을 드러내 하루 종일 망나니들과 어울리며 도박과 사냥을 즐기고, 측근들에게 돈과 재산을 마구 뿌렸는데 줄 때마다 백 몇 십만 냥에 달했다. 그는 돈을 보면 이렇게 말했다. "과거에는 갖고 싶어도 하나도 가질 수 없었는데 지금은 쓰고 싶은 대로 쓸 수 있으니 통쾌하다." 무제의 재위 기간에는 궁 안에 7억~8억 냥의 돈이 모여 있었으나 소소업이 재위한 일 년 동안 절반이 날아갔다.

북제 폐제廢帝 소보권蕭寶卷도 황음과 사치가 극에 달했다. 재위 3년이 되던 해 황궁에 불이 나는데 궁실 3,000여 칸이 소실됐다. 그는 궁궐을 재건하면서 강남 각지의 절에서 장식품을 뜯어오라고 명령했다. 새 궁전은 극도로 사치스러웠다. 특히 그가 총애하던 반비潘妃의 신선·영수·옥수의 3궁에는 사향을 넣은 흙으로 벽을 바르고, 비단 휘장에 주렴을 달고, 바닥에 금으로 만든 연꽃을 온통 깔아 반비가 그 위를 지나다니도록 하면서 '걸음마다 연꽃을 낳는다'고 읊었다.

남조시대 벽돌 그림 | 나팔을 불고 북을 치는 장면을 묘사

또한 남제 황실이 보유하고 있던 황금을 궁전 건축에 모두 써버리자 사람을 보내 시장에서 금을 빼앗아오도록 했다. 반비의 의상도 화려하기 이를 데 없어 호박 팔찌 하나에 170만 냥이나 됐다.

남량의 무제는 근검절약을 실천했지만 자제들을 전혀 감동시키지 못하여 자식들은 하나같이 재물을 탐하고 사치스러웠다. 동생 임천왕臨川王 소굉蕭宏은 긁어모은 재물이 창고 100개 이상을 가득 채웠고 현금은 3억 냥에 달했다. 저택과 황궁도 매우 많아서 첩과 하녀가 1,000명 가까이 되고 애첩 강무외는 차림새가 반비보다 더 사치스럽고 화려했는데 신발값만 1,000만 냥이었다. 강무외는 고등어 머리를 유난히 좋아해서 몸은 떼어내고 머리만 하루에 300여 개를 먹었다. 무제의 조카 남평왕南平王 소위蕭偉는 제나라 때의 청계궁을 저택으로 하사받아 이것을 더 확장하여 진기한 과일나무들을 심었는데 마치 대자연과 같았다고 전해진다. 그가 지은 '유객성游客省'이라는 건물은 겨울에는 난로가 없어도 따뜻하고 여름에는 부채가 없어도 서늘해 황족 저택 중에서도 제일 훌륭했다.

남진의 마지막 황제 진숙보陳叔寶는 황음무도한 황제로 유명하다. 그는 총신들과 빈둥거리며 세월을 보냈고 궁 안에 임춘·결기·망선의 세 누각을 지어 총애하는 장귀비 등과 함께 이곳에서 지냈다. 누각은 모두 단향목으로 짓고 금·옥·비취 같은 보석으로 장식해 가벼운 바람이 불어와도 향기가 몇 리 밖까지 퍼졌다. 누각 안에는 아름다운 주렴과 휘장을 드리우고 누각 앞에는 인조산과 연못을 조성했으며 기이한 화초를 심었다. 여기에 궁녀 1,000여 명을 골라 귀비와 총신들이 지은 「옥수후정화玉樹后庭花」「임춘락臨春樂」등의 곡을 공연하게 하여 황제를 즐겁게 해주었다.

4. 관리와 귀족들의 도를 넘은 사치와 착취

황실의 낭비풍조는 나아가 관리와 귀족들에게 사치와 화려함을 추구하는 기풍을 조장했다. 남조 관료사회에 만연했던 부패상은 듣는 사람을 놀라게 할 정도다. 유송의 개국황제 무제는 근검절약했지만 개국공신 유목지劉穆之는 사치와 겉치레에 열을 올려 매끼 음식상이 3평방미터에 달했다. 그는 무제에게 "저는 출신이 비천합니다. 주군을 따른 후부터 부귀를 누리게 되었는데 절약하려고 해도 쓸 데가 많아지고 있습니다. 그 외에는 주군께 잘못한 점이 조금도 없습니다."라고 변명했다. 또 다른 유명한 장군 왕진악王鎭惡은 관중을 공격하는 과정에서 열심히 재물을 긁어모았고 강남으로 후퇴할 때 데리고 온 여자와 가져온 옥과 비단은 헤아릴 수 없이 많았다. 무제는 그가 공이 많았기에 더 따지지 않았다.

남제 무제의 총신 유전劉悛은 평소에 사치가 심했다. 무제에게 매우 아첨을 떤 그는 지방관으로 파견되었다가 조정으로 돌아올 때 많은 재물을 바쳤다. 익주자사를 마치고 돌아올 때는 무제에게 바치려고 황금 욕조와 기타 황금으로 만든 물건 등을 준비했으나 공교롭게도 무제가 죽고 말았다. 그러자 뒤를 이은 울림왕 소조업에게 무제에게 바치려던 재물 중에서 금욕조는 남겨두고 그 나머지를 예물로 올렸다. 이를 알게 된 울림왕은 사법부에 지시하여 그를 체포하여 옥에 가두고 사형시킬 생각이었으나 소란蕭鸞의 권고를 받아들여 종신연금으로 감면했다. 명제의 중신 도휘到撝는 재산이 매우 많았을 뿐만 아니라 저택 안에 꾸민 숲은 수도 건강에서도 제일 훌륭했다. 그의 첩들은 미색으로 유명했는데 특히 총애를 받던 진옥주가 절세미인으로 소문이 자자했다. 명제가 이 얘기를 듣고 진옥주를 달라고 했지만 도휘가 이를 거절하자 명제는 신하들을 시켜 도위를 탄핵하게 했다. 감옥에 갇힌 도휘는 얼마 지나지 않아 수염과 머리털이 하얗게 샜다. 그는 하는 수 없이 가산을 전부 털어 목숨을 건졌다. 겨우 살아남은 그는 다시는 사치하지 않았다.

남량 때는 사치 풍조가 더욱 유행했다. 북위에서 남량으로 투항해 온 무장 양간羊侃은 낭비벽이 심해 형주에 부임하여 갈 때 쌍동선(두 개의 선체를 갑판으로 결합한 배)을 만들어 그 위에 누각을 세우고 주옥과 비단으로 장식했다. 배 위에서는 가희와 무희들을 시켜 반주에 맞추어 노래하고 춤을 추게 했는데 강 양쪽에 구경꾼이 즐비했다. 건강에서 북위 사절을 초대할 때는 300여 명이 연회에 참석했고 식기는 모두 금과 옥을 비롯한 보석으로 만들었다. 옆에서는 가희들이 연주를 했다. 밤에는 여종 100여 명이 금으로 만든 촛불을 들어 불을 밝혔다. 무제 때 20여 년 동안 정권의 핵심이었던 주이朱異는 엄청난 부자로 저택이 아름답고 집안의 연못이 넓어 하루 내내 돌아야 할 정도였다.

이렇게 돈 있고 권세 있는 사람들의 막대한 부는 모두 수단과 권력을 이용해 백성들로부터 빼앗은 것이다. 남량 때 각급 관리들은 상급자에게 예물을 바쳤다. 예물을 많이 바친 자는 고과에서 '직무에 적합함'이라는 평가를 받고 적게 바친 자는 '능력이 모자라고 게으르다'는 평가를 받았다. 따라서 관리들은 자신의 관할 백성들을 착취하지 않을 수 없었다. 남량 때의 관리였던 어홍魚弘은 자신이 지방으로 부임하면 '물속의 물고기와 자라, 산속의 노루와 사슴, 논밭의 쌀과 곡식, 마을의 평민들', 이 모두를 취하겠다고 공개적으로 선포했다.

북조 초기 관리사회는 탐비貪鄙(욕심이 많고 야비함) 풍조가 만연했지만 사치풍조는 그다지 많이 나타나지 않았다. 당시 문무백관들

북조시대 사슴 머리 모양의 금 장식품

모두 봉록을 받지 않았기 때문에 청렴한 관리들은 밥도 배불리 먹지 못해서 탐비풍조가 성행하게 되었다.

공손궤公孫軌는 상당태수上党太守가 되자 뇌물을 탐했다. 그래서 부임할 때는 '말과 채찍' 뿐이었지만 떠날 때는 '100대의 수레에 물건을 가득 싣고 남쪽으로 돌아갔다'고 전한다. 어떤 관리는 동문에서 뇌물로 받은 물건을 잠시 후 서문에서 팔기도 했다. 북위 황실과 선비족 귀족들은 전쟁에서 약탈한 재물이나 북위에 굴복한 각 민족이 바친 공물에 의존해 막대한 부를 축적했지만 부의 과시를 그다지 중시하지 않았다. 477년 북방의 유목국가 유연柔然이 사자를 보내 조공을 바쳤다. 시자가 '중국의 진귀한 보물'을 보여 달라고 부탁하자 조정에서는 황궁 안의 진귀한 보물, 화려하게 수놓은 옷, 기물, 황실의 말, 기이한 조류와 동물 등등을 시장에 늘어놓으라고 명령하고 사자에게 참관하도록 했다. 이를 본 사자는 "대국이 지닌 이와 같은 화려함은 평생토록 본 적이 없다."고 탄복했다.

북위의 빙태후馮太后가 조정을 장악하고 있을 때 대규모 건설공사를 진행하여 궁궐을 많이 지었다. 태후의 신임을 받던 왕예王睿는 비밀리에 하사받은 재물이 억만 금이 넘었으며 대저택과 논밭의 규모는 물론이고 노비의 수 또한 수도에서도 으뜸이었다. 태후는 심복 환관들에게 번번이 많은 재물을 하사했다.

양진 시기에 부를 과시하고 사치를 일삼던 풍조는 북방에서 다시 나타났다. 북위의 효문제가 수도를 낙양으로 옮기면서 이런 풍조는 더욱 극성을 부려 심지어는 남조를 능가했다. 『낙양가람기洛陽伽藍記』의 기록에 따르면 낙양성 수구에 황실 사람들의 주택이 몰려 있었는데 민간에서는 이를 왕자방王子坊이라 불렀다. 황족·제후·외척·공주들은 앞을 다퉈 저택과 묘를 짓고 서로 경쟁적으로 부를 과시했다. 외출을 할 때는 부를 과시하기 위해 몸매가 좋은 노비 몇 명을 화려한 의상으로 단장시키고 좌우에서 수행하게 했다.

북위 세력가들의 경쟁적인 재력 과시

북위 세력가들의 재력 겨루기는 서진보다 훨씬 심했다. 고양왕 원옹元雍과 하간왕 원침元琛은 매사에 서로 경쟁했다. 원옹은 관리 중에서 가장 높은 승상이었는데 집에는 6,000여 명의 시종과 500명의 첩이 있었으며 길을 나서면 기병이 앞길을 열어 주었고 풍악 소리가 하늘을 진동시켰다. 집에서는 가희와 무녀들이 축築(거문고 비슷한 옛 현악기)을 연주하고 생황과 피리를 불며 하루에도 여러 차례 음악을 연주했다. 원옹의 집 조경은 황궁보다 더 아름다웠으며 향기 나는 풀이 가득하고 희귀한 나무들이 빽빽하게 들어서 있었다. 매끼 식사 비용은 몇 만 전으로 정하여 산해진미가 널찍한 식탁을 가득 메웠다.

원침의 집은 황궁의 휘음전徽音殿을 모방한 것으로 우물에 금두레박을 설치했는데 물을 긷는 끈마저도 금실로 만들었다. 300명에 달하는 첩은 모두 당대 최고의 미녀들이었다. 그는 진주자사秦州刺史로 있을 때 말을 구하기 위해 사자를 서역으로 보냈다. 가장 멀게는 페르시아까지 가서 천리마를 사다가 이름을 '추풍적기追風赤驥(빠르기가 바람을 따라잡는다는 뜻)'라고 지었다. 이밖에 하루에 700리를 달리는 명마 10여 필도 집에서 길렀다. 말 구유는 은으로, 마구는 황금으로 만들었다. 그는 늘 "진나라 때 석숭은 평민 출신인데도 꿩머리 털과 여우 겨드랑이 가죽으로 만든 옷을 입고 부를 과시했거늘 하물며 나는 대위천왕으로서 어찌 그러지 못하겠느냐?"라고 큰소리치곤 했다. 연회에서 손님들을 접대할 때는 금·은 항아리와 같은 귀한 그릇들을 수백 개씩 진열해 놓았다. 수정·마노·적옥으로 만든 술잔은 모두 서역에서 가져온 것으로 세공이 정교했다. 손님들에게 창고와 마굿간을 구경시켜주기도 했는데 창고마다 재물이 천장까지 찼다.

북위의 다른 제후들도 부를 뽐내는 데 열중했지만 이 두 사람에 미치지 못했다. 한번은 장무왕 원융元融이 원침의 집에 놀러갔다. 원침은 이곳저곳을 구경시켜 주면서 "내가 석숭을 보지 못해 한스러운 것이 아니라 석숭이 나를 보지 못해 한스러울 것이다."라고 으스댔다. 원융은 원침이 이 정도로 부유한 것을 보자 한편 부럽기도 하고 다른 한편으로는 질투가 나서 집에 돌아오자마자 사흘을 끙끙 앓으며 자리에서 일어나지 못했다. 강양왕 원계元繼가 와서 "자네의 부가 그보다 못할 것이 없는데 무엇 때문에 이러는가?"라고 묻자 원융은 "나는 고양왕高陽王만 나보다 부자인 줄 알고 있었지 하간왕河間王도 그런 줄은 생각도 못했네."라고 대답했다.

북위의 재력 과시 행태는 서진과 비슷했으며 탐욕스럽고 인색한 풍조 또한 서진과 다를 바 없었다. 문무대신들은 끝없이 탐욕을 부리는 것을 수치스럽게 여기지 않았다. 호태후胡太后가 권력을 잡고 있을 때 황궁의 창고를 열어 문무백관들에게 상으로 비단을 가져갈 수 있을 만큼 마음껏 가져가게 했다. 관리들은 앞을 다투어 메고 안고 끼고 끌면서 갖가지 수단을 동원했다. 원융과 이숭李崇은 얼마나 많이 짊어졌는지 넘어져서 발목을 다쳤다. 호태후가 이를 보고 두 사람에게 빈손으로 나가라고 명령하자 현장에 있던 모든 사람들이 웃음보를 터뜨렸다. 반면 시중 최광이 비단 두 필만 가져가자 호태후는 "왜 이렇게 적게 가져가는 것인가?"라고 물었다. 최광은 "소신은 손이 둘밖에 없으니 두 필이면 족합니다."라고 대답했고 조정의 권세가들은 그의 청렴함에 감탄했다.

탐욕과 인색은 동전의 양면과도 같다. 북위의 관료 최화崔和는 엄청난 재물을 모으고도 평소에 남루한 옷을 입고 식사도 대충대충 때웠다. 모친이 먹고 싶은 것이 있어도 사주는 법이 없었다. 그러나 아들이 수백만 냥의 돈을 남몰래 들고 달아날 줄은 꿈에도 생각하지 못했을 것이다. 당시의 상서령 진류후 이숭은 원침과 원융 못지않은 부자였다. 집에는 노비가 1,000명이 넘었다. 그러나 매우 인색해서 옷은 남루했고 음식은 늘 채소만 먹었다. 제일 좋은 음식이라야 부추 정도였다. 그는 "고양왕의 한 끼 식사는 내가 1,000 일 동안 먹는 것과 맞먹는다."라고 말하곤 했다. 『안씨가훈顔氏家訓』에는 이런 내용이 기록되어 있다. 당시 업성에 살던 한 지휘관은 집에 심부름하는 아이가 800명이었는데 1,000명까지 모으겠다고 맹세했다. 하루 식사 비용을 15전 이하로 제한했기 때문에 손님이라도 오는 날이면 모두들 허리띠를 졸라매야 했다. 결국 죄를 지어 재산을 몰수당했는데 집에서 큰 방 한 칸만큼의 짚신과 창고 몇 개에 해당하는 낡은 옷이 나왔다. 노비들에게 신기고 입히기 위해 준비한 물품의 양이 이 정도였으니 그 수를 짐작할 만하다.

5. 부의 과시가 곧 권세를 상징한다

양진·남북조시대의 광적인 사치풍조는 당시의 특수한 역사적 배경을 반영한 것이다. 초경제적 착취, 즉 무력이나 기타 강압적인 방법으로 약탈을 하는 것이 통치계급의 주요한 착취 방식이었다. 돈과 재물의 많고 적음은 정치권력, 사회적 지위, 군사력의 흥망을 고스란히 반영했으며 부의 과시가 곧 권세와 지위를 상징하는 것이라는 인식이 팽배하여 부를 겨루고 겉치레에 몰두하는 병적인 현상이 나타나게 되었다.

약탈은 '밑천이 안 드는 장사'이기 때문에 아무리 낭비를 해도 전혀 아까워하지 않았다. 양진·남북조시대에 통치계급 내부의 갈등은 매우 극심하여 권력과 재산의 향방은 늘 유동적이었다. 이처럼 위태위태한 정치 환경으로 인해 통치계급의 대다수가 나태와 일시적인 향락에 빠져 허우적거렸으며 사치와 과시를 일삼았다.

전국시대와 진秦나라 때만 해도 귀천의 등급을 법률로 엄격히 통제하는 법가정치를 시행했으며 향락과 소비는 법률의 철저한 통제를 받았다. 한나라 때는 유가의 존귀尊貴 관념과 사대부들의 윤리의식이 통치계급 대다수에게 영향력을 발휘하였다. 그러나 동한 말년의 혼란기에 접어들면서 법가정치는 이미 시대에 뒤떨어진 것으로 치부되었고, 유가의 사상에 대해서도 회의가 일어나면서 '명분과 교화는 곧 자연으로부터 얻을 수 있다名敎卽自然(명교즉자연)'는 현학玄學이 일어나 사족 계층의 사상을 크게 '해방'시켰다. 사치하고 싶은 욕망에 따라 행동해도 법률의 제한이나 양심의 가책을 받지 않았기 때문에 마음대로 행동한다고 해서 '규칙을 위반하는 것은 아니다'라는 인식이 널리 퍼졌다. 동시에 대외무역이 활발해져 사치품을 대거 수입할 수 있었으므로 통치계급의 향락 추구 욕망에 불을 지폈다. 이러한 요소들이 복합적으로 작용하면서 이 시기의 사치풍조는 광풍 수준으로까지 치닫게 된 것이다.

팔왕의 난
— 봉건제 재도입의 참담한 결과

중국 고대의 통치자들은 천하를 자기 집처럼 다스렸으나, 이러한 국가경영은 오히려 내부의 우환을 초래하여 골육상잔의 내전으로 이어졌다. 서진 때 '팔왕의 난'이 그 대표적인 경우다.

1. 봉건제의 재도입과 황족들의 반란

　　　　　　　　　　서진의 황제들은 대부분 권모술수를 통해 정권을 찬탈했기 때문에 신하들도 같은 수법을 되풀이할까 두려워 권신들이 찬탈을 꾀하지 못하게 하는 데 통치의 초점을 맞췄다. 황족인 사마씨 집단은 자신들의 정권 찬탈과 조위曹魏정권의 패망 경험을 종합해 본 결과, 조위는 봉건제(분봉제)를 시행하지 않았고, 황족은 모두 수도에 집중되어 있었으며, 황족들에게 직속 부대가 없었기 때문에 이들이 중앙 조정을 호위할 수 없어 일망타진을 당한 것이라는 결론을 내렸다. 그래서 서진의 통치를 장기간 안정적으로 유지하려면 반드시 봉건제를 실시해야만 했다. 제후들의 속국을 확장시켜 주고 중앙과 서로 호응하도록 해야 중앙 권신들의 반란을 걱정하지 않아도 되고, 지방세력의 반란을 예방할 수 있다고 보았다. 이런 관점을 토대로 서진은 진한秦漢 이래로 시행해온 군현제와 중앙집권 강화 정책을 고쳐 서주西周의 제도를 모방한 봉건제를 실시했다.

서진의 초대 황제 사마염은 황제 자리에 오르자 즉시 황족 27명을 국왕으로 봉하고 지방군 통수권을 맡겼다. 각 왕은 수하의 관리 임명권도 갖도록 했다. 함녕咸寧 3년(277년)에 다시 황족을 번왕으로 대거 봉했는데 대국 5개, 차국 6개, 소국 수십 개를 맡겼다. 또 대국에는 5,000명, 차국에는 3,000명, 소국에는 1,100명의 군사를 각각 둘 수 있다고 규정했다. 번왕은 모두 수도에서 파견했으며 이들은 현지에서 정치 · 재정 · 군사 · 인사의 전권을 행사할 수 있었다. 또한 서주 제도를 모방해 성이 다른 제후들에게 공 · 후 · 백 · 자 · 남 다섯 등급의 작위를 내렸고 한나라 제도를 답습해 관외후關外侯 · 관중후關中侯 · 정후亭侯 · 향후鄕侯를 봉했다. 이렇게 선정된 제후국들은 독립적인 인사권과 재정권을 가졌으며 군공郡公 · 군후郡侯 · 현후縣侯도 군대를 보유할 수 있었으나 그 규모가 매우 작았다. 전국의 같은 성(사마씨) 및 다른 성의 제후국은 모두 500여 개에 달해 전국 토지와 인구의 절반 이상을 차지했다.

가황후의 음모

　서진이 봉건제를 실시한 목적은 성이 다른 권신이 정권을 탈취하지 못하도록 하기 위해서였으므로 왕을 여럿 봉하고 그들에게 각지의 주둔군 도독직함을 겸하게 했다. 280년 서진의 대군이 양자강을 건너 오나라를 멸망시킨 뒤 무제 사마염은 "천하가 태평해졌으니 고대 성현의 임금들을 본받아 전쟁을 그만두고 문화에 힘쓰겠노라."라고 선포했다. 그리하여 지방 주 · 군의 무장세력을 모두 없애고 경찰 성격의 '무리武吏'만 남기되 규모가 큰 군에는 100명, 작은 군에는 50명을 배치하라고 하달했다. 무제는 여러 왕을 봉하고 주 · 군에 배치한 무장세력의 해체가 혈족이 아닌 권신의 모반을 원천봉쇄한 것이라 생각했다. 그러나 처음부터 '내부에서 일어나는 분쟁'은 예상하지 못했으니, 결국 권력을 찬탈하려 했던 진정한 야심가는 다름 아닌 자신이 심어놓은 황실의 친척들이었다.

290년, 무제 사마염이 재위한 지 34년 되던 해에 운명했다. 뒤를 이어 혜제惠帝 사마충司馬衷이 즉위했는데 그는

진나라 방패를 든 무사 토용

백치에 가까운 인물이었다. 한번은 그가 시종에게 "황궁 담장 밖에서 우는 개구리는 황실을 위해서 우는 것이냐, 백성을 위해 우는 것이냐?"라고 물었다. 시종들이 대답을 못하고 있던 차에 한 시종이 좋은 생각이 떠올라 "황실 땅에서 우는 것은 황실을 위해 우는 것이고, 백성들 땅에서 우는 것은 백성들을 위해 우는 것이옵니다."라고 했다. 사마충은 전국에 기근이 들어 많은 사람이 굶어죽었다는 말을 듣고 "이재민들은 왜 고기죽을 먹지 않는가?"라고 물었다. 무제는 몇 번이나 이 바보 태자를 폐위시키려 했으나 '직계 혈통을 세우려면 장자를 태자로 삼아야지 현자賢者로 해서는 안 된다'는 대신들의 반대에 부딪쳐 뜻을 이루지 못했다.

혜제의 아내 가남봉賈南鳳은 악독하고 잔인한 야심가였다. 그녀는 개국공신 가충賈充의 딸로, 두 살 아래 바보 남편에게 시집온 15살 때부터 남편을 쥐고 흔들었다. 19년 동안 음모와 계략이 난무하는 황궁에서 노련하게 단련된 그녀는 남편의 태자 자리가 위태로울 때마다 갖은 수단을 동원해 그 자리를 보전했다. 그녀는 황후의 자리에

오르면 바로 권력을 독점할 속셈을 갖고 있었다.

그러나 무제의 임종을 지킨 양황후楊皇后(무제의 부인)의 부친 양준楊駿도 야심만만한 인물이었다. 그는 기회를 틈타 무제의 유서를 고쳐 국정을 보좌하는 대신의 자리에 자신을 지정해 놓았다. 태후의 아버지는 황제가 아니면서 황제 노릇을 하기 시작했다. 가황후는 양태후와 양준에게 일찍부터 원한을 품고 있었기 때문에 권력 쟁취를 위해 외지에 나가 있던 황족 번왕藩王들에게 도움을 청했다.

그녀는 우선 사람을 보내 여남왕 사마량司馬亮을 찾았다. 사마량은 사마의의 넷째 아들로 혜제의 작은 할아버지뻘인데 당시 여러 번왕 중에서 항렬이 가장 높았다. 그는 황족들을 지도하고 감찰한 적이 있어 황실에서 어느 정도 영향력이 있었다. 무제는 죽으면서 사마량과 양준이 공동으로 국사를 보좌하라고 유언장을 만들었지만 양준이 이것을 가로채서 몰래 고치고 사마량을 수도 낙양에서 쫓아냈다. 이 때문에 사마량은 양준에게 앙심을 품게 되었다. 그러나 교활한 사마량은 속내를 드러내지 않고 기회가 오기만을 기다리고 있었다.

가황후가 찾은 다른 한 명은 초왕楚王 사마위司馬瑋였다. 사마위는 무제의 다섯째 아들로 혜제의 동생이었다. 당시 나이는 겨우 21세로 용맹하고 난폭하기로 조정에 이름이 나있었으며 초왕이자 형주도독으로서 병권을 쥐고 있었다. 그는 가황후의 계획을 듣고 즉시 찬성의 뜻을 전하고 혜제를 뵙는다는 명목으로 호위병을 이끌고 낙양에 와서 군사를 성문 밖에 주둔시켰다.

외부의 지원군이 온 것을 본 가황후는 즉시 심복과 모의해 '양준이 반역을 꾀한다'는 조서를 작성해 바보 남편에게 서명하도록 하고는 그날 밤으로 황궁 호위대를 출동시켜 양준을 잡아오게 했다. 양준은 급한 나머지 딸인 양태후에게 구원을 요청했고 양태후는 바로 부하들을 모아 부친을 구하려 했다. 가황후는 이를 놓치지 않고 태후가 반역에 참여하려 했다면서 그녀를 잡아들이게 했다. 집이 불타고 수하들마저 모두 도망쳐버리자 궁지에 몰린 양준은 마구간으로 달아나다가 쫓아오는 병사에 의해 머리가 잘렸다. 양준의 친족과 부하들은 모두 반역의 죄목으로 삼대까지 처형을 당했는데 죽은 자만 몇 천 명에 이르렀다.

제1차 내란 : 사마량과 사마위의 대리전

양준이 살해된 뒤 가황후는 정국의 안정을 위해 여남왕 사마량을 불러들여 조정을 맡겨야 했다. 사마량은 태재 신분으로 정권을 보좌하게 되어 권력이 막강해졌다. 그러나 그는 이번 궁중 정변에서 자신이 내세울 만한 큰 공이 없다는 사실을 잘 알고 있었기에 인심을 사기 위해 정변의 공신들에게 높은 작위를 주었다. 한꺼번에 후작을 1,081명이니 봉했는데 여기에는 가황후와 정권을 다투려는 의도가 깔려 있었다. 가황후도 힘들게 차지한 권력을 순순히 남에게 넘겨줄 생각이 없었으므로 번왕 세력을 제거할 교묘한 계략을 꾸몄다.

정변에서 자신이 세운 공로가 사마량보다 훨씬 크다고 줄곧 생각해온 초왕 사마위는 수도의 병권을 맡는 북군중후北軍中侯 자리밖에 차지하지 못한 것에 불만을 품고 있었다. 사마량은 사마위가 야심만만하고 흉악하다는 사실을 알고 그의 병권을 빼앗을 계획이었다. 따라서 두 왕의 기세는 물과 불과도 같았는데 가황후는 이것을 이용해 일을 꾸몄다. 그녀는 측근과 공모하여 우선 혜제의 이름으로 '여남왕 사마량이 황제 폐위를 꾀하고 있으니 초왕 사마위로 하여금 그를 파직하게 하라'는 조서를 작성했다. 파란 종이에 쓴 조서는 저녁에 환관에 의해 전달되었다. 사마위는 쌓였던 원한을 풀 요량으로 즉시 휘하 군대를 동원하여 자신은 황제의 명을 받들어 군대를 지휘하는 것이니 명령에 불복하는 자는 군법에 따라 처리하겠다고 선언했다. 그는 병사들에게 낙양의 여남왕 저택을 포위하게 하고 자신은 조서를 위조하여 사마량에게 관인을 내놓으라고 했다. 그리하여 사마량을 체포해 수레에 매어놓았으나 누구도 감히 심문하지 못하고 반나절이 지나도록 어떻게 처리해야 할지 몰랐다. 사마위는 사마량을 사법기관으로 보내면 가볍게 처리할까 걱정이 되어 "사마량을 죽이는 사람에게는 베 1,000필을 상으로 주겠다."는 명을 내렸다. 이렇게 해서 사마량은 비명에 죽고 말았다.

초왕 사마위가 한창 전횡을 일삼고 있을 때 가황후는 이미 심복들과 사마위에 대한 처리 방안을 상의했다. 가황후의 지시에 따라 초왕의 군영으로 간 궁중의 사자가 황제의 권위를 나타내는 깃발을 들고 "초왕이 조서를 날조했다!"라고 외치자 병사들은 뿔뿔이 달아나고 초왕 주변에는 그의 마부인 14세 소년만이 남았다. 결국 사마위는 꼼짝없이 붙잡히고 말았다. 가황후는 황제의 뜻인 것처럼 조서를 날조하고 국정을 보좌하는 대신을 마음대로 죽였다는 죄명을 씌워 그를 처형했다. 사형장에서 사마위는 문제의 청색 조서를 꺼내들고 억울함을 호소했지만 아무도 나서지 않았다.

제2차 내란 : 조왕의 반란과 가황후의 몰락

무제가 죽고 겨우 일 년 사이에 이런 식의 정변이 잇달아 몇 차례나 일어난 것은 장차 서진 조정에 내란이 본격화될 것을 알리는 신호탄이었다. 거센 풍랑이 휩쓸고 지나간 뒤 황실은 표면상 잠시 평온을 유지했다. 정권 다툼에서 승리한 가황후는 사촌오빠인 가모賈模를 시중으로, 외삼촌 곽창郭彰을 우위장군右衛將軍으로 임명해 조정에 간섭하게 했다. 특히 여동생의 아들인 가밀賈謐은 벼슬이 산기상시·후위장군後衛將軍에 불과했지만 황후의 두터운 신임을 얻어 조정에서 가장 권력이 막강했다. 출세에 눈이 먼 일부 관리들은 '24우'를 결성하여 가밀에게 아첨하고 비위맞추기에 바빴는데 그중에서 석숭과 반악潘岳의 아첨은 최고봉이었다. 두 사람은 가밀이 외출 한다는 소식만 들리면 재빨리 길목으로 달려가서 대기하고 있다가 멀리서 가밀이 탄 수레가 일으키는 먼지만 보여도 곧바로 무릎을 꿇고 맞이했다. 조정의 기강이 무너지고 뇌물수수가 공공연히 자행되면서 더 심각한 내란의 기운은 이미 무르익고 있었다.

　다음번 내란의 도화선은 태자 폐위 문제였다. 가황후에게는 아들이 없었으므로 혜제의 후궁이 낳은 아들이 태자가 되었다. 태자는 가황후와 사이가 좋지 않았고 가밀과도 맞지 않았다. 사치스럽고 잔혹한 태자는 환관들과 어울려 놀러 다니는 것이 일상사였고, 종종 태자궁에 시장판을 벌여놓고 직접 칼로 고기를 썰어 팔았다. 가황후는 가씨 집단을 등에 업고 태자를 폐위하려 했다. 그녀는 여동생 남편의 아들을 자기가 낳은 것처럼 위장해 황자로 삼는 한편 태자에 관한 각종 추문을 퍼뜨렸다. 여론이 형성되기 시작할 즈음 황후는 태자에게 강제로 술을 먹여 취하게 만든 다음 태자를 속여 반역의 내용이 담긴 문서를 손으로 쓰게 했다. 그러고는 "태자는 스스로 목숨을 끊는 것이 좋을 것이다. 그러지 않는다면 내가 사람을 시켜서 죽일 것이다."라고 협박했다. 이어 혜제가 여러 신하를 불러들여 그 앞에서 "사약을 내려 태자를 자결시키겠다."라고 판결하도록 조종했다. 신하들은 문서의 진위를 감히 의심하지 못하고 다만 태자를 죽이는 데만 반대했다. 황후는 할 수 없이 태자를 폐서인하고 사람을 보내 암살했다.

300년에 일어난 태자 암살사건으로 조정에 오랫동안 쌓여온 모순이 격화되었다. 이때 또 한 명의 야심만만한 왕이 난을 일으켰는데 그가 바로 조왕 사마륜이었다. 사마륜은 진나라를 세운 사마의의 아홉째 아들로 황족 가운데 항렬이 높았지만 평판이 매우 나빴다. 무제 때 대죄를 지었지만 사면을 받았다. 그는 혜제가 즉위한 지 얼마 되지 않아 관중으로 나가서 멋대로 형벌을 가하고 사람을 죽였다. 이 때문에 관중에 있는 소수민족이 반발하자 수도로 다시 불려왔다. 정세를 간파한 그는 가씨 일족에게 아부하여 군사권을 쥐게 되고 우군장군에 임명되었다. 가황후의 독재를 반대하던 일부 대신들은 군대를 일으켜 황후를 폐위하라고 사마륜에게 요청했다. 사마륜은 책사인 손수와 상의한 끝에 태자의 원수를 갚는다는 명분을 내세우는 것이 정권 찬탈의 가능성을 높이는 가장 좋은 방법이라고 판단했다. 그는 황제의 뜻으로 위조하여 병사들에게 "황제의 명을 받들어 가황후를 체포하라. 명령에 복종하는 자는 후로 봉하고 복종하지 않는 자는 삼족을 멸할 것이다."라고 선포했다. 그는 병사들을 3조로 나누어 한 조는 가황후를 체포하게 하고, 다른 하나는 황제를 보호하게 했으며, 나머지 하나는 조정의 가씨 일당을 체포하게 했다.

하룻밤 사이에 낙양성의 주인이 바뀌었다. 가황후는 감옥에 갇혔다가 이듬해에 처형당했다. 사마륜은 바보 황제를 끼고 황제의 명의로 이런저런 명령을 내렸다. 조정의 관리 가운데 조왕과 맞지 않는 사람들은 모두 사형을 당하거나 좌천되었다. 사마륜은 스스로 상국相國(영의정 좌의정 우의정을 겸한 자리)이 되어 중앙과 지방의 군을 모두 관장했다. 또한 사마의와 사마소가 조위의 정사를 주재하던 모습을 모방한 그는 황제가 공이 지대한 제후에게 내리는 9가지 물품(구석九錫)

을 하사받고 자신이 거느리는 병사를 1만 명으로 늘렸다. 아울러 사마륜은 수석 책사인 손수를 중서령으로 임명하여 조서 작성을 맡겼다. 실질적으로 혜제를 대신해 명령을 내리고 시행한 것이다.

조왕 사마륜이 대권을 독점하고 멋대로 휘두르자 곧 다른 번왕들과 갈등이 생겼다. 번왕들은 조왕이 쿠데타를 통해 권력을 탈취한 이상 자신들도 그것을 흉내 내지 못할 이유가 전혀 없다고 생각했다. 그리하여 서진의 내란은 궁정 쿠데타에서 전면적인 내전으로 양상이 바뀌었다.

제3차 내란 : 전면전으로 번진 조왕 토벌

조왕이 정변을 일으킨 지 넉 달도 못되어 회남왕 사마윤司馬允이 군사를 거느리고 조왕 토벌에 나섰다. 사마윤은 무제의 일곱째 아들이다. 회남왕 사마윤은 자신의 군대를 이끌고 수도로 들어와 표기장군驃騎將軍에 취임하여 중호군中護軍을 이끌었다. 원래 사마륜은 회남왕을 여러 가지로 의심하여 태위太尉로 전임시켰는데, 이것은 명목상으로는 관직이 3등급 오른 것이지만 사실상 병권을 뺏으려는 의도였다. 사마윤은 조서의 내용을 받아들이길 거부하고 군대를 거느리고 조왕의 진영으로 쳐들어가면서 "조왕이 반역을 했으니 회남왕을 도와 빨리 토벌하러 가자!"라고 높이 외쳤다. 그는 수만 명을 규합하여 조왕이 있는 상국부로 진격했다. 회남왕의 병사들은 무예가 출중해 조왕의 군대를 무찌르고 상국부를 겹겹이 포위했다. 이때 화살이 비오듯 쏟아져 조왕은 하마터면 죽을 뻔했다.

낙양에서 전투가 한창 벌어지고 있을 때, 당시 시중이었던 사마륜의 아들 사마건司馬虔은 황급히 무사들을 모집해 황궁 호위대로 꾸미고 황제 깃발을 들고 회남왕을 도우라는 황제의 조서가 있다고 외치며 사마윤 진영으로 달려갔다. 회남왕 사마윤은 술책인지도 모르고 진두를 열어 그들을 진영에 들인 뒤 마중 나가서 무릎을 꿇고 엎드려 절했다. 결국 사마윤은 가짜 사신에게 난도질당해 죽었다. 요행으로 승리를 얻은 조왕 사마륜은 회남왕 가족과 부하 수천 명을 처형했다.

회남왕을 진압한 조왕은 자기 집의 병사 2만 명을 더 보충하여 실제로 3만 명이 넘는 병력을 소유했다. 그는 이듬해(301년) 정월에 혜제를 황궁에서 쫓아내고 '태상황'으로 올렸다. 그런 다음 스스로 황제라 칭하며 연호를 고치고 대사면을 선포하니 마치 '천명을 받고 즉위한 황제' 같았다. 그러나 안타깝게도 대부분의 친척들은 그를 인정하지 않았다. 두 달 뒤 제왕 사마경司馬冏, 성도왕 사마영司馬穎, 하간왕 사마옹司馬顒 등이 군대를 이끌고 사마륜 토벌에 나섰고 각지에서 세력을 가진 인물들이 연이어 황제를 옹위한다는 명목으로 군대를 일으켰다. 이리하여 서진의 제3차 내란이 전면전으로 발전했다.

조왕 토벌의 주동자는 제왕 사마경이었다. 사마경은 무제의 조카였는데 예전에 조왕이 황후를 폐위하는 정변에 참여했었다. 그러나 유격장군이라는 관직밖에 얻지 못하자 조왕에게 원한을 품고 있었다. 조왕이 정권을 찬탈한 뒤 허창으로 나가게 된 사마경은 각 주와 군에 격문을 띄워 여러 왕들에게 군대를 일으키자고 연락을 취했다. 맨 처음 호응한 사람은 성도왕 사마영이었다. 사마영은 무제의 열여섯째 아들로 오랫동안 북평장군北平將軍으로 업성을 지켰는데 군사력이 제일 강했다. 출병한 또 다른 왕은 상산왕常山王 사마예司馬乂였다. 그는 무제의 여섯째 아들로 원래는 장사왕長沙王에 봉해진 인물이었다. 하지만 초왕 사마위가 일으킨 반란에 참여했다가 초왕이 살해되면서 상산왕으로 강등돼 수도를 떠나 상산(지금의 하북성 진정 일대)

을 맡고 있었다. 그는 뜻을 얻지 못하자 분한 마음에 천하가 어지러워지기만을 바라고 있던 차에 제왕 사마경의 통지를 받자마자 즉시 자신의 군대를 이끌고 낙양으로 진군했다. 하간왕 사마옹은 조왕 토벌에 참여한 이들 중에 가장 교활한 인물이다. 그는 무제의 육촌으로 평서장군平西將軍 신분으로 관중에 나가있었다. 그는 처음에는 조왕을 지지해 제왕 사마경이 보낸 사절을 붙잡아 낙양으로 압송했다. 조왕이 지원군을 보내달라고 요청하자 대장군 장방에게 군대를 이끌고 조왕의 진영으로 가라고 지시했지만, 군대가 출발한 지 며칠 지나지 않아 제왕 쪽의 병력이 막강하다는 얘기를 듣고 바로 계획을 바꿔 장방에게 제왕을 도우러 가라고 명령했다.

이 내전은 주로 지금의 하남성 지역에서 벌어졌다. 제왕이 먼저 출병했으나 전투가 시작되자마자 패하여 지원군을 기다릴 수밖에 없었다. 다행히 바로 출동한 성도왕의 군대가 20여 만이나 되어 지금의 하남성 온현 일대에서 조왕의 주력을 무찔렀다. 제왕은 승리의 기세를 몰아 여러 왕들과 합동으로 낙양을 공격했다. 바로 이때 낙양성에서는 조왕에 반대하는 조정의 관리들이 좌군장군左軍將軍 왕여王輿와 손잡고 조왕 군사들의 패배를 틈타 정변을 일으켰다. 중서성으로 쳐들어가 조왕의 수하들을 모두 죽이고 혜제를 환궁시켰다. 며칠 지나 조왕 사마륜이 처형되고, 조왕이 임명한 관리들 모두 파직됐다. 제왕 사마경이 이끄는 수십만 대군은 당당하게 낙양으로 입성했다.

서진시대 철제 미늘창

제4차 내란 : 제왕 사마경을 폐위하라

　제왕·성도왕·상산왕 등이 일으킨 내전은 한 달밖에 지속되지 않았지만 전사한 병사의 수는 10만 명이 훨씬 넘었다. 병사들의 시신이 식기도 전에 왕들은 이미 권력을 나누어 가졌다. 제왕 사마경은 '첫 번째로 난을 일으킨' 공으로 조정을 장악하고 스스로 대사마大司馬가 되어 본인에게 황제가 하사하는 구석을 내렸다. 성도왕 사마영은 군사를 제일 많이 동원한 공으로 대장군이 되어 중앙과 지방의 군정을 맡았다. 상산왕 사마예는 보군대장군輔軍大將軍이 되어 좌군을 통솔했고 장사왕 봉호도 회복했다. 하간왕 사마옹은 구멍에서 머리만 내밀고 엿보는 쥐처럼 조왕 타도에 아무 공이 없었지만 제왕은 그가 세력이 강한 점을 고려해 어쩔 수 없이 태위 직함을 주었다. 이밖에 군대를 일으킨 왕과 귀족들 모두에게 작위를 주고 승직시켰다.

　그러나 권력을 재분할하는 과정에서 왕들의 세력도 재편되었다. 근본적으로 제왕 사마경을 인정하지 않은 장사왕 사마예는 공공연히 성도왕 사마영에게 제왕의 권력을 빼앗으라고 부추겼다. 그러나 성도왕은 모사 노지盧志의 권고를 받아들여 더 큰 이익을 위해 한 발짝 물러서기로 하고 모친의 병을 핑계 삼아 조용히 업성으로 돌아가 기회를 엿보았다. 하간왕 사마옹도 관중에서 행동할 시기만을 기다렸다. 이로써 새로운 대란 발발의 분위기가 형성되고 있었다.

　이때 제왕 사마경은 조왕처럼 사리사욕에 눈이 멀어 권력을 쥐자 제멋대로 휘두르며 아들 셋을 모두 왕으로 봉했고 낙양에 자신을 위한 왕궁을 크게 지으면서 민가 수백 채를 헐어버렸다. 그는 조정에서 공무를 보지 않고 관리들을 집으로 불러 보고하도록 하면서 거만한 모습으로 백관들의 알현을 받았다. 제왕이 정권을 잡은 지 한 달밖에 안 된 시점에서 장군 왕여가 동래왕東萊王 사마유司馬繇와 제왕을 폐위시킬 음모를 몰래 꾸몄다. 이를 알아챈 제왕은 왕여 일가 삼족을 멸하고 사마유를 폐서인했다. 다시 5개월이 지난 302년 말, 하간왕과 성도왕이 제왕을 토벌한다는 격문을 낙양으로 띄웠다. 이것이 서진의 제4차 내란의 시작이었다.

하간왕은 애초에 장방이 지휘하는 2만 명의 군사를 조왕 토벌에 파견하여 줄곧 낙양의 서쪽 신안新安을 지키고 있었는데 이때 가까운 낙양으로 먼저 진격했다. 낙양 좌군을 맡고 있던 장사왕 사마예도 격문에 호응해 황궁을 점령하고 혜제를 제압한 다음 제왕이 있는 대사마부를 맹렬히 공격했다. 양측은 낙양에서 사흘 낮밤을 싸워 불빛은 하늘로 치솟고 화살이 불나방처럼 날아다녔다. 혜제의 시종을 포함해 죽은 사람이 사방에 널렸다. 결국 제왕의 군대가 패하고 제왕은 붙잡혔다. 장사왕 사마예는 수많은 사람이 보는 앞에서 제왕의 목을 치도록 했다. 또한 제왕 세력은 모두 삼족을 멸하는 멸문지화를 당하여 2,000여 명이 처형되었다.

사마예는 '가장 먼저 앞장 선' 공을 세워 서진의 내란 처리 관례에 따라 조정을 장악했다. 사마예는 처음에는 비교적 언행을 조심하고 매사에 업성에 있는 성도왕 사마영에게 자문을 구했지만, 몇 달 못 가서 자신이 명령을 내리고 시행해야 한다고 생각했다. 어차피 혜제도 그의 손아귀에 있었으므로 황제의 이름으로 명을 내리는 것 또한 매우 쉬운 일이었다. 제왕 세력을 제거한 지 7개월도 안 되어 성도왕·하간왕·장사왕 사이의 갈등이 심해지면서 제5차 대란이 이들 사이에서 발생했다.

제5차 내란 : 성도왕과 동해왕의 연합이 결렬되다

303년, 하간왕은 낙양으로 사람을 보내 장사왕을 암살하려던 음모가 발각되자, '장사왕은 논공행상이 불공평하고 정사를 독단적으로 처리한다'는 구실로 성도왕과 연합해 장사왕 토벌을 선언했다. 하간왕 사마옹은 7만 군대를 출동시켜 서에서 동으로, 성도왕 사마영은 20만 군대를 동원해 북에서 남으로 양방향에서 낙양을 협공했다. 장사왕 사마예는 비록 군사의 수가 많지는 않았으나 결정적인 카드를 쥐고 있었다. 그는 '황제의 친정親征'을 내세우며 혜제를 옆에 끼고 낙양에서 하간왕과 성도왕을 상대로 기동전을 벌였다. 하간왕의 대장 장방이 한 차례 낙양을 공격해 들어오기도 했지만 장사왕은 성도왕 군대와의 싸움에서는 여러 번의 승리를 거두었다. 장사왕의 군대는 3개월 만에 성도왕의 병사 6만~7만 명을 죽였지만 세력 범위가 점차 좁아지고 있었으며 식량 부족에 시달렸다. 이 와중에 또 한 명의 야심만만한 번왕이 나타나 서진 내란의 무대에서 중심인물이 된다. 그가 바로 동해왕 사마월司馬越이다.

사마월은 사마의의 조카손자로 서진 황실의 직계는 아니었지만 아버지는 무제가 죽을 당시 사공의 지위에 있었다. 사마월은 양준을 몰아내는 반란에 참여한 공로로 동해왕에 봉해졌고 줄곧 조정에서 관직 생활을 했으며 사공의 자리에까지 올랐다. 그는 장사왕이 곤경에 처한 것을 보고 부하들의 권유로 장사왕에게 손을 뻗쳐 체포한 뒤 혜제에게 요청하여 조서를 내려 장사왕을 파직하도록 했다. 이어 장사왕 군대의 저항을 피할 목적으로 하간왕의 대장군 장방에게 장사왕을 처형하라고 일렀다. 이때 성도왕 사마영은 승리자로서 낙양에 입성했다. 하간왕 사마옹은 후방이 불안했으므로 장방에게 주력을 이끌고 신속히 관중으로 돌아가도록 지시했다. 이로써 낙양의 조정은 사마영과 사마월의 전리품이 되었다. 사마영은 스스로 재상의 자리에 올랐고 사마월은 상서령이 되었다.

성도왕 사마영은 군사 5만 명을 보내 낙양의 12개 성문을 지키게 하고, 황궁을 호위하는 모든 군대를 자기 군대로 바꾸었으며, 자신을 반대했던 조정 대신들을 모조리 살해했다. 조정을 일소한 사마영은 옛 본거지인 업성으로 돌아가 멀리서 조정을 조종했다. 얼마 지나지 않아 사마영은 태자 폐위를 사주했고, 하간왕은 정세를 쫓아 사마영에게 '황태제'가 되라고 청했다. 동해왕 사마월은 성도왕이 자신을 향해 한발 한발 조여 오는 것을 보고, 혜제를 협박해 성도왕을 토벌한다는 조서를 내리도록 하고, 자신은 대도독이 되어 '황제에게 충성을 다하자'고 천하에 호소했다. 이렇게 해서 동해왕과 성도왕의 동맹은 두 달 만에 완전히 결렬되었다.

제6·7차 내란 : 왕들의 난립과 서진의 멸망

304년에 발생한 제6차 내란은 황족 간의 전쟁이었다. 먼저 성도왕이 보낸 낙양 주둔군이 패하여 업성으로 돌아오자, 동해왕 사마월이 10만 대군을 모아 황제인 혜제를 끼고 정벌에 나섰다. 양측은 안양 일대에서 맞붙었는데 오히려 사마월이 패하여, 혜제는 사마영의 군대에 붙잡혀 업성으로 들어가게 되었다. 사마월은 하는 수 없이 자신의 영지인 동해군으로 도망쳤다.

그러나 성도왕의 승리는 잠시뿐이었다. 북방의 군벌 왕준王浚과 사마월의 동생 동영공東瀛公 사마등司馬騰이 선비족과 오환족의 무력을 빌려서 남하하자 성도왕의 군대는 잇달아 패하고 병사들은 뿔뿔이 흩어져 버렸다. 성도왕은 오랜 근거지인 업성조차 지키지 못한 채 혜제를 데리고 황급히 낙양으로 도망쳤다. 하간왕을 지원하러 온 장군 장방도 자신의 군대가 약탈하여 폐허가 된 낙양을 지킬 생각이 없었기 때문에 혜제와 성도왕을 데리고 장안으로 후퇴했다. 일 년 동안 떠돌아다닐 대로 떠돌아다닌 혜제는 더는 끌려 다니고 싶지 않은 생각에 황궁의 대나무 숲에 숨어 울면서 꼼짝하지 않았다. 그러나 병사들은 그를 억지로 끌어내 마차에 태우고 떠났다.

하간왕 사마옹은 완충의 기회를 얻고자 장안에서 혜제의 이름으로 성도왕을 '황태제'에서 폐하고 혜제의 다른 동생 예장왕豫章王 사마치司馬熾를 황태제로 앉힌다. 그리고 자신은 태재太宰가 되고 동해왕 사마월은 태부太傅로 임명해 공동으로 집권한다. 그러나 사마월이 하간왕에게 준 시간은 반 년도 안 됐다. 이듬해(305년) 사마월은 동해에서 군사를 일으켜 하간왕 토벌을 선포했고 왕준과 사마등 등은 동해왕을 맹주로 세운 반면 일부 지방 호족들은 성도왕을 옹위한다는 구실로 군대를 이끌고 반란을 일으켰다. 군사를 일으킨 번왕과 호족들은 병력을 확충하기 위해 소수민족의 무력을 끌어들였고, 일부 소수민족 우두머리들은 이 혼란을 틈타 자기 이익을 도모하여 서진의 제7차 내란은 전국을 혼란스럽게 만들었다.

하간왕 사마옹은 동해왕을 중심으로 한 제후들이 기세등등하게 쳐들어오자 장방을 희생양으로 삼아 그의 머리를 보내 강화를 청했다. 동해왕은 아랑곳하지 않고 계속 관중으로 쳐들어갔고 사마옹은 패하여 홀로 말을 타고 산속으로 도망쳤다. 동해왕의 부하 장군이 혜제를 납치해 수레에 태우고 낙양으로 갔다. 선비족을 선두로 군대는 장안에 불을 지르고 한바탕 약탈을 자행했다. 성도왕 사마영은 전쟁이 시작될 무렵 하북으로 들어갔고 하간왕이 그에게 군사 1,000명을 주어 재기를 꾀했지만 모두 오합지졸이어서 전투가 시작되자마자 패하고 말았다. 성도왕은 아들 둘을 태우고 마차를 몰아 황급히 달아나다가 업성에 자리 잡고 있던 범양왕范陽王 사마효司馬虓에게 붙잡혔다. 얼마 지나지 않아 사마효가 갑자기 죽자 부하 장수들은 업성의 토호들이 성도왕을 추대할까 두려워 일찌감치 수를 써 성도왕 사마영과 두 아들을 살해했다.

완전히 승리를 얻었다고 생각한 동해왕 사마월은 혜제가 더 이상 이용가치가 없다고 여겨 몰래 일을 꾸며 그를 독살했다. 이어 황태제 사마치가 즉위하여 회제懷帝라 칭하고 국정 보좌를 위해 하간왕 사마옹을 조정으로 불러들였다. 하간왕은 오는 도중에 사마월의 동생인 남양왕 사마모에게 암살당했다. 전국은 이미 조정의 명에 복종하지 않는 상태였다. 자연스럽게 사마월은 조조를 흉내 내어 허창에 진을 쳤고, 그의 형 고밀왕高密王 사마략司馬略은 양양에, 동생 남양왕 사마모는 장안에, 또 다른 동생 신채왕 사마등은 업성에 진을 치고 각자 그 지방을 차지했다. '네 명의 형제가 진을 분할' 하고 다른 할거정권과 혼전을 거듭한 것이다.

신채왕 사마등은 그 해에 석륵에게 살해됐다. 사마월은 5년 뒤 병으로 죽었는데, 석륵은 사마월의 관을 열어 시체를 불태우고 세상 사람들을 위해 복수한 것이라고 떠들었다. 장안에 있던 남양왕 사마모도 같은 해에 싸움에서 패하여 살해당했다. 진 회제는 사마월이 병으로 죽은 해에 유총劉聰에게 포로로 잡혀 갖은 굴욕을 당한 뒤 살해되었다. 이를 영가永嘉의 난이라고 한다. 흉노족의 후예인 유홍은 서진을 멸망시켰으며 그의 아버지 유연劉淵이 세운 한漢은 뒤에 전조前趙로 불렸다. 장안의 진나라 신하들은 진왕秦王 사마업司馬業을 황제로 옹립했다. 역사에서는 그를 진 민제愍帝라고 불렀다. 이 시기의 장안은 가구라야 100여 호에 불과했고 장안 전체의 마차 수는 고작 네 대 뿐이었다. 이 작은 조정은 그나마 3년밖에 가지 못하고 316년 흉노족이 세운 한나라(후에 전조로 바꿈)에게 멸망당했다. 역사에서는 이 해를 서진의 멸망 시기로 삼고 있다. 북방에 남아 있던 진의 황족들은 이 시기를 전후해 거의 몰살당했다.

서진 황족의 내란은 혜제 영평永平 원년 291년부터 회제 광희光熙 원년 306년까지 16년간 지속됐다. 반란을 일으킨 황제의 친척들은 그 수를 헤아릴 수 없지만 역사에서는 여남왕 사마량, 초왕 사마위, 장사왕 사마예, 제왕 사마경, 조왕 사마륜, 성도왕 사마영, 하간왕 사마옹, 동해왕 사마월 등 8명의 번왕을 주범으로 지적하여 '팔왕의 난'이라 부른다.

2. 봉건제의 부활이 멸망을 초래하다

중국 역사에서 팔왕의 난과 같은 황족끼리의 대규모 내전은 비교적 드문 편이다. 더욱이 왕조의 멸망을 직접적으로 초래한 경우는 더욱 드물다. 서진 왕조 멸망의 원인은 여러 가지가 있겠지만 가장 주요한 원인은 봉건제의 부활이라고 할 수 있다.

고대 중국의 봉건제와 군현제는 둘 다 군주독재정치 제도의 형식이자 황제가 백성을 통치하는 수단이었다. 사상가들은 줄곧 봉건제와 군현제를 놓고 어느 것이 좋고 어느 것이 나쁜지를 논쟁해 왔다. 당나라 때 사상가 유종원柳宗元은 『봉건론』에서 군현제는 진시황이 정권을 튼튼히 하려는 개인적인 목적에서 시행한 것이지만 봉건제에 비해 천하를 공적인 시스템으로 운영하는 제도라고 지적한 바 있다.

명나라 말에서 청나라 초기의 사상가 황종희黃宗羲와 왕부지王夫之는 두 제도 모두 독재 군주의 의심에서 비롯한 것이라고 보았다. 황종희는 『명이대방록明夷待訪錄』에서 "황제는 나라를 사적인 재산으로 여긴 나머지 누가 훔쳐갈까 두려워 갖은 방법을 다 써서 안전장치를 강구했다. 한 사람만 등용하면 그 사람이 자기를 속일까 두려워 다른 한 명을 더 두어 감시하게 했다. 따라서 봉건제든 군현제든 모두 편법이다."라고 비판했다. 왕부지는 『독통감론讀通監論』에서 '조위는 동성을 의심하고 서진은 천하를 의심했는데, 봉건제든 군현제든 단지 남을 의심하는 심리 때문에 생긴 제도라면 반드시 난이 일어나 패망을 자초하게 된다'고 분석했다. 이러한 견해는 모두 상당한 설득력이 있으며, '족벌체제'라는 조건에서 발생한 이런 제도들은 모두 장기적인 안정을 보장할 수 없다는 역사적 사실을 우리에게 말해주고 있다.

그러나 두 제도를 비교해보면 군현제에 비해 봉건제가 더 심각한 분열과 전란을 초래했으며 그 결과 경제적 대파괴가 일어난 것을 알 수 있다. 우선, 봉건제는 국토를 나누고 제후들을 동등한 위치에 놓았기 때문에 이들이 쉽게 지방 할거세력으로 등장할 여지를 주었다. 봉건제 하에서는 제후들이 각자 관문을 설치해 인구와 물자의 교류를 차단하고 단일화된 시장 형성을 늦춰 민족문화의 융합과 발전에 부정적 영향을 끼쳤다. 다음으로, 유종원이 지적한 바와 같이 각 제후국 통치자들은 그 지위를 세습하고 후대에 물려주었기 때문에 탐욕스럽고 포악한 사람도 쉽게 그 자리에서 물러나지 않았으며, 유능하고 현명한 사람이라도 더 높은 지위로 올라갈 길이 없어 사회적인 갈등의 충돌 가능성이 언제나 존재하고 있었다.

특히 봉건제 하에서 황족인 동성 제후들은 일반 관료귀족보다 최고 통치권을 찬탈할 가능성이 높았다. 왜냐하면 최고 통치권을 빼앗을 합법적인 명분을 쉽게 찾을 수 있었기 때문이다. 이성異姓으로서 권력을 찬탈한 관료귀족들은 '난신역적' '반란의 주도자'란 오명을 쓰기 쉬워 다른 관료귀족들의 인정을 받지 못하여 설사 정권 찬탈에 성공하더라도 역사 기록에서 단죄를 받는 경우도 있었다. 그러나 동성 제후가 권력을 찬탈했을 경우에는 '한집안'으로 인정받아 여러 가지 골치 아픈 문제들이 자연스럽게 해결되었고, 동성 제후들은 적어도 주공이 성왕을 보좌했던 전례를 들어 정당성을 확보할 수 있었다. 그러나 이는 황족인 동성 제후들의 권력욕을 부추겨 반란을 일으키게 했고 나아가 심각한 정치적 불안 요인으로 작용했다.

따라서 역대 통치자들은 황족들에게 영토를 나누어 주는 문제에 대해서는 매우 신중했다. 대부분의 경우 영토를 받은 제후들은 영지의 납세 수입만 차지할 수 있을 뿐 영지의 행정에 관여할 수 없고 특히 무장한 군대를 보유할 수 없었다. 이렇게 해야 족벌들의 탐욕을 만족시키면서도 하부가 너무 강력해져서 상부에서 통제하지 못하는 불상사를 방지할 수 있었다. 그러나 서진의 통치자들은 진秦 이래의 역사적 경험과 교훈을 완전히 무시했다. 일가의 광적인 점유욕을 만족시키기 위해 시대의 흐름을 거슬러 봉건제를 시행하여 사회적으로 심각한 파괴와 퇴보를 초래했고, 정치적으로는 골육상잔의 대혼란을 겪어 결국 나라가 멸망하는 결과를 가져왔다.

결론적으로, 서진 통치자들의 실책은 다음과 같은 몇 가지로 요약할 수 있다.

첫째, 봉건제를 시행하여 많은 제후들을 세우고 영지 내의 행정권과 인사권을 나눠준 것이다. 이로써 독립적인 체계를 갖춘 번국蕃國

이 다수 탄생하였고 분열과 할거의 양상이 나타났다.

둘째, 황족인 동성 제후 번왕들에게 병력을 배치해 준 것이다. 비록 그 수는 많지 않았지만 황족에게 군대를 배치하면서 지방 주둔군을 없앴으므로 번왕들은 지방에서 상대적 우세를 점하고 군사를 더 확충하여 자신의 야망을 펼칠 수 있었다. 다시 말해 초왕 사마위, 회남왕 사마윤처럼 자신의 군대를 데리고 수도로 가서 궁중정변을 일으킬 실력이 생긴 것이다. 또한 서진 황제들이 번왕에게 지방군대의 지휘권을 준 것은 그들의 정권욕을 부추기는 결과를 낳았다. 군사를 일으켜 조왕 사마륜에게 반기를 든 세 명의 왕들은 모두 지방군을 지휘하던 도독으로서 내란을 뒷받침해 줄 군사실력을 갖추고 있었다.

셋째, 서진 황제들은 형제나 조카에 해당하는 친왕을 정치를 보좌하는 인물로 발탁하는 관례를 채택했다. 이는 일족에게 혜택을 베풀어 통솔권을 튼튼하게 하려는 의도였지만, 오히려 제후 번왕들의 야심을 부추겨 이들이 황제를 보좌한다는 명분을 내세워 정사에 간섭하고 심지어 권력을 찬탈함으로써 서진의 멸망을 가속화하는 결과로 이어졌다.

다섯 오랑캐가 세상을 어지럽히다
― 민족 억압정책이 부른 참극

민족 관계에서는 화합이 가장 중요하다. 특정 민족에 대한 차별대우·억압·증오는 중화민족의 멸망과 몰락, 사회의 퇴보 및 경제 파괴를 초래할 뿐이다.

1. 북방 소수민족들의 대대적인 남하

　　　　　　　　　　　동한 이후 북방의 유목민족들은 중원 및 주변 지역으로 이동, 정착하여 광활한 황하 유역에 여러 민족이 뒤섞여 거주하게 되었다. 내륙으로 이동한 북방 소수민족은 대체로 저강氐羌·흉노匈奴·동호東胡로 크게 나눌 수 있다.

　북방의 흉노족은 동한 말년부터 남흉노와 북흉노로 갈라졌는데 남흉노의 호한야선우呼韓邪單于는 한나라에 투항했다. 동한 조정에서는 병주(지금의 산서성 북부 및 섬서성 북부, 영하 하투 지구)를 남흉노 거주지역으로 정하고 이곳에 정착한 5,000여 개 부락과 한족을 함께 살도록 하면서 부역을 면제해주는 우대 정책을 폈다. 남흉노 부락의 수령은 제후 대접을 받았고 자손들은 그 자리를 세습했다. 남흉노의 상층부 인사들은 점차 한족의 문화를 받아들이고 성을 유劉씨로 고쳤다. 조조가 정권을 잡았을 때는 남흉노를 5개 부로 나눠 부락 수령을 도위로 임명하고 한족 관리인 사마를 따로 파견했다. 좌부도위는 부

말 길들이기 | 돈황 벽화

족을 거느리고 자씨현茲氏縣 일대, 우부도위는 기현祁縣 일대, 남부도위는 포자蒲子 일대, 북부도위는 신흥 일대, 중부도위는 태릉太陵 일대에 거주했다. 조위 말년에도 흉노부락이 계속해서 남하한 결과 중원으로 이주해온 부락이 총 19개가 되어 여러 소수민족 가운데 세력이 제일 강했다.

원래 동북 지역에서 활동하던 동호계는 한나라 초기에 흉노에게 패하여 일부 부락이 오환산(지금의 내몽골 자치구 아로커르심기阿魯科爾沁旗) 일대로 이주하여 종족 이름도 오환烏桓 또는 오환烏丸으로 개칭하고, 한나라를 도와 흉노를 공격했다. 동한 말년에 군벌 원상袁尙은 오환족을 끌어들여 조조와 싸웠지만 패했다. 조조는 오환을 내지로 옮겨 살게 했으며 이때부터 오환족은 한족문화를 받아들이고 환桓씨로 성을 바꿨다. 기타 동호족 부락도 점차 내지로 옮겨 황하 이북의 광활한 지역에 흩어져 거주했다. 이 가운데 제일 세력이 강한 부락은 선비족으로 요하 유역의 모용씨慕容氏·감량 지구의 걸복씨乞伏氏·하서의 독발씨禿發氏·진북의 탁발씨拓拔氏·흉노족 거주 지역의 욱구려씨郁久

閻氏 등이 있었다.

원래 청해·신강지구에서 활동하던 저강족은 한족과 매우 오랫동안 교류해왔다. 한나라가 멸망하자 적지 않은 저강 부락이 점차 내지로 이동해 지금의 천서·농서에 정착했다. 많은 저강 부락은 한족 문화를 받아들이고 한족 성으로 고쳤으며 농업에 종사했다.

동한 말년과 위진 교체기에 중원에는 전란이 잦았는데 여러 한족 군벌들은 내지로 이주한 소수민족을 자신들이 벌이는 전쟁에 내보내기 위해 심하게 압박했다. 그러나 야심에 찬 많은 소수민족 수령들도 혼란을 틈타 자기의 세력 확장은 물론 한나라의 통치 방식을 모방해 왕 또는 패자霸者로 자칭했다. 내지로 이주한 많은 소수민족들은 원시사회 말기에서 계급사회로 넘어가는 단계에 있었는데 내지로 이주하면서 사회 분화가 가속화됐다. 부족의 하층민들은 부족의 귀족들과 한족 토호들의 억압과 착취를 겪으며 의지할 곳을 잃고 떠돌거나 남아서 위험을 감수하는 선택을 해야 했다. 황하 유역의 사회적 모순은 점차 복잡해졌으며 민족 관계도 긴장이 고조됐다.

이러한 상황에서 위진의 통치자들은 민족 간에 원한을 부추겨 통치 위기의 책임을 전가하려 했다. 조위 말년의 명장 등애는 성양태수로

소도살 | 자위관(가욕관) 위진벽화

있을 때 당시 정권을 쥐고 있는 사마사司馬師에게 "오랑캐는 야수의 마음을 갖고 있어 의롭게 대한다고 친해질 수 있는 것이 아닙니다. 강하면 침략해오고, 약하면 투항하니 더욱 조심해야 합니다."라고 경고했다. 또한 "내지로 이주한 흉노족에 대해서는 나누어 다스려 서로 연합하지 못하게 하고, 한족과 섞여 사는 저강족에 대해서도 소수민족의 풍속이 한족의 예법과 도덕을 해치지 못하도록 선별하여 분산 거주시켜야 합니다."라고 주장했다. 사마사는 그의 건의를 흡족히 여겨 채택했다.

2. 서진시대 소수민족 억압정책의 실패

서진 때 대군이 강남을 평정한 지 얼마 되지 않아 시어사侍御史 곽흠郭欽은 무제에게 이렇게 건의했다. "내지로 이주한 소수민족들이 지금은 순종하고 있지만 앞으로도 문제를 일으키지 않는다고 장담하기 어렵습니다. 만일 반란을 일으키면 소수민족 기병들은 3일 안에 낙양으로 진격할 수 있습니다. 강남을 평정한 기세를 몰아 대군을 북방으로 이동시키고 전국의 사형수들을 하서와 북쪽 변방에 보내어 살게 하면 점차로 소수민족들을 국경 밖으로 몰아낼 수 있습니다." 무제는 이 건의를 인정하지 않았다.

곽흠은 이 의견을 황제에게 직접 건의했기 때문에 이를 아는 사람이 별로 없었다. 그러나 서진 원강 원년(299년) 강통江統은 공개적으로 조정에 상소를 올렸다. 이때 강통이 쓴 『사융론徙戎論』은 한때 반향을 일으켜 통치계급 다수에게 지지를 받았을 뿐 아니라 오랫동안 후대에 영향을 끼쳤다. 오랑캐를 이주시키는 문제를 다룬 『사융론』에서 그는 이렇게 진단했다.

'중국은 자고로 한족 왕조가 중원을 통치하고 소수민족들이 황제의 명을 받들어 변방을 지켰다. 그러나 북방의 '오랑캐戎狄(융적)'가 제일 교활하여 세력이 약할 때는 복종하고 세력이 강해지면 반란을 일으켰다. 상나라 고종, 주나라 문왕, 한나라 고조와 문제 등 현명한 군주들마저 이들을 선량하게 길들이지 못했으므로 오랑캐를 교화시키거나 평화 공존한다는 환상을 품어서는 안 된다. 현재 여러 소수민족이 황하 유역에 거주하고 있으나 반드시 문제를 일으키게 될 것이다.'

그는 문제 예방 차원에서 무력과 강제를 사용하여 소수민족을 변방 밖의 옛 고향으로 돌려보내야 한다고 건의한 것이다. 『사융론』은 조야의 많은 사람들에게 찬사를 받았지만 당시 서진은 이미 '팔왕의 난'이라는 전례 없던 내란에 휘말린 상태여서 이 건의를 전면적으로 추진할 수 없었다. 또한 변방 지역에서 이미 소수민족 수령들이 군사를 일으켜 진에 대항하는 사태가 벌어졌다.

강통이 『사융론』을 쓰기 일 년 전, 관중의 저족 한 무리가 한족 토호의 압박과 연이은 재해를 견디다 못해 관가의 금령을 무시하고 수령 이특李特 형제들의 통솔 하에 촉군에 가서 걸식을 했다. 다른 소수민족들 또한 이특을 따라 촉으로 들어갔다. 익주에서 할거할 야심을 가졌던 자사 조광흠趙廣欽은 먼저 이특 형제들을 구슬려 그들의 영향력을 이용해 유랑민 10만 명을 자신의 사병으로 만들고자 했다. 이런 음모가 탄로 나자 조광흠은 오히려 무력을 사용해 이특의 동생 이양李痒을 죽였다. 그러자 이특과 동생 이류李流는 유민들을 이끌고 군사를 일으켜 조광흠을 살해했다. 서진 조정에서는 새로운 익주자사로 나상羅尙을 파견하고 이특 형제를 사면했다. 그러나 동시에 『사융론』의 주장에 따라 유민들에게 반드시 그해 7월 이전에 익주를 떠나라고 강요했다. 이특은 유랑민들을 대표하여 추수가 끝난 뒤 식량을 들고 떠날 수 있게 해달라고 간청했지만 나상은 일언지하에 거절하고 군대를 출동시켜 유민들을 쫓아냈다.

더는 참을 수 없게 된 유민들은 이특을 진북대장군鎭北大將軍으로 받들고 성도를 공격했다. 전쟁은 몇 년간 계속됐다. 이특은 세 가지 간단한 법률을 만들고 군율을 엄격히 했다. 반면, 나상은 탐욕스럽고 잔인무도하여 익주 백성들은 "이특이 오히려 낫다. 나상은 우리를 못살게 군다."라고 노래를 지어 불렀다. 그러나 이특과 이류가 잇달아 전사하자 조카 이웅李雄이 무리를 거느리고 익주 전역을 점령하고 성도왕을 자처했다. 저족 수령이 세운 정권은 후에 국호를 '한'이라 했는데 역사에서는 성한成漢이라고 한다. 한 정권은 지금의 사천·운남·귀주성 일부를 차지하고 40여 년간 지속됐다.

이특이 무리를 이끌고 반란을 일으킨 것은 서진 통치자들의 내지 이주 소수민족에 대한 억압정책의 실패를 의미하며, 내지의 소수민족들이 통치 위기를 틈타 저항하기 시작했음을 알리는 신호탄이었다. 이웅이 왕으로 자처한 해(304년)에 흉노족 수령 유연劉淵도 이석에서 군사를 일으켜 서진에 대항했다.

흉노족의 대항과 할거정권

이특 형제와 마찬가지로 유연도 한족문화를 받아들인 소수민족 수령이었다. 그는 흉노족 모둔선우冒頓單于의 후예인데, 일찍이 한 고조 유방과 모둔이 의형제를 맺었으므로 내지로 이주한 그 자손들은 성을 고조의 성인 유씨로 고쳤다. 유연 일가는 몇 대에 걸쳐 진양에 거주했다. 유연은 어릴 적부터 유교 경전을 배웠고 『춘추좌씨전』에 정통했으며, 청장년 때는 중원의 조정에 오래 봉직했고 서진 때는 흉노 북부 도위로 있으면서 널리 인심을 얻었다. 유연은 서진의 통치자들보다 정치적인 머리가 뛰어나 민족 원한을 선동하는 정책에 영향을 받지 않았다. 군사를 일으킬 때 일부 흉노족 수령들이 "진나라는 우리를 노예로 여기고 있습니다. 그러니 우리가 군사를 일으키는 것은 호한야선우의 대업을 회복하려는 의도입니다."라고 주장했다. 그러자 유연은 다음과 같이 일갈했다.

"진나라를 뒤엎는 것은 썩은 나무를 넘어뜨리는 것처럼 쉬운 일이오. 그러나 한족의 지지를 얻는 것은 쉽지 않은 일이오. 한나라의 은덕이 깊고 오래되었기 때문에 유비는 익주 한 주만으로 중원과 맞설 수 있었소. 우리는 한조漢朝의 형제로서 한조를 다시 세워야 한족의 지지를 얻을 수 있는 것이오."

이런 점들을 고려해 유연은 국호를 '한'으로 하고 한족 황제를 조상으로 모시며 민족화해정책을 애써 추진하려 했다. 그러나 부하들은 오히려 한족 백성들을 잔인하게 죽이고 박해하는 편이 낫다고 생각했다. 평진대장군 유경劉景은 낙양으로 진격해 연진延津에서 서진군을 물리치고 무고한 한족 백성 3만여 명을 참혹하게 죽였으며 가는 곳마다 폐허로 만들었다.

유연이 죽자 아들 유총劉聰이 즉위했다. 그는 경전과 역사에 통달하고 문무를 겸비했지만 잔인하기 이를 데 없었다. 그는 한족의 지지를 얻는 정책을 버리고 민족압박정책을 취했다. 낙양을 점령한 병사들에게 방화하고 죽이고 약탈을 자행하게 했으며, 남아 있는 서진 관리들을 모조리 참수하도록 했다. 유총은 호족과 한족을 나누어 다스렸다. 자신이 통치하는 병주의 경우 한족은 좌우사예左右司隸가 총괄 관리하고 흉노족과 기타 소수민족은 흉노선우좌보와 흉노선우우보가 총괄 관리하도록 했다. 유총의 족제인 유요劉曜가 황제의 자리에 오르면서 민족압박정책을 강력하게 추진하고 국호를 '조趙'로 고쳤으며 한나라 황제를 더 이상 조상으로 모시지 않았다. 역사에서는 전조前趙라고도 한다. 유요는 아들을 대선우로 명하고 각급 관직 명칭은 모두 흉노식으로 고친 뒤 그 자리를 소수민족이 맡게 했다. 한족은 단지 피통치자의 신분이 되었다.

석륵의 후조 정권

흉노족이 세운 할거정권 조는 20여 년간 유지 되었는데, 이후 국호가 '조'인 또 다른 소수민족 정권에 의해 멸망했다. 역사에서 '후조後趙'라 부르는 이 정권은 흉노의 일족인 갈족의 석륵石勒이 세운 것이다. 석륵은 병주 상당上党 무향武鄉의 갈족 우두머리 집안에서 태어났다. 어릴 때는 찢어지게 가난해 소작농으로 생계를 유지했다. 서진 말년에 여러 지역에서 각종 재난이 겹치자 석륵은 일부 갈족 청년들과 함께 기근을 피해 외지로 달아났다. 관원들이 달아난 노예인 줄 알고 쫓아왔지만 마음씨 좋은 서진 관리인 곽경郭敬이 그를 구해줬다. 석륵은 너무 감격한 나머지 곽경에게 묘안을 내놓았다.

"지금은 기근이 심해 갈족 사람들이 살아갈 방도가 없습니다. 갈족 사람들을 설득시켜 기주로 데리고 가세요. 거기에 가서 갈족 청장년을 현지 사람들에게 다시 노예로 팔면 당신은 몸값을 받을 수 있고 갈족도 나름대로 살길을 찾을 수 있을 겁니다."

곽경은 이 말을 듣고 마음이 동했지만 관직이 낮아 이를 실행할 수가 없었다. 곧이어 서진의 병주자사 신채왕 사마등이 대대적인 민족

압박정책을 실시했다. 사마등은 병주의 갈족 청년들을 체포해 두 사람에 하나씩 칼을 씌운 다음 기주로 압송해 노예로 팔라고 명을 내렸다. 석륵도 그 중에 끼여 있다가 기주 치평茌平(지금의 산동)에 있는 어느 집에 팔려가 농노가 됐다. 주인은 석륵이 생김새가 특이하고 용감하며 힘이 세고 통솔력이 있는 것을 보고 오히려 말썽을 일으킬까 염려해 그를 놓아주었다. 석륵은 말을 돌보는 데 뛰어나 급상汲桑이라는 호족에게 고용되어 말을 길렀다. 서진 말년에 여러 왕이 어지럽게 싸우면서 기주가 전쟁터로 변하자, 석륵은 이 혼란을 틈타 18명의 동료를 모아 도적질을 했고 주인인 급상은 가만히 앉아서 훔친 물건을 상납 받았다. 급상이 군대를 일으키자 석륵은 선봉이 되어 사마등의 본거지인 업성을 공격한 다음 사마등을 죽이고 업성을 불태워버렸다.

석륵의 삶은 가난하고 고통 받는 소수민족들의 축소판이었다. 그가 받은 고통은 서진 통치자들과 토호들이 소수민족에게 가했던 잔혹한 억압과 착취에서 비롯된 것이었고, 이러한 착취는 소수민족이 한족 통치계급과 나아가 한족 백성마저 극단적으로 적대시하게 되는 원인을 제공했다. 석륵은 이러한 원한에 젖어 반란을 일으킨 뒤 서진 관리들을 마구 죽였다. 그의 군대는 전투력이 아주 강하고 파괴력을 갖추고 있었다. 급상이 죽자 석륵은 처음에는 유연을 따랐지만 재빨리 독립해 기주를 차지했다. 319년 유요가 국호를 조로 고칠 때 석륵도 조왕을 자칭하고 양국襄國(지금의 하북성 형주)을 수도로 삼았다. 유요의 조는 전조前趙, 석륵의 조는 후조後趙라고 한다.

석륵은 글을 모르면서도 『좌전』이나 『사기』 같은 역사책을 듣기 좋아했다. 한번은 그가 이런 말을 했다.

"내가 만약 한 고조를 만났다면 고개 숙여 신하가 되어 한신·팽월과 같은 인물들과 천하를 도모했을 것이다. 만약 동한의 광무제를 만났다면 그와 함께 중원에서 천하를 다투었을지 모른다. 그랬더라면 천하가 누구의 손에 들어갔을지 모를 일이다. 대장부라면 일을 처리함에 있어 공정해야 하며 조조나 사마의 부자처럼 고아와 과부를 업신여기지 말아야 한

풍화전(豊貨錢) | 동진시대 원제 때 발행

다." 석륵은 서진 관리들은 적대시했지만 미천한 출신의 한족 선비들은 임용해 우수한 전략을 내놓도록 했다. 그의 용인술은 한족을 완전히 배척한 유요보다는 이런 점에서 훌륭했다. 석륵 집단은 독립하게 되자 한족 선비들로 '군자영君子營'을 조직해 문서와 장부를 관리하게 했고 한족 선비인 장빈張賓을 수석 책사로 임용했다.

이렇게 석륵의 세력은 점차 강해져 끝내 전조를 멸망시키고 북방을 거의 통일했다. 그러나 석륵의 후조는 여전히 민족압박정책을 추진했다. 석륵은 갈족을 '국인'이라 하여 지배계급으로 정의하고, 한족은 관리가 될 수 있지만 한직이나 참모 정도만 가능할 뿐 결정권을 갖는 관리직에는 앉을 수 없다고 규정했다. 또한 한족 이외의 이민족을 낮춰 부르는 호胡(오랑캐) 자의 사용을 금하여 호떡胡餅조차도 마떡麻餅으로 부르게 했다.

석륵은 그나마 한족 관리들에게는 관대했다. 한번은 갈족 군관이 술에 취해 말을 타고 황궁 안으로 돌진했는데 석륵은 이에 불같이 화가 나서 문지기를 나무랐다. 한족이었던 문지기는 놀라서 허둥대며 "방금 취한 오랑캐가 돌진해 들어왔는데 그에게 말을 해도 알아듣지

를 못했습니다."라고 설명했다. 그러자 석륵은 웃으면서 "그 오랑캐는 지금 아무 말 못하고 있다."고 맞받았다. 또 다른 일화로 석륵이 한족인 번원樊垣을 참군參軍으로 임명한 적이 있었다. 그는 번원의 옷이 다 해져 너덜거리는 것을 보고 어찌된 일이냐고 물었다. 번원은 잠시 금령을 잊고 이렇게 말했다. "얼마 전에 빌어먹을 갈족 도적놈들한테 강탈을 당해서 재산을 다 빼앗겼습니다." 그러자 석륵이 웃으며 "갈족 도적이 그렇게 악독한가? 내가 놈들을 대신해 보상해주마."라고 했다. 번원은 그제야 말실수한 것을 깨닫고 죄를 빌었다. 그러자 석륵은 "내 법률은 속인들한테 해당하는 것이지 자네 같은 노숙한 선비와는 관계가 없다."라며 번원에게 많은 재물을 하사했다.

원한으로 일어선 정권, 원한으로 망하다

석륵은 황제가 된 지 얼마 지나지 않아 병으로 죽었다. 그의 아들과 조카들이 황제 자리를 놓고 서로 싸운 결과 조카인 석호石虎가 최후의 승자가 되었다. 석호는 군 출신으로 황제 자리에 오르고 나서도 무력만 믿고 전쟁을 일삼았다. 한번은 18만 대군을 출동시켜 사냥을 했는데 제일 높은 곳에서 내려다보면서 득의양양하게 "우리 부자가 이런 군대를 갖고 있는데 천지개벽인들 두렵겠는가!"라고 큰소리쳤다. 석호는 서쪽으로는 양凉국을 공략하고, 남으로는 동진東晋을 정벌하며, 북으로는 전연前燕을 토벌했다. 그는 수도를 업성으로 옮기고 대규모 토목공사를 벌여 수십만 백성을 징발해 궁전을 지었다. 그리고 민간에서 13세~20세의 미녀 3만여 명을 뽑아 후궁을 채웠다. 많은 수의 가정이 파괴됐고 무수한 양민이 핍박에 시달리며 죽어갔다. 그는 의견을 달리 하는 자들을 진압하기 위해 〈사론私論〉〈우어偶

語)라는 특별법령을 제정하여 신하들과 백성들을 공포에 떨게 했다. 이러한 폭정은 석호가 병사할 때까지 15년이나 지속됐다. 그가 죽고 나서 석호의 자식과 조카 사이에 또 다시 황위 쟁탈전이 벌어졌는데 상당한 군사력을 쥐고 있던 양아들 염민冉閔이 결국 황제 자리를 차지했다.

염민은 원래 위군 내황內黃(지금의 하남성) 출신 한족이었다. 아버지는 12세 때 석륵의 양아들이 되어 성을 석씨로 고쳤다. 염민은 어려서부터 군사적 재능이 뛰어나 점차 석호가 총애하는 장수가 되었다. 황제 자리를 탈취한 염민은 국호를 '대위大魏'로 고치고 원래의 염씨 성을 회복했다. 그가 세운 위나라를 역사에서는 '염위冉魏'라고 한다. 염민은 석씨의 자손을 수없이 죽였기 때문에 갈족과 기타 소수민족이 반란을 일으킬까 봐 두려워했다. 그래서 서진 통치자들의 방식을 빌려 소수민족에 대한 한족의 원한을 선동하는 민족학살정책을 취하여 지지를 얻었다.

염민은 무기를 소지한 소수민족은 무조건 죽이라고 명령했다. 업성의 소수민족은 한족 출신이 황제가 되자 일찍이 불안해했는데 이 명령을 듣고는 앞 다투어 성을 빠져나가기 시작했다. 그러자 염민은 아예 성문을 활짝 열어 놓고 자신과 뜻이 같은 자는 들어오고 그렇지 않으면 나가라고 명령했다. 100리 이내의 한족들은 줄줄이 성으로 들어왔지만 성안에 있던 소수민족은 앞 다투어 성 밖으로 나갔다. 염민은 한족만이 자신을 지지하자 소수민족 대학살을 지시했다. 한족이 호인 하나를 죽여서 그 머리를 봉양문 아래 가져다 놓으면 문관은 관직을 3등급 올려주고, 무관은 도위에 임명했으며, 백성에게는 작위를 하사했다. 염민도 위병들을 데리고 사방으로 소수민족을 잡으러 다녔다. 하루에만 1만여 명이 학살당하고 며칠 만에 중원의 소수민족 20여만 명이 죽음을 당했다. 어떤 한족은 코가 좀 높고 수염이 짙은 탓에 호인으로 오인되어 살해당하기도 했다.

염민은 30만 대군을 징발해 석씨 후조 정권의 옛 근거지인 양凉국으로 쳐들어갔다. 또 동진에 함께 오랑캐를 멸망시키자고 요청했지만 동진 정권은 상대하지 않았다. 민족학살정책의 결과, 내지에 오래 거주해온 소수민족 백성들은 변방으로 달아났고, 소수민족 할거 정권들은 연합하여 염위의 공격을 방어했다. 염민은 계속 전쟁을 벌여 갈족 석씨 잔당을 철저히 궤멸했지만 선비족 전연前燕에게 포로로 붙잡혀 죽음을 맞이했다. 민족 간의 원한을 선동하여 일어선 이 정권은 3년 만에 멸망하고 말았지만 학살정책의 여파는 계속되었다. 일찍이 내지에 들어와 정착했던 다수의 소수민족은 부득이하게 변방으로 도망쳤고 원래 변방에 살던 한족 백성들은 소수민족의 보복을 피해 잇달아 내지로 이주했다. 결과적으로 기아와 추위에 시달리는 유민들이 길거리에 넘쳐나고 들판에는 시체들이 즐비했다.

4. 민족화합을 저해한 소수민족 압박정책

서진의 통일에서 염위의 멸망까지 60여 년 동안 황하 유역의 한족과 내지로 이주해온 소수민족 백성들은 전례 없는 고난을 겪었고 이것은 당시 중국의 경제 핵심 지역이 심각하게 파괴된 것을 의미한다. 고대 역사서에서는 당시 백성들이 겪은 고난과 파괴를 모조리 내지로 이주해온 소수민족 탓으로 돌렸다. 이들을 다섯 오랑캐五胡(오호)라고 했는데 흉노·갈·선비·저·강이 이에 해당한다. 이 시기의 역사를 오호가 세상을 어지럽혔다 하여 '오호난화五胡亂華'라고 한다. 대다수 고대 사상가들은 강통의 『사융론』을 극찬하면서 서진의 통치자들이 이를 수용하지 않은 것이 서진 멸망의 주원인이라고 보았다. 이런 관점은 한족 중심주의적 편견으로 '정통'만을 내세우는 봉건사학의 의견을 반영한 것이다.

앞서 살펴보았듯이 서진과 전조, 후조, 염위 정권이 추진했던 민족압박·민족적대시정책이야말로 고난과 파괴를 초래한 진정한 원흉이다.

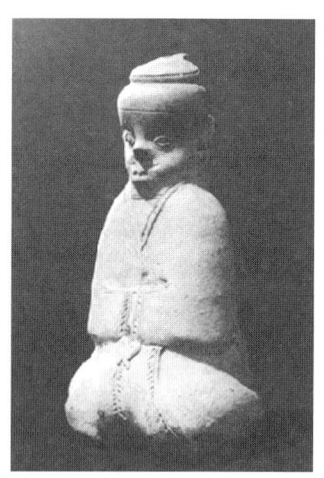

도자기 인형 | 서진시대

중화민족의 발전과 확대는 줄곧 각 민족의 교류와 융합을 토대로 했다. 한족 자체도 선진先秦시대의 하족夏族과 북방과 남방의 여러 민족이 융합하여 형성되었다. 동한 이래로 여러 소수민족이 내지로 이동하면서 북방의 각 민족은 융합의 기회를 얻었다. 소수민족 백성들은 한족으로부터 선진적인 농경기술을 배우고 한족 백성들은 소수민족에게서 목축기술을 배웠다. 각 민족은 경제적으로 서로 보충하고 문화적으로 서로 영향을 주고받았는데 이것은 각 민족의 발전에 큰 원동력이 되었다.

반면에, 위진 통치자들은 민족압박정책을 시행해 경제적으로 소수민족을 노예화 했고 한족 토호들은 소수민족을 노비와 일꾼으로 착취했다. 석륵이 겪은 것과 같은 고난은 당시 소수민족 하층민의 벗어날 수 없는 운명이었다. 소수민족의 수령들마저 한족 황족이나 귀족들을 위한 노역에 동원됐다. 예를 들어 강족 부락의 수령 요복姚馥은 장기간 서진 무제를 위해 말을 키워야 했다.

위진 통치자들은 정치적으로 소수민족들을 무자비하게 억누르는 동시에 갖은 방법을 동원하여 감시를 게을리 하지 않았다. 소수민족 부락 수령들의 자제를 인질로 잡고 소수민족을 전쟁에 동원하여 정적을 제거하고 반란세력을 진압하는 데 이용하였다. 또한 민족 간 불화를 부추겨 소수민족끼리 서로 죽고 죽이게 만들었으며 심지어 내지로 이주한 소수민족을 완전히 변경 밖으로 몰아내려고 했다. 문화적으로는 한족 통치자들은 소수민족을 야만인으로 간주하고 짐승에 비유하면서 소수민족의 풍속(호속)이 한족의 예교 전통을 해친다고 여겨 이들의 교류를 백방으로 막으려 했다. 이러한 민족박해정책은 소수민족의 저항을 불러일으켰다. 그래서 일부 소수민족 수령들도 한족을 적대시하고 압박하는 기조 위에서 서진 왕조를 전복시키고 정권을 세우게 되었다. 민족 간의 갈등은 차츰 첨예화되고 계급모순은 민족모순에 가려졌다. 결국 각종 사회모순이 민족 간의 투쟁을 통해 나타나는 현상이 빚어져 이 시기 민족 간의 충돌은 특히 극심하였고 중국 역사상 전대미문의 민족비극을 낳게 되었다. 이것은 뼈아픈 역사의 교훈이 아닐 수 없다.

소수민족을 변방 너머로 이주시키는 정책만 하더라도 야만적이고 폭력적이라는 것을 쉽게 알 수 있을뿐만 아니라 실제로 가능하지도 않은 시도였다. 정착한 지 2세대 이상 된 수백 만의 소수민족 백성들을 국경 밖으로 몰아내는 조치는 강력한 무장세력의 저항이 없다 하더라도 상당수의 군대와 물자를 동원해 도로를 건설해야만 실현 가능한 일이었다. 또한 소수민족이 밖으로 이주한다고 해도 다시 다른 지역에서 수많은 한족 주민이 들어와 빈자리를 메워야 했다. 그러나 당시 통치자들은 이런 대가를 치러야 한다는 것을 받아들이기 어려웠다. 이러한 이유로 위진 통치자들은 『사용론』의 건의를 받아들이지 않았던 것이다.

사마씨와 왕씨가 천하를 공유하다

― 강남에만 만족했던 동진

소극적 '무위無爲'는 중국 전통 정치에서 종종 취해온 노선으로 중앙집권세력이 미약하다는 사실을 입증하는 것이다. 이런 노선에서는 황실과 권신이 권력을 나눠가지게 되어 결국 대내외 정책에서 혼선이 빚어지게 된다. 동진의 정치 상황이 바로 그러하다.

1. 사마씨와 왕씨가 조정을 공유하다

318년 3월, 건강성(지금의 남경시) 황궁에서 대관식이 한창 진행되고 있었다. 진晉의 황족인 낭야왕琅邪王 사마예司馬睿가 신하들의 추대 속에서 새 황제(진 원제元帝)가 되었다. 당시 40세인 사마예는 재상 왕도王導에게 자신과 함께 옥좌에 앉아서 백관들의 축하를 받자고 여러 차례 요청했다. 그러나 왕도는 완곡한 말로 사양하며 이렇게 말했다. "태양이 하계의 만물과 같다면 백성들이 어떻게 우러러 보겠습니까?" 사마예는 그제야 옥좌에서 허리를 쭉 폈다.

황제가 공개 석상에서 재상에게 옥좌에 함께 앉자고 청하는 장면은 중국 역사상 극히 드문 일로서, 이는 동진東晉 초기의 정치구도가 어떠했는지를 보여주는 일례다. 당시 사람들은 이것을 일컬어 '왕여마 공천하王與馬共天下'라고 했다. 왕씨와 사마씨가 함께 나라를 다스린다는 뜻이다. 사마씨의 동진 왕조는 주로 중원에서 남하한 왕씨 성의 권문세족에게 의존하여 통치권을 유지했다.

서진西晉에서 '팔왕의 난'이 시작되던 해, 사마의의 증손자 사마예는 15세의 나이로 낭야왕이 되었다. 304년, 동해왕 사마월이 혜제를 인질로 잡고 성도왕 사마영을 공격하였다. 사마예는 군사를 이끌고 여기에 가담했으나 탕음蕩陰에서 크게 패하고 홀로 자신의 영지인 낭야로 돌아왔다.

동진 원제 사마예

이듬해 동해왕 사마월이 하비下邳에서 또 다시 군사를 일으켰다. 이때 사마월은 사마예를 평동대장군으로 임명하여 하비에 남게 한 뒤 서주徐州의 군사권을 맡겼고 왕도를 사마로 기용해 군사 실무를 담당시켰다. 왕도는 사마예와 동갑으로 낭야의 사족 출신이었는데, 사마예와는 이미 잘 아는 사이였다. 그는 중원에서 전쟁이 벌어진 상황을 보고 서진이 유지되기 어렵다고 판단하여 사마예에게 남쪽으로 세력을 확장시킬 것을 적극적으로 권유했다.

왕도의 사촌형 왕돈王敦은 서진 무제의 사위로 원래 청주자사였다. 서진 말년에 대란이 일어나자 가산을 털고 아내인 공주의 하녀들을 장수와 병사들에게 나눠주며 군사력을 키웠다. 그는 동해왕 사마월이 자신을 양주자사로 임명하자 군대를 이끌고 남하해 강회(양자강과 회수 사이)의 무장할거세력을 소탕했다. 이때 처음으로 세력이 규모를 갖추게 되었다. 307년, 사마예는 동해왕 사마월의 인정을 받아 건강으로 옮기고 양주도독의 직위를 얻어 강남의 군사권을 쥐게 되었으며 왕도의 계획하에 강남을 차지할 준비를 했다.

건강은 원래 동오의 수도로 서진이 함락시킨 지 불과 27년밖에 안 된 상황이었다. 강남의 사족들은 서진 황실에 전혀 호감을 갖고 있지 않았기 때문에 사마예가 강남으로 옮겨간 지 한 달이 지나도 인사를 오는 사람이 아무도 없었다. 왕도는 강남사족들이 사마예를 얕보는 이유가 그의 힘이 약하기 때문이라는 사실을 잘 알고 있었다. 때마침 건강에 온 사촌형 왕돈과 상의하여 왕돈의 군대를 빌려 사마예의 위신을 세워주기로 했다.

상사절[9] 날, 왕도는 사마예에게 "직접 강변에 나가셔서 기도를 드리시고, 이 기회에 사족들과 가까워지십시오."라고 요청했다. 사마예는 의복을 갖추고 길을 나섰다. 왕도와 왕돈 등 여러 명의 사족들이 말을 타고 그 뒤를 따랐는데 그 모습이 자못 당당하고 기세가 드높았다. 강남사족의 우두머리인 고영顧榮과 기첨紀瞻 등은 사마예의 위풍당당한 모습을 보고 모두 길가로 나와 그를 맞이했다. 왕도는 이 기회를 놓치지 않고 사미예에게 말했다. "강남사족을 이끄는 고영과 하순賀循입니다. 이들에게 관직을 하사하시면 강남사족들을 이끌고 조정을 떠받들 것입니다." 이에 사마예는 왕도의 소개로 고영과 하순 등 강남사족을 찾아가 인사하고 높은 관직을 수여하여 어려운 상황을 타개하고 건강에서 확고한 입지를 다지게 되었다.

당시 북방은 전란으로 인해 혼란한 상태였으므로 많은 권문세족들이 남으로 이주했다. 왕도가 권문세족들을 일일이 찾아가 직위를 주고 그들이 보유한 군사를 조정의 군대로 재편성한 뒤 관직을 수여했다. 남으로 이주한 북방사족들은 휴일이 되면 강변의 정자에 모여 술을 마시며 고향을 그리워했다. 한번은 주기周顗라는 사람이 술을 마

---

9) 上巳節 : 매년 음력 3월 3일 강과 계곡으로 가서 묵은 때를 씻고 상서롭지 못한 기운을 없애는 명절

시면서 "풍경의 아름다움은 전혀 변함이 없지만 황하가 양자강으로 바뀌었군!"하고 말하며 길게 한숨지었다. 이 말을 들은 사족들이 통곡을 하며 눈물을 흘리자 왕도는 엄숙한 표정으로 "모두 황실을 위해 힘을 합쳐 중원을 회복해야 할 때에 훌쩍거리고 있으면 어쩌겠다는 것인가?"라고 힐난했다.

중원을 포기하고 강남에 자리잡다

중원을 회복하자는 왕도의 주장은 호언에 불과하며 그가 적극적으로 앞장섰던 일은 강남에서 확고히 자리를 잡는 것이었다. 311년, 두도杜弢가 형荊과 상湘 일대의 유민들을 이끌고 반기를 들자 왕돈은 강남의 군대를 이끌고 두도를 진압해 양자강 중류 일대까지 세력을 넓혔다. 왕돈은 대장군으로 직위가 올랐고 강·양·형·상·교·광 등 6주의 군사를 총괄하는 도독이 되어 명실상부한 남방 제일의 군사집단이 되었다.

313년, 멀리 장안에 있는 민제愍帝가 건강으로 사자를 보내 도움을 요청했지만 왕도는 사마예에게 강동을 아직 평정하지 못했기 때문에 북벌할 여력이 없다는 이유를 들어 거절하라고 권유했다. 북방사족 조적祖逖이 몇 백 호를 이끌고 남으로 이주하면서 군사를 모집해 세력을 키우고 강남에 도착한 뒤 사마예에게 북벌에 나서자고 촉구했다. 그러나 사마예는 그에게 분위장군奮威將軍 겸 예주자사라는 허울뿐인 직함과 1,000명이 먹을 양식 그리고 베 3,000필만 주고 무기도 주지 않은 채 양자강을 건너 북벌하라고 명했다. 조적은 어쩔 수 없이 사병을 이끌고 강을 건너게 되었는데 배가 중류에 이르자 감정이 북받쳐 노를 치면서 "나 조적은 중원을 되찾지 않는 한 맹세코 돌

동진 초기의 권신 왕도의 초상화

아오지 않겠다."라고 했다. 강 한복판에서 노를 두드리며 한 맹세는 사실 사마예와 왕도에 대한 불만의 토로였다.

316년 장안이 함락되고 민제가 포로가 됐다는 소식이 전해지자 사마예는 북벌에 나설 것처럼 진군을 선포한 뒤 친히 갑옷을 입고 훈련장에 나가 군사들의 사기를 북돋았다. 그러나 곧바로 군량이 부족하다는 변명을 대고 식량 운송을 담당하는 졸병을 죽이면서 북벌은 결국 유야무야되었다. 얼마 후 장안에서 강남으로 도망쳐온 관원 하나가 "민제가 포로가 되면서 사마예에게 국정을 대신 맡으라고 했다."라고 말하자 왕도와 왕돈을 비롯한 관리들은 낭야왕 사마예에게 황제의 자리에 오르라고 앞다투어 청했다. 사마예는 겉으로는 사양하는 척하면서 위진의 전례를 본떠 먼저 진왕이라고 칭했다. 몇 달 후 민제가 죽었다는 소식이 전해지자 왕도는 다시 즉위할 것을 권했다.

강남사족 기첨이 가장 간곡하게 권했는데 사마예가 짐짓 시종에게 옥좌를 치우라고 하자 기첨은 "황제의 자리는 위로 하늘과 별에 상응하는 것이니 감히 옮기는 자가 있다면 참수하리라."라고 호통을 쳤다. 사마예는 비로소 사양하지 않았다. 그러나 어떤 이는 눈치 없게도 "북벌을 단행하지 않았고 천하는 여전히 혼란스런 상황이니 먼저 황제의 자리에 올라서는 안 됩니다."라고 진언했다. 왕도와 사마예는 즉시 이 사람을 좌천시켜 건강에서 내쫓고 나중에 죄를 씌워 투옥

했다.

 당시 왕도가 조정과 병권을 장악하고 있었기 때문에 왕씨 일족의 권세는 황족인 사마씨보다 높았다. 왕도가 강남에서 세력을 다지자고 권했으며 강남에서 자리잡을 실력을 키운 인물임을 사마예는 분명하게 기억하고 있었다. 이런 연유로 사마예는 왕씨에게 깊은 경외심을 품고 동갑인 왕도를 '둘째 아버지仲父'라 높여 부르며 항상 "왕도는 나의 소하蕭何(한 고조의 일급 책사)다"라고 말했다.

 왕도는 사마예가 아닌 다른 황족을 찾아 진晉나라를 재건하자는 왕돈의 권유를 받은 적이 있었다. 왕도와 왕돈은 이 문제를 놓고 여러 번 논쟁을 벌였지만 결국 사마예를 옹립하기로 결정했다.

 진秦 이래 중국 황제들은 진시황이 물려준 옥새를 사용해 명을 내렸는데 서진 말년 전란의 와중에 옥새가 북방 소수민족 정권 수중에 들어가고 말았다. 이 때문에 중원 사람들은 동진 조정을 '백판천자' 10)라고 비아냥거렸다. 이러한 배경에서 사마예가 왕도에게 함께 옥좌에 앉자는 이야기가 나온 것이다.

2. 황족과 권문세족의 아슬아슬한 세력 균형

 건강에 도읍한 동진 조정은 남으로 이주한 100여 호의 북방 권문세족과 사마씨 황족 및 강남사족, 이렇게 3대 세력으로 구성됐다. 그중 가장 강한 세력이 사병을 보유한 북방의 사족이었다. 북방사족은 강남 지역에서 영향력

---

10) 白板天子 : 백판이란 원래 조정의 정식 도장이 찍히지 않은 문서를 말한다. '백판천자'란 명분이 떨어지는 황제라는 뜻이다.

이 약했던 사마씨 황족을 제압하고 강남사족을 위협했으나 북방의 소수민족은 두려워했다.

북에서 남으로 이주한 사족들은 하나로 뭉치지 못한 채 서로를 의심하고 시기했다. 또한 대다수가 북벌에 나서기를 꺼려했는데 만약 북벌에 실패하면 다른 사족들에게 병합되거나 강남사족 혹은 사마씨 황족에게 멸족당할까 두려워했기 때문이다. 강남사족들은 북방사족들과 연합하여 소수민족의 남침을 막고자 했지만 한편으로는 북방사족들이 정권을 독점한 채 북벌에는 소극적인 태도를 갖고 있는 것에 대해 불만을 품고 있었다.

사마씨 황족은 위진 이래의 정치적 교훈을 거울삼아 권신의 억제를 우선순위로 두고 권문세족 중 어느 하나가 다른 세력을 누르지 못하도록 권문세족들 간의 세력균형 유지에 힘썼다. 왕도는 개국공신이자 승상으로서 나라의 사활이 걸린 세력균형 유지를 가장 중요한 정치 방침으로 삼았다.

그러나 '왕씨와 시마씨가 천하를 공유하다'는 구도는 정치 현실이지 정치 구상은 아니었다. 사마예의 입장에서는 황제가 된 뒤에도 여전히 모든 일에 있어서 왕씨의 견제를 받는 것은 참으로 삼키기 어려운 쓴 약과도 같았다. 사마예가 원제로 등극하고 나서 의식적으로 유외劉隗와 조협刁協 등을 중용한 배경에는 왕씨세력을 견제하려는 의도가 깔려있다. 유외와 조협은 원제의 지지를 등에 업고 왕씨 자제를 포함한 호족세력을 탄핵하는 한편, 강남으로 도망쳐와 노비로 전락한 중원의 백성들을 모두 평민으로 해방시켜 병역을 부담토록 하자고 건의했다. 황권을 강화하려는 이러한 시도는 권문세가들의 반발을 샀다.

권문세가들은 양자강 중류에 병력을 보유한 왕돈을 견제하기 위해 황제에게 충성을 다하는 인물을 골라 건강 주변 주둔군의 사령관으로 파견하라고 건의했다. 원제는 이들의 의견을 받아들여 북벌 준비를 명분으로 유외를 회음淮陰으로 파견하고 일부 지방장관을 교체했다. 왕돈은 자신이 점차 막다른 곳으로 내몰리는 것을 알아채고는 322년 아예 유외와 조협 토벌을 외치며 반란을 일으켜 대군을 이끌고 건강으로 향했다. 유외와 조협은 원제에게 이 기회에 왕씨 일족을 제거하라고 했지만 원제는 차마 결단을 내리지 못했다.

한편 왕도는 왕씨 자제 20여 명을 데리고 날마다 궁문 밖에서 죄를 용서해달라고 빌었고 권문세족들도 잇달아 왕도를 용서해 달라고 청원했다. 원제는 하는 수 없이 왕도와 자제들의 관직을 그대로 유지시키고, 왕도에게 선봉대도독先鋒大都督의 직위를 주면서 이를 대의명분으로 사촌형 왕돈을 치라고 명했다. 그러나 왕돈의 군대가 건강성 밑까지 쳐들어오자마자 조정의 군대는 바로 무너졌다. 원제는 방법이 없었기에 유외와 조협에게 빨리 도망치라고 당부하고 왕돈에게 사자를 보내 "공(왕돈)이 만약 여기서 멈춘다면 우리가 함께 천하를 안정시킬 수 있지만, 그렇지 않으면 짐은 낭야로 돌아가 더 이상 천하를 도모하지 않겠소."라고 밝혔다. 왕씨와 사마씨가 함께 통치하는 현실을 인정한 것이다. 왕돈은 입조하여 왕씨세력에 반대한 대신들을 죽이고 쫓아낸 다음 근거지인 무창으로 돌아가 그곳에서 조정을 조종했다. 원제는 걱정과 분노가 병이 되어 몇 달 못가 사망했다.

왕돈은 공공연하게 조정을 무력으로 협박했기 때문에 이미 정치적 세력균형은 깨진 상태였다. 이듬해 왕돈은 다시 강남사족의 대성인 주씨에게 누명을 씌워 멸족시킨 일로 대중의 분노를 샀다. 왕도는 조정을 보좌하라는 원제의 유언을 받들어 새 황제 명제明帝를 보좌했다.

왕씨세력을 견제하는데 실패하다

　명제 사마소司馬紹는 원제의 장남으로 문무에 뛰어났으며 즉위할 때는 이미 24세의 청년이었다. 건강에 있던 왕돈은 줄곧 태자 사마소를 폐하려 했지만 다른 대신들의 반대에 부딪혀 뜻을 이루지 못했다. 왕돈을 극도로 증오하던 명제는 권문세족들과 손잡고 왕돈을 토벌하기로 결심했다. 동진 건립 후 북방 난민들이 강남으로 대거 몰려들자 치안 문제를 고려해 무기를 소지한 유민은 강을 건너지 못하도록 규제했다. 또 유민 무장세력의 우두머리에게 명목상의 관직을 주고 그들을 강회 사이에 배치해 동진 조정의 방패로 삼았다.

　명제가 유민 무장세력 중에서 사족 수령인 치감郗鑒을 접견하는 자리에서 치감은 유민 무장세력을 이용해 왕돈을 치자고 비밀리에 건의했다. 명제도 같은 생각을 하고 있던 터라 즉시 치감을 상서령에 임명하고 또 다른 유민 무장세력의 사족 수령인 환이桓彝를 산기상시로 앉혀 왕돈을 제서할 계획을 진행했다. 324년, 내전이 다시 일어나자 왕돈의 군대는 양자강 하류로 대거 진격했다. 그러나 이미 조정에서 회남에 배치한 유민 무장세력들이 신속히 출동해 이를 저지했다. 때마침 왕돈이 병사하는 바람에 왕돈의 세력은 바로 와해됐다. 이로써 동진 건국 이래 양자강 상류에 할거했던 세력과 하류의 조정 간에 빚어진 대립은 잠시 일단락됐다.

　왕돈은 패했지만 왕도는 왕씨집단의 우두머리로서 여전히 건재했다. 일 년 뒤 명제가 병사하자 5세밖에 안 된 성제成帝 사마연司馬衍이 등극하게 되었다. 왕도와 황제의 외삼촌 유량庾亮이 함께 국정을 보좌했다. 왕도는 삼대에 걸친 원로이자 황제의 스승이었기 때문에 성제는 예를 갖춰 인사를 해야 했다. 더구나 왕도에게 주는 문서에 '말씀드리기 황공하오나'로 시작해야 했으며 왕도의 집을 방문하면 그의 아내에게도 예를 갖춰 인사해야 했다. 이 시기에도 여전히 왕씨와 사마씨가 함께 천하를 다스리는 구도였지만 유씨 세력이 왕씨와 맞서기 시작했고, 남쪽으로 이주한 치씨와 환씨도 굴지의 사족이 되었다. 동진 정권은 사마씨 황족과 권문세족이 아슬아슬한 세력 균형을 유지하고 있는 상태였다.

권문세족을 옹호하고 북벌을 반대하다

왕도는 33년 동안 집권하면서 황권과 권문세족, 북방사족과 남방사족세력의 균형을 유지하는데 심혈을 기울였다. 중앙집권을 강화하면 사족계층에게는 손해를 끼치고 황족에게 이득이 되기 때문에 왕도는 이러한 정책을 채택하지 않았다. 역사는 왕도의 정치가 '깨끗하고 너그러웠다'고 평가하는데 실제로 그는 권문세족들을 방임했다. 왕도는 이론상으로는 서진의 정치적 폐단을 잘 알고 있었다. 한번은 원제에게 "조위曹魏로부터 태강泰康(서진 무제의 연호) 연간까지 공경세족公卿世族들은 사치하고 오만하며, 정치 교화를 무시하고, 법을 준수하지 않았습니다. 문무백관들은 안락함과 향락만을 쫓았으니 당연히 천하에 대란이 일어난 것입니다."라고 분석한 적이 있었다. 모두 정곡을 찌르는 분석이지만 왕도는 한번도 폐단을 말끔히 씻어내려는 시도를 한 적이 없고 단지 약간 보완하는 정도였다.

왕도는 비교적 청렴결백하고 소박하여 역사서에 '검소하고 욕심이 적어 창고에는 쌓아놓은 곡식이 없으며 비단옷을 입지 않았다'라고 적혀 있다. 그의 이런 행동은 귀감이 되어 서진의 사치풍조를 바로잡는데 영향을 미쳤다. 그러나 탐관오리를 법에 따라 엄격히 처벌하지는 않아서 사족 자제 왕술王述이 뇌물을 받아서 고발을 당했을 때도 완곡하게 비판하는 것으로 그쳤다. 왕도는 왕술에게 편지를 보냈다. '이름 있는 아버지를 둔 자식은 녹봉을 받지 않아도 걱정이 없을 정도인데 현령 따위에게 뇌물을 받았으니 정말 적당치 못한 일입니다' 이에 왕술은 이렇게 답신을 보냈다. '있는 자는 스스로 신중해야 하거늘 제가 모자랐습니다' 왕술은 분별력이 있는 사람이어서 개과천선하여 훗날 부를 얻고 나서도 청렴결백하고 스스로 자제할 줄을 알았다. 이것은 당시의 관리사회에서 미담으로 전해졌다.

　왕술과 달리 스스로 깨우치지 못하는 관리가 있어도 왕도는 그들을 내버려두었다. 왕도는 양주목楊州牧을 임명하면서 제도에 따라 관리 8명을 파견해 관할지역의 군수들이 행정을 잘 처리하고 있는지 살펴보게 했다. 8명이 돌아와서 보고를 하는데 고화顧和만 유독 한마디도 없었다. 왕도가 왜 말이 없느냐고 묻자 "현명한 자가 정사를 맡으면 배를 통째로 삼킬만한 큰 물고기는 법망을 빠져나가게 내버려둔다고 했습니다. 떠도는 소문을 듣고 잘잘못을 일일이 따지면서 정치를 할 필요가 있습니까?"라고 대답했다. 이 말을 들은 왕도는 고하를 나무라기는커녕 오히려 크게 칭찬했으며 이때부터 부하를 감시하라고 사람을 보내는 일이 없었다.

　심지어 큰 죄를 지은 일부 관리들을 백방으로 두둔하기도 했다. 양담羊聃은 여릉廬陵태수였는데 강도사건 하나로 무고한 백성 200여 명과 갓난아이를 죽이고 100여 명의 백성들을 가두었다. 양담은 황후의 조카(인척)이기 때문에 진晋나라 법률에 따라 감형의 혜택을 받을 수 있었다. 그러나 성제는 "이처럼 잔혹한 짓은 고금에 없는 일인데 감형할 필요가 있겠는가?"라며 당장 처형하려 했다. 하지만 왕도는 죄인이 낭야 왕비의 외삼촌이라는 이유로 성제에게 처벌의 수위를 바꿀 것을 청했다. 양담은 죽음은 면하고 관직과 직위만 박탈당했다.

왕도는 탐욕스럽고 포악한 관리들을 처벌하지 않았고 반란을 일으킨 관리들에게도 가급적이면 관대한 처분을 내렸다. 사촌형 왕돈의 반란에 대해서도 배경이 없는 일부 관리만 처벌했다. 유민의 우두머리 출신인 소준蘇峻이 왕돈의 난을 평정하면서 세력을 확장하여 건강을 위협하고 멀리서 조정을 통제했다. 유량은 소준의 병권을 박탈하자고 강경한 주장을 폈지만 왕도는 오히려 '포용'을 내세웠다. 327년, 소준과 조약祖約이 군사를 일으켰다. 조정은 이들을 일 년 만에야 겨우 진압할 수 있었다. 그러나 소준 일당을 처벌할 때조차 왕도는 가급적 관용을 베풀었다. 심지어 상주자사 변돈卞敦의 반란을 평정할 때도 왕도는 중립적인 태도를 취하여 그를 광주廣州자사로 전출시켰을 뿐이다. 강도 출신으로서 장군이 된 곽묵郭默이 조서를 사칭하여 평남장군 유윤劉胤을 살해했을 때도 왕도는 곽묵의 군사력을 두려워한 나머지 대사면을 발표하고 그를 예주자사로 임명했다. 명장 도간은 상소를 올려 "지방 관리를 죽인 자에게 지방 관직을 준다면 재상을 죽인 자에게는 재상 직을 맡겨도 된단 말입니까?"라고 항의했다. 결국 도간은 유량의 지지를 얻어 출병해 곽묵을 살해했는데 왕도는 이 또한 기정사실로 인정했다.

왕도는 통치집단 내부의 세력균형을 유지하기 위해 중원으로 북벌을 단행할 생각이 전혀 없었다. 사마예가 황제에 오르던 해에 웅원熊遠이 글을 올려 "대외적으로는 북벌을 하지 않으며 대내적으로는 권신들이 마음대로 하도록 내버려두니 장차 나라에 해를 끼치게 될 것입니다."라고 당시 조정을 비판했다. 왕도는 오히려 웅원을 건강에서 쫓아냈다. 조적이 자신이 보유한 적은 수의 군사와 황하 백성들의 지지를 바탕으로 황하 이남 지역을 회복하자 왕도는 조적을 백방으로 견제하고 전혀 돕지 않았다. 321년, 조적이 황하를 건너 석륵을 공격하려 시도하자 원제와 왕도는 오히려 조적의 병권을 박탈하고 진서鎭西장군 직위를 주는 한편 대연戴淵을 정서征西장군과 북방 6주 도독으로 파견했다. 울분에 찬 조적은 그 해에 병들어 죽고 북벌은 중단되고 말았다.

드디어 도간이 무창으로 나가 형荊 · 강江 · 옹雍 · 양梁 · 교交 · 광廣 · 익益 · 영寧의 8주 도독을 맡고 북벌을 적극적으로 준비했다. 이에 대해 왕도와 유량이 이끄는 조정은 냉담한 태도를 보이면서 왕돈의 선례가 되풀이되지 않을까 염려했다. 그러던 와중에 도간이 병사하자 조정에서는 안도의 한숨을 쉬었다.

'무위이치'의 이념을 표방하다

군주와 권문세족이 세력균형을 유지하는 양상은 동진시대 내내 계속됐다. 왕도의 집정 후기에는 '분쟁을 그치고 서로 편안히 지내기'를 정치의 원칙으로 삼았다. 이른 바 '아무것도 하지 않는 것이 잘 다스리는 것이다'는 '무위이치無爲而治'의 이념을 표방하여 왕도는 종종 자신에게 올라온 공문서를 보지도 않고 서명했다. 이 때문에 사람들에게 일처리가 엉망이라고 공격을 받기도 했으나 왕도는 오히려 "나를 어리석다고 하는 이들이 있지만 앞으로 나의 어리석음을 그리워하게 될 것이다."라고 반박했다.

339년 왕도가 죽자 유량 · 유익庾翼 형제가 집권했다. 유씨는 영천에서 남으로 이주해온 대족으로 황실의 외척이기도 했다. 유씨의 세력이 차츰 막강해져 왕씨와 사마씨의 세력을 넘어서게 됐다. 유씨 일파의 통치 방침은 왕도보다 적극적이어서 법을 어긴 사족들은 과감하게 처벌하고, 적극적으로 북벌을 준비했다. 유량과 유익은 잇달아 무창으로 나가 양자강 중류에서 전쟁을 준비했다. 유익은 다시 양양으로 진을 옮겨 마차와 수레를 징발하고 민간의 노예를 운송병으로 차출하여 권문세족들의 심한 반발을 샀다. 유씨는 '잘잘못을 하나하나 따지는 정사察察之政(찰찰지정)'를 시행하여 권문세족과 황권과의 세력 균형을 깨뜨렸다. 유익이 죽자 유씨 일파는 그의 아들 유원庾爰을 도독으로 임명하려 했으나 황실과 권문세족들은 그들에 대해 회의적이었다. 그래서 명제의 사위이자 대성인 환씨 가문의 환온에게 양자강 중류 일대의 병권을 맡겼다. 그러나 환온을 제압하기 위해 '잘잘못을 하나하나 들추는 정치'를 반대했던 고화, 청담명사 은호殷浩, 북벌을 결사반대하는 채모蔡謨를 내세워 이들에게 조정을 맡기면서 왕도의 국정운영 방침으로 다시 돌아갔다.

347년 환온은 성한을 멸망시키고 양자강 상류 일대를 점령하여 명성이 높아졌지만 한편으로는 조정과 대족들의 의심과 질투를 샀다. 환온은 세 번째로 북벌에 나섰지만 후방의 지원이 없어 초기에는 승리를 거두다가 결국 패하고 말았다. 환온조차 진심으로 북벌을 하려는 것이 아니라 북벌을 이용해 왕돈과 같은 독자세력을 구축하려는 의도였다. 당시 조정은 사안謝安이 집권하고 있었는데 사씨 역시 남으로 이주해온 대족으로 왕씨 세력과 밀접한 관계를 맺으면서 탄탄한 정치 기반을 닦았다. 사안은 세력균형을 중시하는 왕도의 노선을 답습했는데 역사에서는 사안의 정치 방향이 "사소하게 살피지 않고 큰 요지를 중시한다."라고 말한다. 그는 환온의 압박에 맞서 겉으로만 그를 따르는 척하고 애매모호하게 행동하면서 유연하게 막아냈다. 환온은 왕·사·유씨 등 몇몇 대족의 연합전선에 맞섰지만 끝내 나라를 함께 경영하는 정세는 바꾸지 못했다.

환온이 죽은 뒤 전진前秦이 북방에서 강성해지자 왕·사·환씨 등 몇몇 대족은 일시적으로 연합전선을 결성하여 동진의 위기를 헤쳐 나갔다. 이런 변화의 과정을 살펴보면 확실히 동진의 재상과 대신들이 왕도의 노선을 그리워할 만하다는 것을 알 수 있다. 이 노선에서 벗어나면 통치계급 내부에는 곧 긴장이 고조되었으므로 결국에는 언제나 균형 상태로 되돌아왔다. 이 때문에 동진과 이후 남조의 정치가들은 모두 왕도를 본보기로 삼았다.

  황제와 세족이 천하를 함께 경영한다는 것은 중국 역사상 극히 드문 현상이다. 고대 중국의 정치제도는 줄곧 군주 전제체제를 유지했다. 때때로 권신들이 황제 자리를 빼앗는 일이 있긴 했지만 동진처럼 100년 가까이 군주와 권신이 권력을 공유하고 황제와 권문세족이 세력균형을 유지하는 일은 없었다. 이는 동진의 특수한 정치·역사적 배경 때문에 생긴 현상이다. 사마씨 황실은 남방에 토대가 없는 데다 '팔왕의 난' 때문에 북방사족의 지지마저 잃었다. 왕씨 등의 권문세족이 군사력이 약한 낭야왕 사마예를 옹립한 속셈은 북방 소수민족을 제압한 사족계층과의 연합전선에서 황실을 상징으로 내세우기 위함이었다. 만약 눈앞에 닥친 전쟁 위협과 첨예한 민족모순이 없었다면 권문세족들은 천하를 황제와 함께 경영하기 보다는 아예 왕조를 바꾸려들었을 것이다. 사족계층 입장에서 보면 북에서 남으로 이주한 권문세족의 세력이 많이 약해지면서 서로 간에 세력의 균형이 이루어졌기 때문에 이들과 연합하여 소수민족과 남방의 호족에 대항하고자 했다. 황권을 포함한 기타 세력들에게 잠식당하지 않도록 자신들의 기득권을 보호하고 권문세족 및 황권과 세력균형을 유지해야할 필요성이 있었다. 어떤 특정한 세력이 다른 세력을 압도할 정도로 커지는 것을 이들은 바라지 않았다.

3. 왕도 노선의 한계점

당시 중국 사회에 존재한 첨예한 모순의 해결이라는 측면에서 보자면, 왕도의 노선은 단순히 모순을 회피하는 데 급급한 것이었고, 중원의 통일을 실현하려는 계획은 근본적으로 존재하지 않았다. 눈앞의 안일만 생각하여 강남에만 갇혀 소규모의 조정을 유지했던 것이다. 이는 남으로 쫓겨나온 백성들의 염원을 져버린 행위일 뿐 아니라, 북방에 남아 민족탄압정책으로 박해를 받던 백성들을 외면한 처사였다. 동진 조정이 강남에 정착할 수 있었던 것은 북에서 남으로 이주한 백성들과 강남 백성들이 민족 대의에 입각하여 적극적인 지지를 보냈기 때문이다. 그러나 동진 정권은 근본적으로 백성들의 염원을 무시하고 눈앞의 안일만을 추구했기 때문에 빠르게 지지기반을 잃어 갔고, 더욱이 북방의 소수민족 정권에 대응하는 과정에서 역량이 약화되었다. 여기에 계급간의 갈등이 심화되어 동진은 언제나 안팎으로 곤경에 처해 있었다. 당시 북방에서는 여러 소수민족 정권끼리의 전쟁이 잦았고 적지 않은 한족 무장세력은 여전히 투쟁을 벌이고 있었다.

만약 동진 정권이 이러한 시대적인 배경을 이용하여 북벌 방침을 세우고 북방의 민간 무장세력들과 연합했다면 강남의 정국을 안정시킴과 동시에 북벌을 준비할 수 있었다. 결국 북방의 혼란한 정세를 이용한 '중원회복'은 충분히 가능한 일이었다. 예를 들면, 조적은 유력한 개인 수백명이 보유한 사병집단과 극히 제한적인 군비로 황하 이남을 수복했고 환온은 적은 병력으로 관중까지 쳐들어갔다. 왕도식의 정책은 가만히 앉아서 절호의 기회를 놓쳐버리고 또한 동진 전체의 사기를 바닥까지 떨어뜨렸기 때문에 나약하고 되는대로 일을 처리하는 풍조가 생겨나는 결과를 가져왔다.

서진 말년에 진군陳群은 왕도에게 이렇게 편지를 썼다. '현재의 붕괴 상황은 관리를 임용할 때 재주와 학문을 따지지 않고 문벌만을 중시하며, 상벌이 분명치 않고, 관리들은 썩었기 때문에 빚어졌습니다. 정치 개혁을 건의 드리는 바입니다.' 동진 초, 응첨應詹은 "큰 흉년 뒤에는 제도를 새롭게 바꾸어야 합니다."라고 건의했다. 15년 뒤, 강남사족의 우두머리인 노신 공유孔愉는 글을 올려 당시의 정치를 통렬히 비난했다. "행정은 복잡하고 노역은 무거우며, 백성은 고단하기 이를 데 없고, 간사한 관리는 멋대로 위세를 부리고, 포악한 자들은 백성을 학대한다." 동진의 정치가 서진의 폐단을 그대로 답습하고 있음을 알 수 있다. 왕도의 '깨끗하고 너그러움' 은 대충 옛것을 그대로 유지시키는 것이었고 왕도 자신도 이런 점을 잘 알고 있었지만 남의 비판은 받아들이지 않았다. 공유가 글을 올리자 왕도는 그 자리에서 반박했고 이에 공유가 잘못을 하나하나 열거하려 했으나 다른 이들이 나서서 겨우 상황을 무마했다. 왕도는 이때부터 공유를 배척했다.

중국 역사의 관례를 보면, 왕조가 바뀌거나 왕조의 중흥기에 이르렀을 때가 바로 잘못된 정치를 개혁할 적기에 해당한다. '백성과 함께 새로 시작한다' 라거나 '만물을 새롭게 한다' 는 말은 이를 두고 하는 이야기다. 그러나 왕도의 집권기에 동진 정권은 개혁의 시기를 완전히 놓치고 말았다.

통치계급 내부의 세력균형을 유지하려는 왕도의 노선은 나약함에서 비롯된 것이다. 왕도의 노선으로 이익을 얻은 수혜자는 주로 남으로 이주한 100여 호의 권문세족들이었다. 그들은 북방 소수민족의 위협을 피해 강남에서 재산을 늘리는데 여념이 없었고 한 세대도 지나지 않아 과거의 안일한 생활로 돌아갔다. 강남사족 계층과 중소지주 계층의 생활 수준은 별로 개선되지 않았다. 왕도는 주로 황실과 남으로 이주한 사족 간의 갈등 및 남하한 사족과 토착 강남대족 간의 갈등 해소에만 주력했기 때문에 오히려 미천한 출신들과 문벌이 좋은 사람들 사이의 갈등은 날로 극심해졌다. 또한 왕도식의 노선은 사족 계층을 단결시키는 공동의 목표는 제시하지 못했다. 적극적으로 권문세족들의 역량을 결집시키는 것이 아니라 소극적이고 피동적으로 그들의 성장을 방관했다. 때로는 대족의 이익을 위해 황권의 약화라는 대가도 기꺼이 치렀다. 왕도가 이룩한 균형은 소극적이고 미약했기에 결과적으로 몇 십 년 사이에 권신이 반란을 일으키고 사족 간의 다툼이 계속되었다. 이 때문에 통치계급은 분열되고 역량이 약화되었지만 북방 소수민족 정권의 위협이라는 당면 과제로 인해 조정이 간신히 유지된 채 전면전으로 번지지는 않았다고 할 수 있다.

비수전투
— 최후의 남북 대치 국면 조성

올바른 전략이라도 전술에서 중대한 착오가 생기면 전체의 실패로 이어질 수 있다. 전진 정권이 비수전투의 패전으로 급속도로 와해된 사실을 역사의 거울로 삼아야 한다.

1. 북방을 통일하고 등용에서 차별을 없애다

북방사회는 전조前趙와 후조後趙, 염위冉魏의 민족탄압정책으로 크게 퇴보했다. 강남 지역으로 만족한 동진은 내부의 세력균형 유지에 바빠 중원을 회복할 절호의 시기를 놓쳤다. 사정이 이렇다 보니 북방의 통일과 평화는 올바른 민족정책을 갖고 있는 소수민족 정권에 기대할 수밖에 없었다. 이 정권이 바로 저족 수령 부견苻堅을 황제로 하는 전진前秦이다. 저족의 부씨 부락은 서진 말년에 군사를 일으켜 원래 거주하던 약양略陽 임위臨渭(현재 감숙성 천수 동북쪽)에서 관중으로 세력을 발전시켜 갔다. 염민의 소수민족 대학살이 일어나고 일 년 뒤, 부견의 숙부 부건苻健은 장안을 점령하고 대선우를 자칭하며 대진국大秦國을 세웠다. 357년, 부견은 정변을 일으켜 음탕하고 잔혹한 사촌형 부생苻生을 폐위하고 자신을 대진천왕이라 칭하며 황제의 자리에 올랐다. 이때 부견의 나이는 겨우 19세였다.

부견이 집권하기 이전의 대진국과 기타 소수민족 할거정권은 한족에 대해 민족억압정책을 추진했다는 점에서 별 차이가 없었다. 하지만 부견은 달랐다. 그는 어릴 적부터 한족문화를 익혔다. 역사에서는 그를 '박학다재하며 세상을 경영하려는 큰 뜻이 있었다'고 말한다. 저족 귀족들의 지지를 바탕으로 권력을 쟁취한 부견은 개혁을 추진했다. 경제적으로는 농업을 발전시키고 전쟁을 멈추어 백성들의 경제 안정에 힘썼다. 정치적으로는 주周나라와 진秦나라의 정치·문화 전통 계승을 내세워 중앙집권을 강화하고 유학을 권장했다. 특히 민족 문제에 있어서는 소수민족과 한족을 차별하는 정책을 폐지하고 여러 민족을 동등하게 대우했다. 부견은 한족 지주계급의 지지를 매우 중시하여 즉위하던 해에 각 지방에서 관리가 될 만한 한족 선비들을 추천받고 신분에 상관없이 한족 인재들을 임용하라고 조서를 내렸다. 이로써 전진은 통치 기반을 크게 넓히게 되었다. 부견은 정변 이전부터 친분이 있던 한족 선비 왕맹王猛을 높이 평가해 '나의 제갈공명'이라고 불렀다.

왕맹은 집안이 가난해 어릴 적에는 삼태기를 팔아 생계를 유지하면서 독학으로 병법을 공부했다. 동진의 환온이 관중으로 쳐들어왔을 때 왕맹은 몸에 있는 이를 잡으면서 천하대사를 논의했는데 환온은 이에 탄복을 금치 못했다고 한다. 환온은 철수하며 왕맹에게 함께 남으로 가자고 했지만 왕맹은 사족들이

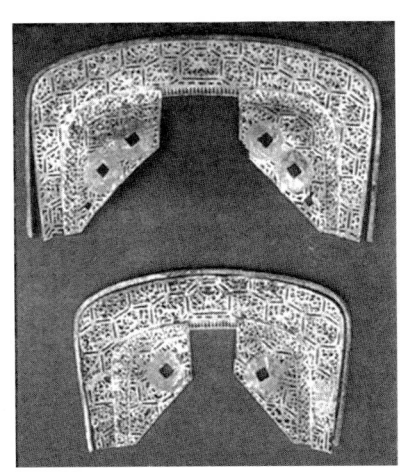

금동제 말안장 장식 | 전연시대

권력을 잡고 있는 한 동진에서는 자신의 재능을 발휘할 수 없다고 판단하여 완곡한 말로 거절했다.

부견은 왕맹을 책사로서 깊이 신뢰했다. 저족 귀족 번세樊世가 왕맹을 업신여겨 조정에서 공개적으로 욕설을 퍼붓자 부견은 크게 화가 나서 번세를 사형에 처했다. 수도를 관장하는 경조윤京兆尹을 맡은 왕맹은 몇 십 일 만에 법을 어기고 마음대로 행동하는 저족 귀족 20여 명을 사형에 처했다. 부견은 "나는 오늘에야 법률이 무엇인지 알았고 황제의 존엄함이 어디서 나오는지를 알았다."라고 칭찬했다. 왕맹의 관직이 일 년 사이에 5등급이나 오르자 저족 귀족들은 잇달아 반대했지만 부견은 오히려 반대자들을 좌천시켰다. 왕맹은 나중에 재상의 자리에까지 올라 조정을 주도했다. 왕맹의 출세가도는 16국 시기에는 아주 드문 현상이었다. 부견은 여타 민족의 재능 있는 인사들도 믿고 중용했다. 전연前燕의 선비족 모용수慕容垂가 배척을 받고 전진에 의탁하자 부견은 그를 대장으로 임명했다. 뒷날 그는 북방의 통일전쟁에서 중요한 역할을 한다.

2. 비수淝水전투의 전개 양상

부견의 정책으로 전진 정권의 기초는 크게 강화되었다. 그 결과 국력이 강성해져 370년에는 세력이 가장 강했던 전연을 멸망시키고 376년에는 전량前涼과 대국代國을 멸망시켜 북방 전체를 통일했다. 부견은 웅대한 포부를 불태우며 승리의 기세를 몰아 전 중국을 통일하고자 했다. 왕맹은 죽으면서 부견에게 동진을 공격하지 말라고 다음과 같이 당부했다. "동진은 중국의 정통이므로 민심이 따르고 있습니다. 선비족과 강족이야말로 진晉나라의 원수인 만큼 먼저 그들을 제거해야 합니다." 그러나 부견은 왕맹의 유언을 아랑곳하지 않고 군대를 보내 양자강 상류의 양梁과 익益 두 주를 점거하고 장기적으로 포위 공격을 가해 한수 유역의 전략 요충지 양양을 점령했다. 이어 회하 유역의 전략 요충지 팽성彭城을 공략하는 등 동진에 대한 공격 태세를 갖추었다.

동진의 명재상 사안의 초상화

382년 문무백관을 소집해 동진 정벌에 관한 문제를 의논한 부견은 97만 대군을 동원해 직접 동진 공격에 나서겠다고 발표했다.

"우리의 막강한 병력은 말안장을 양자강에 던지면 양자강의 흐름을 끊어 놓을 정도인데 무엇이 두렵겠느냐!"

그러나 신하들 가운데 한두 사람을 제외하고는 모두 천문이 불길하고, 천연요새인 양자강은 건너기가 어려우며, 병사들이 지쳐있다는 이유를 들어 반대했다. 흥이 깨진 부견은 조회가 끝나자 꾀가 많은 동생 부융符融을 불러 의논했다. 그러나 부융 역시 "우리 백성들에게는 적을 두려워하는 마음이 있습니다."라며 동진 침공을 반대했다. 이 말은 동진을 공격하면 민심을 잃는다는 뜻이었다. 부융은 끝으로 "우리나라는 본래 융적戎狄(북방 오랑캐)이고 동진은 비록 세력이 약하나 중국의 정통을 잇고 있어 하늘이 멸망시키지 않을 것입니다."라고 간했다. 그러자 부견은 "제왕의 운은 고정불변 하는 것이 아니다. 하늘은 덕을 많이 쌓는 자를 돕는다. 유선(유비의 아들)은 한나라의 정통이 아니던가. 하지만 조위에게 멸망당하지 않았는가?"라고 반박했다. 왕맹과 부융이 말한 동진 정통설은 오히려 부견의 결심을 더욱 확고하게 만들었다. 북방의 한족이 희망을 버리지 않는 이유는 동진 조정이 존재하기 때문이라고 판단한 그는 동진만 없애면 정통의 지위를 확보하고, 한족 지주계급의 협력을 얻어 한족을 중심으로 민족 동화를 실현할 수 있을 것이라 생각했다. 그는 동진을 제거하지 않는 한 마음이 불안했다. 결국 전력을 동원해 동진을 멸망시키겠다고 독단적으로 결정했다.

전진의 압박에 맞서 일치단결하다

전진의 강한 압박에 맞서 동진의 내부는 점차 화해의 분위기가 형성되고 대외적으로 일치단결했다. 야심만만한 환온은 동진이 양자강 상류 지역을 상실하던 해에 병사했고 환온의 자리를 물려받은 동생 환충桓沖은 눈앞에 닥친 위협을 타개하기 위해 다른 권문세족들과 화합했다. 환충이 양주자사직을 내놓고 사안謝安과 왕표지王彪之가 조정을 주재하도록 하자, 이들도 보답의 뜻으로 환충에게 양자강 중류 일대의 병권을 갖는 형주자사직을 맡겼다. 이렇게 환씨·왕씨·사씨의 3대 가문(또 하나의 대족인 유씨는 환온에게 심각한 타격을 받고 다시 일어나지 못했다)이 전례 없는 연합전선을 형성해 공동으로 집권했다. 사씨는 강회 지역 병권을, 환씨는 양자강 중류 일대 병권을 장악하고 적극적인 방어에 나섰다. 사안의 조카 사현謝玄은 강북 군사권을 맡아 강회 지역에서 용감하고 날쌘 사람들을 모아 군대를 조직하고 용장 유뢰지劉牢之가 이들을 통솔했다. 사현이 진을 친 강릉은 당시 북부라고 불렸고 사현의 부대 또한 '북부병'이라 했다. 북부병은 강회 지역에서 활동하던 유민 무장세력을 새롭게 편성하여 만든 부대였다.

과거 동진에서는 이러한 무장세력들이 자생하고 자멸하도록 내버려두었다. 그리고 북방 군대가 쳐들어오면 이들을 이용해 방어전을 폈다. 전쟁이 없을 때는 식량 공급을 중단하는 한편 동진에 혼란을 일으킬까봐 염려한 나머지 강을 건너지 못하도록 했다. 사현은 이들을 정규군으로 편입시켜 동진의 후방을 담당하도록 하고 수령들을 장군으로 임명해 사기를 북돋웠다. 사현은 북부병을 주력으로 삼아 회남에서 전진을 물리쳤다.

383년 5월, 환충은 10만 대군을 이끌고 양양을 역공해 전진군의 계획을 교란했다. 같은 해 7월, 부견은 장정 10명 중 한 명을 병사로 징집해 네 방향에서 동진을 대대적으로 공격했다. 강족 장군 요장姚萇은 군사를 거느리고 양과 익, 두 주에서 양자강을 따라 내려가고, 한중 지역의 전진군은 한수를 끼고 형주로 진격했으며, 유幽와 기冀 두 주의 군대는 팽성으로 진격했다. 주력군은 기병 27만, 보병 60만으로 구성된 대군으로 부견이 직접 지휘했다. 선봉을 맡은 부융은 25만 명을 거느리고 장안을 출발해 낙양·허창·영하를 따라 전진하여 1,000리 가까이 진군 행렬이 이어졌다. 이들은 먼저 회하 지역의 동진 방어선을 공격했다.

전진군이 대거 침략해온다는 소식이 건강에 전해지자 동진 조정은 바짝 긴장했다. 사안은 동서 양 방향에 군대를 배치해 적을 맞이할 계획을 짰다. 서쪽은 환충이 군대를 지휘하고, 동쪽은 사안의 동생 사석謝石이 지휘하고, 사현이 선봉을 맡았는데 병력이 8만에 불과했다. 민심을 안정시키기 위해 사안은 병력 배치를 마치자 친구들을 데리고 나들이를 갔다. 환충은 동부전선이 걱정되어 서쪽에서 병력을 이동시키자고 했지만 사안은 단호하게 반대했다. 그러자 환충은 부하들 앞에서 "사안은 용병술을 몰라 몇몇 철없는 아이들을 보내 적을 막게 하고, 병력 또한 부족하니 대세는 이미 적에게 기울었다. 우리는 오랑캐 풍속에 따라 옷섶을 왼쪽으로 여며야 할 것이다"라고 한탄했다.

동진의 대승과 전진의 몰락

전진의 선봉 부융은 회하 남안의 요충지 수양壽陽(지금의 안휘성 수현)을 손쉽게 점령하고 회하의 요충지 협석硤石을 포위했다. 협석의 동진 장수는 조정에 급보를 띄우려 했으나 전진군에게 이를 빼앗기고 만다. 부융은 400리 밖 항성項城에 있는 부견에게 '적의 숫자가 적어서 잡기 쉬운데 달아날까 봐 걱정'이라고 보고를 하면서 장수의 편지를 함께 보냈다. 부견은 대단히 기뻐하면서 대군은 놓아두고 기병 8,000명만 데리고 밤새 달려 수양에 도착한다. 부견은 주서를 사자로 보내 사석에게 투항을 권고했다. 주서는 원래 동진의 장수였다가 포로가 된 자였다. 마음속으로 동진을 섬기고 있던 주서는 사석에게 전진의 군사 상황을 누설하고 전진의 주력군이 아직 도착하지 않은 틈을 타 속전속결로 끝내라고 건의했다.

사석은 유뢰지에게 정예군 5,000명을 거느리고 낙간洛澗에 주둔한 5만의 전진 군대를 기습하게 했다. 유뢰지는 첫 전투에서 장수 양성梁成을 비롯한 전진군 1만 5천 명을 죽이는 대승을 거뒀다. 부견은 수양성에서 질서정연한 동진군 진영을 내려다보았다. 그는 맞은편 팔공산 위의 나무마저 동진의 군사로 생각하고 "이 역시 강한 적인데 어찌 약한 군대라 할 수 있겠는가?"라고 한탄했다.

한편 사현은 비수를 따라 진을 친 뒤 강을 사이에 두고 전진군과 대치하고 있었다. 그는 사자를 보내 동진군이 강을 건너 결전을 벌일 수 있도록 전진의 군대가 조금 후퇴할 것을 요청해 전진군에게 정면 도전했다. 전진의 장수들은 모두 반대했지만 부견은 오히려 "몇 걸음 후퇴하는 척하면서 동진군이 강 한가운데 도달했을 때 공격하면 반드시 이길 것이다."라고 했다. 부융 또한 그의 의견에 동의했다. 그러나 전진군이 뒤로 물러나면서 뜻밖에 진두가 혼란스러워지자, 이들이 당황한 틈을 이용해 동진군은 신속히 강을 건너 맹렬히 전진군을 추격하여 부융군은 전멸 당하고 만다. 주서는 전진 군대 뒤에서 "전진군이 패했다! 전진군이 패했다!"라고 소리쳤다. 그러자 전진의 병사들은 오합지졸이 되어 뿔뿔이 흩어지고, 동진군은 단숨에 30~40리를 추격하여 20여만 명의 전진 군대는 궤멸당하고 만다. 전진의 병사들은 바람소리에도 동진 군사의 추격으로 오해하고 도망가기에 바빴다. 전진의 주력군은 대패하고 나머지 부대도 잇달아 퇴각했다. 그리하여 동진군은 예상치 못한 전대미문의 대승을 거두게 되었다.

부견은 비수전투에서 화살에 맞아 낙양으로 허겁지겁 도망쳤다. 패잔병의 수가 10여만 명에 육박했기에 이들을 다시 모으면 충분히 재기할 수 있었다. 그러나 부견이 수도 장안에 돌아와 있는 몇 달 사이에 도처에서 봉기가 일어났다. 모용수는 하동을 순시할 때 전연前燕의 선비족과 의기투합해 전진에 반기를 들고 연나라를 재건했다. 이를 역사에서는 후연後燕이라고 한다. 전연의 귀족 출신 모용홍慕容泓과 모용충慕容冲은 관중에서 군사를 일으켜 동쪽에서 장안으로 진격해 역시 연나라를 재건했다. 이를 역사에서는 서연西燕이라고 한다. 강족 장수 요장姚萇은 위북渭北에서 군사를 일으켜 만년진왕이라고 자칭하며 서쪽에서 장안으로 진격했다. 또 다른 선비족 장수 걸복국인乞伏國仁은 농서에서 군사를 일으켜 역시 진나라를 재건했다. 이를 역사에서는 서진西秦이라고 한다. 이처럼 눈 깜짝할 사이에 북방은 또 다시 혼전의 상태로 빠져들었다. 동진은 전진에 내란이 일어났다는 소식을 듣고 이 기회에 잃었던 땅을 되찾기 위해 황하 이남 지역을 공략하게 된다. 2년 뒤 부견은 요장에게 살해되고 전진은 다른 할거정권과 비슷한 수준의 작은 나라로 몰락했다가 결국 394년에 멸망하게 된다.

3. 민족융합정책으로 중화민족의 대화합을 꾀하다

비수전투는 16국시대에 벌어진 전쟁 중에 규모가 제일 컸으며 역대 전략가들이 소수가 다수를 이긴 전형적 사례로 높이 평가하는 전투였다. 비수진투가 한창 강성하던 전진을 직접적으로 와해시켰다는 사실은, 남북의 통일 시기가 아직 무르익지 않았으며 북방의 통일조차도 시기상조였다는 점을 설명해준다. 남과 북의 정치·군사적 역량은 아직 평형을 이룬 상태였으므로 남북의 분열은 오랜 기간 계속되었다.

역대의 사학자들 대다수가 전진이 단 한 번의 전쟁으로 무너진 까닭은 부견이 왕맹과 부융의 건의를 듣지 않았으며, 모용수와

전진시대 기와

요장 같은 전연 출신 귀족과 기타 소수민족 지도자들을 죽이지 않았기 때문이라고 보았다. 그러나 사마광은 『자치통감』에서 다음과 같이 의견을 달리했다.

'그런 자들은 조조와 같이 '치세에는 유능한 신하이고 난세에는 간웅'일 뿐이다. 만약 부견이 나라를 잘 다스렸으면 모두 유능한 신하가 될 사람들이었다. 당시의 전진은 연이어 전쟁에 이긴 결과, '백성은 피로하고 군주는 교만한 상태'였다. 부견의 실패는 교만한 군주가 피로한 인민을 데리고 무리한 원정을 했기 때문이다. 이는 유능한 신하가 간웅이 될 기회를 마련해준 셈이다.'

역사적 시각으로 보자면 사마광의 관점은 매우 설득력이 있다. 그러나 전진이 비수전투 이후 사분오열된 상황은 부견이 행했던 민족정책의 실패를 의미하는 것은 아니다. 양조兩趙와 염위의 민족압박, 민족학살정책이 가져온 막대한 파괴를 목격한 부견은 중화민족의 입장에서 문제를 바라보게 되었다. 그는 왕맹과 부융의 위에 서서 자신은 중화민족 정통의 계승자라 자처했고 전진은 오랑캐 정권이 아니라 진秦·한漢·위魏·진晉과 같이 정정당당하게 하늘의 명을 받은 왕조이기 때문에 오랑캐와 한족을 따지는 구습에 얽매일 필요가 없다고 생각했다. 왕맹이 모용수를 모함하려고 계략을 쓴 적이 있었으나 부견에 의해 저지당했다. 부융이 하늘의 계시라며 전연 출신 선비족 황족들을 죽이자고 청했을 때 부견은 정당한 이치를 들어 이 또한 거절했다.

"국내에 일이 많고 정국이 아직 안정되지 않았기 때문에 민중을 위로하고 오랑캐들과 친해야 할 때이니 다시는 그런 생각을 하지 말라. 하늘의 도리를 지키면 모든 일이 순조롭고 덕을 쌓으면 재앙이 비켜간다고 했다. 자신의 일만 잘한다면 하늘이 재앙을 내릴 것이라 두려워할 필요가 없다."

민족차별을 철폐한 부견의 등용정책

부견이 이끌던 전진은 비록 무력으로 북방을 통일했지만 무력을 사용하는 동시에 피정복 민족의 상층부 인물들을 회유하여 자기편으로 만드는 정책을 중시했다. 제갈량이 맹획을 일곱 번 잡았다가 일곱 번 모두 놓아준 전략을 적극적으로 배워 상대의 마음을 얻는 것을 상책으로 삼았다.

부견은 전연을 공격할 때조차 군대가 출발하기도 전에 이미 전연의 군신들을 활용할 자리를 마련해 놓았다. 포로로 잡은 전연의 군신에게 완강하게 저항한 죄를 사면한다고 선포하고 장안으로 데려가 관직을 수여했다.

부견이 대국代國을 멸망시키자 대국의 왕 십익건什翼健이 아들에게 살해당하고 손자 탁발규拓跋珪는 어렸기 때문에 통치할 사람이 없어 탁발 부락은 흩어지고 말았다. 부견은 이 기회를 틈타 탁발 부락을 완전히 제거한 것이 아니라 사람을 피견해 2개 부로 나누어 관리했다. 그리고 탁발규를 장안으로 데려와 한족문화를 가르치고 성인이 된 뒤 다시 부락을 이끌게 했다.

반란을 일으킨 귀족 수령에게조차 부견은 형벌을 남용하지 않았다. 흉노족 좌현왕左賢王 유위진劉衛辰이 수차례 반란을 일으켰지만 매번 사로잡은 뒤에 관직을 다시 주었다. 부견은 특히 한족 사대부를 발탁하기 위해 백방으로 노력했다. 동진의 익주를 공격했을 때 재동 태수 주효를 포로로 잡았는데 부견은 그를 자기 사람으로 만들고 싶어 했지만 주효는 부견을 보자마자 욕을 퍼부었고, 정월 조회 때는 전진 조정을 보고 "개 양이 한데 모였다."라고 악담을 퍼부었다. 대신들은 주효를 사형시키자고 여러 번 요청했지만 부견은 결코 동의

하지 않았다. 동진의 장수 주서는 일 년이 넘도록 양양을 지키다가 나중에 성이 함락되고 포로가 되었다. 부견은 주서를 상서로 임명했다. 비수전투가 시작되기도 전에 부견은 이미 동진의 군신들을 위한 자리를 염두에 두고 동진의 효무제 사마창은 상서좌복야, 사안은 이부상서, 환충은 시중으로 점찍어 놓고 있었다. 부견의 이런 정책들은 전진이 무력으로 통일을 하는 과정에서 생기는 저항과 전쟁으로 인한 파괴를 크게 감소시켰다. 그래서 전진은 비교적 순조롭게 북방을 통일할 수 있었고 더욱 중요한 점은 민족대융합의 조건을 마련했다는 사실이다. 이를 통해 동한 이래로 북방 여러 민족의 융합 추세가 다시 일어났고 이는 전 중화민족의 발전에 유리하게 작용했으며 역사의 흐름에도 부합하는 일이었다.

4. 비수전투의 역사적 교훈

부견은 민족통일을 추진하는 과정에서 너무 성급했다. 북방통일이 비교적 순조로웠기 때문에 단숨에 전국을 통일할 수 있다고 생각한 것이다. 민족융합은 길고 어려운 역사적 과정으로, 부견이 통일을 추진하면서 바탕으로 삼은 민족주체는 전진 정권(저족)이었지만 문화적 주체는 오히려 중원 지역의 전통적인 한족문화였다. 이 둘 사이에는 깊은 모순이 존재하고 있었기 때문에 이것은 부견이 추진하는 민족융합정책에 커다란 걸림돌이 되었다. 저족은 고도로 한화된 소수민족이지만 중원에서 정치적인 우세를 점하고 있는 한족 지주계급의 인정을 받으려면 적어도 몇 세대에 걸치는 오랜 기간의 역사적인 단계가 필요했다. 부견은 왕맹과 같은 미천한 출신인 한족 선비들의 지지는 확보했지만 중원의 한족 사족계층들의 지지는 끌어내지 못했다. 게다가 대다수의 한족 백성들은 전진에 대해 공포심을 가지고 있어서 전조·후조와 같이 잔혹한 통치를 되풀이할까 두려워했다.

부견은 소수민족 전체에서 병사를 선발하는 방식에 따라 장정 10명에서 병사 한 명을 뽑으면 100만 대군을 조직할 수 있다고 생각했다. 그러나 삼국시대 이래 중원의 한족 정권은 줄곧 세습군제를 채택했기 때문에 일반 한족 백성들은 병사로 징발되지 않았다. 따라서 부견이 동진을 공격하기 위해 한족 백성을 징병하자 몇 가지 문제가 발생했다. 전진에 대한 한족 백성들의 불만은 더욱 커졌으며 강제로 징집해온 일반 백성들은 전투력이 떨어졌기 때문에 비수전투에서 상대와 맞붙자마자 바로 패할 수밖에 없었다.

병령사 석굴(炳靈寺石窟) 조각상 | 서진시대

부견은 기타 소수민족에 대한 정책에서 군사적 정복과 함께 회유정책을 쓰기는 했지만 저족 자체가 선비·강·흉노에 비해 수적으로 결코 많지 않았다. 더구나 한족 지주계급의 전폭적인 지지를 얻지 못했기 때문에 각 소수민족에 대한 영향력이 강하지 않았고, 무력을 통한 위협의 강도도 약해서 회유정책의 효과 역시 크지 않았다. 반면 선비족은 비교적 숫자가 많았다.

전연을 멸망시킨 부견은 4만여 명에 달하는 선비족 출신의 귀족을 장안으로 이주시켰다. 이듬해에 또 15만이 넘는 관동의 선비족 등 소수민족을 관중으로 이주시키고 몇 만의 저족을 관동으로 이주시켜 현지의 소수민족을 감시·탄압하도록 했다. 부견은 동진을 공격하기 위해 관중의 저족 군대를 투입했지만 이 정예군은 비수전투에서 궤멸되었다. 비수전투 이후 부견은 관동 선비족의 반란을 방지하기 위해 다시 저족 군대를 동원해 관동을 지키게 하였는데 이는 오히려 저족의 원래 근거지인 관중이 비는 결과를 가져왔다. 관중의 선비족이 막상 들고 일어났을 때 부견은 움직일 군대가 없어 강족 군대에 의존할 수밖에 없었다. 그러나 강족 군대마저 반란을 일으키자 전진 정권은 더 이상 유지될 수 없었다.

올바른 전략도 전술에 착오가 생기면 실패한다

부견은 오직 동진만 멸망시키면 한족 지주계급이 자신과 전면적으로 손을 잡을 것이라 예상했으나 이것은 커다란 착각이었다. 실제로는 동진에 대한 대대적인 공격 때문에 전진 정권과 중원의 한족 지주계급 및 한족 백성 사이의 갈등은 깊어졌고 야심에 차 있던 소수민족 수령들에게 절호의 기회를 제공했다. 선비족 장수 모용수와 강족 장수 요장 등은 속으로는 동진을 겨냥한 남정을 적극 지지했지만 겉으로는 모두 "폐하께서 결정하십시오."라고 권했다. 따라서 올바른 전략이라 해도 종종 실행하는 전술에서 중대한 착오가 생기면 전체의 실패로 이어질 수 있다.

한편 민족모순은 늘 계급모순과 뒤섞여 있어서 민족정책의 방향 설정과 추진은 사회개선정책과 보조를 맞추어야 한다. 단순히 민족모순만 완화하고 사회계급의 모순은 소홀히 하는 정책은 좋은 효과를 보기 어렵다. 정권을 잡은 부견은 먼저 관리사회를 개혁하고, 사회질서를 바로 잡았으며, 권문세족들의 불법 행위를 억제했으나, 사회적인 모순을 제대로 해결하지 못하고 사회·경제 부문에서 효과적인 정책을 내놓지 못한 것이 사실이다. 이러한 이유로 부견의 민족융합정책은 그것을 뒷받침 할 수 있는 사회적인 지지를 끌어내지 못하여 정치와 통치 방면에서 양조兩趙와 같이 군사력을 바탕으로 한 정복사업을 기초로 할 수밖에 없었다. 그래서 군사력이 무너졌을 때 통치는 더 이상 유지될 수 없었다.

교만함이 곧 패망의 지름길

사마광의 지적처럼 부견은 북방을 통일하는 과정에서 연전연승을 거두었기 때문에 오히려 교만해졌다. 자신의 군대를 천하무적으로 여기고 수적 우세만으로 남방을 정복할 수 있다고 여겼다. "우리 군대가 안장을 던지면 양자강의 흐름을 막는다."라는 부견의 자만심을 통해 동진을 향한 군사계획이 결코 심사숙고하여 결정된 정책이 아님을 알 수 있다. 전진 군대는 대규모 작전을 수행하면서 네 갈래 전선에서 전혀 긴밀한 협조가 이루어지지 않았다.

비수 상류에서 중류로 진군하는 한 갈래는 전쟁이 끝날 때까지 줄곧 별다른 움직임이 없었다. 한수에 있던 군대는 환충이 지휘하는 동진 군대에게 계속해서 수세에 몰렸는데, 동쪽에서 동진군과 교전할 때 전략 요충지 운성鄖城을 잃게 되자 부융이 부득이하게 중로中路 주력군에서 모용수의 선비족 정예군을 뽑아 운성을 수복한 다음 수비하게 했다. 그 뒤 중로군이 흩어지자 모용수는 운성을 포기하고 군사를 이끌고 낙양으로 가서 부견과 합류했다. 팽성으로 진격한 유·기군도 동진 동부전선에 어떤 압력도 행사하지 못하여 동진은 동부전선의 주력군 전체를 집결시켜 비수에서 결전을 벌일 수 있었다. 설령 중로 주력군이 병력이 많았다 해도 일자진을 이루어 머리와 꼬리가 1,000리나 떨어져 있었기 때문에 실제로 전투에 투입된 병력은 먼 길을 달려오느라 지친 선봉 20여만 명 뿐이었다. 이러한 군사 배치는 혼란스럽기 짝이 없는 것이었다.

저족 통치집단이 워낙 신속하게 북방을 통일했기 때문에 출병을 반대하던 대신들조차도 군사력 면에 있어서는 동진을 정복하는 데 아무런 문제가 없다고 생각했다. 부융이 출병을 재삼 말린 이유는 단지 정치적인 고려 때문이었다. 자만심으로 가득한 그는 선봉의 중요성을 잊고 계속해서 적을 가볍게 보고 지휘에서 문제를 일으켜 결국에는 패전의 결과를 맞게 되었다. 부견은 관중의 20세 이하 저족 귀족 관료들의 자제를 징발해 우림랑羽林郎으로 임명하고 금위군으로 삼았다. 저족의 도련님들은 앞 다투어 나서면서 동진을 공격하는 것이 마치 사냥처럼 쉬울 것이라 생각했다. 전진은 총사령관에서부터 주력군 장병에 이르기까지 모두 이처럼 교만하고 방심했기 때문에 비수전투에서 패한 뒤 전의를 완전히 상실하고 앞 다투어 도망갈 수밖에 없었다. 군사력은 전진 정권의 생명과도 연관되어 있었으므로 일단 군대가 없어지자 왕조는 그만 종점에 도달했던 것이다.

비수전투 이후 통치 위기에 직면한 동진

중국 고대의 정사는 일반적으로 성공과 실패로 영웅을 논한다. 비수전투는 동진의 대승으로 끝났기 때문에 정사 기록에서는 당시 동진의 정치와 군대를 매우 추켜세웠다. 그러나 동진의 승리에는 우연적인 측면이 있었다. 비수전투 승리의 요인은 동진의 탁월한 전략전술이라기보다는 전진이 치명적인 실수를 너무 많이 저질렀기 때문이라고 보아야 한다. 비수전투로 인해 전진은 완전히 붕괴되었고 전진의 압박하에서나 가능했던 동진과 전진의 연합전선은 결렬되었다.

전진 군대가 대거 남하하기 전에 동진 내부에는 이미 적지 않은 마찰이 있었다. 사현이 북부병으로 회남을 수복하는 공을 세우면서 사안·사석·사현은 모두 공후公侯로 봉해졌다. 당시 어떤 사람은 사씨의 세력이 조정을 넘어 그야말로 왕망 때와 비슷하다고 말했다. 전진이 출병할 때 환충은 처삼촌 왕회王薈를 강주자사로 추천했는데, 마침 왕회의 형이 세상을 뜨는 바람에 그는 관직을 사양했다. 그러자 사안은 자신의 친척인 사유謝輶를 강주자사로 추천했다. 강주는 양자강 하류 강동과 중류 형주 사이에 있는 요충지여서 보통 형주의 세력 범위에 속했다. 사씨가 자기 영역을 침범하는 것으로 여긴 환충은 상소를 올려 사유는 무능하다고 비난하면서 자신이 강주자사를 겸임하겠다고 요구했고 효무제는 이를 허락했다.

전쟁 초기 환충은 자신의 군대로 동부전선을 지원하겠다고 나섰지만 사안은 환씨의 세력이 양자강 하류에까지 미칠 것을 우려해 단호하게 거절했다. 사마씨 황실 또한 전쟁의 긴박한 상황을 기회로 삼아 세력 확대를 꾀했다. 전진 군대가 회하에 도착했을 때 효무제는 갑자기 20세 밖에 안 된 동생인 낭야왕 사마도자를 녹상서사錄尙書事로 임명해 사안과 함께 재상을 맡도록 했다.

비수전투에서 승리한 동진 조정에서는 참전한 장군과 장병에 대한 포상을 미루었고, 배척을 당하게 된 사안은 어쩔 수 없이 북벌을 자청하여 건강을 떠났으나 얼마 뒤에 병사했고 환충 역시 그 전에 병사하고 말았다. 조정에서는 환씨의 세력권을 그대로 인정하고 환씨와 연합해 사씨를 압박했다. 사씨는 원래 북벌을 이용해 지방세력을 확대하려고 했지만 조정은 주서를 낙양으로 보내 북벌군을 통할하게 했다. 사현은 병권을 박탈당했고 사치와 부패를 일삼던 사석이 같은 해에 병사하면서 사씨세력은 정권의 중심에서 밀려났다.

사마씨 황족은 비수전투 이후 내부 권력투쟁의 승리자였던 사마도자가 정권을 쥐고 환씨와 연합해 사씨세력을 약화시키더니, 이번에는 태원 출신 대족 왕씨와 연합해 다시 환씨와 세력 다툼을 벌였다. 결국 승리를 거둔 동진은 오히려 새로운 통치 위기를 잉태하게 되었다.

청담이 나라를 그르치다

― 조위·양진·남조 시기의 사풍

현실적인 문제는 해결하지 않은 채 무의미한 문제에만 몰두하여, 심오하고 현묘한 도만 논하는 것이 이른바 '청담'의 기풍이다. 학자들이 때로 청담에 젖는 것은 큰 문제가 아니겠지만 통치자들마저 실질적인 업무는 보지 않고 하나같이 청담만 숭상한다면 통치 위기를 맞게 된다. 동진과 남조 정치가 그 전형에 해당한다.

311년, '팔왕의 난'에서 마지막 주동자인 동해왕 사마월이 항성項城에서 병사했다. 우두머리를 잃은 서진의 신하들은 상서령 왕연王衍을 원수로 추대했으나 왕연은 그 자리를 사양했다.

당시 10여만 군내는 사마월의 영구를 모시고 천천히 동해(지금의 산동성 담성 북쪽)로 행군하고 있었다. 그들이 영평성寧平城에 도달했을 때 뒤쫓아오던 후조後趙의 석륵 군대에 의해 겹겹이 포위당하게 된다. 서진군은 잠시 저항을 했으나 곧 패하고, 공경대신에서 일반 병사에 이르기까지 거의 전부 도륙을 당하여 시체가 산을 이루었다. 그러나 석륵은 포로가 된 왕연에게는 친절히 대하면서 그를 '왕공'이라 부르고 하루 종일 이야기를 나누면서 서진의 정치에 대하여 이것저것 물었다. 왕연은 서진에서 가장 이름난 청담명사清談名士로서 학문이 깊고 태도가 의젓하며, 노자와 장자에 관한 담론을 즐겨 당대 제일의 학자로 평가받았다. 그는 포로가 되어서도 여전히 당당하고 차분했으며 서진의 잘못된 정치에 관하여 많은 이야기를 했다. 석륵은 그에게 상당한 흥미를 느꼈다. 왕연은 목숨을 부지하기 위해 정치에 참여해본 적이 없으며, 서진의 악정은 자신과 무관할 뿐만 아니라 회제懷帝가 낙양에 살아있기 때문에 서진이 멸망한 것이 아니니 황제의 자리에 오르라고 석륵에게 권했다.

석륵은 생각지도 못한 말에 크게 화가 나서 말했다. "그대는 사해에 이름이 나있고 중임을 맡고 있으며 어려서 관직에 올라 이제는 백발이 다 되었는데 어찌 정치와 아무 관계가 없다고 할 수 있단 말인가? 천하를 파괴한 것이 바로 그대의 죄다."라고 꾸짖고 왕연을 가두게 했다. 그러나 석륵은 부하들과 상의하면서 "내가 만나본 사람이 많은데 이런 사람은 처음 본다. 살려주면 어떤가?"라고 물었다. 부하들은 "왕연은 진나라의 삼공으로 우리에게는 쓸모가 없습니다."라고 대답했다. 석륵은 그를 죽이는 데 칼을 쓰지 말라고 하고 저녁에 사람을 보내 그가 있는 방의 벽을 무너뜨려 깔려 죽게 만들었다.

왕연은 죽기 전에 종에게 "우리가 만약 공허하고 허황된 것을 숭상하지 않고 천하를 다스리는 일에 전력을 다했으면 이런 지경에 이르지는 않았을 것이다."라고 후회했다. 왕연의 죽음은 위진시대 청담의 기풍이 나라를 그르치는 결과를 낳았음을 잘 보여준다. 소위 '청담淸談'이란 맑고 고상한 말을 이르는 것으로 현실 문제를 떠나 심오한 학문적 이치만을 따지는 기풍을 말한다.

1. 청의에서 변형되어 나온 청담사상

청담의 기풍은 3세기 초 동한 말년의 청의淸議에서 변형되어 나온 것이다. 동한시대에 사대부들 사이에서 청의가 유행했는데, 자신들을 천하의 기둥이라 여기고 고결한 선비로 자처하면서 같은 부류끼리 모여 조정의 정사를 논하고 인물을 품평했다. 청의는 사대부계층의 정치적 무기였다. 그러나 사대부 가운데에도 청의를 하지 않는 사람이 있었다. 청류당의 우두머리인 곽태郭泰가 바로 그런 인물이었다. 인물을 알아보는 데 뛰어난 그는 평론은 적당히 하면서 과다한 비난은 하지 않았기 때문에 당시 권력을 장악하고 있던 환관들의 미움을 사지 않아 정치 활동을 금지 당하는 화를 면할 수 있었다. 후세 사람들은 곽태가 '청담의 주위를 맴돌면서 세상일에서 점차 멀어져갔다'고 비평하면서 위진 시기 청담의 창시자로 보았다. 그러나 이 시기의 청담은 아직 사회풍조라고까지 하기에는 거리가 멀고 단지 개인들의 행위에 불과했다.

조위曹魏 이후 청담의 기풍이 본격적으로 일어났다. 조위 후기 사마씨가 권력을 장악하면서 조씨와 사마씨 두 파벌이 싸움을 벌였다. 사마씨 집단은 병권을 장악하고 사족계층의 지지를 얻어 세력이 점차 강해졌다. 사마중달司馬仲達이라는 이름으로 더 잘 알려진 사마의는 교활하고 간사했으며 정적을 제거하는 수단이 매우 잔혹했다. 예컨데 요동의 공손연公孫淵을 공격하여 멸망시켰을 때 수많은 공손씨 잔당을 살해했다. 또 조상曹爽이 모반했다고 모함하여 조씨 집단을 몰살시키고, 조씨와 관련 있는 무리들도 삼족을 멸했으며, 그 친척들은 남녀노소를 불문하고 모두 살해했기 때문에 이미 출가한 고모들까지 화를 면치 못했다.

한번은 동진의 명제가 왕도 등과 한담을 나누다가 진晉나라(서진)는 어떻게 천하를 얻었느냐고 물었다. 왕도는 사마의가 어떻게 적대 세력을 제거하고 사당私黨을 만들어 사욕을 채웠는지, 사마의의 아들 사마소司馬昭는 어떻게 정변을 일으켜 기품있는 조모曹髦를 죽였는지 등을 설명했다. 명제는 다 듣고 나서 맥이 풀려 침대에서 마비된 채로 옷깃으로 얼굴을 가리며 "공이 말한 것과 같다면 진나라가 어떻게 오랫동안 제위를 이을 수 있겠는가?"라고 중얼거렸다. 사마씨 집단의 잔인함은 그 후대의 자손마저 부끄럽게 생각했던 것이다.

조조는 법가의 정책을 널리 시행했는데, 역사에서 '상형명尙刑名' '억겸병抑兼幷'이라 부르는 이 정책은 권문세가들에게 타격을 주었다. 조조는 도덕과 학술 면에서는 호방함을 제창하고 번거로운 예절에 구애받지 않았다. 반면 사마씨는 권문세족의 대표로 임금과 신하, 아버지와 아들 사이의 윗사람에 대한 예의를 중시하는 유가의 '명교名教'를 제창하였고 특히 '효로써 천하를 다스리자'고 강조했다. 사마씨는 군주를 죽이고 권력을 손에 넣었으므로 법가의 군주에게 절대 충성해야 한다는 이론은 그에게 적절하지 않았다.

그러나 사마씨의 폭력 아래서 조씨를 옹호하는 사대부들은 오히려 예교나 효행과 같이 가식적인 행위보다는 인간의 자연적인 본성을 따르라고 가르치는 도가를 제창했다.

2. 죽림칠현과 청담사상의 유행

이런 사대부들의 대표가 혜강嵇康이었다. 역사에서는 혜강·완적阮籍·산도山濤·향수向秀·완함阮咸·왕융王戎·유령劉伶 등 7명을 '죽림칠현竹林七賢'이라고 불렀다. 혜강은 조조 증손자의 사위였으나 관직을 원하지 않아 깊은 산속에 은거하면서 철을 주조하는 일을 즐기고, 고금의 성현과 은사들을 칭송하는 책을 썼으며, 사마씨와는 타협하지 않았다. 한번은 사마소의 책사 종회鍾會가 찾아갔는데 혜강은 쇠를 두들기는 일에만 몰두해서 종회가 한참 서 있다가 가려고 하자, 혜강이 갑자기 "무엇을 듣고 와서 무엇을 보고 가는가?"라고 물었다. 그러자 종회는 "들을 것을 듣고 볼 것을 보고 가노라."라고 답했다. 종회는『사본론四本論』을 써서 사람의 재능과 성격은 서로 맞물려 있다고 주장했는데 이는 조조나 혜강의 관점과는 달랐다. 종회는 혜강이 자신의 관점을 이해해주기를 바랐지만 혜강의 비판이 두려워 원고를 그의 집 창문으로 던져 넣고 돌아갔다. 혜강은 명성이 아주 높아 사마소는 그를 참모로 발탁하려고 했으나 혜강은 이를 거절하고 하동에 피해 살았다. 그래서 세상 사람들은 그를 '피세避世'라고 불렀다.

산도는 사마소 밑에서 선조랑選曹郞이 된 뒤 혜강이 자신을 대신하도록 추천했다. 그러자 혜강은 편지를 보내 산도와 절교하고 자신은 '세속을 견딜 수 없다'고 말하며 유가에서 숭상하는 상나라 탕 임금 · 주나라 무왕 · 수공 · 공자를 비난했다. 사마소는 이 얘기를 듣고 화가 머리 끝까지 났다. 마침 혜강의 친구 여안呂安이 형 여손呂巽에게 불효죄로 무고를 당해 혜강을 증인으로 청했고 혜강이 사실을 증명해준 적이 있었다. 종회는 사마소에게 이번 사건을 구실로 혜강을 없애자고 건의했고 사마소는 여안과 혜강을 모두 불효죄로 사형에 처했다.

소극적 저항이 세상을 어지럽히다

혜강의 사형은 자연을 숭상하면서 사마씨에게 소극적으로 저항하던 사대부들에게 큰 충격을 주었다. 향수는 원래 자주 혜강과 함께

죽림칠현 중 향수 　　　　　죽림칠현 중 완함

철을 주조하고, 여안과 함께 밭에 물을 대면서 도가를 숭상하고 유가를 비난해왔다. 혜강이 죽은 후 향수는 주군의 추천으로 서울로 관직을 맡으러 갔다. 사마소가 "너는 고인을 흉내 내어 산속에 은거하려고 하지 않았느냐?"라고 힐난하자 향수는 웃으면서 "나는 그런 은사들이 성인의 뜻을 모른다고 했지 그들을 따라하겠다고 하지 않았습니다."라고 답했다.

지방 수령이었던 완적은 장자를 모범으로 삼아 세속의 예를 중시하는 인사를 만나면 보지 않으려 했고, 혜강 등 자연을 숭상하는 인사들을 만나면 반갑게 맞았다. 『대인선생전』을 써서 세상의 예법을 따지는 군자들은 '사람의 바짓가랑이에 숨어있는 이'와 같다고 비난했다. 그는 일찍이 조상의 참모였는데 병이 들어 고향으로 돌아가서 다행히 조씨 집단에 연좌돼 죽는 악운을 피할 수 있었다.

사마소는 완적의 명성을 이용할 목적으로, 일찍이 자신의 아들 사마염司馬炎을 위해 완적의 딸에게 구혼한 적이 있었다(사마염은 서진의 초대 황제다). 그러나 완적이 60일 동안이나 취해 있어서 사마소는 단념할 수밖에 없었다. 한번은 사마소가 완적에게 관직을 맡기려 하자 그는 술을 마실 수 있는 보병 교위 자리를 요구했다. 이후로도 완적은 하루 종일 술을 마시면서 심오한 얘기만 떠들었다. 그러나 시사적인 문제나 인물평론은 하지 않아 화를 당하지 않고 제명에 죽었다.

죽림칠현 가운데 유령과 완함도 술을 마시고 세속에 구애받지 않으며 예법에 벗어나고 세상을 놀라게 하는 행동만 했다. 유령은 술의 덕을 기리는 노래 「주덕송酒德頌」을 짓고 집에서 늘 나체로 있었다. 심지어 손님이 와도 옷을 입지 않고 "옛사람들은 하늘과 땅을 집으로 삼고 집을 옷으로 여겼다."라고 하면서 "너희들은 왜 내 바지 속으로 들어왔느냐?"라고 놀렸다. 완함은 완적의 조카로 술을 즐기고 도가를 숭상했는데 고모의 노비를 좋아했다. 한번은 한창 손님을 대접하고 있는데 그 노비가 떠났다는 말을 듣고 이내 손님에게 말을 빌려 쫓아갔다가 노비와 함께 그 말을 타고 돌아왔다.

죽림칠현 중 산도

사마씨의 공포정치 때문에 정의로운 인사들도 핍박을 못 이기고 굴복할 수밖에 없었다. 동한 때부터 정치의 잘잘못을 지적하고 시비를 논하던 청의는 추상적인 오묘한 이치를 공론하는 청담으로 바뀌었다. 소극적 저항이 산발적으로 세상을 어지럽히는 행위로 변질된 것이다. 그러나 일부 사마씨의 신하들도 명성을 얻기 위해 노장사상의 현묘한 이치에 대한 담론을 즐겼다.

소극적 행위에서 무의미한 행동으로 변질되다

　칠현 가운데 산도는 사마의의 처외삼촌으로 원래부터 세상일에 관심이 없는 은사였다. 그러나 사마의의 장남 사마사가 집정할 때 산에서 나와 그를 만났다. 사마사는 "강자아姜子牙(80년 동안 낚시질 하며 은거한 강태공)도 벼슬을 하고 싶은가 보군."하면서 산도를 수재秀才로 임명했다. 산도는 관직이 사도에까지 이르러 서진 개국공신의 한 사람이 되었다. 산도는 오랫동안 인사 업무를 맡았는데, 관직이 공석이 되면 먼저 몇 명의 후보 명단을 무제(사마염)에게 비밀리에 올리고 황제가 결정을 하면 그 결정에 따라 공개적으로 임용을 상주하는 방식이었다. 그는 관직이 매우 높았지만 여전히 노장의 학설과 자연의 이치에 대한 담론을 즐겼다.
　칠현 가운데 관직이 높은 또 한 사람이 왕융이었다. 왕융은 낭야 대족의 자제로 젊었을 때부터 청담에 뛰어났다. 그는 완적보다 20살이 어리지만 완적의 인정을 받아 칠현에 들게 됐다. 왕융은 종회처럼 관직에 있는 유명 인사였는데 사도의 자리에까지 오른다. 그는 노장사상을 숭배했지만 관리의 신분으로서는 유가의 예법을 지키려했기 때문에 양자를 조화시키려고 애썼다.
　한번은 왕융이 완함의 아들 완첨阮瞻을 만났다. 왕융이 "성인은 명교를 존중하고 노장은 자연의 이치를 따른다. 그 뜻이 같은가?"라고 물었다. 그러자 완첨은 "거의 같다."라고 답했다. 이에 왕융은 크게 칭찬하고 즉시 완첨을 사도연사司徒掾史로 추천했다. 이로부터 자연을 실체로 삼고 명교를 방법으로 삼자는 설이 대두되었다. 명교는 자연을 본보기로 삼기 때문에 관리가 되는 것 또한 고결함의 표현이라 했으며, 조정에서는 예법을 따르고 일상에서는 청담을 논하면 전자를 통해서는 실리를 얻고 후자를 통해서는 명성을 얻을 수 있다고 보았다. 향수와 곽상郭象은 『장자』를 주해했는데 "비록 몸은 조정에 있지만 마음은 산속에 있는 것과 다를 바 없다."라고 하면서 양자의 조화를 말했다. 이렇게 해서 청담의 풍조가 현사에서부터 조정의 관리들에게까지 퍼지게 되었다.

20세기 초 중국의 작가 루쉰魯迅(노신)은 『위진의 풍도 및 문장과 약과 술의 관계』에서 이렇게 지적했다.

'혜강과 완적 등은 줄곧 예교禮敎를 파괴했다는 비난을 받아왔지만, 사실 그들은 예교를 시대에 뒤떨어질 정도로 깊이 믿고 있었다. 다만 조조나 사마씨가 예교를 이용해 반대파들에게 죄를 씌웠기 때문에 그들은 예교를 얕보고 비웃는 이런 행동에 분노하여 어쩔 수 없이 예교를 지키지 않거나 예교에 반대하는 방식으로 항의했다.'

이처럼 그들이 따르는 것은 자기 마음속의 예교이지 예교의 표면적인 문구가 아니었다. 그래서 그들은 남들이 자신을 모방하는 것을 원하지 않았다. 완적이 자신의 아들을 음주 행렬에 들어서지 못하게 한 것이나 혜강이 「가계家誡」를 써서 아들에게 올바른 사람이 되기 위한 예절과 주의사항을 훈계한 것이 바로 그 증거다. 반대로 왕융 및 서진 조정에서 관직에 있던 청담명사들은 비록 명교와 자연을 소리 높여 외쳤지만 실제로는 자신의 이득과 명성을 위한 것이었다. 이들은 청담을 위한 청담을 했으며 자연의 이치를 따르라는 주장을 이용해 방탕과 향락에 빠졌다. 이로부터 청담은 소극적인 행위에서 무의미한 행동으로 변질되었는데 이것이 청담 기풍의 제2단계에 해당한다. 소위 "청담이 나라를 그르쳤다淸談誤國(청담오국)."라고 한 것은 이를 두고 한 말이다.

3. 청담사상의 변질

2단계의 청담은 서진 시기에 생겨난 것으로 대표적인 인물은 왕융과 왕연 형제다. 왕융은 관직이 사도였지만 하는 일이 없었고, 정사는 모두 참모에게 맡겨 처리하게 하고, 자신은 늘 작은 말을 타고 사도부司徒府 옆문으로 나가 노닐면서 청담을 즐겼다. 서진 말년 가황후가 권력을 잡자 왕융은 가씨 일족과 혼인관계를 맺어 지위를 튼튼히 했다. 그는 언행이 고상하고 자질구레한 업무에는 손도 대지 않았지만, 전국에서 논밭을 사들이고 재산 모으기에 바빠 늘 아내와 둘이서 주판을 들고 이윤을 계산하느라 밤낮을 잊고 살았다. 그럼에도 불구하고 항상 자신의 재산이 충분치 않다고 생각했다. 관직에 있을 때는 뇌물을 받았고, 형주자사로 재직하는 동안 관청에 속한 아전을 시켜 자신의 정원을 수리하게 했다가 파직된 적도 있는 탐관오리였다. 시중으로 있을 때도 뇌물을 받아 적발됐지만 무제의 도움으로 조사는 받지 않았다. 팔왕의 난 때 지위가 높았는데도 자기 의견은 일절 내지 않았으며, 하간왕 사마옹이 혜제惠帝를 장안으로 납치하자 협현으로 달아나 그곳에서 병으로 죽었다.

왕연은 왕융의 사촌동생으로 소년 시절부터 이미 뛰어난 재능과 준수한 용모로 이름을 날렸다. 처음에는 종횡가縱橫家의 설을 논하기 좋아해서 무제가 변방을 안정시킬 수 있는 인재를 찾을 때 어떤 사람이 왕연을 요동태수로 추천했다. 그러나 왕연은 거절하고 이때부터 세속의 일을 입에 올리지 않고 오로지 노장의 현묘한 도를 담론하면서 자신을 자공子貢과 비교했다. 관직은 현령부터 시작했는데 종일 청담만 떠들었고, 명성이 점점 높아지자 관운도 순조로워서 온 조정의 관리들이 그를 모방해 청담으로 승진하려고 했다.

왕연의 아내 곽씨도 가황후의 친척으로 탐욕스럽기 그지없었는데 왕연은 그녀를 매우 두려워했다. 그는 자신의 고상함을 드러내기 위해 돈이란 글자를 입 밖에 내지 않았다. 한번은 곽씨가 여종을 시켜 왕연이 자는 틈을 타 돈을 침대 주위에 둘러놓으라고 했다. 왕연은 일어나서 보고는 "이것을 당장 치워라."라고 소리쳤다. 왕연의 딸은 혜제의 태자비였는데 팔왕의 난 때 가황후가 태자를 폐하자 왕연은 즉시 딸을 이혼시켰다. 그러나 곧 가황후가 쫓겨나면서 태자는 복위되고 왕연은 평생 연금형에 처해졌다. 조왕 사마륜이 정권을 장악했을 때 왕연은 조왕과 사이가 좋지 않았기 때문에 조왕이 보복할까 두려워 여종을 죽이고 미친 척하여 위기를 넘겼다. 성도왕 사마영이 집권하자 왕연은 관직을 회복했고 차례로 상서령·사공·사도에 임명되어 신하로서는 최고의 자리에까지 올랐다. 그러나 여전히 국사를 돌보지 않고 오로지 왕씨 집단의 이익만을 생각하여 동생 왕징王澄을 형주목으로, 족제 왕돈을 청주목으로 보내면서 "너희 둘이 밖에 있고 내가 안에 있으니 교활한 토끼가 굴을 세 개 파놓은 셈."11)이라고 즐거워 했다.

현실을 외면하고 탁상공론만 일삼다

위진 시기 청담객들이 논한 내용은 주로 도가의 『도덕경』과 『장자』, 유가의 『역경』으로 경전의 의미에 대해 논할 때 전통적인 논법에서 벗어날수록 사람들은 더욱 탄복했다. 정밀한 추론은 전혀 필요

---

11) 몸을 지키고 화를 피하는 데 빈틈이 없음을 일컫는 말

없었으며 오직 필요한 것은 세상을 놀라게 하고 기상천외한 말을 내놓는 일이었다. 결국 청담에는 어떤 결론을 내릴 필요도 없었다. 주관이 있는 진정한 명사는 그리 많지 않았다. 조위 때 하안何晏이 쓴 『도덕론』과 『무명론』은 무無를 기본으로 하라고 고무했다. 서진 시기 왕필王弼은 『역경』과 『노자』를 주해했다. 곽상은 심오한 도를 말함이 청산유수와 같았으며 『장자』를 주해했다. 그러나 절대다수의 청담객들은 단지 유행을 쫓았을 뿐이었다. 예를 들어 왕연은 노자를 해설할 때 제멋대로 이론을 수정하고 글귀를 마음대로 삭제했는데 그 안에는 진실한 주장이 없었다.

청담은 단지 사족계층이 서로 소통하는 방식으로 이것을 빌려 자신들이 특별하다는 의식을 표현하는 한 방식이었다. 미천한 출신의 재능 있는 선비들은 청담의 행렬에 낄 수 없었다. 청담을 나눌 때 담객들은 반드시 먼지떨이 모양의 불자拂子를 손에 들어야 한다. 속칭 사불상四不像이라는 동물의 꼬리에 손잡이를 단 것이 불자다. 청담을 나눌 때 이것을 살살 흔들면 한적한 분위기가 한층 더 고조된다. 유난히 흰 피부를 가졌던 왕연은 평소 하얀색 옥 손잡이가 달린 불자를 들고 현학을 담론하기를 좋아했는데 흰 손과 백옥이 서로 절묘하게 어울렸다고 한다. 불자는 명사들의 상징이 되었다. 석륵은 독자세력을 구축하던 초기에는 동진의 유주 도독 왕준王浚 휘하에 있었는데 왕준이 자신의 불자를 석륵에게 증표로 삼으라고 보냈다. 석륵은 왕준의 경계심을 늦추기 위해 그 불자를 벽에 걸어놓고 날마다 그 앞에서 머리를 조아려 왕준에게 충성을 다하는 척했다.

청담은 학술적으로는 아무 의미가 없다. 정치적으로 보면 청담의 풍조는 자리만 지키고 실제 사무는 보지 않는 관료들을 만들어냈다. 관료사회에서는 공무에 열중하는 사람을 속리라고 폄하하고, 하는 일 없이 빈둥대는 자가 오히려 고상하다는 명성을 널리 얻게 되어, 결과적으로 상벌이 분명치 않고 조정이 혼탁해져, 일부 야심가들에게 난을 일으킬 기회를 제공해 준 셈이다. 서진 말년 조정이 혼란스러웠음에도 문무백관은 오히려 아무 하는 일이 없고 '팔왕의 난' 때도 조정은 제 구실을 하지 못했다.

'청담이 나라를 그르쳤다'는 이야기는 바로 이러한 현실을 가리키는 것이다. 동진의 대장군 환온은 중원 북벌에 나서면서 회하를 건너 평승루平乘樓에 올라 멀리 중원을 바라보며 이렇게 한탄했다. "중원이 무너지고 백 년 동안 폐허가 된 책임은 왕연 등이 져야 한다."

4. 동진 · 남조시대로 이어진 청담사상

청담의 풍조로 서진이 망했지만 동진 때 나라가 안정되자 청담의 기풍은 또 다시 성행했다. 동진은 권문세족들이 옹립한 작은 왕조였기 때문에 청담도 자연히 권문세족들 사이에서 유행했다. 왕융과 왕연은 모두 낭야왕 일족의 명사였고 왕도와 왕돈도 예전에 청담에 참여한 적이 있었다. 다만 남으로 옮긴 후 상황이 긴박하여 청담의 기풍이 조금 수그러들었을 뿐이다. 그러나 정세가 안정되자 대족의 명사들은 또 다시 청담을 떠받들기 시작했다.

숙부와 조카 사이인 은융殷融과 은호殷浩는 새로운 청담의 명사로 등장했다. 은호는 노자와 주역의 담론으로 유명해져 동진 담객들의 숭배를 받았다. 어떤 사람이 "나는 새로운 관직을 맡을 때마다 꿈에서 관을 보고, 돈이 생길 때마다 꿈에서 똥을 본다. 이게 무슨 의미인지 주역으로 해석해 달라."고 했다. 은호는 "관직은 원래 썩어빠진 것이어서 관직을 얻으면 꿈에 시체를 보게 되는 것이고, 돈은 원래 똥과 같은 것이어서 돈이 생기면 꿈에 더러운 것을 보게 되는 것이다."라고 답했다. 이 말은 나중에 명언이 됐다.

은호는 몇 번이나 관리로 발탁이 되었지만 모두 응하지 않아 청렴하다는 명성을 널리 얻었고 명성이 갈수록 높아져 몇 년 동안 유량의 참모를 지냈다. 한번은 건강에 출장을 갔는데 왕도가 일부러 몇몇 사람을 불러 그와 밤이 깊도록 청담을 나눴다. 왕도는 그와 몇 번을 논쟁을 벌이고 마지막에는 자신이 그보다 못함을 탄식했다. 은호는 그 후 다시 은거에 들어가 10여 년 동안 관직을 맡으려 하지 않았다. 조정에서 누차 조서를 내렸지만 모두 사양했다. 사상謝尙 등이 또다시 관직을 권해도 그는 계속해서 사양했다. 사상 등은 돌아오면서 "은호가 나와서 일을 맡지 않으면 천하 백성들은 어찌해야 한단 말인가?"하고 걱정했다.

유익은 은호에게 편지를 보내어 꾸짖기도 했다. '지금 강동 조정은 하·저와 같은 몇몇 대성에 의지하고, 외지는 유·환 같은 대족에 의해 유지되고 있는데 그대는 벼슬을 하지 않고 헛되이 노장만 떠들다가 포로가 되어 죽은 왕연처럼 될 셈인가?' 그래도 은호는 관리의 길로 나서지 않았는데 그가 진정으로 원한 것은 높은 관직이었지 일반적인 관직은 눈에 차지 않았던 것이다.

환온이 형주를 차지했을 때 조정에서는 환온에 대항하기 위해 은호를 건무建武장군과 양주자사에 임명하고 양자강 하류 일대의 군권을 맡겨 조정에 참여하도록 했다. 회계왕會稽王 사마욱司馬昱(동진 간문제簡文帝)은 '그대의 거취가 성패를 좌우한다'라고 편지를 보내어 은호를 구세주처럼 떠받들었다. 그러자 은호는 넉 달 동안 거드름을 피우다

산에서 나왔다. 곧이어 중원에서 '염민의 난'이 터지자 환온은 북벌을 하자고 상소했다. 동진 조정에서는 환온이 북벌을 가장해 반란을 일으키려는 것이 아닌지 의심해 처음에는 모호하게 대응하다가 더 이상 지연시킬 수 없자, 은호를 중군장군 및 5주 도독으로 임명해 북벌을 총지휘하도록 했다. 환온은 크게 실망해 소극적으로 진군했다. 은호는 신이 나서 막부幕府를 조직하고 출전했다. 그러나 이 청담명사는 군사작전에는 깜깜이어서 동진군은 회하를 건너자마자 잇따라 패하여 막대한 손실을 입고 황망히 건강으로 퇴각했다. 환온은 이 기회를 이용해 은호를 탄핵하는 상소를 올렸다. 조정은 양자강 하류의 주력군을 잃었기 때문에 환온에게 대항할 힘이 없어 하는 수 없이 은호의 직위를 박탈하고 폐서인했다.

 환온은 겉으로는 예전과 다름없이 청담을 즐기고 오묘한 도리를 떠들었지만 항상 '뜻밖의 일'을 생각하고 있었다. 그는 환씨 대족 출신으로 부친 환이桓彝는 원래 선성宣城태수였는데 소준의 반란을 평정할 때 경현을 근 일 년 농안 시키다기 성을 빼앗기고 피살됐다. 환온은 당시 15세밖에 안 되었지만 복수를 다짐했다. 그러나 원수가 죽는 바람에 18세 때 원수의 세 아들을 잇달아 죽여서 크게 유명해지게 된다. 조정을 이끌게 된 환온이 은호에게 편지를 보내 산에서 나와 상서령을 맡아달라고 부탁한 적이 있었다. 은호는 생각지도 못했던 일이어서 너무 기쁜 나머지 답장을 쓰는데 신중을 기한답시고 겉봉을 붙였다가는 뜯고 뜯었다가는 또 붙이기를 열 몇 번을 하다가 결국 백지 한 장만 보내고 말았다. 환온은 이것을 보고 매우 화가나 다시는 은호를 거들떠보지 않았다. 은호는 후회가 밀려들어 얼마 후 병으로 죽고 말았다.

고상함을 가장한 무위의 청담으로 동진이 멸망하다

　동진의 통치자들은 서진이 청담으로 나라를 그르친 교훈을 별로 심각하게 받아들이지 않았다. 요직에 있는 많은 관료들은 여전히 청담을 일삼았다. 동진의 재상급 관리들은 모두 청담으로 허세를 떨었지만 변곤卞壼만은 정사에 열심이었는데 사대부들은 모두 그를 비웃었다. 중서성에서 함께 관직에 있던 완부阮孚는 종일 술로 세월을 보냈는데, 한번은 그에게 "도대체 한가할 틈이 없으니 너무 고생하는 것 아니냐?"고 물었다. 변곤은 "모두가 청담을 떠들고 풍류를 즐기고 있으니 업무를 처리할 사람은 나밖에 없다."라고 대꾸했다. 변곤은 사족 청담명사 왕징과 사곤謝鯤에 대해 예의에 어긋나고 교육을 망치는 행위만 일삼으니 인심이 떠났다고 탄핵하면서 "조정이 무너진 까닭(서진의 멸망을 말함)은 실제로 여기에서 유래된 것."이라고 말한 바 있다. 그러나 두 청담객은 권신 왕도와 유량의 비호를 받으면서 여전히 제멋대로 행동하고 다른 신하들까지 물들였다.
　한번은 왕희지와 사안이 동오의 유적지를 거니는데 사안이 선경에 빠져 넋이 나간 표정을 지었다. 그러자 왕희지는 "옛날 우禹 임금은 홍수를 다스릴 때 손발에 굳은살이 박였고, 주 문왕은 나랏일에 눈코 뜰 새 없이 바빴다. 지금은 나라에 산적한 일이 많아 모두 열심히 일해야 할 때다. 그런데 쓸데없는 잡담만 하고 형식적인 글 따위나 모방하고 있으니 현재의 상황에 어울리는 풍조가 아니다."라고 개탄했다. 사안은 오히려 "진秦나라가 그 바쁜 상앙商鞅을 등용하여 2대 만에 망했는데 설마 청담의 결과겠는가?"라며 반박했다.
　동진의 관료사회에서는 여전히 청담으로 고상함을 가장했다. 당시 사람들은 사족 자제에 대해 "관직에 임해도 직무를 맡지 않고 일을 당해도 처리할 마음이 없다."라고 한심하게 생각했다. 심오한 이치를 논하기로 유명한 회계왕 사마욱은 어린 시절을 강남에서 보냈는데 의외로 벼도 몰라서 한번은 순행할 때 벼를 보고 저게 무슨 풀이냐고 물었다. 왕희지의 아들 왕휘지도 청담명사였다. 종일 심오한 이치만 논하느라 머리는 부수수하고 띠는 풀어져 있었는데 그런 모습이 오히려 풍류로 불렸다. 조정에서는 그를 환충의 기병부대에서 복무하게 했지만 일을 제대로 하는 적이 없었다. 한번은 환충이 "어느 부서에서 일하느냐?"고 묻자 "아마 말 담당 부서일 것이오."라고 했다. 환충이 또 "말을 얼마나 관리하느냐?"고 묻자 당당하게 "말도 모르는데 어찌 그 수를 알겠소?"라고 대꾸했다. 환충이 또 "말이 얼마나 죽었느냐?"고 묻자 심오한 이치를 논하듯이 『논어』에 나오는 구절을 인용해 "삶을 모르는데 어찌 죽음을 알겠소?"라고 했다. 환충은 "여기 온 지도 꽤 되는데 그래도 일을 좀 해야 하지 않겠느냐?"고 권하자 왕휘지는 한참 생각하더니 "서산에 아침이 밝아오니 상쾌한 기운이 전해져 올 따름이오."라고 동문서답을 했다. 환충도 두 손을 들고 말았다. 이와 같은 기풍이 유행하는 속에서 동진은 통치 효율이 극도로 떨어져 끝내 끊임없는 내전으로 멸망하게 된다.

　동진이 망한 뒤에도 청담의 풍조는 여전히 권문세족들 사이에서 유행했다. 심지어 무장 출신인 유송 무제 유유劉裕도 청담 풍조에 영향을 받아 동진 조정을 장악하자 때때로 명사들과 청담을 나눴다. 대부분 감히 자신의 견해를 고집하지 못했지만 정선지鄭鮮之만은 늘 유유가 할 말이 없을 때까지 이야기를 계속했다.

　유송과 제(남제 · 북제)나라 때의 재상들도 역시 청담을 즐기는 사람은 많고 실제 업무를 하는 사람은 적었다. 유송 문제文帝 때 왕경홍王敬弘은 상서복야로 있으면서도 공문은 통 돌보지를 않았다. 한번은 문제가 신하들을 불러 현안을 토론하는데 왕경홍이 한마디 말도 못하자 문제는 불쾌해 하며 옆 사람들에게 왜 복야僕射에게 안건이 적힌 공문서 사본을 주지 않았느냐고 물었다. 그러자 왕경홍은 "소신이 공문서는 이미 보았는데 아직 이해하지 못한 것입니다."라고 했다. 문제도 어찌할 방법이 없어 다시는 왕경홍을 실무에 관한 토론에 참여시키지 않았다. 남제 명제明帝는 청담을 좋아하지 않아 어떤 이가 명사인 명산빈明山賓을 추천하자 "내가 듣기로 명산빈은 책속의 일만 논한다는데 어찌 관리를 할 수 있겠는가?"라고 반문했다.

나라를 망친 남량시대의 청담 풍조

청담의 풍조는 남량南梁 때도 흥성했다. 청담의 주제도 더욱 광범위해지고 불교의 교의도 차츰 화제로 올랐다. 전통적인 유학도 계속 논했지만 으뜸가는 청담의 주제는 역시 노자·주역·장자로 세 가지 심오한 이치라는 뜻에서 '삼현'이라 불렸다. 무제는 청담에 능한 담객으로 황제가 된 뒤에도 여전히 청담을 즐겼다. 그는 처음에는 중운전에서 노자를 강의하고 후에는 불교에 빠져 도가를 버리고 불교를 따르겠다고 선언했다. 불자가 된 그는 궁중이나 큰 절에서 늘 불경을 강의했는데 듣는 사람이 1만 명을 넘었다고 한다. 스스로 본보기를 보이는 외에도 수하의 대신들을 파견하거나 민간의 명사들을 불러들여 경을 강의하고 청담을 논하게 했다. 태자 소강蕭綱도 청담에 열중해 늘 노장을 강의했다. 이리하여 청담의 기풍은 더욱 유행하게 되었다.

일찍이 남량에서 관리를 하다가 북제로 간 안지추는 『안씨 가훈』에서 당시의 풍조를 이렇게 썼다.

'남량 전성기에 사족 자제들은 모두 널찍한 옷을 입고 높은 모자를 썼다. 또 굽 높은 신발을 신고, 옷에는 향을 뿌렸으며, 얼굴은 깨끗이 면도를 하고 분과 연지를 발랐다. 집을 나설 때는 차양이 긴 수레를 탔으며, 집에서는 비단 방석에 앉았고, 양옆에는 골동품을 진열해놓고 공리공론을 끝없이 늘어놓았다. 보기에는 신선과 같으나 실제로는 아무런 쓸모가 없었다. 시험을 보게 되면 사람을 찾아 대신 치르게 하고, 조정의 연회 때는 사전에 사람을 시켜 좋은 시구를 짓게 한 다음 현장에서 앵무새처럼 한바탕 외우기만 했다. 관직에 나아가서는 실무가 없는 청관만 하려고 했다. 밭을 갈고 풀을 뽑는 것을 본 적이 없어 몇 월에 씨를 뿌리고 몇 월에 거두는지도 몰랐다. 피부는 연약하고 뼈는 약해 잘 걷지도 못하고, 몸이 약하고 기가 허해서 추위와 더위를 견디지 못했다.' 그 결과 나라는 망하고 기본적인 생활마저 유지할 수 없게 되었다.

'후경의 난' 때 많은 사대부가 계곡에 빠져 죽었다. 이때 양(남양) 원제元帝 소역蕭繹은 강릉에서 할거했는데, 554년 서위西魏의 군대가 대대적으로 쳐들어올 때도 용광진에서 백관들에게 노자를 강의하고 있었다. 적군이 벌써 양양까지 왔다는 정찰병의 보고를 듣고서야 수일간 잠시 멈췄다가 전쟁이 좀 잠잠해지는 것 같으면 다시 강의를 시작했다. 무장들도 전투복을 입고 와서 강의를 들어야 했으며 결국 나라가 망하고 자신은 죽음에 이르는 결과를 맞이했다. 이렇게 남조의 사족계층은 왕조가 바뀌면서 주도권을 상실하고 평민 출신의 권신이 무력으로 황제의 자리에 오르는 것을 바라보고 있어야만 했다. 수隋나라가 남진南陣을 멸망시킨 다음에야 청담의 풍조는 일단락됐다.

5. 청담사상이 사회 전반에 해악을 끼치다

　　　　　　　　　　　　　　　　양진兩晉·남조南朝시대
의 청담 풍조가 왕조 멸망의 주요한 원인이라고 말할 수는 없지만 청담의 유행이 적어도 왕조의 멸망을 앞당긴 중요한 요소였다는 사실은 부정할 수 없다. 청담의 기풍으로 인해 조정 관리들은 주의력을 엉뚱한 곳으로 돌리고 실질적인 업무에는 전혀 관심이 없었다. 통치자가 청담을 숭상하면서 정상적인 실무는 열심히 할 가치가 없는 속된 잡무로 폄하되었고, 열심히 일하는 관리는 사대부들 사이에서 '천박한 관리'라는 평가를 받았다. 더욱이 당시에는 사대부들의 여론과 평가가 직접적으로 승진에 영향을 미치는 결정적인 요소였다. 관행이 이렇다 보니 관리들은 청담과 현묘함으로 널리 명성을 얻을 수 있는 일에 몰두했다.

　한 나라의 통치는 정부 관리들에 의해 실현되는 것이므로 청담이 관리사회에서 유행하자 통치의 효율은 크게 떨어질 수밖에 없었다. 정부의 정상적인 행정 사무가 정부 내의 하급 관리 또는 사회의 권력가의 손을 빌리게 되면 정치는 더욱 암흑의 상태가 되게 마련이다. 정상적인 정보의 전달 통로가 막히면 하부의 정보는 제때에 상부로 전달되지 못하여 조정의 정책 결정은 실제 상황을 벗어날 수밖에 없는 지경에 이른다. 또한 긴급한 상황이 발생해도 제때에 정상적인 처리를 할 수 없음은 물론이다. 따라서 청담의 기풍이 성행하면 언제나 통치 위기가 나타났다.

　실제를 벗어나 있는 청담은 사상·문화 영역에서도 학술과 사상 발전에 심각한 장애가 되었다. 청담은 서진 이후로 완전히 공담으로 흘러 담객들이 중시하는 것은 주로 풍채와 언변이었다. 청담을 통해 달성하려는 목적은 단지 말로써 상대방을 이기는 것이었지 자신의 사고를 더욱 분석적이고 체계화하는 것이 아니었다. 그래서 예상 밖의 말을 할수록 숭배를 받았으며 구체적인 정치나 학술상의 주장을 제기할 필요가 없었다. 따라서 전국시대의 종횡가들과 비교해보면 청담은 근본적으로 학파를 형성할 수조차 없었다.

청담의 주제는 주로 도가의 이념이지만 진정으로 도가 이론 발전에 공헌한 사람들은 모두 위진 시기의 현학자들이었다. 하안·왕필·향수·곽상 등이 이에 해당한다. 양진 시기에 유명했던 왕융·왕연·은호 같은 청담객들은 연기나 뜬구름 같은 명성만 약간 남긴 것 외에는 학술과 사상에서는 아무런 자취도 남기지 못했다. 일찍이 동오의 사상가 양천楊泉은 『물리론』에서 청담객들의 청담은 마치 '봄 개구리, 가을 매미 소리'와 같아서 시끄러운 소리에 불과하다고 혹평했다. 청담의 풍조로 인해 사대부들은 헛된 명예만 쫓고, 학술 연구는 하려고 하지 않았기 때문에 학풍을 망가뜨려 이 시기의 학술상의 발전은 정지 상태에 머물러 있었다.

의심과 학살
— 남조의 정치 폐단

통치집단 내부에 의심이나 견제, 학살을 통한 모순의 해결이라는 정치적인 전염병이 퍼지게 되면 반드시 통치 위기를 맞게 된다. 동진과 남조의 여러 왕조 대부분이 이러한 전염병으로 인해 단명하고 말았다.

1. 무력으로 정권을 잡은 남조의 개국황제

서진 시기 팔왕의 난의 뼈아픈 교훈은 남조 통치자들에게는 엄중한 경고였고, 동진시대 권신이 황실 위에서 지배하던 상황은 남조 황제에게는 악몽이었다. 동진의 황권은 권문세족에 의지해 유지되었고, 더욱이 황실이 직접 관할하는 군대가 없었다. 서진처럼 황자들을 지방의 번왕으로 봉했고 번왕이 지방군권을 장악했지만 대다수가 명목상으로 군권을 쥐고 있었을 뿐 실제로는 권신의 통제를 받았다. 몇몇 번왕은 권신에 의해 폐위되거나 심지어 살해당했다. 동진의 초대황제 원제元帝의 아들 무릉왕武陵王 사마희司馬晞는 군사적인 재능이 있어 대장군이 되어 조정의 병권을 장악했지만 결국 권신 환온의 모함으로 폐위되었다.

동진 후기의 안제安帝는 어릴 적부터 계절의 변화에 따라 날씨가 춥고 더워지는 것조차도 제대로 말하지 못할 정도로 모자랐다. 그리하여 삼촌인 회계왕 사마도자가 모든 권력을 장악했다. 사마도자는 도독직을 맡아 중앙과 지방의 군사를 장악했고, 아들 사마원현司馬元顯은 16세의 어린 나이에 이미 정토도독征討都督에 취임하여 실질적으로 조정의 병권을 쥐었다. 그러나 환현을 토벌하는 전쟁에서 크게 패하고 조정 군대의 주력인 유뢰지의 배신으로 사마원현과 6명의 어린 아들은 한꺼번에 피살되고 사마도자는 추방당한 뒤 독살됐다. 따라서 황족들의 내부 투쟁을 막고 권신이 권력을 찬탈하는 것을 방지하는 일이 남조 시기 각 왕조의 우선 과제였다.

남송 무제 유유의 초상화

동진이 멸망하자, 남방은 유劉씨의 송宋나라와 소蕭씨의 제齊나라가 이어서 통치했다. 두 왕조는 공통점이 많았다. 즉, 두 왕조의 개국황제는 모두 미천한 가문 출신으로 군권을 잡아 정권을 찬탈한 경우였다.

유송의 개국황제 유유는 본적이 팽성이고 조상은 서진 말년에 경구(지금의 강소성 진강)로 남하했다. 유유의 아버지는 군의 작은 관리였으며 집도 매우 가난했다. 유유 본인도 망나니로 갈대를 팔아 생활했다. 유유가 살던 마을에서 지주인 조규刁逵가 지신 제삿날 행사 때문에 마을 사람들로부터 돈을 걷었는데 유유는 3만 전을 빚지고 계속 갚지 않아 조규에게 잡혀 있었다. 다행히 동진의 낭야왕 사마밀司馬謐이 대신 빚을 갚아주어 풀려났다. 이후에 유유는 유뢰지의 북부병에 가입해 손은孫恩을 평정하는 전투에 참여했고 공을 세워 대장군으로까지 승진했다. 유뢰지가 동진 말년의 정권 다툼에서 패해 자살하자 유유는 동진 최정예 부대의 사령관이 됐고 결국 이 부대의 힘을 빌려서 동진 왕조를 전복했다.

소제蕭帝(남제)의 개국황제 소도성蕭道成(역사에서는 제 고제高帝라고 한다)은 유유보다 가문이 좋았다. 고조부는 동해 난릉군蘭陵郡에서 강남의 무진으로 이사를 왔고 소씨 가문은 대대로 작은 관직을 맡았다. 아버지 대에 태수 직위까지 올랐으나 소도성은 여전히 평민이었다. 소도성은 황제가 된 뒤 "나는 본래 평민으로 예전에는 여기까지 오리라고는 생각도 못했었다."라고 말한 적이 있다. 그는 어릴 적부터 책을 읽고 스승으로부터 유가의 경전인 『삼례』와 『좌전』등을 배웠지만, 후에는 무예를 익혀 15세 때 군대에 들어가 하급군관이 되었다. 유송의 장군이 된 그는 북조와의 전쟁과 내전에서 반란을 진압한 공이 혁혁하여 조정의 병권을 장악하게 되었고 마침내 정변을 일으켜 자신의 왕조를 세웠다.

두 개국황제는 모두 이전 왕조의 황제와 권신, 황족과 황족끼리의 피비린내 나는 정권 다툼 속에서 새로운 세력으로 성장해 무력으로 권력을 손에 넣었다. 이들은 대권 장악과 함께 장악한 뒤 먼저 황제를 폐위하고 어린 황제를 옹립한 뒤 선양禪讓(황제의 자리를 물려줌)이라는 명목으로 왕조를 바꾸었다. 그러나 두 사람 모두 황제가 된 지 얼마 지나지 않아 죽었다. 재위 기간은 유송 무제(유유)가 3년, 소제 고제(소도성)는 4년에 불과했다.

남조의 정치 지도 원칙

두 왕조의 개국 배경은 비슷했다. 이전의 통치 경험을 총결하고 정치에 반영한다는 점에서 그들의 정치 지도 원칙은 일치했다.

원칙은 다음과 같다. '우선 동진 때처럼 황제의 권력이 남의 수중으로 넘어가는 역사의 재현을 방지하기 위해 권문세족들의 정치·경제적인 특권을 인정하되 정치 결정권은 황제가 직접 쥐도록 한다. 다음으로 황제가 군권을 장악하기 위해서는 그 지방의 군대를 보유한 도독 자리는 가능하면 황제의 아들이나 손자에게 맡기고 권신이나 권문세족들은 맡지 못하게 한다.' 그러나 서진시대 팔왕의 난의 교훈으로 비추어보면, 아들이나 손자도 완전히 안심할 수 없으며 특히 자신을 대신할 가능성이 있는 형제에 대해서는 철저히 경계해야 했다. 요컨대 황제는 시시각각 잠재적인 위협을 경계하고 이러한 위협은 초기부터 싹을 잘라야 한다는 말이다. 황제는 누구도 믿지 말아야 했으며 가장 가까운 친척도 예외가 아니었다. 두 왕조의 공통된 정치 폐단은 이와 같이 '의심'이었고 이러한 정치적 결함은 남조의 전통으로 이어져 남량南梁과 남진南陳시대까지도 계속됐다.

유송 때부터 조정에서는 권문세족을 철저하게 배제하기 시작했다. 그러나 사족계층과 전면적으로 대항할 수는 없었기에 형식적으로 존중하는 척 하면서 실제로는 배척했다. 전통적으로 조정의 핵심 관직인 삼공(태위·사공·사도 — 가장 고위직), 팔좌八座(상서령·복야僕射·육조상서), 중서령 등등의 관직은 모두 예전과 같이 권문세족을 대표하는 인물이 맡았지만 실질적인 결정권은 황제 주위에서 시중을 드는 관리들에게 주었다.

즉, 중서통사사인中書通事舍人은 원래 황제 곁에서 황명을 전달하는 9품의 낮은 관직으로 처음에는 평민 출신을 위해 마련한 자리였는데 나중에는 사대부와 평민을 섞어서 뽑았다. 유송 시기부터 중서통사사인을 임명했는데 이들이 황제의 조서 초안을 작성하고 국가의 기밀 논의에 참여했으며 나아가 정책 결정을 담당했다. 원래 황제를 도와 정책을 결정하던 중서령·상서령·복야 등은 오히려 정책 결정 담당 영역 밖으로 밀려났다. 중서통사사인은 모두 4명으로 구성되었으며 전문적인 사무기관을 설치하였으며 사무는 황궁 안에서 보았다. 사인마다 각자 사무공간을 가졌고 문서 일을 보는 영사를 따로 두었다. 상서성의 모든 문서는 중서통사사인이 사본을 갖고 있었으므로 마치 조정의 중심이 된 것 같았다. 또 시중의 경우에는 원래 황제 측근의 시종이라는 관직이었는데 유송 시기부터 친신대신시중親信大臣侍中이라는 명칭을 주어 궁중에 출입하게 했으며 국가기밀정책 결정에 참여시켜 실직적인 재상이 되었다.

2. 남조의 황권 강화정책과 한문 출신의 득세

유송 시기부터 황세와 싱의하여 정책을 결정하는 사람은 부통 미처한 춤신의 측근들이었다. 역사에서는 이것을 '한문寒門 출신들이 요직을 장악했다'고 했다. 이것은 사족세력과 당시에 문제가 많았던 사족 자제들을 정치에서 배제하기 위해서였다. 사족 자제들은 높은 관직과 많은 녹봉을 자신의 밑천으로 생각하여 하는 일 없이 하루 종일 공리공론만 늘어놓아, 문관들은 백성을 다스릴 능력이 없었고 무관들은 전쟁을 치를 만한 역량을 갖추지 못했다. 황제 입장에서 보면 가문의 배경이 없는 사람들이 자신에게 더욱 충성하고 설사 직권을 남용하더라도 뿌리 뽑아야 할 주변 세력이 없어 다루기가 편리했다. 예를 들어 유송의 효무제는 번왕으로 있을 때 반란을 일으켜 황위를 찬탈한 다음 옷감 장사 출신의 대법흥戴法興과 가난한 선비 출신의 소상지巢尙之 등을 중서통사사인으로 임명했다. 이들은 국가기밀을 담당하고 관리 임명, 중대 안건, 군정 계획과 같은 일들을 황제와 의논하여 처리방침을 결정했다. 당시 효무제의 삼촌 강하왕 유의공劉義恭은 태재록상서사太宰錄尙書事로 있었는데 관직으로 말하면 황제 다음 가는 조정의 수장이었지만 실

남송 전폐제 유자업의 초상화

권은 없는 자리로서 오히려 하는 일마다 대법흥 등의 지시를 받아야 했다.

효무제가 죽고 태자 유자업劉子業(역사에서는 전폐제前廢帝라고 한다)이 16세의 나이로 등극했다. 그러나 대법흥이 권력을 장악한 지 이미 오래되었고, 또 모든 일을 독단적으로 처리했기 때문에 황제의 조서도 그가 혼자서 도맡아 처리했다. 대법흥의 횡포가 너무 심하다고 느끼던 유자업은 총애하는 환관 화원아華願兒로부터 "민간에서 '황궁에 천자가 둘인데 대법흥이 진짜고 황제는 가짜'라는 소문이 떠돌고 있습니다."라는 보고를 받았다. 또 그는 이렇게 덧붙였다. "대법흥은 뇌물을 받아 재산이 천금이 넘고 문객 수백 명을 집에서 먹여 살려 조정의 문무백관이 모두 그를 두려워합니다. 이렇게 가다가는 옥좌가 더 이상 폐하의 자리가 아니겠습니다." 유자업은 즉각 "대법흥을 파직하고 사약을 내리라!"라고 명령했다. 대법흥은 죽기 전에 집의 창고를 일일이 잠그고 뒤처리를 부탁했다. 그러나 뜻밖에도 그가 죽은 다음날 황제는 그의 두 아들마저 사형에 처하

고 재산을 전부 몰수했다. 소상지는 대법흥처럼 경거망동하지 않은 덕분에 중서통사사인으로서 세 황제를 모시고 천수를 다했다.

중서통사사인이 국정을 장악하다

유송 이후 한문 출신들이 국정을 장악하는 현상이 남조의 관례가 되어 거의 모든 황제가 미천한 출신의 중서통사사인을 통하여 정무를 처리했다. 유송과 소제의 교체기에 글씨와 그림 장사 출신이었던 중서통사사인 유계종劉係宗은 연이어 유송의 명제·후 폐제·순제와 소제의 고제·무제·명제 등 6명의 황제를 모셨다. 그는 조정의 전례에 밝아 계책을 세우는데 능했으며 사무를 합리적으로 처리했다.

소도성이 정변을 일으켰을 때 일당인 왕경칙王敬則은 먼저 궁 안에서 손을 써서 유송 후폐제 유욱劉昱(역사에서는 창오왕蒼悟王이라고 한다)을 죽인 뒤 머리를 들고 소도성에게 보고하러 갔다. 소도성은 피가 낭자한 머리를 깨끗이 씻어 황제가 맞는지 자세히 확인한 다음 이튿날 일찍 병사를 거느리고 황궁에 들어가 조정을 접수했다. 소도성은 유계종을 불러 황제 명의로 각종 포고문을 작성하여 조정 각 부서와 전국에 보내도록 했다. 그리고 그에게 "오늘은 새로운 세상이 열린 날이니 네가 힘을 다하기에 좋은 때다."라고 말했다. 유계종은 10명의 주서를 불러서 자신이 구술하는 것을 기록하게 하고 20명의 서리가 다시 이를 베꼈다. 이렇게 해서 정권 찬탈 절차가 원만하게 마무리되어 소도성의 큰 칭찬을 받았다. 소제의 명제는 "학사(사족 자제)들은 책만 읽었을 뿐이지 나라를 다스리지 못한다. 유계종 하나로 학사 500명을 대신할 수 있으니 나라를 다스리는 데는 그 하나면 충분하다."라고까지 말했다.

역사에서는 남량南梁의 무제가 '사족을 우대했다'고 말한다. 무제는 유송과 소제가 사족세력을 배척했던 것과는 달리 사족 출신인 주사周捨를 중서통사사인으로 20여 년간 기용했다. 그러나 남량의 사족들은 여전히 무제가 '평민을 좋아하고 사대부를 멀리한다'며 원망했다. 무제는 주사가 죽자 한문 출신의 주이朱異에게 국가기밀업무를 맡겼다.

주이는 오군 전당錢塘(지금의 절강성 항주) 사람인데 조상은 서족 선비였다. 주이의 삼촌은 자기 어머니의 무덤을 태웠다는 이유로 친척을 죽여 어머니의 원한을 갚았다. 이는 당시에 효행으로 인정받아 황제의 특별사면을 받았다. 이어 그 친척의 아들이 삼촌을 죽여 아버지의 원수를 갚자, 주이의 아버지가 그 친척 아들을 죽여 동생의 복수를 했다. 황제는 이런 행위를 '의로운 일'이라며 모두 사면했다. 주이의 부친은 이 일로 이름을 날려 관리의 길로 들어서 현령을 맡게 되었다.

주이는 어려서부터 경전·역사·잡학 전 분야에 걸쳐 박식했고 21세에는 건강에 독자적인 사법기구를 설치해야 한다는 상소를 조정에 올렸다. 이 건의는 조정의 관심을 끌었고 조정에서는 25세 이상이어야 관리가 될 수 있다는 관례를 깨고 그를 관직에 임명했다. 이런 과정을 거쳐 다른 사람이 그를 무제에게 추천했고 무제는 그를 매우 마음에 들어 하며 "주이는 정말 남다르다."라고 칭찬했다.

주이는 중서통사사인·시중 등을 맡으면서 핵심적인 국가업무를 30여 년간 담당했다. 재능이 뛰어난 그는 문서를 읽고 수정하거나 조서를 작성하는데 출중해 무제의 사랑과 신뢰를 받았다. 그러나 뇌물을 받고 권력을 마음대로 휘두르며 조정의 지위가 높은 사족들에게 불손하게 대했다. 그는 신분이 높은 사족들을 향해 "나는 가난한 선비 출신으로 운 좋게 이 자리까지 오를 수 있었지만, 지금의 잘난 가문 출신들은 조상 무덤 속의 썩은 뼈 덕분에 높은 관직을 얻고 많은 봉록을 받으면서 나를 비웃고 있습니다. 내가 당신들에게 공손하게 대하면 당신들이 더욱 나를 무시할거요."라고 오만하게 대했다. 이 때문에 그는 사족의 불만을 샀다.

후경이 일으킨 모반은 바로 주이를 토벌한다는 명목이었는데 건강성 아래 도착하여 무제가 주이를 죽인다면 곧 물러가겠다고 제안했다. 무제는 태자 소강蕭綱(역사에서는 간문제簡文帝라고 한다)과 의논했는데 태자는 "주이가 죄가 있는 것은 확실하지만 이것은 후경의 구실에 불과합니다. 지금 주이를 죽인다 해도 후경은 철수하지 않을 것이고 우리는 사람들에게 비웃음만 살 것입니다."라고 주장했다. 그래서 무제는 주이를 죽이지 않았다. 그러나 주이는 자신의 시대가 이미 끝났다는 사실을 알고 초조하고 화가 난 나머지 병으로 죽고 말았다.

남조의 마지막 왕조까지도 한문 출신들이 핵심 요직을 장악하는 관행이 계속됐다. 남진南陳 후주后主때 서리 가문 출신인 시문경施文慶과 그 친구 심객경沈客卿을 중서사인(중서통사사인이 남량 때 중서사인으로 바뀌었다)으로 중용했다. 두 사람 모두 재능이 있고 사무 처리에 능해 권문세족의 시기를 받았다. 이 둘을 앞세운 후주는 직권을 남용하여 뇌물을 받아 조정의 질서를 어지럽혔다. 더욱이 시문경과 심객경은 국방과 나라의 큰일에 관련해서는 처리 능력이 없어 남진이 어떤 위험에 처해있는지 전혀 파악하지 못했다. 589년, 북방의 수나라가 대거 쳐들어오기 시작하자 문무의 신하들은 방어책을 의논했다. 그러나 시문경과 심객경은 신하들이 논의한 방어책을 후주에게 보고하지 않고 "이것은 흔히 있는 북군의 이동입니다. 따라서 국경지역의 장수가 처리하면 되는 문제일 뿐이니 군대를 동원할 필요가 없습니다."라고 말했다. 수나라 군대가 강을 건너기 시작할 무렵까지도 시문경은 무관 장수는 배제하고 자신이 직접 군대를 지휘하려 했기 때문에 조직적인 방어를 하지 못했다. 결국 남진의 군대는 수나라 군대에게 크게 패하고 말았다. 수군 총사령관 진왕晉王 양광楊廣은 시문경 등을 사형에 처하라고 명령했다.

지방관을 감시하는 전첨제도

조정의 핵심 업무는 황제가 신임하는 한문 출신이 장악했고, 지방에도 황제의 심복을 파견해 군사행정을 담당하는 고관들을 감시하게 했다. 유송 때부터 황제의 심복 '전첨典簽'을 도독 관할 주둔지와 각 주로 파견해 도독과 주의 자사를 전문적으로 감시하게 했다. 전첨은 원래 문서를 처리하던 하급 관리로서 지방 관청에서 처리하는 문서를 '첨'이라 하여 앞에는 내용을 쓰고 맨 마지막에 '모 관리 서명'이라고 썼다.

유송 시기에는 지방 도독이 조정을 위협하고 반란까지 일으켰던 동진의 교훈을 거울삼아 중요 지역에는 황제의 아들을 보냈다. 여기에 서진 때 번왕이 군사를 일으킨 전례를 되풀이하지 않기 위해 황제의 심복을 다시 전첨으로 파견했다. 이들을 파견한 목적은 명목상으로는 황자의 문서 처리를 돕는 것이었지만 실제로는 이들을 감시하기 위해서였다.

전첨은 지위가 낮아 한문 출신들이 맡았지만 그 실권의 범위가 명확하지가 않아서 도독·자사와 권력을 다투는 전첨도 있었고, 해마다 몇 번씩 귀경해 황제에게 밀고 하거나 유언비어를 퍼뜨리는 전첨들도 있었다. 효무제 때 공신 종각宗慤은 예주자사를 맡아 5주의 군사행정을 감독했는데 효무제는 심복 오희공吳喜公을 전첨으로 파견했다. 오희공이 종각의 일에 사사건건 참견하자 종각이 매우 화가 나서 "나이 육십에 나라를 위해 죽음을 무릅쓰고 싸워서 커다란 한 주를 얻었으니 절대로 전첨과 함께 다스릴 수 없다!"라고 호통을 쳤다. 오희공이 깜짝 놀라 연방 머리를 조아리며 사죄했고 종각은 오희공의 머리에서 피가 흘러내리고 나서야 그를 용서했다. 종각은 문제의 오랜 신하이며 효무제를 옹립한 공신이기 때문에 거리낄 것이 없었다. 그러나 다른 지방관들의 경우에는 이러한 자신감이 없었으므로 전첨의 참견을 견디는 수밖에 없었고, 전첨의 서명은 '문서 지휘관' 격이 되어 이로써 전첨의 위세가 주와 군을 좌지우지했다.

남제南齊(소제)는 전첨제도를 더욱더 엄격히 시행했다. 고제 때부터 어린 황자를 내보낼 때는 전첨과 행사를 같이 파견해 황자를 보좌하도록 했는데, 전첨과 행사가 정사의 처리에서부터 일상생활까지 황자 대신 마음대로 결정했다. 남해왕 소자한蕭子罕이 왕부王府 동당으로 놀러가려고 한 적이 있었다. 전첨 강수가 이를 허락하지 않자 소자한은 어머니를 찾아가 "소자가 다섯 발자국도 움직일 수 없으니 죄수와 다를 것이 무엇입니까?"라고 울며불며 하소연했다. 강하왕 소보원蕭寶元이 영주郢州자사로 있을 때 부하가 그에게 말 한 필을 선사한다기에 가 보려고 했다. 이때 행사 유훤劉暄이 "말이 뭐 볼 게 있습니까?"라고 가로막았다. 또 왕비가 삶은 고기를 먹고 싶다고 하자 유훤은 "이미 거위를 삶았으니 다른 것은 끓일 필요가 없다."라고 만류했다.

번왕들은 마음대로 전첨을 죽일 수 없게 되어 있었지만 장사왕長沙王 소황蕭晃은 홧김에 전첨을 죽여 버렸다. 고제는 이 사실에 크게 화가 나서 장사왕의 볼기를 치는 장형을 내렸다. 어복후魚複侯 소자향蕭子向이 전첨과 행사에게 고발을 당하자 무제는 어사를 파견해 조사했다. 소자향은 두려운 나머지 전첨과 행사를 죽이고 군대를 보내 어사가 주둔지에 오지 못하도록 막았다. 이 소식을 듣고 무제는 대승정과 의논하면서 "자향이 감히 모반을 하다니?"라고 탄식했다. 대승정은 오히려 "번왕들은 모반하지 않을 수 없습니다. 지방으로 나간 것이 마치 감금당한 것과 같고 한 가닥의 연뿌리나 한 그릇의 국을 먹고 싶어도 전첨이 없으면 종일 굶어야 합니다. 또한 모든 주에서는 전첨이 있는 것만 알지 자사가 있는 것은 모르는 실정입니다."라고 말했다. 소자향은 결국 살해당했고 전첨제도는 그대로 시행되었다. 남량과 남진에서도 이 제도는 지속됐다.

권신들에 대한 사전 방어책

　방비책으로도 남조의 대다수 통치자들은 마음을 놓지 못했다. 의심이 많은 황제들은 직접적인 방어 조치로 황위를 찬탈할 가능성이 있는 자들은 사전에 제거했다. 동진의 정치 경험에 비추어 가장 가능성이 큰 찬탈자는 왕돈·환현과 같이 병권을 보유한 권신으로 유송의 무제 유유 본인도 이런 방식으로 왕조를 세웠다. 남조에서는 무고한 대신들을 살해한 사례가 적지 않았는데 유송의 문제가 단도제檀道濟를 살해한 사건이 가장 유명하다.

　단도제는 북방에서 경구로 남하한 이주민의 후손이었다. 유유가 군사를 이끌고 환현의 반란을 평정할 때 참전했고 공을 세워 사병에서 장군으로 승진했다. 416년, 유유가 북벌을 단행하자 단도제는 선봉을 맡아 낙양을 함락했다. 어떤 사람이 포로를 모두 죽여 위풍을 보여주자고 했지만 단도제는 동의하지 않았다. 그는 "오늘 같은 날은 그동안 고생한 백성을 위로하고 통치자를 벌해야지, 어찌 죄 없는 백성을 마구 죽일 수 있겠느냐?"라고 말했다. 이로 인해 그는 민심을

남송의 명장 단도제의 초상화

크게 얻었고 순조롭게 북벌을 진행할 수 있었다.

유송 건국 후 단도제는 반란을 평정하고 북조의 침입을 막는 데 큰 공을 세워 강주자사로 임명됐다. 430년 유송이 중원을 북벌할 때 초기에는 승리했으나 나중에는 패하여 황하 이남 지역을 상실하고 말았다. 사태가 위급해지자 단도제는 명을 받고 북벌의 도독이 되어 북위北魏(후위) 군대와 30여 차례나 싸웠는데, 대부분의 전투를 승리로 이끌어 북위군을 황하 일선까지 쫓아냈지만 식량 공급이 중단되어 철수했다. 북위군은 단도제를 무서워해 주술을 써서 그를 죽이려고까지 했다.

유송의 북부 변경이 안정을 되찾자 단도제의 명성은 높아졌고 그의 군영으로 문무인재가 몰려들었으며 일곱 아들 또한 재능이 출중했다. 조정에서는 그가 제2의 사마의가 될까 전전긍긍했다. 당시 문제는 허약하고 병치레가 잦았는데, 조정을 주도하던 팽성왕 유의강劉義康은 문제가 병사하면 단도제를 제압할 사람이 없다고 판단해, 그를 건강으로 불러들인 다음 군주를 속였다는 누명을 씌워 투옥했다. 단도제는 체포되었을 당시 화가 머리끝까지 올라 눈을 부릅뜨고 머리에 쓴 관을 힘껏 바닥에 내던지면서 "결국은 네가 만리장성을 허무는구나!"하고 소리쳤다. 단도제는 유송을 지키는 만리장성에 자신을 비유한 것이다. 단도제와 일곱 아들은 모두 억울한 죽음을 당했다. 15년 뒤, 북위가 유송을 공격할 목적으로 양자강 유역에 도착하여 강을 건너겠다고 떠벌리자 건강은 긴장했다. 유송의 문제는 석두성에 올라 멀리 건너편의 북위 대군을 바라보면서 자신도 모르게 한숨을 쉬며 "단도제가 있었다면 어찌 이 지경까지 왔겠는가!"라고 후회했다.

유사한 사건은 남제 때도 있었다. 송제宋齊 시기 원숭조垣崇祖는 북조와 싸우던 명장이었다. 그의 집안은 하비의 호족으로 조상이 일찍이 전연前燕에서 고관을 지냈고 유송에 귀속되어서도 여전히 회하 일선을 수비했다. 원숭조는 어려서 군에 들어가 소부대를 이끌고 하회에서 오랫동안 유격전을 펼치며 북조의 방어선 700리 안쪽까지 깊이 들어간 적도 있었다. 소도성이 남제의 개국 황제(고제)가 된 후 원숭조에게 "내가 방금 천하를 차지했으니 북조는 반드시 이 기회를 틈타 공격해올 것이다. 분명히 수양으로 쳐들어올 것인데 전략 요충지를 지키는 데는 그대만한 사람이 없다."며 원숭조를 예주자사로 임명하고 수양으로 보냈다. 이듬해 북위는 성을 빼앗기 위해 20만 대군을 출동시켰고 원숭조는 둑을 쌓아 비수를 막고 일부러 몇 천 명을 보내 수양 북쪽의 작은 성을 지키게 했다. 북위의 대군이 작은 성을 맹렬하게 공격하자 원숭조는 즉시 둑을 무너뜨려 위나라 군사 수천 명을 수몰시키고 이어 달아나는 병사들을 추격하여 위군을 크게 무찔렀다. 기세를 타고 원숭조는 다시 회하를 건너 북위군을 쳐부수고 또한 회북에서 둔전을 조직해 북벌을 적극적으로 준비했다. 원숭조는 평소 스스로를 백기와 한신에 비교했는데 이때부터는 사람들도 그가 고대의 명장들 못지않다고 인정하게 되었다.

그러나 고제가 죽고 즉위한 무제는 원숭조가 장차 반란을 일으킬까 두려웠다. 그래서 먼저 원숭조에게 진작晋爵의 관직을 주고 건강으로 불러들여 병권을 빼앗은 데 이어 외국과 연락을 취해 모반을 꾀했다는 모략을 꾸며 사형에 처했다.

　이 시기에는 무장만 의심을 받은 것이 아니라 문신들도 의심의 그물에서 빠져나가지 못했다. 유송 때 왕경문王景文은 풍채가 당당하고 청담에 능한 것으로 유명했다. 그의 여동생이 명제 유욱의 황후였기 때문에 그는 명사이자 외척으로서 조정에서 꽤 영향력이 있었다. 이러한 이유로 명제는 왕경문을 경계했으며 병이 위중해지면서 의심은 더욱 짙어졌다. 명제는 자신이 죽으면 아들들이 모두 어리기 때문에 황후가 정권을 잡고 왕경문이 외삼촌의 자격으로 자연스럽게 재상이 되어 왕씨 일가가 득세하면서 정권을 찬탈할 가능성이 크다고 보았다. 그래서 사자를 보내 왕경문에게 사약을 내렸다. 왕경문은 집안의 평안을 위해 조용히 사약을 마시고 죽었다.

번왕들에 대한 감시와 학살

　그러나 권신과 비교하면 친족인 번왕은 황제에게 더 위협적인 존재였다. 유송 때 문제 자신도 대신들의 추대를 받아 번왕의 자격으로 수도로 들어와 황위를 계승했기 때문에 번왕에 대해 각별한 주의를 기울이고 전첨과 같은 감시제도를 확립했다.

　문제는 '허로질虛勞疾'을 앓았는데 오랫동안 머리를 쓰면 머리가 깨질듯이 아픈 병이었다. 조정 대신의 세력이 막강해지는 것을 방지하기 위해 그는 동생 팽성왕 유의강을 불러 조정을 맡겼다. 인사문제나 사형과 같은 큰일은 모두 유의강이 결정했는데 문제는 그의 결정에 이견이 거의 없었다. 유의강은 점차 나라를 좌지우지하게 되었다. 조정에서 재능 있는 사람들은 모두 자기 밑으로 끌어들이고, 각지에서 바치는 공물 중에서 좋은 것은 팽성왕부가 챙기고 좋지 않은 것은 황제에게 주었다. 그의 저택에는 노비만 6,000여 명이 넘었다.

한번은 문제가 병이 위급해지자 유의강에게 태자를 보좌하라고 유서를 썼다. 유의강은 집에 돌아와 심복에게 "천하의 어려움을 어린 주인이 통제할 수 있겠는가?"라고 말했다. 문제는 병이 낫자 들은 바가 있어 다시는 동생을 믿지 않았다. 결국 유의강이 조정을 주관한 지 11년 되던 해에 문제는 갑자기 유의강의 부하를 잡아들인 다음 유의강을 외지로 쫓아냈다. 명분은 외지로 파견이었지만 실제로는 연금이었다. 유의강은 다시 건강으로 돌아가기만을 간절히 희망했다. 그는 불교를 믿었는데 한번은 혜림慧琳 스님이 찾아오자 자신이 수도로 돌아갈 수 있는지 여부를 물었다. 스님은 "유감스럽게도 책을 너무 적게 읽으셨구려."라고 선문답처럼 말했다. 유의강은 『한서』를 보다가 회남왕 유안劉安의 전기를 읽고는 책을 덮으며 "원래 고대부터 이런 일이 있었구나. 내가 벌을 받는 것이 마땅하다."며 탄식했다. 그러나 문제는 유의강을 여전히 의심해 북위가 양자강 유역까지 쳐들어왔을 때 팽성왕이 난을 일으킬까 우려하여 사람을 보내 사약을 내렸다. 유의강은 사자에게 "불경에서 사람이 자살하면 내세에 사람으로 환생하지 못한다고 했다."면서 자살을 원치 않자 사자가 이불을 덮어 질식사시켰다.

문제는 유송 황실에서 혈육 간에 서로 죽이는 선례를 만들었다. 그러나 그 자신은 하루 빨리 황제가 되려는 태자 유소劉劭에게 살해당한다. 유소도 황제의 자리에 오른 지 두 달 만에 동생 무릉왕 유준劉駿에게 피살됐다. 황위에 오른 유준(역사에서는 효무제라고 한다)은 여섯 형제를 살해한다. 그중 경릉왕竟陵王 유탄劉誕은 효무제를 적극 지지했지만 가장 의심을 받았다. 유탄은 광릉에서 강요에 못 이겨 군대를 일으켰고 효무제는 대장군 심경지沈慶之를 파견해 진압하게 하고 성 안의 백성을 모두 죽이라는 명을 내렸다. 그러나 심경지는 5척 이하인 백성만은 살려주자고 간청해 그나마 적지 않은 목숨을 구했다.

문제의 다른 아들 유욱劉彧(역사에서는 명제라고 한다)도 혼란스러운 정치 상황을 이용해 황위에 등극했다. 그 과정에서 동생 4명과 조카(효무제의 아들) 16명을 살해했다. 그 후 명제의 아들 12명 중에서 절반은 소도성에게 살해당했다. 순제 유준이 폐위되었을 때 "나를 죽일 것이냐?"라고 물었다. 그러자 소도성의 심복은 "너의 조상들은 사마씨를 어떻게 대했느냐?"고 반문했다. 유준은 통곡하면서 "다음 생에는 제왕의 가족으로 태어나지 않기를 빈다."고 말할 뿐이었다.

3. 의심과 견제, 학살로 인해 왕조가 단명하다

남제를 건립한 소도성은 유송의 사례를 교훈으로 삼기 위해 유학자 유헌劉巘에게 장기적인 안정을 도모하려면 어떻게 해야 하느냐고 물었다. 유송은 잔혹함 때문에 멸망했으므로 장기적으로 안정을 유지하려면 너그러운 정치를 펼쳐야 한다고 유헌이 건의했다. 소도성은 자기가 유송을 멸망시킬 수 있었던 이유는 유송 황실의 골육상잔의 결과라고 생각하여 죽기 전에 태자 소색蕭賾(무제)에게 "유씨가 혈육 간에 서로 학살극을 벌이지 않았다면 남에게 왕위를 빼앗겼겠느냐? 똑똑히 기억해야 한다."라고 훈계했다. 무제는 적지 않은 대신을 살해했지만 형제에게는 인정을 보여 동생인 경릉왕 소자량蕭子良과 사촌형인 서창후 소란蕭鸞을 중용했다.

무제가 죽고 황태자 소소업蕭昭業이 즉위했지만 대권은 소란에게 넘어갔다. 소소업은 방탕을 일삼아 황제가 된 지 일 년 만에 소란에게 살해당한다. 소란은 의도적으로 소소업의 동생 소소문을 황제로 내세웠다가 몇 달 만에 또 죽이고 자신이 등극했다. 바로 명제明帝다.

고제의 조카인 소란은 어릴 적에 부모를 여의고 고제 손에서 자랐다. 황제의 자리에 오른 그는 고제와 무제의 자손들에게 황위를 빼앗길까 두려워 잇달아 학살을 감행했다. 고제의 아들 19명 중 당시 살아 있던 8명이 모두 살해당했고 무제의 아들 23명 중에서 살아 있던 16명 모두 피살됐다. 그는 사촌형제와 조카들을 죽이기 전에 언제나 향을 피워 묵도하고 소리를 삼키며 눈물을 흘린 다음 저녁에 군대를 보내 살해했다. 죽이고 나서는 그럴 듯하게 죄명을 둘러댔다.

소란은 6년간 재위하면서 잠재적인 적수는 모두 죽였다고 생각했으나 욕심에 눈이 어두워 뒤에 올 위험을 감지하지 못했다. 권신 소연蕭衍이 기회를 틈타 군사를 일으켜 후계자인 소보권蕭寶卷과 그 아들까지 모두 살해하고 소량蕭梁 왕조를 세웠다. 무제의 아들인 파릉왕巴陵王 소자륜蕭子倫은 명제에게 살해되기 직전에 "선조가 유씨의 자손을 죽였으니 오늘 일은 당연하다."라고 말했다.

서로 의심하고 죽이는 일은 고대 중국의 군주 전제정치 하에서 흔히 일어났던 일반적인 폐단이다. 하지만 남조의 유송이나 소제와 같은 사례는 흔치 않았다. 이는 당시 여러 가지 사회모순들이 복합적으로 반영된 결과라 할 수 있다.

남조는 북조보다 힘이 약해서 정치·군사적으로 심한 압박을 받았다. 또 내부적으로 황권과 사족계층 간에, 남으로 이주한 사족과 강남 토착사족 간에 심각한 모순이 존재해서 황권은 절대적인 우위에 설 수 없었다. 동진 이후 끊임없이 이어진 정변과 내전으로 통치계급의 역량은 크게 소모되었고 통치집단 내부에는 서로 의심하고 견제하는 정치 풍토가 만연했다. 정국의 불안정은 의심을 더욱 부추겼고 의심으로 빚어진 학살극은 정국을 더욱 혼란스럽게 만들었다. 이런 악순환의 결과, 남조의 여러 왕조는 모두 단명으로 끝나고 말았다.

전대미문의 개혁
─ 북위 효문제의 개혁

정치·사회 전반에 걸친 개혁의 추진은 결코 쉬운 일이 아니다. 특히 통치자 자신의 이익과 관련된 개혁일수록 대다수의 개혁가들은 움츠러들 수밖에 없다. 이런 측면에서 보자면 북위 효문제의 개혁은 역사상 보기 드문 성공 사례다.

1. 중원 통치를 위한 선비족의 한화 전략

　　　　　　　　　　　　전진前秦이 와해되자 북방
은 다시금 혼란에 빠졌고, 이러한 혼전 속에서 선비족 탁발부拓跋部가
세력을 키워 북방에서 제일 강력한 정권이 되었다. 386년 탁발규拓跋
珪는 대국代國을 회복하고 같은 해에 국호를 위(북위 또는 후위)로 고
쳐 12년 만에 황하 이북의 광활한 지역을 차지했다. 평성平城(지금의 산
서성 대동시)을 도읍으로 정하고 국가를 설립한 그는 한족의 통치 방식
을 모방하여 중원을 장기적으로 지배하고자 했다. 439년, 그는 북방
의 마지막 할거세력인 북량北凉을 멸망시키면서 한 세기 동안 지속되
어온 16국의 혼전 상황을 매듭짓고 북방 전체를 통일했다.

　　선비족 탁발부는 지금의 동북 지역 눈강嫩江 유역에서 활동하던 유
목민족으로 위진 시기에 대(지금의 산서성 대동시)로 이주했다. 저족
이나 강족, 남으로 이주한 흉노족과 선비족 모용부보다 한화漢化 정
도가 낮았다. 또한 대다수의 탁발부 수령들은 한족문화를 적극적으

로 받아들이려 하지 않았고, 심지어 한족문화를 배척했다. 북위 도무제武帝 탁발규는 하적간賀狄干을 사신으로 후진後秦에 보냈다. 강족이 건립한 후진은 당시 한화가 많이 진행되어 하적간은 후진에 머무는 동안 한족의 경전과 사적을 널리 익혀 『논어』와 『서경』에 정통하게 되었고 행동거지는 유생을 방불케 했다. 하적간이 귀국한 뒤 도무제는 그의 언행과 의복이 한화된 강족의 풍속과 유사하게 변한 모습을 보고, 그가 한족문화를 숭상하여 적극적으로 모방했다며 화를 냈다. 결국 도무제는 하적간을 처형했다.

중원 통치를 위해 한족 권문세족들을 끌어들이다

그러나 선비족의 탁발씨 왕조는 한족이 대다수인 중원을 통치하려면 한족문화를 수용하고 한족 왕조의 통치 방식을 따르는 것이 불가피하다고 판단했다. 한족 왕조의 통치 방식을 본뜨려면 한족의 권문세족을 임용하여 그들을 통치에 참여시켜야 했다. 이로 인해 통치계급 내부에는 한족 권문세족과 선비족 귀족 간에, 탁발씨 황족과 한족 사족계층 및 선비족 귀족계층 간에 모순이 불거졌다. 또한 민족모순과 계급모순도 상당히 첨예화되었다. 북위의 통치자들은 통치를 공고히 하고 사회모순을 해결하며, 16국의 혼전 상황이 재현되는 상황을 막기 위해 통치계급 내부의 충돌 과정에서 끊임없이 해결 방안을 모색했다.

북위 전기의 황제들은 강력한 무력 수단을 사용해 한족 사족들을 억지로 끌어들이거나 심지어 협박을 통해 통치에 가담시켰지만 한편으로는 선비귀족의 기득권을 지키고 선비족의 전통문화를 유지했다. 북위 초년에 한족 사족계층은 '오랑캐' 정권에 의심을 품고 정치에 적극적으로 참여하지 않았다. 북위 조정에서 여러 차례 이름 있는 인사들을 불러들였는데, 조정의 부름에 응한 사람들 조차도 별로 기뻐하지 않았으며 대부분 지방관의 성화에 못 이겨 상경했다. 북위의 황제 역시 한족 사족을 믿지 않았다.

　도무제는 한족 모사 장곤張袞과 그가 추천한 명사 최령崔逞을 등용해 국가대계를 논하는 자리에 참여시켰다. 후연後燕의 수도인 중산中山(지금의 하북성 정현)을 공격할 때 군량이 떨어지자 최령은 뽕나무 열매로 식량을 대신하자고 제안했다. 최령은 "시경에 비효12)라는 새가 뽕나무 열매를 먹은 뒤 소리가 고와졌다는 말이 있습니다."라고 설명했다. 도무제는 최령의 제안을 받아들이기는 했으나, 그의 제안이 선비족 군대를 모욕하는 것이라고 생각해 나쁜 감정을 갖게 되었다. 도무제는 최령과 장곤에게 동진의 장수들에게 투항을 권유하는 서신을 쓰되 반드시 동진 황제를 모욕하는 내용을 포함해야 한다고 지시했다. 그러나 최령과 장곤은 서신의 초안에서 동진 황제를 '귀주(당신네 군주)'라고 썼다. 도무제는 이를 계기로 최령을 사형에 처하고 장곤은 강등했다.

　북방한족 중에서 제일 명망이 높았던 최씨 가문의 최굉崔宏과 최호崔浩 부자는 북위 명원제明元帝·태무제太武帝 시기에 조정에 참여해 많은 공을 세웠다. 그러나 최호는 성씨를 분명하게 밝혀야 한다고 건의해 소수민족 정권을 이용한 위진 시기의 사족 문벌정치를 부활하려 했으며, 나아가 사족계층의 각종 특권을 열거하며 정치권력을 나누어 가질 것을 요구하여 선비귀족들의 반감을 샀다. 최호는 태무제 때 국사편찬을 주관했는데 선비족의 일부 야만적인 행위를 숨김없이 그대로 적고, 이 내용을 비석에 새기고 대로 양쪽에 세워 지나다니는 사람들이 모두

---
12) 飛鴞 : 고대 전설 속의 불길한 새. 울음소리가 불길하다고 전한다

볼 수 있게 했다. 선비족 귀족들과 태무제는 크게 화가 나서 '나라의 잘못을 마구 들추어냈다'는 죄목으로 최호와 그 일족을 몰살하고 최씨와 혼인관계를 맺은 범양 노씨, 태원 곽씨, 하동 유씨까지 멸족했다. 국사 편찬에 참여한 수백 명의 비서랑秘書郞들까지 몰살 당했다.

2. 풍태후와 효문제의 개혁

북위 통치자들은 통치계급 내부의 모순은 물론이고 선비족과 한족 간의 갈등도 해결할 수 없었다. 오랜 기간 북위는 군사력에 의존해 통치를 했을 뿐 한족 왕조와 같은 효율적인 통치체제를 구축하지 못했다. 무엇보다 각급 관리들은 모두 봉록이 없었기 때문에 선비족 귀족과 무관들은 전쟁 중에 약탈하거나 전쟁 후에 하사품으로 받은 노예와 재물에 의존해서 생활했으며, 한족으로 구성된 대부분의 문관들은 비정기적인 하사품에 의존할 수밖에 없었다. 나머지는 불법적인 수단을 사용해 수입을 얻었다.

지방 주군에는 세 명의 수령을 두었는데 한 명은 탁발족, 또 한 명은 이성異姓의 선비족 귀족, 나머지 한 명은 한족 문관으로서 이들의 임기는

관리 형상의 채색토용

각각 6년이었다.

　이들 관리에 대한 심사 항목은 거둬들인 조세를 제때 정액대로 바치는가의 여부였다. 조세를 거둬들이는 방법은 지방관에 따라 달랐기 때문에 각지에서 탐관오리들이 생겨났다. 또한 북위 때는 지방에서 '종주독호제宗主督護制'를 실시했는데 권세가 있는 사람을 '종주'로 임명하고 그 지역의 백성을 '감독'하도록 하여 이 단위를 각 지방의 하부조직으로 삼았다. 선비족 각 부락마다 '여러 민족으로 구성된 마을'에 대한 통제권을 주고 흙담을 둘러쳐서 영역을 표시한 한족 토호들의 '토벽'을 합법적인 것으로 인정했다. 그러나 이러한 정치제도는 중원에 사는 한족 백성들을 장기적이면서 효율적으로 다스리는데 한계가 있었다.

　북위는 무력으로 나라를 세웠으나 선비족의 힘이 날로 쇠퇴해가면서 통치 위기가 닥쳤다. 태무제 후기에는 선비족의 군사력이 매우 약해져서 450~451년 남조 유송과의 전쟁에서 크게 패하여 막대한 사상자를 냈다. 그 후로 북위 조정에서는 아무도 남조와 싸우자는 의견을 다시는 내지 못했으며 더욱이 여러 민족의 봉기가 잇달아 일어나 사회가 매우 혼란스러웠다. 473년, 북위는 새로운 법령을 반포했다. 1개 현의 도적을 진압하는 현령에게는 2개 현을 관할하게 하고, 2개 현의 도적을 진압하는 현령은 3개 현을 관할하게 하며 3년 후에는 군수로 임명한다는 내용이었다. 또한 1개 군의 도적을 진압하는 군수는 2개 군을 관할하게 하고, 2개 군의 도적을 진압하는 군수는 3개 군을 관할하게 하며 3년 후에는 자사로 임명한다고 했다. 이를 통해 당시 사회질서가 얼마나 엉망이었는지를 짐작할 수 있다.

역사적 조류에 편승해 개혁을 단행하다

　엥겔스는『반反 뒤링론』에서 '정복이 장기화되면 야만적인 정복자는 대부분의 경우 정복 후에 나타나는 경제 상황에 어쩔 수 없이 적응하게 된다. 그들은 피정복자에게 동화되거나 심지어 피정복자의 언어를 채택하게 된다'라고 주장했다.

　그러나 북위 전반기 통치자들은 이러한 추세에 적극적으로 적응하려고 하지 않아 통치 위기가 닥치게 되었다. 그들이 통치 위기를 극복하려면 사회적 추세에 적응하는 통치자가 나타나 권력을 장악하기를 기대하는 수밖에 없다. 풍황후馮皇后와 효문제 탁발굉拓跋宏이 바로 그런 통치자였다. 이들은 집권 기간에 민족융합이라는 역사적 조류에 편승해 여러 가지 중요한 정치·경제·문화적 개혁을 단행했다. 이 시기는 중화민족 역사에서 가장 중요한 의의가 있다.

　풍씨는 몇 대에 걸쳐 북위의 고위직을 지낸 한족이었다. 풍황후는 문성제文成帝 탁발준拓跋浚의 황후였다. 문성제가 죽고 헌문제獻文帝 탁발홍拓跋弘이 13세의 나이로 즉위했는데, 선비족 귀족승상 을혼乙渾이 권력을 독점하자 풍씨가 계략을 꾸며 을혼을 죽이고 이때부터 태후 신분으로 수렴청정을 하게 된다. 헌문제가 아들(효문제孝文帝)을 낳자 풍씨는 직접 효문제를 키우면서 헌문제에게 정권을 돌려주었다. 그러나 불교를 숭상한 헌문제는 471년에 5살밖에 안 된 효문제에게 양위하고 자신은 태상황으로 물러앉았다. 5년 뒤 풍태후는 헌문제를 독살하고 다시금 황태후 신분으로 수렴청정을 했다.

　효문제 탁발굉은 풍태후의 영향 아래 어려서부터 한족문화를 접했다. 역사에는 그에 대해 '평소 책읽기를 좋아하여 손에서 책을 놓지 않았으며, 오경에 정통하고 노장사상을 즐겨 논했으며, 경전과 역사

북위 효문제가 은나라 충신 비간(比干)을 기리는 비문

및 제자백가를 섭렵했고, 문장과 시에 능하여 늘 말을 타면서 문서 내용을 구술했는데 받아 적고 나면 한 글자도 고칠 데가 없었다'라고 전한다.

풍태후는 476년부터 490년에 병사할 때까지 수렴청정을 하면서 조정을 주도했다. 효문제는 490년부터 정치 전면에 나서 일련의 중대한 개혁을 실시했다. 효문제는 499년에 병사했다. 역사에서는 이 개혁을 총칭해 북위 효문제의 개혁이라고 한다.

풍태후가 수렴청정한 시기에 진행된 개혁은 주로 정치 방면과 사회·경제정책에 집중됐다. 481년에는 새로운 법전을 공포하고, 483년에는 '반록제班祿制'를 실시하여 문무백관에게 정식으로 봉록(월급)을 주었다. 그러나 봉록을 중앙재정에서 지급하지 않고 조세를 호당 비단 3필, 곡식 2곡 9두로 늘려 관리들의 봉록으로 충당했다. 동시에 '만약 관리가 봉록 이외에 비단 1필이라도 뇌물을 받으면 사형에 처한다'고 규정했다. 반록제를 실시하던 첫해에 각급 관리들을 감찰한 결과, 뇌물을 받은 40여 명의 지방관을 찾아내어 모두 사형에 처했다. 이것은 관료사회를 뒤흔들었고 이때부터 뇌물수수가 다소 줄어들었다. 그러나 많은 수의 선비족 지방 관원들은 오히려 봉록을 원하지 않았다. 회남왕 탁발타拓跋佗는 원래의 제도로 돌아가기를 요구하는 상소를 올리기도 했다. 그러나 효문제는 이를 단호히 거절했다.

485년을 전후해 '종주독호제'가 폐지되고 '삼장제三長制'가 실시됐다. 삼장제는 5가구에 한 명의 인장隣長, 5린마다 한 명의 이장里長, 5리마다 한 명의 당장黨長을 두고, 국가에서 가구를 직접 관리하면서 정부가 조세를 징수하는 제도이다. 인장·이장·당장은 정부에서 유능한 자를 골라 임명하고 대신 부역을 면제해 주었다. 이들은 정부를 대신해 호적 편성, 조세와 부역 부과, 농업과 양잠업 장려 등의 직무를 수행했다. 삼장제는 선비족과 한족 권력가들의 기득권을 침해했기 때문에 조정에서 이 제도에 대해 토론을 할 때 수많은 관리들이 반대하고 나섰다. 삼장제를 건의한 이충李沖은 반대파들과 여러 차례 논쟁을 벌여야 했다. 논쟁 끝에 마침내 풍태후가 이 제도를 시행하기로 결정했다. 이로써 북위 정권은 균전제와 조조租調제도의 시행을 위한 조건을 마련했다. 삼장제·균전제·조조제 등 세 가지 주요 개혁은 사회모순을 어느 정도 완화시켜 북위의 중앙집권을 강화하는 데 기여했다.

민족융합정책의 첫 걸음 – 낙양천도

친정을 하게 된 효문제는 개혁에 박차를 가했는데 특히 민족정책을 중점적으로 개혁했다. 효문제는 민족에 대한 선입견이 없는 황제로 일찍이 "황제들이 늘 범하는 실수는 공평하지 않으며 성심성의껏 남을 대하지 않는다는 것이

말 도용 | 북위시대

다. 만일 이것만 고칠 수 있다면 호인胡人과 월인越人도 형제가 될 수 있다."라고 말했다. 효문제는 낡은 풍속을 고쳐 호인과 한족이 하나 되는 호한일가의 민족융합을 실현하는데 뜻을 세웠다.

효문제 민족융합정책의 가장 중요한 첫 걸음은 낙양 천도였다. 당시 북위의 수도인 평성은 선비족 탁발부의 근거지였다. 효문제 시기에 평성의 경제는 여전히 목축업 위주였다. 더욱이 평성은 인구가 많고 황실과 관료, 사방에서 몰려온 부유한 상인과 권세가들이 대량의 생필품을 소비했기 때문에 평범한 선비족 백성들의 생활은 어려웠고, 재해가 닥쳐도 대처 능력이 떨어져 사회질서도 상당히 어지러웠다. 또한 이 지역에서는 선비족 전통문화가 우세해 정치제도 개혁과 민족융합 추진에 장애가 되었다.

이런 문제들을 고려해 효문제는 북위의 통치 중심을 낙양으로 옮기기로 결심했다. 수도를 옮기는 것만이 전통 수구세력의 정치적인 간섭을 벗어나 개혁을 제대로 추진하는 길이며, 중원을 통치하는 데에 더욱 효과적이라고 본 것이다. 경제적인 측면에서 보자면, 낙양은 수로를 통해 각 지역이 연결될 수 있기 때문에 군대 수송에 유리할 뿐만 아니라 물자 운송에도 편리한 지역이었다. 더욱이 문화적으로도 한족문화의 중심지이므로 민족융합을 추진하는 데 중요한 의의가 있는 곳이었다.

효문제의 낙양 천도를 위한 노력

선비족 수구 귀족들이 근거지를 떠나는 것을 맹렬히 반대하자 효문제는 계책을 꾸몄다. 493년, 효문제는 친히 100만 대군을 거느리고 남제를 정벌한다고 선포했다. 조정 대신들이 앞 다투어 반대했는데 상서령 임성왕任城王 탁발징拓跋澄의 반대가 특히 심했다. 효문제는 "나라는 내 나라인데 임성왕이 감히 가로막느냐?"며 화를 냈다. 탁발징은 "나라는 물론 폐하의 나라이지만 소신은 나라의 신하이니 충성을 다하지 않을 수 없습니다."라고 간언했다. 효문제는 탁발징을 따로 불러서 밀담을 나누었다. "우리나라는 북방에서 일어나 평성으로 옮겨왔다. 나라는 부유하나 아직 문치는 궤도에 오르지 못했다. 이곳은 군사기지여서 문치를 하기는 어렵고 풍속을 바꾸기도 어렵다. 그러나 낙양은 자고로 제왕 통치의 중심이니 낙양으로 천도하는 게 어떠한가?" 어려서부터 배우기를 좋아하고 한족문화에 영향을 받은 선비족 황족인 탁발징은 효문제의 말을 듣고 "백성들이 알면 틀림없이 기뻐할 것입니다."라며 찬성했다. 그제야 효문제는 탁발징에게 "남정은 빈말이고 천도가 진짜 목적"이라며 내막을 털어놓았다. 탁발징은 이 말을 듣고 "이 일은 매우 중요하니 다른 사람은 모르는 것이 좋겠습니다."라고 건의했다. 효문제는 탁발징을 무군대장군撫軍大將軍으로 임명하고 남정을 지휘하도록 했다. 효문제는 20만 대군(말로는 30만 대군이라고 했음)과 문무백관을 거느리고 위풍당당하게 남방으로 내려갔다.

낙양에 도착한 효문제는 며칠 휴식을 취하면서 진(서진)의 옛 궁궐·태학·석경 등을 돌아본 뒤 다시 무장을 갖추고 말에 올라 출발했다. 문무백관은 울면서 길을 막고 땅에 머리를 찧으며 남정을 멈출 것을 요청했다. 효문제는 이 기회를 틈타 남정이 싫으면 낙양으로 천도해야 한다고 하자 대신들은 어쩔 수 없이 천도에 동의했다.

이듬해 효문제는 하양河陽(지금의 하남성 맹현)에 목장을 짓고 하서 목장의 말을 매년 200필씩 병주로 이동시켜 한동안 사육하다가 다시

하양으로 옮기라고 명을 내렸다. 말이 내지의 풍토에 적응하지 못해 병에 걸리는 것을 예방하는 동시에 선비족 기병에게 충분한 군마를 공급할 목적이었다. 선비족 가운데 15만 명의 용사를 선발해 낙양 주둔군인 숙위군을 조직하여 지방 무장세력들을 통제했다. 495년에 북위는 낙양 천도를 완료했다.

선비족의 복식·언어·성을 철저히 한화(漢化)하다

효문제가 시행한 민족융합정책의 핵심은 선비족 귀족을 한족 사족과 같은 통치집단으로 만드는 것이었다. 과거 선비족 남자들은 머리를 길러 땋았는데 이를 '삭두索頭'라고 했다. 복장도 소매통이 좁고 옷섶이 왼쪽 여밈으로 한족 풍속과는 달랐다.

494년, 효문제는 조서를 내려 선비족 복식을 금하고 모든 사람들에게 한족 복식을 따르라고 명했다. 이듬해에는 낙양으로 이주해온 대인, 즉 선비족은 호적을 하남 낙양으로 옮기게 하고 대인이라는 호칭 사용을 금지했다. 또한 망산邙山 일대에 시신을 매장하도록 해서 선비족 귀족들이 더 이상 고향인 대에 미련을 갖지 못하게 했다.

495년, 효문제는 다음과 같이 규정했다. '30세 이하의 관리는 조정에서 한어를 사용해야 하며 선비족 언어는 쓸 수 없다. 그러나 30세 이상의 관리는 사용할 수 있

북위 광평왕(廣平王) 원회(元懷)의 묘지명

다. 만약 이를 고의로 위반한 자가 있다면 관직을 낮추거나 파직한다.' 효문제는 관리들을 압박하기 위해 이충과 짜고 연극을 했다. 효문제는 위와 같은 규정을 반포하기에 앞서 "예전에 이충이 비록 사방의 언어가 제각각이나 황제가 사용하는 언어를 표준으로 삼으면 되므로 고칠 필요가 없다고 했다. 이는 실제로는 조정에 반대하는 의견이니 죽을 죄를 범한 것이다"라고 말하면서 어사에게 이충을 체포하라고 명령했다. 이충은 황급히 무릎을 꿇고 용서를 빌었고 문무백관들도 앞으로 나아가 살려주기를 간청했다. 효문제는 그제야 이충을 풀어주었으며 수구 대신들의 반대를 원천봉쇄할 수 있었다.

효문제는 더 나아가 선비족 귀족들을 철저하게 한화시킬 목적으로 496년에 선비족 성씨를 한족 성씨로 고치도록 명령했다. 이에 따라 황족 탁발씨는 원元씨로 고치고 구목릉丘穆陵씨는 목穆씨, 보륙고步六孤씨는 육陸씨, 하뢰賀賴씨는 하賀씨, 독고獨孤씨는 유劉씨, 하루賀樓씨는 루樓씨, 물뉴어勿忸於씨는 우于씨, 달해達奚씨는 혜嵇씨, 위지尉遲씨는 위尉씨로 바꿨다. 전하는 말로는 탁발씨가 흥기할 때 99개의 성씨가 그를 따랐다고 한다. 이에 대해 여러 부족을 병합하면서 성씨가 더욱 늘었지만 효문제에 이르러 모두 한족 성씨로 바뀌었다. 이외에 선비족 관리들의 이름 또한 한족 사대부의 풍속에 따라 이름과 자로 고치게 했다.

성족을 구별하고 철저히 문벌을 따지다

효문제의 민족융합정책은 북위 왕조의 장기적인 안정을 위한 목적에서 비롯되었으며 한족 사족계층과의 갈등을 줄임으로써 그들이 더욱 적극적으로 통치에 참여하도록 하기 위해서였다. 그래서 선비족 귀족의 한족화·사족화정책을 적극적으로 추진하면서 중원 지역에 오랫동안 존재했던 사족제도를 전면적으로 강화했다.

495년에는 관직의 대소에 근거해 사족계층의 성씨를 갑·을·병·정 4개 등급으로 나누고 순서에 따라 각 성씨 사족의 순위를 정하라고 명령했다. 원래 선비족 귀족 성씨에서 바뀐 목·육·하·유·루·우·혜·위 8성과 한족 산동사족 가운데 태원太原 왕씨·청하淸河 최씨·박릉博陵 최씨·범양範陽 노씨·조군趙郡 이씨·농서 이씨·형양榮陽 정씨, 관중사족 가운데 경조京兆 위韋씨·경조 두杜씨·하동河東 배씨·하동 유씨·하동 설씨·홍농弘農 양씨 등은 제일 높은 성족으로 정했다. 관리를 선발할 때는 반드시 성족 출신에 근거해 진행했다. 위진 이래로 구품중정제가 문벌만 따지지 않고 인품에 근거해 관리를 선발하였던 것과는 달리 효문제는 성족을 구분하고 철저히 문벌을 중시했다. 성족을 정하는데 참여했던 이충 등의 인물들도 이것은 도가 지나치다고 느꼈다.

그러나 효문제가 철저히 문벌을 따질 수밖에 없었던 데에는 그 나름대로의 고충이 있었다. 만약 단순히 한족의 기준에 따라 관리를 선발하면 선비족 귀족들은 유교적 소양이 없기 때문에 한족 사족에게 멸시를 당할 수 있었다. 따라서 인륜보다 문벌을 중요시해야만 선비족 귀족들이 빠른 시일 내에 한족 사족과 동등한 사회적 지위를 얻을 수 있었기 때문에 이런 결정을 내리게 된 것이다. 또한 한족 사족계층과의 융합을 위해 효문제는 선비족 귀족과 한족 사족 간에 혼인을 장려했다. 효문제는 이를 솔선수범하여 6명의 동생에게 한족 사족의 딸을 아내로 맞이하게 했다.

4. 북위 개혁의 역사적 의의

풍태후와 효문제는 개혁을 진행하는 과정에서 많은 수의 한족 관리들을 중용했다. 농서 이씨인 이충은 삼장제의 실행을 건의했고 낙양 복구공사를 주관했다. 이안세李安世는 균전제 보급을 건의했다. 남조에서 투항해온 왕숙王肅은 위진을 본떠 관제를 개정하고 관품제도를 제정했으며, 제례의식 개정을 건의했다. 이런 사례를 통해 이 시기의 개혁에 한족 출신의 사족계층들이 적극적으로 참여했다는 사실을 알 수 있다.

많은 선비족 귀족 관리들 또한 개혁에 협조를 아끼지 않았다. 임성왕 탁발징은 효문제를 도와 천도계획을 확정했고, 효문제의 동생 팽성왕彭城王 탁발협拓跋勰은 시중으로서 개혁의 기획에 깊이 관여했다. 그러나 다른 한편으로 이 시기의 개혁은 선비족 수구 귀족들의 기득권을 침해하여 적지 않은 반발을 불러일으켰다.

태자 탁발순拓跋恂은 낙양 천도를 몹시 싫어해서 천도한 이듬해 효문제가 순시를 나간 틈을 이용해 한족 스승을 죽이고 일부 사람들을 데리고 평성으로 도망갔다. 효문제는 이 사실을 듣고 몹시 화가 나서 태자를 직접 때리며 크게 꾸짖고 대신들과 폐위 문제를 논했다. 이충 등 대신들이 나서서 말렸으나 효문제는 "옛사람들은 대의를 위해서는 친족도 멸하라고 말씀하셨다. 탁발순이 부왕을 배신하고 수도를 탈출한 것은 미친 짓이니 오늘 폐위하지 않으면 나라의 화근이 될 것이다. 아마도 짐이 죽고 나면 영가永嘉의 난이 재연될 것이다."라고 개탄하면서 그대로 태자를 폐위했다. 일 년 뒤 효문제는 탁발순이 부하들과 함께 모반하려 한다는 밀고를 듣고서 곧바로 탁발순을 사형에 처했다.

선비족 귀족 목태穆泰는 세 명의 황제를 모신 원로대신이었다. 효문제가 어렸을 때 풍태후를 화나게 한 적이 있었는데 풍태후는 어린 황제를 연금하고 폐위할 생각이었다. 이 때 목태가 간절히 간언한 덕분에 태후의 마음을 돌릴 수 있었다. 그러나 목태는 천도는 물론이고 한족 복장과 한어 사용을 반대했다. 항주恒州자사로 임명된 목태는 개혁을 반대하는 일부 수구 귀족들과 반란을 모의하고 양평왕 탁발이拓跋頤를 황제로 추대하여 옛날 제도의 회복을 꾀하려 했다. 이 음모가 사전에 양평왕에게 발각되자 목태는 궁지에 몰려 몇 백 명의 부하들을 거느리고 반란을 일으켰다. 효문제는 목태 등 음모에 가담한 전부를 처형했다.

효문제의 개혁으로 북위는 통치 위기를 넘기고 선비족 귀족과 한족 사족계층의 연합정권을 구성하여 16국 이래 소수민족 정권으로는 처음으로 한족 사족계층의 전면적인 협조를 얻었다. 이로써 북위의 정치 상황은 본질적으로 위진·남조 정권과 다를 바가 없었다.

동한 이래 북방의 한족과 지속적으로 남하한 여러 소수민족의 융합은 역사적인 추세였다. 그러나 위진 통치자들의 민족압박정책과 소수민족 수령들의 민족원한정책은 16국시대 전반기에 민족 간의 원한으로 죽고 죽이는 참극을 빚었고 북방의 민족모순을 격화시켰다. 비록 전진 정권이 이를 바로 잡아 민족모순이 다소 완화되기는 했으나 전진의 와해로 인해 또 다시 격화됐다. 북위가 무력으로 북방을 통일한 후 점차 민족융합의 조건이 갖춰졌지만 북위 전반기의 통치자들은 민족융합의 의의를 깨닫지 못했고 이것은 민족의 화합에 있어 커다란 장애 요인이 되었다.

그러나 효문제는 민족 문제의 중요성을 날카롭게 인식하고 역사 발전의 조류에 순응하여 위로부터 아래로의 한화정책을 강압적으로 추진했다. 특히 낙양 천도라는 특단의 조치를 통해 선비족의 낡은 풍속을 혁신할 수 있었다.

천하의 토지를 고르게 나눠주다
─ 북소의 성공에 일조한 토지 정책

서주의 '정전제'를 제외하면 북조 수당 시기의 '균전제'는 중국 역사상 가장 유명한 토지제도이다. 그러나 북위에서 이 제도를 창설했을 때는 임시적인 조치에 불과했다.

1. 북위 조정의 조세수입 감소

　　　　　　　　　　　서진 말년부터 북방은 오랜 기간 전란을 겪었다. 그 참상은 '천하가 어지러워 백성들은 살기가 막막했다'라는 역사기록이 잘 말해준다. 전란으로 인한 사망과 기근으로 인구수는 반으로 줄었고 착취를 견디지 못한 많은 백성들이 유랑민으로 떠돌아 대부분의 경작지가 황무지로 변했다. '넓은 천하에 왕의 땅이 아닌 곳이 없다'는 전통적인 관념에 따라 주인이 없는 토지는 모두 국유지로 여겨졌다. 북위가 중원을 차지한 후 시급한 식량 문제를 해결하기 위해 도무제 탁발규는 기존 선비족 부락을 해체하고 토지를 나누어주면서 백성들을 정착시켰다. 그리하여 유목생활을 하던 선비족은 빠르게 정착 농경민족으로 바뀌어갔다. 북위 조정은 중원 한족 왕조의 전통인 '중농정책'을 받들어 농업과 누에치기를 장려하는 조서를 반포했다. 이 조서에서 '지방관은 백성들이 농경에 힘쓰도록 독려하고 조정에 가능한 많은 식량과 옷감 등의 물자를 공급해야 한다'라고 요구했다. 또한 피정복 지역의 백성들을 수도 평성 인근으로 강제 이주시켜 식구 수에 따라 황무지를 분배해 주고 농사를 지어 조세를 바치도록 하여 조정 관리들과 금위군[13]을 위한 경비를 충당했다.

북위는 한족 왕조가 일찍이 시행했던 각종 정책을 채택했지만 농업의 회복세는 여전히 느렸고, 더욱이 조정의 재정을 충당할 물자의 공급이 턱없이 부족했다. 국유지인 황무지는 개간이 안 된 곳이 많았고, 잦은 전란과 흉년으로 유랑 농민들은 경작할 땅이 없었으며, 이미 토지를 분배받은 농민들도 생산성이 높지 않았기 때문에 조정은 수입원이 많지 않았다.

한족 권문세가들과 선비족 귀족들은 많은 토지와 그곳에 딸린 주민을 장악한 뒤 강제로 그들을 착취하고 토지를 겸병하면서 조정과 착취 대상을 놓고 쟁탈전을 벌여 사회 혼란을 일으켰다. 북위 통치자들은 재정수입을 확대하기 위해 조세 부담을 늘렸지만, 권세가들은 당연히 영향을 받지 않았고 오히려 평범한 백성들만 조세를 감당하기 어려워 도망가거나 대지주의 노비와 같은 음호陰戶로 전락했다. 심지어 벼랑 끝에 몰려 반란을 일으키기도 했다. 이러한 악순환으로 조정에서 통제하는 백성의 수는 갈수록 줄어들고 사회는 더욱 혼란스러워졌다. 이에 따라 조정의 수입도 줄어들고 백성들에 대한 통제력도 차츰 약해졌다.

북위시대 차일을 친 우차를 묘사한 그림

[13) 중국 황궁을 지키던 군대

2. 북위 효문제의 균전제 실시

　　　　　　　　　통치 이해관계에 얽힌 문제를 해결하기 위해 풍태후와 효문제는 개혁을 단행하면서 '균전제'라는 토지제도를 시행했다.

　균전제는 한족 대신 이안세가 효문제에게 '균전제 시행을 청하는 상소'를 올려 처음으로 건의했다. 그는 서주西周 때 정전제를 실시했다는 유교 경전의 기록을 인용하여 다음과 같이 건의했다. '국가는 반드시 사유지를 제한하여 땅이 없는 농민들에게 경작할 수 있는 경작지를 나누어주어야 한다. 사유지의 분쟁에 대비해 연수를 정해 현재 경작하고 있는 사람의 이익을 우선으로 한다. 토지를 점유한 사람의 경작 능력에 따라 토지를 평등하게 재분배하여 빈민들이 이윤을 취할 수 있도록 해야 한다.'

　효문제는 이 건의를 받아들여 태화太和 9년(485년)에 〈균전조서〉를 반포하고 전국에 시행했다. 이안세는 토지를 평등히게 재분배해야 한다고 했고 효문제의 〈균전조서〉에도 토지겸병을 비판하는 내용이 들어 있지만, 실제로 토지를 평등하게 재분배하는 것은 절대 불가능했다. 한나라 때 왕망이 원시적인 공산주의 제도였던 '왕전王田'을 시행했다가 이에 불만을 품고 여기저기서 반란이 일어났던 전철을 되풀이하고 싶지 않았을 것이다.

　그러므로 〈균전조서〉에서 말한 '천하의 땅을 균등하게 나누어준다均給天下之田(균급천하지전)'의 의미는 국가가 농민에게 토지를 평등하게 나누어주는 것을 뜻한다. '나누어주는 토지'는 '천하의 땅'이라고 말했지만 여기서 말하는 '천하의 땅'이란 국가가 통제하는 땅이나 국유의 황무지를 의미한다. 예전에 시행된 '계구수전計口授田(식구 수에 따라 토지를 주는 제도)'과 다른 점은 나누어 준 토지의 대부분은 경작지를 받은 자가 죽으면 국가에 반납해야 한다는 것이었다. 균전제의 내용은 다음과 같다.

균전제의 토지 분배 원칙

15세 이상 남자에게는 1인당 노전露田 40무를, 15세 이상 여자에게는 20무를 줬다. 70세 이상이 되거나 사망하면 노전은 반드시 국가에 반납해야 했다. 소위 '노전'이란 여기에 곡식만 심고 나무를 심거나 땅이 그대로 드러나게 해서는 안 된다는 뜻에서 나온 말이었다. 다른 설에 의하면 이것은 국가에 돌려주어야 하는 땅이므로 아침에 맺혔다 오후에 사라지는 이슬과 같다고 하여 노전이라 불렀다고 한다.

또한 15세 이상 남자에게 20무의 '상전桑田'을 주고, 처음 상전을 받은 사람은 반드시 3년 내에 최하 뽕나무 50그루, 대추나무 5그루, 느릅나무 3그루를 심어야 했다. 만일 토지가 뽕나무를 심기에 적합하지 않으면 남자 1인에게는 마전麻田 10무를, 여자 1인에게는 5무를 지급했다. 마전은 노전과 마찬가지로 나라에 반납해야 하지만 상전은 세습할 수 있으며 일정한 범위에서 사고 팔 수 있었다.

이 밖에 노비가 있는 집에는 노비마다 평민만큼의 토지를 주었다. 밭갈이소가 있는 집에는 한 마리당 30무의 노전을 수여했다. 그러나 밭갈이소에 지급되는 노전은 네 마리로 제한되었다. 새로 이주해온 자에게는 3인당 1무, 노비는 5명당 1무의 택지를 각각 주었다. 15세 이상 남녀에게는 별도로 1인당 5분의 1무의 채소밭을 주었다. 토지를 휴경해야 하는 지역에서는 노전을 배로 주었는데 이를 '배전倍田'이라고 하였다. 일가족이 노인과 아이뿐이어서 토지를 받을 사람이 없을 경우에는 11세 이상인 자에게 토지의 절반을 주고, 70세 이상에게 준 토지는 국가에 반납할 필요가 없었다.

균전제는 원래의 사유지는 건드리지 않았다. '균전'이라는 단어는 일찍이 한나라 때 사용된 바 있다. 원래는 '삼공구경 고관들이 등급에 따라 가질 수 있는 사유지의 면적'을 가리키는 말로서, 천하의 토지를 전부 평등하게 분배한다는 의미는 없었다. '상전'이라는 단어도 당시에는 사유지를 가리키는 말이었다. 즉 고향을 말하는 '상재桑梓'라는 말은 당시 양양 일대 민간에서 사유지 주변에 일반적으로 뽕나무를 심어 소유권을 표시한 데서 유래했다.

북위의 균전법령은 개인이 소유한 상전이 더 많다고 하여 이를 노전으로 삼아 회수하고 분배할 수 없으므로 개인 소유의 상전을 합법적인 것으로 인정하고 거기에 노전을 별도로 주었으며, 만약 상전 사유지의 면적이 식구 수에 따라 계산했을 때 받아야하는 노전의 면적을 초과하면 더 주지 않는다고 정했다. 또 토지 분배는 가난한 사람에게 먼저 주고 부유한 자는 나중에 주는 것을 원칙으로 삼았다. 그러나 부자들에게까지 돌아갈 몫이 없었다. 또한 다음과 같이 규정했다.

'유배된 죄인이 자손이 없거나 또는 집에 대를 이을 자식이 없는 경우 원래 가지고 있던 사유지는 몰수하여 '공전'으로 귀속시킨다. 그러나 분배 시에는 그 친족이 우선적으로 받게 되며, 만약 아직 배분받을 시기(북위

북위시대 말고삐를 잡은 시종의 모습을 그린 그림

균전법령은 매년 1월에 노전의 회수와 분배를 진행하도록 규정했다)가 아니면 그 친족이 빌리는 명목으로 그곳에서 농사를 지을 수 있다'

균전법령은 사유지에 대해서는 철저히 보호했기 때문에 이안세의 건의처럼 천하의 모든 토지를 평등하게 나눈 것은 아니었고 국유지만을 평등하게 나눠 줬을 뿐이다. 〈균전조서〉에 실린 토지겸병을 억제하는 내용은 현실적인 실행 가능성이 없었다.

균전제가 정한 전답 수는 단지 이론상의 평균 수치일 뿐이다. 균전법령은 땅이 넓고 인구가 희박한 지역에서는 개인이 원하는 대로 국유의 황무지를 개간할 수 있으며 이것은 국가가 개인들에게 그 땅을 빌려주는 것으로 후에는 균전 원칙에 따라 거주자에게 분배한다고 규정했다. 반대로 인구는 많고 땅이 협소한 지역에서는 황무지 지역으로의 이주를 장려했고 만약 이주를 원하지 않을 경우 분배 면적을 줄일 수 있었다. 토지가 충분한 지역에 사는 백성들은 아무런 이유 없이 이주할 수 없었다.

3. 균전제 실시의 목적과 의의

북위에서 균전제를 실시한 목적은 토지겸병의 억제가 아니라 국가가 안정적인 조세수입원을 확보하기 위해서였다. 토지는 아무런 이유 없이 지급한 것이 아니었다. 균전조서를 반포한 이듬해에는 '조조제租調制'를 반포하고 시행했다. 그 규정은 다음과 같다.

'부부는 매년 나라에 비단 1필, 조 2석을 바쳐야 한다. 이를 기준으로 해서 15세 이상 미혼자는 4명당 비단 1필, 조 2석을 바친다. 경작과 직조에 참여하는 노비는 8명당 비단 1필, 조 2석을 바쳐야 한다. 삼베를 생산하는 지역에서는 비단 대신 부부가 삼베 1필을 바치고 미혼자·노비·밭갈이소는 위와 같은 방법으로 계산한다.'

원래 북위는 가구마다 조세를 징수했다. 당시의 종주독호제하에서는 대부분이 몇 십 호 혹은 몇 백 호로 이루어진 대호였는데, 각 호가 부담해야 하는 조세가 조 22석 9되와 비단 7필에 이르렀다. 조세에 시달리는 평민 백성들은 어쩔 수 없이 대호에 의탁해 정부의 조세를 피해갔다. 그러나 새롭게 시행하는 조조제는 노동력에 근거하여 조세를 징수했기 때문에 농민의 부담을 크게 덜어주었고, 대호의 비호 속에서 살던 농민들도 새롭게 자작농으로 변신해 권세가들의 압박과 制통제에서 벗어날 수 있었다.

균전제와 조조제의 실시는 서진 말년 이후 100년 동안 계속돼온 북방의 토지·조세제도의 혼란상을 뒤바꿔 놓았으며 생산과 계급 관계에 변화를 가져왔다. 땅이 없거나 적은 농민들은 국유지를 지급받아 생산에 종사하게 되었고 부담해야 하는 조세도 예전보다 크게 줄어들었다. 더욱이 균전제 하에서는 농민들이 조그마한 상전을 소유할 수 있었기 때문에 적극적으로 생산에 참여하여 북방의 농업경제는 빠른 속도로 발전했다.

균전제와 조조제 시행 이후 많은 농민들이 권세가들의 억압에서 벗어나 평민신분을 회복했다. 균전제의 시행으로 북위 조정은 여러 번에 걸쳐 대신을 각지에 파견해 호구조사를 실시하여 국가에서 관리하는 호수와 인구가 급속히 증가했다. 효문제가 죽을 무렵에는 전국의 인구가 서진의 전성기 때보다 배나 많은 500여만 호에 이르렀다. 이로써 북위는 안정적인 조세수입원을 확보해 재정수입이 크게 증가했다.

그 후 북위 조정에는 '국고에 쌀이 넘칠 정도로 쌓였다'는 기록이 있을 정도였다. 한번은 창고에 물자가 너무 많이 쌓이자 효문제가 문무백관·수도 주민·육진의 군인·전국의 고아·과부·노인·장애인·빈민에게 창고의 물자를 나누어주라고 조서를 내렸다. 이렇게 해서 북위 정권과 권문세족의 세력은 새롭게 균형을 이룰 수 있었다. 조정의 정치 역량도 크게 강화되었다.

균전제의 발전과 변형

북위의 균전제 성공은 이후의 왕조에도 큰 영향을 주었다. 북위가 무너지고 뒤를 이은 동위·북제·서위·북주도 모두 균전제를 계속해서 시행했다.

무장출신의 고환은 동위의 대권을 장악하자마자 균전제를 계속 시행하도록 했지만 당시 많은 공신들이 토질이 좋은 대량의 국유지를 독차지하여 빈민들에게는 황무지밖에 돌아가지 않았다. 고환은 공신 고융지高隆之의 건의를 받아들여 한차례 균전제를 수정, 보완하여 토지제를 약간 조정했다. 북제도 건국 이후 균전제를 그대로 실시했다. 557년, 북제는 기冀·정定·영瀛의 3주에 살던 땅 없는 농민들을 북방의 유주로 이주시키려 했으나 농민들의 격렬한 저항으로 포기했다. 북제는 하청河淸 3년(564년)에 새로운 균전령을 반포하여 북위의 균전제를 대폭 수정했다. 하청 3년에 반포한 균전령과 북위 균전제의 주요한 차이점은 다음과 같다.

'백성들이 토지를 지급받는 나이를 18세로 높이고 토지를 반납하는 나이는 66세로 낮췄다. 토지의 휴경 여부와 상관없이 남자에게 주는 노전을 80무로, 여자는 40무로 늘렸다. 남자에게 주는 상전은 여전히 20무였으나, 명칭을 '영업전永業田'으로 고쳐 농민의 상전 소유권을 확실시했다. 동시에 뽕나무를 심기에 적합하지 않은 지역에서는 상전과 같은 면적, 같은 성질의 마전을 주었으며 노비도 평민과 마찬가지로 토지를 지급받았다. 다만 토지를 지급받은 노비의 수는 주인의 신분별로 제한을 두었다. 친왕은 300명, 사왕嗣王은 200명, 후궁 소생의 왕은 150명, 정3품 이상 관리는 100명, 정7품 이상 관리는 80명, 8품 이하 관리와 서민은 60명으로 제한하고 초과된 수의 노비에게는 토지를 주지 않았다. 밭갈이소 한 마리당 주는 토지는 60무로 늘렸으나, 밭갈이소의 마릿수를 네 마리로 제한하는 것은 그대로 유지했다. 토지를 주고 회수하는 시기는 1월에서 10월로 바꿨다.'

선비족 출신의 우문태가 조종하는 서위 정권이 차지한 관중은 땅이 협소하고 인구마저 적었다. 우문태가 서위 문제를 옹립한 이듬해에 관중에는 전례 없는 흉년이 들어 전체 인구의 70~80%가 굶어죽었다. 이 기회를 틈타 동위의 고환이 대대적인 공격에 나서 서위는 거의 멸망 직전까지 갔다. 이 때문에 우문태는 농업을 매우 중시했고 544년에는 〈육조조서〉를 반포했다. 그 중 제3조는 '진지리盡地利' 즉, 토지의 생산성을 극대화한다는 내용

도우(陶牛) | 북제시대

이었다. 여기에서 각지의 지방관이 봄갈이가 시작될 때 마을을 돌면서 농기구를 다룰 수 있는 남자들을 밭에 나가 경작을 하도록 독려하고 일찍 돌아오거나 늦게 나가는 자가 있으면 처벌하도록 규정했다.

그러나 서위와 북주의 균전제는 역사에 상세한 기록이 없고 북주가 정식으로 건국되기 전 해(556년)에 이미 균전제의 법령를 반포했다는 정도만 알려져 있다. 그 내용은 다음과 같다.

'가족이 있는 가구에는 경작지를 140무 지급하고, 미혼인 성인남자에게는 1인당 100무를 주었다. 그러나 나눠준 토지의 성격이 어떤 것이었는지는 정식 기록이 없다. 그리고 식구가 10인 이상인 가구에는 주택지 5무, 식구가 7명 이상인 가구에는 4무, 5명 이하인 가구에는 2무를 주었다.'

돈황에서 발굴된 서위 대통大統 13년(547년)에 남아있는 호적을 보면 당시 돈황 지역에서 균전제를 시행한 사실을 알 수 있다. 호적 기록에는 일곱 가구가 모두 정전(노전)과 마전을 지급받은 것으로 되어 있다. 그러나 배전의 명칭은 보이지 않는다. 북위 초기의 균전제와 비교해 보면 지급받은 토지가 적었는데 일곱 가구는 한 가구당 24무씩 적게 받았다. 그러나 마전은 모두 충분히 받았으며 토지 수령 연령은 18세로 상향 조정되어 있었다.

북주와 비교하면 북제의 균전제는 더욱 완비된 상태였던 것으로 보인다. 수나라는 건국 이후 북주 정권의 제도를 가능한 한 탈피하려고 했지만 균전제에 있어서는 주로 북제의 제도를 답습하여 수령 연령, 노전과 영업전의 수 등등의 제도를 그대로 따랐다. 다만 주택지에 있어서는 북조의 제도를 다소 변경하여 3명당 원택지 1무를 주고, 노비 5명당 1무를 주었다. 당나라는 수나라의 기초 위에서 더욱 정비된 균전제를 확립했다.

농업 생산성 향상으로 이어진 북위와 북제의 균전제

전국시대부터 토지 사유제는 이미 중국 농촌 토지 소유제의 주류로 떠올랐다. 그러나 봉건왕조의 통치자들은 농민의 토지 사유권을 정식으로 승인한 적이 없었으며, 가장 많은 경우가 조세제도를 정비해 농민에게 납세의무를 부과하고, 그것을 통해 농민의 토지 사유권을 묵인하는 정도였다. 통치자들은 언제나 '천하에 왕의 땅이 아닌 곳이 없다'는 전통 논리를 공개적으로 내세워 토지 국유제를 이용해 농민의 토지 사유권을 수용하려 했다.

북조의 균전제가 전형적인 대표 사례라고 말할 수 있다. 북조는 실제로 국유지의 일부를 일정 기간 땅이 없거나 적은 농민들에게 정해진 양을 나누어주고 농민의 사유지로 전환시켰다. 그러나 국가는 여전히 토지의 처분권을 보유한 채 농민들로부터 토지를 회수할 수 있었고, 농민에게 나눠줌으로써 황무지를 옥토로 개간하여 조세를 거둬들이고 수익을 낼 수 있었다. 둔전과 식구 수에 따라 토지를 지급하는 북위 초기의 계구수전제에서는 국가와 농민은 결코 계약 관계가 아니었다. 농민은 국가로부터 토지를 받아 사용하는 농노의 신분으로서 토지 사용권만 가질 수 있었고 토지에서 나오는 대부분의 수익은 정부가 가져갔으므로 농민들의 생산 의욕은 크게 떨어졌다.

북위에서 비롯된 균전제는 노전은 일정 기간, 상전은 영구적인 점유권과 제한적인 처분권을 인정하여 농민들이 국가가 지급한 토지에 대해 진정한 점유권을 소유할 수 있었다. 더욱이 북제 때에 이르면 상전의 세습을 명확히 규정하는 한편 뽕나무를 심기에 적합하지 않은 지역에서는 상전과 동일한 면적과 토질의 마전을 지급한다고 규정하여 실제로 나누어 준 토지에 대한 농민들의 사유권을 허가하게 되었다. 이로써 농민들이 적극적으로 황무지 개간에 참여하고 토지에 대한 투자를 늘리는 결과를 가져왔다. 정부는 고정적인 조세수입을 거두어들였고 수세의 성격도 지세와는 달랐다. 농민들은 토지에서 거두는 수확물의 상당 부분을 생필품으로 쓸 수 있었으므로 결과적으로 농업 생산성도 크게 향상되었다.

4. 균전제 실시를 위한 전제 조건

고대 중국의 토지 문제 중에서 가장 심각한 것이 토지겸병으로, 진秦·한漢 이래 권세가들은 수단과 방법을 가리지 않고 소유지를 넓히는 동시에 농민들의 신체의 자유까지 장악해 착취 대상을 놓고 국가와 다툼을 벌였다. 그러나 통치자들이 진정으로 토지겸병을 억제하려면 강력한 세력계층과 싸움도 불사하는 커다란 위험을 감수해야 했다. 북위의 균전제는 농민의 토지 문제를 제한적인 범위에서나마 해결하여 더 많은 농민들이 세력가들의 농노로 전락하는 현상을 방지할 수 있었고, 권문세족들과의 정면 충돌을 피하면서 토지겸병을 억제하는 효과를 가져왔다. 그러나 이러한 균전제를 실시하기 위한 전제 조건은 국가가 다수의 국유지와 주인 없는 황무지를 보유하고 있어야 한다.

북위·북제·북주 시기에 균전제를 시행할 때는 모두 전란으로 인해 땅은 넓고 사람은 적은 상황이어서 농민들에게 토지를 나누어 줄 여건이 형성되어 있었다. 그러나 평화의 시기가 되면 권력가들이 경쟁적으로 토지를 겸병하고 온갖 방법을 동원해 국유지까지 소유했기 때문에 국가는 규정대로 일정 면적의 토지를 농민에게 계속해서 지급할 수 없어 균전제도 무너지게 된다. 하지만 북조의 균전제는 토지 겸병을 다소 억제하는 효과를 발휘하면서 마침내 농민들의 토지 문제를 어느 정도 해결해주었다. 그 결과 사회모순을 해소하는 데도 적극적인 역할을 했다.

반면 동진과 남조의 정권은 농민들의 토지 문제를 해결할 수 있는 적극적인 조치를 취하지 않아 남하한 사족계층과 토호들의 경쟁적인 토지겸병이 성행했다. 서진 때는 '점전제占田制'를 반포해 신분에 따라 토지 소유 규모를 차등화 했다. 평민은 1인당 70무를 점유할 수 있고, 관료귀족은 등급에 따라 달라져 1품은 50경, 1품 이하로는 매 품마다 5경씩 줄어 9품은 10경을 소유할 수 있었다.

그러나 현실적으로 이러한 기준은 아무런 역할도 하지 못하여 동진·남조 시기에 이르면 사족 지주들이 차지한 전답의 규모는 상상을 초월한다. 동진 때 경구의 세력가 조씨가 점유한 경작지는 몇 만 경에 달했으며, 동진·남조 시기 세력가들의 토지겸병은 산림과 하천으로까지 확대됐다. 동진은 336년에 '임진지과壬辰之科'를 반포해 권세가들이 산과 연못을 봉쇄하는 것을 금지했다. 유송 때도 재차 이 금령을 강조하면서 관리 등급에 따라 점유 면적을 달리 허용했다. 1품은 3경의 산을 점유할 수 있고, 1품 이하는 품이 낮아질 때마다 50무씩 줄었으며, 9품과 일반 백성은 1경의 산만 점유할 수 있었다. 그러나 이러한 금지령과 서진의 점전제는 별 효과가 없었다. 남제 때 경릉왕 소자량蕭子良은 3개 현의 인접지역 사방 수백 리의 산과 연못을 사유지로 삼아 봉쇄하고 백성들이 들어가서 사냥하거나 땔감을 베지 못하게 했다. 수많은 호수도 세력가들이 차지해 백성들은 물고기도 잡을 수가 없었다. 이처럼 물불을 가리지 않은 토지겸병 때문에 동진·남조의 사회적인 갈등은 갈수록 심해졌다. 국력이 북조보다 약했던 데는 이런 원인이 가장 컸던 것이 사실이다.

　북위·북제·북주의 균전제는 조조제와 밀접하게 연관되어 있었다. 국가는 농민들에게 규정만큼의 토지를 지급하지 못했기 때문에 개인이 받은 토지는 평균에 미치지 못했지만 개인이 부담해야 하는 조세는 언제나 평균적이었다. 국가 차원에서 보면, 사람 수에 따라 세금을 받는 것이 토지 점유 면적과 수확량에 근거해 세액을 계산하는 것보다 훨씬 편리했다. 그러나 세금을 내는 농민들의 입장에서는 토지 점유 면적이 달라져도 같은 양의 조세를 부담해야했기에 매우 불합리한 제도였다. 더욱이 국가가 나눠줄 토지가 없는 상황에서도 계속되는 조세의 부담은 농민들을 막다른 골목으로 몰아넣었다.

　따라서 균전제는 역사적 조건이 갖추어졌을 때만 효과를 볼 수 있는 제도라고 할 수 있다.

역사를 거스르면 반드시 망한다
— 북제의 실패한 민족정책

고대 이래 민족융합은 장기간의 노력과 고통이 뒤따르는 과정이었다. 그러나 민족융합은 막을 수 없는 추세이자 도도하게 흐르는 역사의 큰 흐름으로, 통치자가 이를 거스르면 패망은 기정사실로 나타났다. 동위—북제 고씨 정권이 역사에서 이 사실을 증명하고 있다.

1. 민족모순과 계급모순이 빚은 대혼란의 발발

동한 이후 북방의 민족융합은 수차례의 전쟁과 수백 년 동안의 시련을 거쳐 북위 효문제의 개혁에 이르러 새로운 단계에 접어들었다. 그러나 이때에도 민족모순은 여전히 사라지지 않았는데 효문제의 개혁 이후 북방의 민족융합 진행 과정에서 다시 고개를 들어, 소수민족 정권들은 민족 차별·민족압박노선으로 회귀하게 되었다. 여기서 가장 멀리까지 회귀했던 정권이 바로 동위와 북제였다.

북위 효문제의 개혁은 낙양으로 천도한 선비족 상층귀족들을 한화된 귀족관료로 바꿔놓았다. 이 중에서 많은 이들이 한족 사족계층의 문란한 생활방식을 배워 사치스럽고 방탕했으며 음탕하고 잔인했다. 말 등에서 내려온 무사들은 무공도 잃어버리고 문치도 습득하지 못했다. 그러나 평성에 남아 변방을 지키던 선비족들은 효문제가 실시했던 한화정책의 영향을 많이 받지 않았다.

북위는 북쪽 국경지대에 회삭懷朔·무천武川·무명撫冥·유현柔玄·회황懷荒·옥야沃野의 6진을 중심으로 군진軍鎭을 설치했다. 북위 통치자들은 전통적으로 정복전쟁에서 포로로 잡은 여러 소수민족을 국경지역으로 이주시켜 수비군으로 충당했으므로 군진을 지키는 병사들은 대부분 소수민족이었다. 선비족은 군대의 주력이었지만 남으로 이주한 선비족과 비교하면 그들의 지위는 변방의 군인과 하급군관에 불과해 생활은 갈수록 어려워지고 사회적 지위는 계속해서 떨어졌다. 그들은 한화된 선비족 귀족관료들로부터 심한 억압을 받았으며 한화된 관료체제에서 한자리를 얻는다는 일은 불가능했기 때문에 낙양의 조정에 불만이 많았다. 그러나 다른 소수민족 변방 수비군의 지위는 그보다 더 낮아 낙양 조정의 정책과 선비족의 통치에 대한 이들의 원망이 갈수록 쌓여갔다. 결국 민족모순과 계급모순은 서로 얽히고설키며 점점 더 심해졌고 이로써 대란의 기운이 점차 짙어지게 되었다.

523년, 회황진과 옥야진의 주민들이 각각 장령을 죽이고 봉기를 일으켰으며 몇 달 사이에 봉기는 북방의 각 변경 지역으로 확산되었다. 이를 역사에서는 '육진봉기' 또는 '육진기의'라고 한다. 일찍이 북위에 항복했던 일부 소수민족 부락도 기회를 틈타 봉기에 나섰다. 남량南梁은 북위의

북방의 낙타 채색토용

혼란스러운 사태를 보고 군대를 보내 북위의 남부방어선을 공격했다. 이로 인해 북위는 사상초유의 위기에 빠지게 된다. 북위 타도를 외치는 각각의 봉기세력들은 서로 관련이 없었고 목표도 달라서대부분은 일부 지역을 차지하고 스스로의 안전을 지키는 것에 만족했기 때문에 북위의 내지는 조정이 통제권을 일시적이나마 그대로 쥐고 있었다.

호태후세력을 제거한 하음의 변

525년, 6진 중 가장 강력한 무장세력이었던 파육한발릉破六韓拔陵이 이끄는 옥야·회삭·무천 3진의 봉기군이 북방의 유목민족 유연柔然정권에게 패했다. 파육한발릉은 전사하고 20여만 명의 봉기군은 북위 조정에 투항했다. 북위는 관례대로 투항한 부락민들을 하북의 기·정·영 3주(지금의 하북성 중부)로 이주시켜 각 지역의 주둔부대에 배속했다. 그러나 하북으로 이주한 병사들은 다시 반란을 일으켜 전쟁의 불길이 황화 이북의 광대한 지역으로 번져갔다. 반란세력이 몇 차례 합쳐지면서 갈영葛榮이 이끄는 세력이 가장 막강해졌고 결국 갈영은 제齊를 세워 황제를 자칭했다. 이로써 북위 조정과 대립하여 천하를 다투게 되었다.

전례 없는 통치 위기에 직면해서도 북위 조정은 여전히 잔혹한 내부 분쟁을 지속했다. 당시 황제는 효명제 원후元詡였다. 원후는 6세의 나이로 즉위하여 모친인 호태후가 수렴청정을 했다. 호태후는 한족으로 불교를 숭상하여 많은 사찰을 세웠는데 그중에서도 낙양의 영녕사永寧寺는 매우 장관이었다. 탑 높이만 90장으로 이 절을 지을 때 엄청난 인력과 물자를 동원해 나라 재정은 바닥나고 백성들은 고

난에 허덕였다.

520년, 영군領軍장군 원차元叉 등이 정변을 일으켜 호태후를 가두고 열 살짜리 어린 황제를 앞세워 원차와 고양왕 원옹元雍이 조정을 장악했다. 변방지역에서 군인봉기가 일어나 조정의 군대가 진압하러 나가자 호태후의 조카가 무리를 규합해 정변을 일으켜 원차를 죽이고 호태후를 불러들여 다시 수렴청정을 하도록 했다. 이미 성년이 다 된 황제는 태후가 마음대로 나쁜 짓을 하는데 불만을 품어 모자간에 큰 충돌이 생겼다. 효명제 원후는 대권을 장악한 태후가 자신을 해칠까 두려워 힘 있는 지방군벌을 낙양으로 불러들여 태후의 세력을 제거하기로 결심했다. 그가 찾은 인물이 바로 갈족 수령 이주영爾朱榮이었다.

이주영이 이끄는 갈족은 오래전 북위 건립에 공이 있었다. 북위는 갈족을 북수용(지금의 산서성 삭현 북쪽) 사방 300리 일대에 대대로 모여 살게 했으므로 갈족은 북위의 한화정책에 영향을 받지 않았다. 이주영은 변방의 군인봉기를 진압하는 과정에서 세력을 키워 점차 병주 지역을 장악하게 되었다. 이런 상황에서 원후가 불러들이자 이주영의 입장에서는 이 기회를 놓칠 수 없었다. 그러나 공교롭게 호태후가 이미 선수를 쳐 효명제를 독살하고 세 살 밖에 안 된 젖먹이를 황제로 앉혔다. 이주영은 즉시 반란을 일으키고 낙양의 장락왕 원자유元子攸와 은밀히 연락해 그를 황제로 옹립할 계획을 꾸민다. 528년, 이주영이 군대를 거느리고 낙양 부근 하음에 도착하자 그를 맞이하기 위해 직접 나와 있던 원자유가 황제로 추대되었다. 역사에서는 그를 효장제孝莊帝라고 한다. 이주영은 도독중외제군사 겸 대장군 겸 상서령으로 임명되고 태원왕으로 책봉됐다.

이주영의 위협에 굴복한 호태후는 번왕들과 백관을 거느리고 막 등극한 새 황제를 영접하기 위해 하음으로 갔다. 기병을 거느리고 나타난 이주영이 호태후 일행을 포위하고는 높은 곳에 올라가 한바탕 욕을 퍼붓고는 기병들에게 명령을 내려 호태후와 황족 번왕 11명, 삼공 구경의 고관 2,000여 명을 모조리 살해했다. 피살된 사람 중에는 원자유의 형도 있었다. 역사에서는 이 사건을 '하음의 변'이라고 한다.

2. 군벌세력의 득세

하음의 변을 계기로 한화되고 부패한 낙양 조정의 선비족 귀족관료들이 제거되자 북위의 정치를 주도하는 세력은 한화 정책에 반감을 갖고 있던 선비족과 기타 소수민족 군벌로 바뀌었다. 이듬해 이주영은 낙양 부근에서 갈영이 이끄는 자칭 100만 대군을 물리치고 20여만 명을 포로로 잡았다. 이주영의 조카 이주조爾朱兆가 이들을 무주 제군(지금의 산서성 번치) 일대에 배치했다. 포로의 대부분은 천성이 사나운 변방 선비족 군인들이었는데 갈족 장령들이 못살게 굴자 또 다시 봉기를 일으켰다.

이주조는 이들을 처리할 방법이 없어 수하 장수들을 불러 대책 회의를 했다. 장수 고환高歡이 말했다. "포로들은 육진 봉기군의 잔여 세력입니다. 전부 죽일 수도 없으니 차라리 대왕의 심복을 파견하여 통솔하는 편이 낫습니다. 포로 중에서 우두머리를 골라 각자 부하들을 관리하게 하고 만약 잘못을 저지르는 자가 있으면 그 우두머리를 처벌하도록 하십시오." 이주조는 고환의 건의가 일리가 있다고 생각하고 누구를 통솔자로 파견하는 것이 좋겠는지 물었다.

이때 하발윤賀拔允이 고환을 보내는 것이 좋겠다고 건의하자 고환은 오히려 하발윤의 얼굴에 주먹을 날려 앞니를 부러뜨리고 이렇게 말했다. "과거 이주영이 대장군이던 시절 우리는 장군의 명령에 무조건 복종했소. 현재 천하의 대사는 모두 대왕께서 결정하시는데 하발윤이 감히 위아래를 능멸했으니 대왕께서 이놈을 처형해주시기 바랍니다."

이주조는 고환이 제일 충성스럽다고 굳게 믿어 고환을 파견해 유민들을 통솔하게 했다. 그러나 이것이 고환에게 독자세력을 구축할 기회를 준 것이라고는 꿈에도 생각하지 못했다.

고환의 선조는 변방으로 귀양을 갔던 한족인데 고환 대에 와서는 이미 완전히 선비족이나 마찬가지였다. 고환이나 그 자제들도 스스로 선비족이라고 생각했다. 고환은 육진봉기에 참가했다가 실패하자 하북으로 옮겨가서 갈영의 군대에 들어갔다. 그 후 다시 이주영의 진영으로 가서 그의 유능한 장수가 되었다. 고환은 선비족 유민들을 맡은 뒤 현지에 식량이 부족하다는 이유를 들어 하동으로의 이주를 요청했다.

하동으로 옮겨간 고환은 이주爾朱씨세력에 반기를 들었다. 그는 선비족 유민들에게 갈영이 패한 이유는 규율이 없었기 때문이라고 설득 하면서 두 가지 규율을 선포했다. 하나는 한족을 괴롭히면 안 된다는 것이고, 다른 하나는 명령에 절대 복종해야 한다는 것이었다. 고환의 오합지졸 무리는 이때부터 기율이 서기 시작했고 하동의 일부 한족 권문세족들도 이를 보고 고환을 지지하게 되었다. 고환은 빠른 속도로 하동을 점령하고 낙양을 여러 차례 공격했다. 이때 이주영은 효장제에게 살해되고 효장제도 이주조에게 죽음을 당했다.

고환은 이런 혼란을 틈타 2년이라는 짧은 기간에 이주씨세력을 제거하고 북위 조정을 장악했다. 곧이어 새 황제를 추대하고 자신은 대승상의 자리에 올랐다. 534년, 고환이 추대한 북위 효무제가 군대를 거느리고 고환 토벌에 나섰지만 고환이 이를 물리쳤다. 효무제는 황

북제시대 금장식

급히 관중을 차지한 또 다른 군벌 우문태가 있는 곳으로 도망쳤다. 우문태는 효무제가 의외로 자기주장이 강해 조종하기 어려울 것이라는 판단하에 몇 달 후 효무제를 암살하고 남양왕 원보거元寶炬를 새 황제로 추대했다. 역사에서는 그를 문제文帝라고 한다. 고환 역시 11세의 어린 황제를 추대했고 역사에서는 이를 효정제孝靜帝라고 한다. 이렇게 해서 북위는 고씨가 조종하는 동위東魏와 우문씨가 조종하는 서위西魏가 대치하게 됐다.

3. 시대를 역행한 동위 – 북제의 민족정책

고환이 조종하는 동위는 지금의 산서·하북·산동·하남성 일대의 드넓은 지역을 점거했다. 그의 주력군은 북위의 변방 수비군 출신들이었다. 고환은 무인 출신으로 무력이 정권을 유지하는 가장 주요한 수단이며 문치는 보조수단일 뿐이라고 생각했다. 그래서 북위 말년의 폐정과 사회모순에 대해서도 약간 조정하는 수준에 그쳤다. 경제 면에서는 전란으로 파괴된 북방경제를 살리는 조치들을 취했다. 전란으로 인해 북방의 많은 토지가 황폐해져 고환은 집권하자마자 균전 시행령을 공포해 유민과 토지를 한데 묶도록 하고 또한 황무지 개간을 적극 장려했다. 그 결과 농업이 발전하고 정부물자 조달이 원활해졌다. 또한 각지에 전쟁과 흉년에 대비하는 식량창고를 설치해 북방의 경제는 차츰 회복되었다. 고환은 3개 주, 153개 군, 589개 현을 없애고 정부기구를 간소화했다. 고환이 죽은 지 4년째 되던 해에 그의 아들 고양은 효정제를 폐위하고 황제로 자칭하며 북제 고씨 왕조를 건립했다. 역사에서는 그를 북제 문선제文宣帝라고 한다.

동위-북제 고씨 통치집단은 한화정책을 적대시하는 북방의 변경지역에서 일어난 가문이기 때문에 권력을 장악한 뒤에는 민족정책에 있어 시대를 거스르는 정책들을 시행했다. 고씨 통치집단의 주체는 선비족과 선비화된 한족 및 선비화된 기타 소수민족이었다. 비록 많은 수의 한족 권문세족을 회유해 통치집단으로 끌어들이기는 했지만 본질적으로는 한족과 한족문화를 멸시하고 심지어 적대시했던 것이 사실이다. 고씨 황족과 통치집단의 일부 세력가들은 혈통으로 따지면 한족이지만 그들 스스로는 자신을 선비족으로 여겼다.

고양이 동위 황제를 폐위하고 북제를 세울 때 한족 공신 두필杜弼에게 "나라를 다스리려면 어느 민족을 등용해야 하는가?"라고 물었던 적이 있었다. 두필은 "선비족은 유목민족이니 나라를 다스리려면 한족을 등용해야 합니다."라고 대답했다. 고양은 두필이 자신을 비웃고 있다고 생각해 마음속에 원한을 품고 있다가 안정기로 들어서자 결국 이 유능한 문신을 제거했다. 고양은 북방의 한족 사족인 조군 이씨의 딸 이조아李祖娥를 황후로 삼았다. 한족 혈통이지만 선비화된 대신 고덕정高德政과 고륭지高隆之가 반대하고 나서며 "한족 여자를 황후로 삼을 수 없습니다."라고 진언했다. 이황후가 낳은 태자 고은高殷은 어려서부터 외가의 영향을 받아 한족문화를 좋아했다. 고양은 태자가 한족의 기질이 있다고 여겨 자신의 아들이 아닌 것 같다는 이유로 몇 차례나 폐위하려 했다. 한번은 고양이 태자에게 직접 사람을 죽이라는 명령을 내렸는데 태자는 마음이 약해 칼을 몇 번 휘두르기는 했지만 목을 베지 못했다. 이에 고양은 크게 화가 나서 채찍으로 태자를 심하게 때렸다.

고양의 동생 고양왕 고식高湜은 길에서 한족인 장인을 보고도 아는 체하지 않았다. 관직이 없는 한족에게 예의를 지킬 필요가 없다는 것이 그 이유였다. 고씨 통치집단은 한족은 물론 한화된 소수민족들까지도 멸시했다. 서역인의 후예인 화사개는 겉모습만 보면 한족처럼 보였는데 제 후주后主의 신임을 받았다. 훗날 화사개가 후주의 동생 낭야왕琅邪王 고엄高儼에게 살해당하자 후주는 화가 나서 동생을 처벌하려고 했지만, 대신 곡률광斛律光이 나서서 "천자의 동생이 한족 하나 죽인 것이 뭐 그리 대단한 일입니까."라며 이를 말렸다.

선비족 독발 부락민 독발하禿發賀가 북제로 오자 무성제武成帝 고담高湛은 "우리는 한 근원에서 나왔다."라고 말하며 원씨 성을 하사했다. 한번은 한족의 천문학을 배운 원하가 후주의 총애를 받는 대신 고아나굉高阿那肱을 보고 "하늘에 '용성'이 나타났는데 이는 불길한 징조입니다."라고 말하자, 고아나굉은 "한족 꼬마가 무슨 천문과 별자리 타령이냐!"라고 핀잔을 주었다.

고환은 한족을 멸시하고 적대하는 심리에서 중원을 평정하던 초기에 선비족이 주축인 군대에 이렇게 말한 바 있다. "한족은 너희들의 노예다. 남자는 농사를 짓고 여자는 옷감을 짜서 너희를 배부르고 따뜻하게 해준다. 그런데 너희들은 왜 그들을 괴롭히는 것이냐?"

반면 한족에게는 이렇게 말했다. "선비족은 너희들의 손님이다. 너희들에게서 조 1곡, 비단 1필을 가져가는 대신 너희를 위해 도적을 막아주고 안전을 보장해주건만 너희들은 무엇 때문에 그들을 미워하는가?" 이 말의 요지는 선비족은 한족을 착취할 권리가 있지만 착취를 하더라도 질서가 있어야 하며 한족 백성은 이것을 참고 견디는 수밖에 없다는 것이다. 이것이 바로 고씨 통치집단이 취한 민족정책의 출발점이었다.

한화정책에서 선비족 풍습으로 회귀하다

고씨 통치집단의 민족정책은 그야말로 시대의 흐름을 역행하여 북위 효문제의 개혁과는 반대로 나아갔다. 원래 낙양의 조정과 남으로 이주한 선비족은 이미 일반적으로 한어를 쓰고 있었다. 그러나 고환은 집권 이후 선비어를 보급했으며, 구두로 명을 내리는 경우에도 모두 선비어를 사용하고, 군대와 조정에서 사용하는 언어도 선비어로 바꾸도록 지시했다. 한족 관리들은 선비어를 할 줄 알면 중용됐다. 그래서 일부 한족 사대부들은 자식에게 전문적으로 선비어와 비파 연주를 가르쳐 선비족 고관들의 환심을 사려 했다.

고씨 통치집단은 한족 식으로 고친 성씨를 원래의 선비족 성씨로 복원했다. 황제 즉위식도 예전의 선비족 풍속으로 돌아갔다. 검은 융단을 머리에 쓰고 서쪽 하늘을 향해 절을 올린 다음 태극전으로 들어가는 방식이었다. 한족 왕조가 전통적으로 치국원리로 삼았던 유가 학설도 명목상으로는 보존했으나 관리 선발 과목에서 빠져 있었기 때문에 전국의 유학학교는 없앤 것이나 마찬가지였다. 선비족은 고유문자가 없었기 때문에 공문은 여전히 한자로 쓰고 서명했지만 많은 선비족 관리들은 사실상 글자를 쓸 줄 몰랐다.

공신 고적간庫狄干은 자기 이름도 쓸 줄 몰라서 문서에 서명을 할 때는 '간' 자 하나만 썼는데, 그것도 세로획은 아래에서 위로 그어 올렸다. 대장군 곡률금斛律金의 원명은 돈敦이었는데 '돈' 자가 쓰기 어렵다는 이유로 이름을 '금'으로 개명했다. 그러나 이 글자도 쓰지 못해 한족 대신들이 금자는 글자 위에 지붕을 올려놓은 것과 같다고 가르쳐준 다음에야 이름 쓰는 법을 기억했다.

고씨 세력의 이러한 정책 아래서는 통치집단 내부의 평화가 정착되기 어려워 동위-북제 때는 늘 선비족 귀족과 한족 관리 사이에 격렬한 충돌이 발생했다. 고환이 처음 하동에 도착했을 때 한족 대족 고오조高敖曹는 병사들의 지지를 얻어 고환의 유능한 장수가 되었다. 한번은 호뢰관에서 군사훈련을 하는데 부하가 달려와 "황하에서 공사하던 수많은 동원 인력들이 물에 빠져 죽었습니다."라고 보고했다. 자리에 있던 고환의 공신이자 선비화된 흉노족 장군 유귀劉貴가 멸시하는 어조로 "한 푼 값어치밖에 안 되는 한족을 따라 죽든지."라고 했다. 고오조가 대노하여 칼을 빼들고 달려들자 유귀는 본영으로 달아났다. 고오조가 군대를 보내 유귀를 치겠다고 날뛰자 다른 장수들이 한참을 말려서 겨우 충돌을 막을 수 있었다.

고오조는 병권을 쥐고 있어서 선비족 장령들도 함부로 건드리지 못했지만 병권이 없는 한족 문관들에 대해서는 대접이 달랐다. 일찍이 고환을 지지했던 한족 문관으로 공신인 이원충은 선비족 군벌들이 제멋대로 구는 것을 보면 먼저 자리를 피했다. 그는 정사에 관여하지 않고 하루 종일 술로 세월을 보냈으며 재산은 빈민들에게 나눠줬다. 고환은 원래 이원충에게 복야 자리를 맡기려 했으나 하루 종일 술독에 파묻혀 있는 것을 보고 포기했다. 아들이 절제를 간청했지만 이원충은 도리어 "관리를 하는 것이 술 마시는 것보다 즐겁지 않다."라고 말했다.

그러나 다른 한족 문관들은 이원충처럼 소극적이지 않아서 한족 왕조의 전통적인 통치방식으로 고씨 정권을 바꿔놓으려 들었다. 그래서 동위-북제 시기에 한족 문관과 선비족 관리 사이에 세 차례의 대규모 정치분쟁이 발생했다.

4. 선비족 귀족과 한족 사족 간의 정쟁

낙양을 점령한 고환은 부하 장수들을 각지에 관리로 파견했다. 선비족 공신들은 곳곳에서 백성을 착취하고 수탈하여 부패상이 극에 달했다. 고환의 모사 두필이 관리들의 행실을 바로잡아야 한다고 진언했지만 고환은 오히려 다음과 같이 말했다.

"두필, 내 말을 들어보게! 천하의 부패상은 이미 오래되어 하나의 풍속이 되었네. 지금 수많은 장수들의 가족이 관서에 있는데 우문태가 항상 이를 이용해 유혹의 손길을 뻗치니 군심이 불안하네. 또 강동에는 늙은 소연이 있는데 그는 오로지 의식과 예법에 신경을 쓰지만 중원의 사대부들은 모두 그것이야말로 정통이라고 생각하지. 내가 만일 급히 법으로 바로잡으면 아마도 무관들은 우문태 쪽으로 도망가고 문관들은 소연 쪽으로 달아날 것이네. 그러면 나라를 어떻게 유지할 수 있겠는가? 자네의 말은 잊지 않을 것이니 기다리게나."

몇 년 후 고환이 대군을 출동시켜 우문태를 공격했을 때 두필은 민간을 괴롭히는 공훈귀족들을 처벌하여 '내부의 도적'을 먼저 제거해야 한다고 다시 청했다. 고환은 대답하지 않고 병사들에게 활을 당겨 화살을 얹고 칼과 창을 높이 쳐든 채 두 줄로 늘어서서 마주보라고 명령했다. 그리고 두필에게 그 가운데로 지나가라고 하자 두필은 무서워 오들오들 떨면서 식은땀을 흘렸다. 고환은 "활을 당기되 쏘지 않고 칼을 들되 베지 않았는데도 그대는 이렇게 놀랐다. 공훈귀족들이 날카로운 창과 방패 속에서 죽을 고비를 수없이 넘기고 겨우 목숨을 건지는 것도 욕심이 끝이 없는 셈이라고 할 수 있겠지. 그들의 역할이 얼마나 큰지 알겠는가."라고 말했다. 두필은 계속해서 머리를 땅에 찧으며 "어리석은 자, 이치를 헤아리지 못했습니다."라고 말하며 용서를 빌었다.

제1·2차 정치분쟁

그러나 고환이 그토록 의지하던 공훈귀족들은 이미 날카로운 칼과 창을 막아내지 못할 정도로 썩었기 때문에 사원沙苑(지금의 섬서성 대려 남쪽)에서 벌어진 전쟁에서 크게 패했다. 이로써 고환은 북방 전체를 통일하지 못하고 동서 대치 국면에 만족할 수밖에 없었다. 공훈귀족들은 한껏 향락에 빠져 있었고 네 명의 귀공자로 불렸던 손등孫騰·고악高岳·고륭지·사마자는 법을 어기고 제멋대로 행동했기 때문에 고환은 이때서야 두필의 일리 있는 말을 상기했다.

고환은 진양에 머물며 큰아들 고징高澄에게 수도 업성에서 정사를 맡도록 했다. 고징은 한족 사족인 최섬崔暹·최앙崔昂·필의운畢義雲 등을 중용하고 수많은 공훈귀족들을 탄핵했다. 고환은 진양에서 업성에 있는 공훈귀족들에게 멋대로 행동하지 말라는 경고의 편지를 보냈다. 또 친히 업성으로 돌아와 문무백관 앞에서 최섬을 칭찬하며 후원을 표시했다.

그러나 고환과 고징이 죽고 고양이 북위 황제를 폐위하고 북제를 세워 황제를 자칭하자 선비족 공훈귀족들은 앞 다투어 최섬을 처단하라고 요구했다. 고양은 최섬과 그의 삼촌 최계서崔季舒에게 채찍 200대를 때리고 국경지대로 유배를 보내 노동을 하게 했다. 이로써 선비족 귀족과 한족 사족간의 첫 번째 정치분쟁에서는 한족 사족의 패배로 끝났다.

북제 문선제 고양은 황제가 된 뒤 처음 몇 년간은 정치에 관심을 기울였으나 이후에는 잔혹하게 돌변하고 정사는 전혀 돌보지 않았다. 고양의 매형으로 한족 사족인 양음이 점차 한족 대신들의 우두머리가 되었다. 고양이 죽은 뒤 태자 고은高殷이 즉위했는데 당시 나이 16세였다. 양음은 선황의 유언대로 어린 황제를 보좌하는 고명대신 중 한 사람이 되었다. 양음은 음모를 꾸며 고양의 두 동생 상산왕常山王 고연高演과 장광왕長廣王 고담高湛을 외지로 쫓아내고 이태후(고양의 황후 이조아)에게 수렴청정을 맡기려 했다.

그러나 양음의 음모가 누설되어 태황태후 누씨婁氏(고환의 선비족 황후)가 고연·고담과 함께 한발 앞서 정변을 일으켜 양음을 비롯한 관련된 한족 관리들을 체포했다. 누씨는 고은을 보고 "너는 어찌 이 한족 악당들이 나와 네 삼촌을 해치도록 내버려둘 수가 있느냐?"라고 질책하고, 이씨에게는 "어떻게 너의 한족 늙다리를 시켜 우리 모자를 괴롭히느냐?"라며 꾸짖었다. 고은은 겁에 질려 "제가 어찌 이런 한족 따위들을 불쌍히 여기겠습니까, 삼촌 마음대로 하세요."라고 했다. 결국 음모에 가담한 한족 관리들은 모두 죽음을 당하고 고은도 폐위됐다. 그리고 고연과 고담이 잇달아 황제 자리에 올랐다. 선비족 귀족과 한족 관리 사이에 벌어진 두 번째 정치분쟁에서도 한족 사족의 패배로 돌아갔다.

제3차 분쟁과 북제의 멸망

선비족 공훈귀족과 한족 사족의 3차 분쟁은 더욱 격렬했다. 때는 이미 북제 말기였다. 후주 고위高緯는 즉위 후 처음에는 한족 사족인 조정 등을 등용해 유학진흥기구를 만들었다. 현령은 전부 한족 사대부에게 맡겼다. 그때까지 동위-북제의 현령은 대부분 선비족 공훈귀족이 파견한 남자종이 담당하여 말단 관리들의 부패가 심했다. 또 업성 부근의 선비족 군사를 관리하던 경기부京畿府를 폐지하고 군현의 관청에서 직접 관할하게 했으며 선비족 군인들은 평민으로 신분이 바뀌었다. 한편 북주의 이간책을 역이용해 선비족 공신이자 후주의 장인인 좌승상 곡률광이 반란을 꾸민다고 모함해 일가족을 몰살했다.

선비족 공훈귀족들의 기득권을 침해한 이러한 정책으로 양측의 충돌은 더욱 격렬해졌다. 선비화된 한족 관리 한장란韓長鸞은 걸핏하면 "한족 개들은 성발 참을 수 없으니 죽여 버려야 한다."라고 말하거나 "한족 개들을 썰어서 말에게 먹이지 못하는 것이 한스럽다."라고 말하기도 했으며, "칼로는 도적놈 한족들 머리만 베겠다."라고 욕설을 퍼부었다. 한장란이 후주의 신임을 얻자 조정을 비롯한 한족 대신들은 영향력을 잃었으며 조정 또한 외지로 쫓겨나 북서자사로 파견되었다가 그곳에서 죽었다.

573년, 후주가 진양에 가려고 하자 한족 문신들이 이를 말렸다. 한장란은 후주에게 "한족 문관들이 말로는 진양에 가지 말라고 말리지만 사실은 반란을 일으키려 하고 있습니다. 그러므로 전부 다 제거해야 합니다."라고 모함했다. 후주는 즉시 간언한 문관들을 대전으로 불러들여 그 자리에서 처형했다. 아내와 딸은 노비로 보내고 어린 남자아이는 거세하고 재산은 몰수했으며 친족들은 유배형에 처했다. 이 학살극을 계기로 한족 문관들은 다시는 선비족 공훈귀족에게 도전하지 못했다. 이로써 정치분쟁도 종지부를 찍었다.

동위-북제 시기의 퇴행적인 민족정책은 북방민족 간의 대융합을 지연시켰다. 고씨집단의 지지세력은 한화를 반대하는 선비족 군인으로서 민족압박정책하에서 생산에 종사하지 않고도 잘 먹고 잘 살 수 있는 기생계층이 되었다. 이것은 선비족 자신들의 발전에는 전혀 도움이 되지 않았을 뿐 아니라 부패와 타락의 풍조가 만연하는 결과를 가져왔다. 또한 고씨집단의 민족압박정책으로 인해 통치집단 내부는 서로 반목하고 대립했으며 한족 사족계층은 등을 돌렸다. 이로 인해 북제는 인구나 경제력 면에서 뒤져 있던 북주에게 멸망당했다.

호화로써 한화를 추진하다
— 서위-북주 관농집단의 정책과 북방 통일

'복고의 기치를 내걸어 정치 개혁을 꾀하고, 호화정책을 실시하여 민족융합을 촉진하다' 서위-북주 우문씨 정권의 개혁은 이렇듯 반대되는 두 노선을 동시에 추진했다.

1. 북위의 분열과 서위 – 북주의 건국

　　　　　　　　　　　　　북위가 동위와 서위로 분열된 뒤 우문태가 조종하는 서위 정권이 관중을 차지하고 있었다. 서위는 땅이 좁고 군사도 적어 고씨가 조종하는 동위 정권에 맞서기에는 역부족이었다. 관중에서 나아가 하동을 확보하고, 북방을 통일하기 위해 우문태와 그 후계자들은 한족 사족계층의 협조를 얻어 관농關隴(관중과 농서의 약칭으로 지금의 섬서성과 감숙성 일대)을 근거지로 삼고, 선비족 수령과 한족 사족 권력자들로 구성된 관농 통치집단을 형성했으며, 북위 효문제의 민족융합노선을 견지했다. 서위–북주 정권은 북방민족의 대융합이라는 역사적 추세에 순응하여 마침내 북방을 통일했으며 이는 장차 수나라가 이뤄낼 전국통일의 기반이 되었다.

　서위–북주 정권의 우문씨 통치자들도 동위–북제 고씨 통치자들과 마찬가지로 북위 말년의 육진 수비군 출신이었다. 역사 기록에 따르면 우문태의 아명은 '검은 수달黑獺(흑달)' 이었고, 선조는 요동 남선우

부남단우부部南單于部의 흉노족으로 원래 성씨는 '사분俟汾'이었다. 사분은 '풀'이라는 뜻으로 후에 발음이 '우문'으로 바뀌었다.

16국 말기에 남선우부 흉노족은 선비족 모용부에게 공격을 받아 우문태의 8대조는 기병 500여 명을 이끌고 북위에 투항했다. 북위 도무제는 이들을 변방인 대군 무천진武川鎭에 수비군으로 보냈고 이후 이들의 자손은 차츰 선비족화 되었다. 북위 말년 육진봉기가 일어나자 우문태의 부친은 부족민을 거느리고 전쟁에 참가했고 나중에 중산에 배치되었다. 다시 하북에서 봉기가 발생했을 때 부친은 전사하고 우문태는 하북의 봉기 지도자 갈영의 밑으로 들어가 장수에 임명되었다. 갈영이 이주영에게 패한 뒤 우문태는 군대를 따라 진양으로 옮겨갔다.

530년, 우문태는 사령관 하발악賀拔岳을 따라 관중으로 가서 만사추노萬俟醜奴가 이끄는 반란군을 평정하고 관중에 자리를 잡았다. 4년 후 고환이 사주한 반란군의 습격으로 하발악이 살해되자 관중의 여러 장군들은 우문태를 지도자로 추대하고 반군을 진압했다. 우문태는 이어 관중으로 도망 온 북위 효무제를 앞세워 고환과 맞섰다. 그러나 몇 달 뒤 효무제와 우문태 사이에 충돌이 생겨 우문태가 효무제를 살해하고 효무제를 따라 관중으로 온 황족 원보거元寶炬를 황제로 옹립했다. 원보거는 우문태의 압력을 받으며 17년간 허수아비 황제 노릇을 했다. 역사에서는 그를 서위 문제라고 한다. 우문태는 승상의 자리에 올라 대권을 쥐고 서위-북주 정권을 세웠다.

우문태가 차지한 관중 지역은 오랫동안 전란을 겪어 경제력 면에서 고환의 하동 지역과 비교가 안 됐다. 정치 영향력에 있어서는 우문태가 효무제를 독살했기 때문에 그를 내쫓은 고환에 비해 명분이 서지 않았고, 또한 황제를 호위한다는 명목을 내세워 북위 황실의 충신 효자들을 호령할 수도 없는 상황이었다. 민족·문화 방면에서도 서위-북주 정권은 우위라고 할 만한 점이 없었다. 선비화 정도로 보아도 고씨의 동위-북제 정권과 비교가 안 되고 한족문화를 이용하려고 해도 남량南梁에는 한참 뒤졌다.

군사적인 면에서는 수십 만의 용맹스러운 육진 출신 군인들 다수가 고환의 수하에 있었다. 우문태가 거느린 부대는 육진 출신 중에서도 예비부대에 불과했고 기껏해야 10만 명이었다. 선비족 군인은 대부분 하동에 있었고 하발악을 따라 관중으로 들어온 군인의 대부분은 한족이었다. 우문태 수하의 명장으로는 구락寇洛·이필李弼·조귀趙貴·양충楊忠(수문제의 아버지)·이호李虎(당고조의 조부)·위효관韋孝寬·이현李賢·이원李遠 등이 있는데 모두 한족이었다. 그러나 대부분이 선조 때부터 육진에서 병사나 하급군관을 지냈기 때문에 이들 대에 와서는 상당히 선비화된 상태였다. 당시 한족은 싸움을 못한다는 인식이 팽배하여 고환은 작전을 수행할 때 부하 장수 고앙高昂이 거느리는 부대가 대부분 한족 출신인 것을 보고 한족은 별 도움이 안 된다며 선비족 병력을 보강해 주기도 했다.

2. 서위의 군사제도 개혁

534년 동위와 서위가 정식으로 분열되자 쌍방 간에 격렬한 전쟁이 발발했다. 고환은 우선 여러 차례 서위의 선비족 장수들에게 군대를 이끌고 자신의 진영으로 넘어오라고 유혹했고 동시에 병력을 파견해 적진을 교란했다. 536년, 관중에 대흉년이 들었다. 전하는 바에 따르면 사람이 사람을 잡아먹는 지경이었다고 하는데 사망자가 10명에 7~8명꼴이었다.

이듬해 고환은 병력을 세 방면으로 나누어 서위로 진격했다. 고앙은 상락(지금의 섬서성 상현)으로, 두태는 동관으로 향했다. 고환은 몸소 대군을 이끌고 포진蒲津(지금의 산서성 포주)에 집결하여 부교14)를 만든 다음 곧 황하를 건널 것이라고 큰 소리로 떠들었다. 우문태도 포진 맞은 편 광양廣陽(지금의 섬서성 대려현)에 군대를 집결시켰다. 그는 상황을 이렇게 분석했다. "고환이 이끄는 부대가 허장성세를 부리는 것은 두태가 곧장 장안을 공격하기 위한 책략이다. 그러니 우선 두태를 물리쳐야 한다." 그러나 부하 장수들이 나서서 "가까운 곳의 적은 버려두고 먼 곳의 적을 습격하려 하니 만일 일이 잘못되는 날에는 군 전체가 전멸할 수 있습니다."라고 반대했다. 이에 우문태는 "작년에 적군이 두 번이나 침범했는데 아군은 한 번도 출격하지 않았다. 적군은 우리가 수비만 한다고 생각했을 테니 저들이 생각지 못한 틈을 타 이번에 출격하면 반드시 승리할 수 있다."라고 설득했다.

우문태는 경기병 6,000명을 거느리고 신속히 남하해 일거에 두태의 1만 정예부대를 섬멸하고 두태를 살해했다. 주력 선봉이던 두태 부대가 전멸하자 동위군은 혼비백산하여 철수했다. 우문태는 이 기회를 놓치지 않고 역공을 취해 항농恒農(지금의 하남성 삼문협시)을 점령했다. 고환은 즉시 10만 대군을 거느리고 포진에서 황하를 건너 관중으로 들어가 내지를 공격했다. 우문태도 관중으로 돌아와 양측은 사원에서 격전을 벌였다. 서위군은 노위탕蘆葦蕩에 매복해 있다가 동위군을 요격해 적은 병력으로 많은 병력을 물리치고, 동위군 7만여 명을 포로로 잡았으며 군용 물자도 다량 노획했다. 고환은 밤새 도망쳐 겨우 포로 신세를 면했다.

---

14) 배나 뗏목을 잇고 그 위에 널빤지를 깔아서 만든 다리

우문태는 세 방면으로 나누어 출격했는데 한쪽은 낙양을 공격하고, 또 하나는 남하하여 형주를 공격했으며, 나머지는 황하를 건너 분하 유역으로 진격했다. 서위군은 연전연승을 거둬 낙양을 함락시켰다. 고환은 병력을 집중해 황하를 건너서 낙양을 놓고 싸웠다. 양측은 낙양 부근 망산에서 대전을 벌여 서위군이 처음에는 패하다가 나중에 승리하여 동위의 명장 고오조와 그의 군사 1만 5천여 명을 죽였다. 그러나 서위군도 손실이 막대해 퇴각했다.

우문태는 이번 전쟁에 전 병력을 동원했기 때문에 관중에 남아있던 군대는 극소수에 불과했다. 이러한 상황에 사원전투에서 잡은 포로들이 반란을 일으켜 관중은 혼란에 빠졌다. 우문태는 황급히 주력부대를 거느리고 관중으로 돌아와 많은 병력을 투입하여 폭동을 진압했다. 그 뒤 몇 년 동안의 전쟁에서 양측은 승리와 패배를 반복했다. 543년에는 망산에서 다시 격돌했다. 첫날 전투에서는 서위군이 패해 우문태는 포로로 잡힐 뻔했고, 이튿날 전투에서는 처음에 동위 군대가 패하여 고환이 위험에 빠졌다가 오후에 오히려 기세를 잡아 서위군을 크게 무찔렀다. 고환은 군대를 이끌고 서위군을 맹렬히 추격해 단숨에 동관까지 쳐들어갔다가 습격을 우려해 동관 밖으로 퇴각했다.

두 차례의 망산전투를 통해 알 수 있듯이 서위의 군사력은 동위에 뒤졌으며 병력이 부족해 지속적인 작전을 펴기 어려웠다. 이와 같은 불리한 여건에서 서위-북주 통치자들은 일련의 조치를 취하여 주도권을 확보하기 위해 노력했다. 고환과 우문태와 같은 군벌 정권에게는 군사 문제가 정권의 유지와 깊은 관련이 있었기 때문에 우문태의 개혁은 군사 방면을 중심으로 진행되었다.

부병제를 기초로 관농집단을 조직하다

북위의 전통적인 병역제도는 부락병제로서 선비족과 선비족 정권에 편입된 여러 소수민족이 전원 병역의무를 지는 국민개병제였다. 반면 한족 백성들은 일반적으로 병역의무를 지지 않았다. 말하자면 병농 분리제로서 선비화된 극히 일부의 한족만이 세습적으로 병역의무를 졌다. 그러나 몇 년간의 전란을 거치면서 하발악과 우문태가 관중에 거느리고 온 육진 출신 병사들은 얼마 남지 않게 되었다. 그래서 세습적인 부락병제도를 개혁하지 않으면 동위와의 전쟁에서 유리한 위치를 차지할 수 없는 상황이었다. 이런 상황에서 542년 우문태는 관중 한족 사족집단의 도움을 얻어 부병제를 도입하여 북위 이래 이어져온 전통적인 병역제도에 중대한 개혁을 가한다.

부병제는 처음에는 병농분리를 토대로 한 직업군인제도였다. 다만 병역을 질 병사는 북위 때처럼 민족 출신에 따른 것이 아니라 관중 지역의 호등(집의 자산에 따라 나눈 등급)에 따라 결정했는데, 6등 이상의 중상호에 해당하면 징병 대상자가 되었다. 중상호 가구이면서 아들이 셋 이상인 사람 중에서 건장한 자를 뽑아 부병으로 삼았다. 특히 543년 제2차 망산전투에서 패한 우문태는 '관농 호족을 널리 모집하여 군대를 증강한다'는 명령을 내렸다. 이렇게 해서 한족이 부병의 주요 대상자가 되었다. 부병이 되면 본인이 책임져야 하는 부역은 모두 면제되었고, 일반 호적에서 분리되어 독립적인 부병호적에 등재됐다. 부병들은 한 달의 반은 경계 순찰을 돌고, 반은 훈련을 했다.

부병의 지휘체계는 다음과 같다. 서위 조정에 8명의 '주국대장군柱國大將軍'을 두었다. 그중 원흔元欣이 황족대표로서 상징적인 의미를

서위 주국대장군 독고신의 다면인장

갖고 있었다. 우문태 자신은 도독중외제군사로서 실질적인 최고통수권자였다. 나머지 6개 주국대장군은 이호·이필·독고신·조귀·우근·후막진숭이 맡았다. 각 주국대장군 밑에는 대장군 2명을 두고, 각 대장군 밑에는 개부開府장군 2명씩을 배치했다. 각 개부장군은 1개 부대를 거느렸다. 모두 합쳐 6명의 주국대장군, 12명의 대장군, 24명의 개부장군이 있었다.

부병제는 결코 단순한 군사제도만은 아니었다. 우문태가 부병제를 실시한 진정한 목적은 동위-북제 선비족 군벌집단과도 다르고, 남량 한족 사족집단과도 다른 문무를 겸비한 단결된 통치집단을 만드는 것이었다. 이를 위해 그는 관중으로 따라온 모든 장수와 관리들에게 일률적으로 본적을 관중으로 고치도록 하여, 관중의 한족 사족 대성들과 동향 사람이 되어 그들과 교류하게 했다. 또 선비족과 여타 소수민족, 한족 사이의 민족갈등을 제거하기 위해 호족과 한족은 한집안이라고 주창했다. 그는 이어 북위 초의 '36국과 99개의 대성으로 통합한다'는 논법에 근거해 전공이 탁월한 장수는 36국의 후로 봉하고, 공로가 한 등급 낮은 장수에게는 99개의 성을 하사했다. 한족 장수들도 공로에 따라 하사받은 성씨로 고쳤다. 예를 들면 이호는 대야씨로 고치고, 양충은 보육여씨, 이필은 도하씨, 왕웅은 가빈씨로 바꿨다. 북위 효문제 때 성씨를 한족식으로 고쳤던 선비족과 기타 소수민족도 모두 원래의 성씨를 회복했다.

8명의 주국대장군 제도는 흉노족과 선비족 초기의 '팔부대인' '팔국대인' 제도를 모방하여 만들었다. 또 부락병 제도의 전통에 따라 모든 병사들은 장군의 성씨를 따랐다. 이리하여 한족 장수와 병사들은 모두 선비족 부락민으로 편입되었다. 또한 조정 관리들은 선비족 복장을 착용했다. 이로써 표면상으로는 부병 장수들은 모두 호인이고 모집한 병사들은 선비족이 되었다. 북위 효문제 때 호족胡族을 한족으로 바꾼 민족융합정책과는 반대로 우문태는 한족을 호족으로 바꿈으로써 호족과 한족은 한집안이라는 목표를 실현한 셈이다. 본관과 성씨를 고치는 외에도 우문태는 부병 장수들에게 토지와 노비를 하사하여 관중에 영구 정착하면서 진정한 관중의 호족이 되도록 했다.

3. 우문태 호화(胡化)정책의 본질

  한족을 호화하는 조치는 논리적으로 보자면 민족모순을 격화시킬 수 있었다. 그러나 우문씨의 서위-북주 정권은 관중 한족 사족집단의 전폭적인 지지를 얻었고 따라서 두 민족 간에 격렬한 충돌은 발생하지 않았다. 우문씨가 시행한 호화정책은 호화라는 표면적인 형식을 빌려서 실질적으로는 한화를 추진했기 때문이다. 호화정책은 성씨·복장·병역제도·명칭과 같은 표면적인 부문에 그치고 정치·문화와 같은 심층적인 정책 부문에 있어서는 오히려 한화정책을 채택했다.

  우선, 관중의 한족 권력가들을 통치집단 안으로 적극적으로 끌어들였으며 그들의 갖가지 특권을 인정해주었다. 심지어 그들이 집에 사병을 두는 것도 허용했으며 이러한 사병을 향병으로 통일하여 편성했다. 향병은 현지에서 제일 명망 높은 권세가가 지휘했다. 향병은 평소에는 지방 치안을 유지하고 중요한 전투가 있을 때만 전선에 투입됐다. 말하자면 우문씨 정권의 예비군이었다. 향병의 지휘관은 전공을 세우면 부병의 장수를 겸임할 수 있었고 부병의 장수도 향병을 통솔할 수 있었다.

예를 들면 대족 소씨의 자제 소춘蘇椿은 군직을 역임했는데 후에 홍농군 태수대리로 파견되었다. 그러나 우문태는 명망 높은 향병 지휘관이었던 소춘을 위해 그를 다시 옹주雍州의 향병 지휘관으로 임명한다는 서신을 황급히 역참으로 보냈다. 훗날 소춘은 향병을 거느리고 저족의 반란을 진압하는 과정에서 공을 세워 도독으로 승진하고 병부장군도 겸임했다. 또 남전藍田의 대지주 왕열王悅도 우문태가 관중으로 왔을 때 마을의 사병을 거느리고 전투에 참가해 여러 번 공을 세웠다. 1차 망산전투 때 왕열은 향병 1,000여 명을 이끌고 참전했고 전투 후에는 다시 향병을 이끌고 양주로 원정을 갔다. 상락의 대지주 천기泉企와 천원례泉元禮 부자도 여러 차례 향병을 이끌고 동관에서 동위군을 물리쳤다.

우문태가 거느리고 온 여러 장수들은 본관을 하사받은 지역에 향병을 조직할 수 있어 관중의 권세가들과 화합을 이루었다. 우문태는 관중에 있는 많은 수의 사족 권세가들에게 관직을 주어 서위 정치에 참여하게 했다. 민족 간의 이질감을 없애기 위해 한족들에게 호화정책을 실시하여 우수한 문관에게는 선비족 성씨를 하사했다. 유경柳慶은 강직하고 현안에 대한 정확한 판단으로 조정에서 유명했는데 우문태의 인정을 받아 우문씨를 하사받았다. 신휘申徽 또한 주군을 잘 다스려 재직 기간 중에 공적이 많아 우문씨를 하사받았다. 원로대신 구순寇恂은 청렴하기로 소문이 나서 약구인씨를, 조숙趙肅은 법 집행을 공정하게 하여 을불씨를 받았다.

복고로써 개혁을 단행하다

둘째로, 우문태는 서주의 정치와 전통 문화를 회복한다는 명분을 내세워 동위-북제의 선비화 경향에 대항하려 했고 또한 북위 효문제와 남조의 소량蕭梁이 답습한 위진문화를 넘어서려고 했다. 이 조치는 한족 사족세력들의 지지를 얻었으며 관중 사족 권세가들의 자부심을 크게 높여주었다.

서위시대 문관 도용

우문태는 관중에 온지 얼마 뒤 한족 부하들의 추천에 따라 군사 공적이 있는 소작蘇綽을 불러들였다. 소작은 우문태에게 전통적인 제왕의 도와 법가 신한申韓 사상을 강의했다. 우문태는 소작의 강의에 깊이 탄복해 그를 책사로 삼았다. 소작은 행정제도를 정비했다. 이를테면 각종 공문의 격식 · 규율 · 호적 · 통계에 관한 제도 등등이다. 또한 관리수를 줄이고 둔전을 만들었다.

우문태가 서위의 정권을 잡던 해에 소작은 〈육조조서〉를 제정했다. 몸과 마음을 다스리는 방법에서부터 교화를 돈독히 하고[15] 농업을 진흥시키는 방법, 우수한 인재를 발탁하는 방안, 형벌을 신중하게 적용하고 조세와 부역을 평등하게 부과하는 법 등을 다루었다. 〈육조조서〉는 각급 관청의 시정 지침이 되었다. 우문태는 각급 지방장관이 〈육조조서〉에 정통하지 못하고 통계장부를 이해하지 못할 경

---

15) 관리들에게 유가의 예교로써 백성들을 교화시킬 것을 요구했다. 실질적으로는 선비족 및 소수민족 풍속을 한족 전통문화로 개조하려는 의도가 숨어있다.

우 관리를 할 수 없다고 규정했다.

우문태는 또 소작에게 유가 경전인 『상서·대고』16)의 문체를 본떠 『대고』를 짓도록 명하고, 이를 신하들에게 배포하여 문서의 격식은 반드시 『대고』를 모방하라고 지시했다. 이는 위魏진晉 시기 이후의 화려한 문체를 없애려는 의도였다.

또한 정위廷尉 조숙趙肅에게 『주례』에 입각해 법전을 제정하도록 했다. 부병제는 사실상 선비족의 부락병제도를 개조한 것이었지만 우문태가 겉모습을 서주제도로 포장했으므로 이것은 오히려 『주례』에 기재된 주나라 6군의 제도를 모방한 것이라고 일반적으로 알려졌으며, 그 내용으로는 각 주국대장군이 1개 군을 관할하도록 했다. 그가 소작에게 『주례』에 근거해 국가제도를 설계하게 한 것은 한위漢魏의 낡은 제도를 타파하려는 의도였다. 소작이 임무를 완성하지 못하고 죽자 유학의 권위자인 노변盧辯에게 대신하게 했다.

서위는 548년에 『주례』에 입각해 관직을 설치했다. 우문태는 태사, 황족 광릉왕 원흔은 태부, 이필은 대종백, 조귀는 대사구, 우근은 대사공이 되었다. 556년에 마침내 완성되어 전국에 반포했다. 조정에는 3공(태사·태부·태보), 3고(소사·소부·소보), 6경(천관총재·지관사도·춘관종백·하관사마·추관사구·동관사공)을 두고 한위의 승상·상서·중서 등의 관직은 없앴다. 관리는 공·경·대부·사 4등급으로 나누고 조정의 의례·수레·복장·기물도 모두 『주례』에 입각해 새로 만들었다.

서주의 제도를 되살린 것은 중요한 상징적 의미를 갖는다. 서주의 본거지인 관중의 한족 사족 권력가들을 단결시키고 심리적으로도 한위제도를 답습한 동위-북제와 남량을 압도할 수 있었다. 우문태와

---

16) 주공이 신하와 백성들을 훈계하는 내용이다.

그의 모사인 소작과 노변 등은 결코 책벌레가 아니었다. 그들은 복고를 위한 복고를 진행한 것이 아니라, 복고는 단지 수단이자 하나의 명목일 뿐이었다. 그 예로, 지방제도는 군현제를 유지했고 관리를 선발할 때는 한위 이래의 선례를 따르고 서주의 세습제는 전혀 채택하지 않았다. 또한 관리 선발 때 문벌에 구애받지 말라고 강조한 것은 위진 이래의 구품중정제와도 달랐다.

우문태는 이러한 조치를 통해 관중의 사족세력가들과 관중으로 옮겨온 육진 출신 군인들을 단결시켜 응집력 있는 호족胡族 통치집단을 조직했다. 근대 역사학자 진인각陳寅恪은 이를 '관농집단'이라는 명칭으로 부른다. 서위는 이로써 정치·군사력을 대대적으로 키워 동위-북제와의 전쟁에서 점차로 주도권을 쥐게 된다. 550년 북제가 동위를 대체하자 우문태는 북제를 공격했으나 성공하지 못하고 돌아왔다. 그러나 북제는 감히 반격하지 못했다. 그 후 8년 동안 북제는 북쪽으로 발전하고, 서위는 남쪽으로 진군했기 때문에 두 나라 사이에 큰 전쟁은 일어나지 않았다.

4. 북주 무제의 북방통일 실현

우문태는 서주식 국가제도를 전면적으로 실시하던 해에 병으로 죽었다. 15살 난 아들 우문각宇文覺이 그의 지위를 계승했으나 실권은 우문태의 조카 우문호宇文護가 장악하고 있었다. 이듬해에 우문호는 서위 공제恭帝를 폐위하고 우문각을 옹립해 황제 자리에 앉혔다. 역사에서는 이를 주 효민제孝閔帝라고 한다. 왕조가 바뀌면서 국호도 제도를 모방하고자 노력했던 주나라를 본떠 '주'로 고쳤다. 이를 역사에서는 북주北周라 한다.

이때 우문태와 함께 봉기했던 원로대신 독고신·조귀 등은 우문호의 전횡에 불만을 품고 효민제와 모의해 우문호를 죽이려 했다. 그러나 우문호가 선수를 쳐 조귀를 죽이고 독고신은 파직한 뒤 어린 황제를 폐위하고 우문태의 큰아들 우문육宇文毓을 황제로 옹립했다. 바로 주 명제明帝라고 한다. 그러나 일 년이 채 안 되어 새 황제마저 독살하고, 우문태의 넷째 아들 우문옹宇文邕을 황제로 앉혔다. 역사에서는 이를 주 무제武帝라고 한다. 이에 불만을 품었던 대신 후막진숭은 우문호가 자살을 강요해 죽고 말았다. 이렇게 주국대장군 6명 가운데 3명이 우문호에게 살해당했다.

그러나 이런 내분에도 불구하고 북주의 정치 상황은 여전히 안정적이었다. 우문호는 스스로 천관총재天官冢宰의 자리에 오르고 도독중외군사를 겸직하여 대권을 독점했기에 나머지 오경은 그의 지시에 따를 수밖에 없었다. 그러나 우문호는 군사적 재능은 떨어졌다. 북주의 군사들은 564년 돌궐과 연합해 북제를 공격하고 낙양 부근 망산에서 두 번째로 연합했으나 북제에게 참패하고 관중으로 후퇴했다. 그러나 돌궐이 북제 국경 내 700여 리에 걸쳐 방화와 약탈 및 살인을 일삼아 북주를 이긴 북제 또한 큰 손실을 입게 된다. 양측은 전쟁을 중지하고 강화했으며 다시는 함부로 서로 침략을 감행하지 않았다. 우문호가 권력을 독차지한 10년 동안 무제는 줄곧 참고 견뎠다. 572년, 무제는 우문호를 불러 정사를 의논한 뒤 그와 함께 태후를 알현하러 갔다. 무제는 우문호가 태후에게 절을 올리는 순간 옥판선지로 그의 머리를 내리쳐 자신을 위협하던 권신을 직접 처치했다.

무제가 우문호를 죽인 사건은 조정에서 별다른 논란거리가 되지 않았다. 이후로 원대한 포부를 가졌던 무제는 권력을 쥐고 조정을 정비한 뒤 575년에 북제 정벌을 위한 전력을 몸소 배치했다. 군대를 몇 방면으로 나누어 북제군을 공격하여 적군의 군사 배치를 교란시키는 작전이었다. 그 내용은 다음과 같다. '하남을 공격한 다음 쉬면서 힘을 비축했다가, 쫓아온 북제의 주력군과 결전을 벌여 그들을 섬멸하면, 접경지의 북제군 전체를 소탕할 수 있다' 그 해에 이 전략에 따라 네 갈래로 나누어 군사를 배치하고 출격한 북주군은 수로와 육로로 동시에 진격하여 연전연승을 거두었다. 그러나 북제의 주력군이 하남에 도착해 결전을 준비할 때 무제가 갑자기 중병에 걸리게 되자 퇴각 명령을 내리고 이미 점령한 30여 개 도시마저 포기하게 된다.

이듬해 무제는 다시 군대를 이끌고 북제를 공격했다. 주공격 목표는 고씨집단의 근거지인 평양(지금의 산서성 임분)이었다. 북주군은 황하를 건너 9일 만에 평양을 함락했다. 무제는 명장 양사언梁士彦에게 1만 정예군을 주어 평양성을 지키게 하고 자신은 관중으로 돌아왔다.

북제의 후주는 한 달 뒤 대군을 모아 평양을 포위하고 30일 가까이 계속해서 공격을 퍼부었지만 끝내 함락시키지 못했다. 주 무제는 장안에 돌아와 하루만 머문 뒤 다시 싸움터로 달려가 8만여 명의 정예군을 이끌고 평양을 지원하여 양측은 평양 부근에서 결전을 벌였다. 북제 후주는 병사들의 피로는 상관하지 않고 서둘러 선제공격을 했다

북주 무제 우문옹의 초상화

가 패하자 심복 몇 십 명만 데리고 황급히 달아났고 북제군은 전멸했다.
　무제는 장수들에게 이 기회를 놓치지 말고 추격하라고 명령했다. 북제 후주는 먼저 진양으로 도망갔는데 전열을 정비해 다시 싸울 생각이 없었으므로 업성으로 또 다시 도망쳤다. 북제의 장수들은 북주군의 맹렬한 추격과 공격으로 사방으로 흩어져서 진양성은 이틀 만에 함락되었다. 무제는 다시 군대를 이끌고 업성으로 향했다. 이때 후주는 황위를 8살 난 아들에게 넘겨주고 자신은 동쪽으로 달아났다. 무제는 업성도 함락했다. 북제 황실의 일부는 북방의 돌궐 국경 안으로 도망갔고 그 나머지는 북주군에게 사로잡혔다. 북주의 무제는 모두 합쳐서 4개월 밖에 걸리지 않은 북제 토벌전쟁을 통해 북제 전 지역을 점령하고 50주, 162군, 382현에 303만 2천 5백 호를 획득했다. 이로써 또 한 번의 북방통일이 실현되었다.

5. 호화에서 한화로 회귀하다

　　　　　　　　　옛 서주의 정치제도가 천 년 후의 사회에 제대로 적용되기는 어렵다. 더욱이 북주가 모범으로 삼은 『주례』는 후대의 유학자들이 서주의 제도를 이상화하여 기록한 것이므로 그들의 상상이 많이 섞여 있었다. 따라서 이런 책의 내용에 입각해 만든 제도는 당연히 시행에 있어 어려움을 겪기 마련이다. 북주의 통치자들은 제도의 자질구레한 사항에 구애받지 않고 융통성 있게 응용력을 발휘했다.
　무제 시기에는 더 이상 우문태가 창안한 제도를 그대로 따르지 않았다. 북방을 통일한 이후에 중원 왕조의 정통성은 이미 확고해졌다. 따라서 정통성을 확보하고 한족 사족의 단결을 촉구하기 위해 서주의 기치를 내건다는 것은 더 이상 무의미했다. 관제에서는 점차 북제가 답습한 위진제도를 혼용하게 되었고, 사회제도에서도 방향을 바꾸어 균전제와 같은 북제의 제도를 채택했다. 우문태 개혁의 핵심인 부병제에서도 상당한 변화가 생겼다. 574년, 무제는 원래의 부병을 황제 직속 시관으로 바꾸고, 우선 황제에게 충성하고 그 다음으로 사령관에게 복종하도록 하여 선비족 부락병의 흔적을 완전히 없앴다.

영통만국전(永通萬國錢)
| 북주에서 발행한 화폐

북제를 멸망시킨 이듬해에 북주 무제는 병들어 죽고 태자 우문윤宇文贇이 등극했다. 그가 주 선제宣帝다. 선제는 조서를 내려 조정의 복장을 한위 때의 복장으로 바꿀 것을 지시했다. 선제는 포악하고 음탕했는데 일 년 정도 황제의 자리에 있다가 갓 여덟 살이 된 아들 우문천宇文闡에게 자리를 물려주었다. 역사에서는 이를 주 정제靜帝라고 한다. 외척 양견(정제의 외조부)이 대승상과 도독내외제군사직을 맡아 반대세력을 제거하고 북주의 정권을 독차지했다. 양견은 호족 성씨로 고쳤던 한족 문무관리들의 성씨를 다시 한족 성씨로 바꾸도록 하고 부병의 병사들 또한 한족 성씨로 고치게 했다. 이로써 표면적으로 호화를 지향했던 부병제는 마침내 한화로 막을 내리게 된다.

관농집단의 등장과 활약

양견은 581년 정변을 일으켜 황제(역사에서는 수隋 문제文帝라고 한다)로 즉위하고 수나라를 세웠다. 서진 말년 이래 처음으로 북방 전체를 통치하는 한족 왕조가 등장하게 된 것이다. 왕조의 정통성에 대해서는 의심의 여지가 없었다. 수 문제 양견은 북주의 어색한 서주식 정치제도에 얽매이지 않고 한위의 전통을 계승해 상서·문하·내사·비서·내시의 5성과 어사·도수 2대·태상 등 11사로 구성된 정치체제를 확립했다. 우문태가 당시에 진행했던 개혁은 모두 잊혀졌으나 그의 공적은 이미 한화된 부병제 속에 계속해서 보존되었다.

문제는 병농이 분리된 부병제를 병농일치의 부병제로 개조했다. 590년, 문제는 조서를 내려 군인들의 현지 호적을 다시 주현州縣의 호적에 편입하고 일반 백성과 마찬가지로 군인들에게 토지를 나누어 주었다. 또한 순번대로 병역을 지거나 전쟁에 나가게 했다. 16국 이래 소수민족 군인들의 특권적 지위는 폐지되고 전란이 빈번하던 시대에 생긴 직업군인제도도 자취를 감추었다. 수 왕조는 농병일치의 군대를 토대로 북방의 국경지역을 안정시키는 한편 589년에는 대거 남하하여 남진을 멸망시키고 전국을 통일했다.

부병제를 중심으로 한 서위-북주 정권의 개혁은 육진 군벌들이 북위 효문제의 개혁에 반감을 가져 한화에 역행했던 당시의 시류에 부응하여 표면적으로는 '호화'의 색채를 띠었지만, 실질적으로는 북위 효문제의 개혁정신을 계승하여 북방민족의 대융합이라는 역사적 흐름에 순응했다. 이로 인해 서위-북주 정권은 탄탄한 정치적 토대를 구축할 수 있었다. 부병제의 기초 위에 조직된 관농집단은 문화와 군사 각 방면에서 같은 시기의 동위-북제나 남량 정권보다 우월했다.

그리하여 최후에 전 중국을 통일한 주인공은 바로 이 집단이었다. 수나라 황실과 당나라 초기의 황실은 모두 이 집단 출신이며, 이 두 왕조가 중국 봉건사회의 흥성시대를 이끌었다.

숭불억도와 멸불숭도
— 남북조의 종교정책

통치자의 종교정책과 엄격한 행정·사법 조치는 종교의 발전 방향에 영향을 미칠 수 있으며 종교의 발전 속도를 어느 정도 좌우하게 된다. 그러나 일반적으로 하나의 종교를 완전히 없애거나, 반대로 모든 사람에게 보급하기란 불가능한 일이다. 이것이 남북조시대가 후대에 남긴 교훈이다.

1. 남북조시대 도교와 불교의 발전

중국 역사에서 남북조시대처럼 종교가 국가의 정치나 사회생활에 큰 영향을 미친 적은 없었다. 또한 종교정책의 변화가 이처럼 극심했던 적은 찾아보기 힘들다. 통치자들이 어떤 때는 도교를 배척하고 불교를 숭상하다가 다시 거꾸로 불교를 억누르고 도교를 숭상하는 등 국가정책이 종교를 좌지우지하던 시대였다.

이 시기에 유행한 종교는 주로 불교와 도교였다. 처음에는 도교가 사회적 영향력이 가장 컸다. 사실 도교는 전국시대의 도가와는 큰 관련이 없고 신선이 되기를 원하고 불로장생을 바라는 신선가 및 민간 무속신앙과 밀접한 관계가 있다.

동한 때 장릉張陵이 도교를 창립하여 사람들에게 잘못을 뉘우치고 도를 받들라고 가르치며 부적을 담근 물과 주문으로 병을 치료했다. 입교하는 사람들은 쌀 5두를 바쳤으므로 속칭 '오두미도' 또는

'오두미교'라고 했다. 제자들은 장릉을 하늘이 보낸 스승이라는 뜻에서 '천사天師'라고 존칭하여 도교를 '천사도'라고도 불렀다. 이것은 주로 파촉과 한중 일대에서 유행했다. 동한 말년에 장각張角이 '태평도'를 창시했다. 입교 시 쌀은 받지 않았고 무릎을 꿇고 잘못을 빌라고 가르쳤으며 부적으로 병을 치료해 주었다. 태평도는 중원 지역에서 널리 유행했다. 장각 형제는 태평도를 이용해 황건의 난을 일으켜 동한 왕조를 전복했다. 장릉의 손자 장로張魯는 오두미도를 전파하면서 한중에 정교일치 정권을 세웠다. 주로 하층민 사이에서 유행한 태평도는 통치계급에게는 통치질서를 해치는 위협적인 종교였다. 그래서 통치계급은 이를 금지하거나 진압하는 정책을 취했다. 조위曹魏 시기에는 조정에서 인정하지 않는 제사와 제주는 금한다고 여러 차례 명령을 내렸다. 특히 태평도를 믿는 것은 금지되었다. 장로는 자발적으로 조조에게 투항했다. 조조는 촉한蜀漢과 동오東吳에서 투항자들을 끌어들이기 위해 장로에게 후한 대접을 하고 장로와 그 아들 5명을 모두 후에 봉했다. 조조가 몇 만호의 한중 백성을 관중으로 이주시켰고 유비가 한중을 공격할 때도 많은 한중 백성들이 중원으로 들어오게 되면서 천사도가 북방에서 전파되기 시작했다.

북위 초기 구겸지寇謙之는 본래의 도교를 개조해 '신천사도'를 창립했다. 신천사도에서는 입교 시 쌀을 받지 않았고, 부적을 담근 물로 병을 치료하지 않았으며, 도는 집에서 닦아도 상관 없었다. 또한 수신과 예배가 주가 되고 기의 단련과 선단(신선이 만든다고 하는 장생불사의 영약)의 복용은 그 다음이라고 가르쳤다. 이 때문에 도교는 권세 있는 사족들의 호응을 얻어 당시에 매우 영향력이 컸다.

남방에서 유행하던 도교는 단약을 만들고 신선이 되거나 장생불로

할 수 있다는 등의 내용을 선전했다. 동진 때 갈홍葛洪은 수신·기도하고 양생養生하면서 단약을 만들면 장생불로할 수 있다고 강조했다. 동진 때는 오두미도를 이용해 조정에 저항하는 봉기가 여러 번 있었다. 그중 399~411년에 손은孫恩과 노순盧循이 주도한 오두미교 봉기가 동진 동부연해 지역을 휩쓸어 이로 인해 남조의 통치자들은 오두미교 형식의 도교를 철저히 진압하게 된다. 그러나 갈홍이 제창한 양생과 연단의 도교는 사대부의 입맛에 맞아 사족계층들 사이에 널리 퍼졌다. 유송劉宋 때 도사 육수정陸修靜은 도경을 폭넓게 수집하여 경계經戒·방약方藥·부도符圖의 '삼동'을 짓고 여러 가지 도교의식을 제정하고 오두미교를 개혁해 '남천사도'를 만들었다. 육수정의 가르침은 그 후 도홍경陶弘景을 거쳐 남조 도교의 주류가 되었다. 도교가 더 이상 통치계급에게 위협을 주는 존재가 아니라 통치계급의 도구로 기능했다.

불교는 동한 때 중국에 전파됐다. 위진魏晉 시기에 불경이 이미 대량으로 한문으로 번역되었고 신도는 대부분 서생들이었다. 서진 때는 일찍이 백성들이 출가해 중이 되는 것을 금지한다고 규정했고 서진 말기에 이르면 불교가 중국에 전해진지 이미 200년이 흘렀지만 전국에 사찰은 겨우 180개, 승려는 3,700여 명에 불과했다.

그러나 16국시대가 되면서 일부 소수민족 통치자들이 중원 한족 백성들의 인심을 얻고 통치 근거를 확보하기 위해 외래 종교를 제창하기 시작했다. 소수민족 정권은 제대로 된 정치·사회이념을 갖추지 못했으므로 자기들보다 문화수준이 높고 인구도 훨씬 많은 한족을 통치하기가 쉽지 않았기 때문이다. 그들은 피정복자(한족)의 정치제도를 어쩔 수 없이 그대로 채용했지만 만약 사상과 문화 방면에서도 한족의 전통을 그대로 받아들이면 소수민족이 통치할 이유가

사라진다고 보았다. 불교는 외래종교이기 때문에 호인이 '호교胡敎'를 신봉하는 것은 이치에 맞는 것처럼 보일 것이라 생각했다. 특히 유연劉淵이 한족 정권을 모방하다가 실패한 사례를 본보기로 삼았을 것이다.

후조後趙가 건립된 뒤 석륵과 석호는 서역의 승려 불도징을 숭배했다. 335년, 석호는 백성의 출가를 금하라는 한족 관리들의 요구를 기각하고 불도징의 설득으로 불교를 믿는 자들은 모두 출가할 수 있도록 했다. 당시 중원은 사회가 어지러워 백성들이 탈출구를 찾지 못하고 있었기 때문에 내세에서 고난을 벗고 해탈할 수 있다는 불교의 가르침은 민중에게는 커다란 유혹이 아닐 수 없었다. 이리하여 불교는 빠르게 민중 속으로 퍼져 나갔다. 불도징은 몇 만 명에 달하는 제자를 받아들였으며, 후조에는 불교사원이 893개에 달했다. 불도징이 죽은 뒤 그의 제자 석도안釋圖安은 불경 번역과 주해에 힘써 중국의 사대부들도 불경을 읽게 만들었고, 또한 승려들을 위한 계율을 제정했다. 석도안은 후조가 망하자 남방으로 도망가서 양양 일대에서 선교했다. 전진前秦의 부견이 양양을 점령하고 석도안을 장안으로 모셔왔다. 이렇게 해서 석도안의 영향력은 남방과 북방에 널리 퍼졌다. 석도안의 제자 혜원慧遠은 남쪽 여산廬山으로 갔다. 그는 이곳에서 제자들과 함께 불교교리를 널리 퍼뜨려 남방에서 상당한 영향력을 확보했다. 또 다른 서역 승려 구마라습('쿠마라지바'의 음역)은 인도의 대승불교를 중국에 전하고 불경을 한문으로 번역했다. 불교는 완전한 이론체계를 갖춤으로써 중국에서 가장 중요한 종교로 떠올랐다.

2. 남조 불교의 특징

　　　　　　　　　서진 이후 남북은 장기적인 대립 국면에 들어섰고 종교 발전에서도 서로 다른 양상을 보였다. 남방종교의 기초세력은 사족계층이었다. 남방도교의 주요 유파는 '단정파丹鼎派'였는데 신도 개인의 신선되기와 장생을 중시하여 사족계층의 취향에 적합했다. 남방불교도 비슷한 특징을 갖고 있었다. 동진 초기 북방의 승려 지민도支愍度는 강을 건너 남하하던 도중 동행하던 승려들과 이야기를 나누다가 "우리가 북방에서 하던 식으로 강동에 가서 포교를 하면 아마 끼니도 때우기 어려울 것."이라고 걱정했다. 그래서 만물에 무심하여 집착하지 않는 '심무의心無義' 이론을 설법해 오묘한 이치를 공담하기 좋아하는 남방 사대부들에게 인기를 끌었다.

　승려 축도잠竺道潛은 권신 왕돈의 동생으로 재상의 집에 드나들면서 심오한 이치를 논하고 불교 경전을 강의했는데 사족계층에 큰 영향을 미쳤다. 또 다른 유명한 승려 지둔支遁은 노장사상에 정통하여 『장자-소요유』를 주석했고 또한 청담에 능해 사대부들 사이에서 유명했다. 이렇게 남방불교는 이치 분석과 자연은거 사상에 뛰어났다.

　남조에서 두 종교의 사회적 토대는 모두 세력이 강한 사족계층이었다. 동진은 황권이 상대적으로 약해서 조정의 종교정책은 항상 타협과 조화를 특징으로 하고 있었다. 동진 때 승려는 제왕을 만나도 예의를 갖춰 경의를 표하지 않았다.

　339년 권신 유빙庾氷이 집정할 때 '사문沙門(불교의 수도승)은 극진히 제왕을 공경해야 한다'는 조서를 반포했지만 조정의 많은 대신들이 반대하고 나섰고 조서도 별 효과가 없었다. 60년 후 권신 환현이 자신의 관할 구역에서 이 조서를 시행하려 하자 명승 혜원은 「사문은 제왕을 공경하지 않아도 됨을 논함」이라는 글을 써서 반박했다. 그 내용은 출가한 사람은 제왕에게 예를 표할 필요가 없다는 주장이었다. 환현의 정권이 무너진 후에는 이것을 다시 거론하는 사람이 없었다.

462년, 유송 효무제가 '사문은 군주를 공경해야 한다'는 제도를 반포하여, 승려도 제왕 앞에서 반드시 무릎을 꿇고 엎드려 절을 해야 하며 이 규정을 위반한 자는 얼굴을 채찍질한 뒤 목을 벤다고 규정했다. 이로써 불교에 대한 황권의 위엄을 세운 셈이었으나 효무제의 후계자인 전폐제前廢帝 유자업이 이 법령을 폐지했다. 이러한 사례를 통해 동진과 남조의 종교정책이 상당히 무력했음을 알 수 있다. 동진·남조의 통치자들은 종교 문제에 있어서 전통적인 유가의 주도적 위치를 고수하는 동시에 불교와 도교 간의 모순을 해소함을 물론 더 나아가 불교 및 도교와 유교의 모순을 조화시키려고 했다. 이 시기에 이에 대한 여러 차례의 격렬한 논쟁이 있었지만 상대를 굴복시키기 위해 무력까지 동원한 적은 한 번도 없었다. 일반적으로 유학을 숭상한 사족계층은 관직을 맡거나 승진을 하려면 유교의 가르침에 의거해야 했고, 불교와 도교는 단지 일부 인사의 개인적인 행위였으므로 사족계층 전체의 입장에서는 종교 문제로 인해 모순이 격화되는 상황을 원하지 않았기 때문이다.

불교를 맹신했던 황제들

남조의 전통적인 종교정책은 타협적이었지만 적지 않은 황제들이 불교를 맹신했다. 유송 무제 유유가 동진 황실의 선양을 받은 이유 중의 하나는 유명한 승려가 신의 뜻이라고 말했기 때문이다. "강동에 유 장군이 있는데, 한족의 후예로 천명을 받은 사람입니다." 무제는 불교를 통치이념의 하나로 삼는다고 표명했다. 그는 국가자산을 유용해 절을 세우고 승려를 궁궐로 불러들여 음식을 시주했다. 유송 문제도 항상 명승들을 불러다 불경 강의를 들었다.

유송 효무제는 승려도 제왕에게 절을 하라고 강요했지만 이것은 결코 불교에 대한 적대감에서 나온 행동이 아니었으며 그는 오히려 불교 활동에 정성을 다했다. 한번은 황제와 대신들이 절에서 8일 동안 재계했는데 두 대신이 몰래 생선을 훔쳐 먹는 것을 발견하고는 그들을 파직했다.

유송 명제는 자신이 원래 살던 곳을 시주하고, 상궁사라는 큰 절을 지었는데 화려하기 이를 데 없어 자신이 공덕을 많이 쌓았다고 자부했다. 그런데 원로대신 우원虞愿이 이를 보고 "폐하가 세운 이 절은 백성이 자식들을 팔아서 바친 돈이니 부처가 안다면 슬퍼서 눈물을 흘리며 불쌍히 여기실 것입니다. 여기에 무슨 공덕이 있겠습니까?"라고 말했다. 그게 화가 난 명제는 우원을 황궁에서 내쫓았다.

남제南齊 황실은 고제 때부터 불교를 숭상했다. 특히 무제 때 오랫동안 국정을 보좌했던 경릉왕 소자량蕭子良은 불교를 숭상한 것으로 유명했다. 그는 거창한 법회를 열고 불경을 강의하며 진리를 논하였고, 절에 머무르며 손으로 불경을 직접 베꼈다. 그의 문사인 범진範縝은 불교를 반대하여 인과응보는 결코 존재하지 않는다는 문제에 대해 그와 논쟁을 벌였다. 범진은 『신멸론神滅論』을 저술하여 불교의 '신 불멸론'에 대해 반박했다. 소자량은 여러 승려들을 불러 범진과 논쟁을 벌이도록 했지만 모두 범진을 굴복시키지 못했다. 또한 일부 불교를 믿는 관리들이 문장을 지어 반박했지만 역시 이기지 못했다. 소자량은 사람을 보내 "네가 계속 신멸론을 견지하다가 명교(名敎, 유교)까지 반대할까 걱정된다. 너의 재능으로 중서시랑을 못 맡을까 걱정되느냐? 무엇 때문에 혼자 옳다고 여기느냐?"고 물었다. 그러자 범진은 "이론을 팔아 관직을 얻었다면 일찍이 중서령이나 복야가 됐을 거요. 왜 중서령을 염두에 두겠소?"라고 맞받았다.

황제보살 양 무제

양梁 무제武帝의 불교 숭상은 너무도 유명하다. 다른 황제들은 단지 불교를 믿고 우대하여 이를 믿고 승려들이 제멋대로 행동했던 정도였다. 그러나 무제의 경우에는 몸소 출가해 승려가 되었고 중이 된 것을 빌미로 신하들에게 돈을 내고 자신을 다시 사오도록 했다. 불사에 쓸 비용을 마련해주기 위해서였다. 무제는 내전을 일으켜 남제를 멸망시킨 후 2년째 되던 해에 승려 2만여 명을 거느리고 중운전에서 전례 없는 대법회를 열고 "불교에 귀의해 절의 노예가 되고 싶다."고 공개적으로 선포했다. 527년, 동태사同泰寺(고증에 따르면 지금의 남경 계명사에 위치함)를 세우고 몸소 동태사에 가서 노비가 되었다. 그는 절의 작은 방에서 잠을 잤는데 침상에는 일반 백성이 쓰는 베로 만든 휘장을 치고, 거친 질 그릇에 밥을 담아 먹고 물을 마셨다. 몸에는 가사를 걸치고 매일 스님들과 함께 새벽 종소리를 듣고 일어나 저녁 북소리가 울릴 때까지 염불하고 절간을 청소했다. 이틀 동안 스님 노릇을 하다가 신하들의 간언으로 궁으로 다시 돌아왔다. 2년 뒤 무제는 다시 동태사에 들어가 승려들을 소집해 쉬지 않고 이어지는 4부 대법회를 열고 경문을 강의하고 몸을 바치겠다고 선언했다. 무제는 사찰에서 10~20일을 머물고 궁으로 돌아가려 하지 않았다. 신하들은 당황해서 어쩔 줄을 모르다가 1억 냥의 돈을 모아 이 '황제보살'을 사갔다. 그 후로도 무제는 늘 동태사에 가서 경전을 강의하고 모든 스님들에게 채식을 강요했다. 꾸준히 10여 년을 이렇게 한 결과 무제도 동태사의 명예 대법사라고 할 만했다.

546년 3월, 무제가 동태사에 가서 경전을 강의했는데 저녁에 불이 나서 사찰과 탑이 모두 타버렸다. 무제는 절을 재건하고 12층탑을 다시 세우려 했다. 무제는 절을 대신해 재건경비를 모을 목적으로 이듬해에 또 동태사로 가서 37일간이나 머물며 황궁으로 돌아가려 하지 않았다. 신하들은 하는 수 없이 또 1억 냥을 모아 '황제보살'을 사갔다.

무제는 자신이 불교를 숭상하는 것을 넘어 전국의 백성들이 모두 불교를 믿도록 강요했다. 전국 각지에 많은 절을 세웠으며, 부모를 기리기 위해 종산鍾山 기슭에 대경애사大敬愛寺를 세우고, 청계하靑溪河 강변에 지도사智度寺를 세웠다. 건강성에는 무제의 명령으로 세운 절이 몇 십 개나 되었다. 종산 일대에는 동진의 사족 우두머리 왕도가 남겨놓은 80여 경에 이르는 부동산이 있었는데, 무제는 이 땅을 사서 대경애사에 시주하려고 했다. 그런데 왕도의 6대 손 왕건王騫이 팔려고 하지 않았다. 그는 "이 밭은 팔지 않겠소. 만약 황제가 명을 내려 강제로 빼앗는다면 나도 어쩔 수 없지만 말이오."라고 말했다. 불쾌해진 무제는 사람을 시켜 그 밭의 시가를 계산하라고 하고 왕씨 집에 땅값을 억지로 떠넘겼다. 특권층인 사족들의 땅도 강제로 팔게 했으며 일반 백성들로부터는 공공연하게 땅을 빼앗았으므로 절의 건설은 민중에게 있어서는 심각한 재난이었다.

무제는 재위 10년 째 되던 해에 조서를 내려 자신은 더 이상 고기를 먹지 않고 술도 마시지 않겠다고 선언했다. 6년이 지나자 다시 조서를 내려 종묘와 사직에 제사 지낼 때는 밀과 쌀로 만든 음식으로 바꾸고, 채소와 과일만 사용하며 소·양·돼지는 다시는 사용하지 말라고 지시했다. 더욱 황당한 일은 민간에서 사용하는 면이나 비단 같은 옷감에 동물문양을 새기지 못하게 했다. 꿰매거나 박을 때 비록 형상이나마 생명을 해칠 수 있다고 생각했기 때문이다. 같은 해에 무제는 전국의 도교사원을 모두 폐

남진 무제 진패선의 초상화

쇄하고 도사들을 강제로 환속시켰다. 무제의 노력으로 남량의 불교는 한때 흥성하여 수도 건강성에 세운 절만도 700여 개나 되었다. 전국에는 절이 2,846개, 승려는 8만 2천 7백 명에 달해 남조에서도 가장 많았다.

남진南陳의 개국황제 진패선陳覇先은 원래 오흥의 무뢰한이었다. 그는 시골에서 하급 관리를 하다가 남량南梁의 신유후新喩侯 소영蕭映의 친위병이 되어 전공을 세워 집안을 일으켰다. 후경의 난 때 병사를 거느리고 반란을 진압해 두각을 나타내기 시작했다. 나중에는 남량에서 가장 뛰어난 장군이 되었다. 진패선은 남량을 멸망시키고 황제로 즉위하던 해에 인심을 무마하고자 대법회를 소집해 소장하고 있던 부처 치아사리에 제를 올렸다. 이듬해에는 양 무제를 본떠 대장엄사大莊嚴寺에 가서 여러 차례 경전을 강의했다. 이러한 행위는 남진의 관례가 되어 이후의 황제들도 모두 절에 몸을 바쳤다. 심지어 주색에 빠졌던 후주 진숙보陳叔寶까지 사찰에 몸을 의탁했다.

3. 북조 불교의 특징

　　　　　　　북조의 종교정책은 남조보다 훨씬 강력했다. 북위는 건국 후 16국 시기 소수민족 정권들이 불교를 숭상하는 전통을 답습해 불교를 통치도구로 이용했다. 그리하여 북방의 불교는 국가적 색채를 띠었다. 신도의 주류는 대중이었으며 공리공담을 좋아하지 않는 사대부들의 생리에도 맞았고 교리 또한 술법과 부처가 되는 실천을 중시했다. 북방에 온 서역 승려들은 남방보다 많았고 인도 불교 경전들을 다량으로 한문으로 번역했다. 승려들은 경전연구에서 전승을 중시했는데 이는 남방 승려들이 이론 세우기를 좋아하는 것과는 다른 북방불교만의 특징이다.

　북위 도무제 탁발규는 평성으로 천도를 계획할 때 이미 수도 내의 불교사원과 불상의 위치 지정에 대해 많은 고려를 했다. 탁발규는 특별히 승려를 전문적으로 관리하는 관직인 '사문통沙門統'을 설치했다. 사문통은 도인통으로 명칭이 바뀌었는데 남북조 시대에는 불교 승려도 도인이라고 불렀다. 도교에 종사하는 사람은 도사라고 불렸다. 도무제는 도안의 제자 법과를 불러 사문통을 맡기고 전국의 승려를 통괄하도록 했다. 법과도 그 보답으로 승려들이 조정을 지지하게 했다. 그는 "북위의 황제는 지

황제와 황후 예불도

혜가 밝고 부처를 좋아하니 현실의 여래."라고 하면서 사문은 마땅히 북위 황제를 공경해야 한다고 주장했다. 또 "불교를 널리 알릴 수 있은 사람은 군주인 제왕이다. 나는 천자를 숭배하는 것이 아니라 부처를 숭배하는 것이다."라고 말했다.

남방의 승려 혜원이 승려는 제왕에게 경의를 표하지 않아도 된다고 논증한 반면, 북방의 승려 법과는 승려가 제왕에게 반드시 경의를 표해야 하며, 심지어 '제왕이 바로 여래다'라고 주장했다. 이것은 북조 황권과 불교가 긴밀한 관계였다는 사실을 분명하게 보여주고 있다. 황권은 불교의 지지가 필요했고 불교는 황권의 비호를 필요로 했던 것이다.

북위의 3대 황제 태무제 탁발도拓跋燾는 즉위 초기에는 불교숭상정책을 답습했다. 늘 유명한 승려를 접견하고 매년 4월 초파일 석가모니 탄신일이면 친히 현장으로 가서 승려와 신도의 행진을 둘러보았다. 관중을 점령한 뒤에는 구마라습의 제자 담시曇始를 평성으로 초빙하고, 강남의 이름난 승려 승랑僧郎과도 연계를 가지면서 불교 관련 문제를 자문했다. 태무제는 북량北涼의 고승 담무참曇無讖이 『열반경』을 번역하고 술법에 조예가 깊다는 말을 듣고 북량의 황제 저거몽손沮渠蒙遜을 협박해 담무참을 북위로 보내게 했다. 저거몽손은 북위의 협박에 겁을 먹고 어쩔 수 없이 담무참을 내보낸 뒤 다시 사람을 보내 그가 북위에 들어가기 전에 암살했다.

북위 초의 세 황제는 사실 불교의 교리에 대해서는 별로 아는 바가 없었다. 그들은 불교의 술법이나 내세에서 영생을 계속 누릴 수 있다는 말에만 관심을 가졌다. 아울러 도교의 장생불로술과 주술의 영검에도 깊은 관심을 보였다.

태무제의 멸불사건

태무제는 즉위하던 해에 신천사도의 천사 구겸지가 평성에 와서 자신이 쓴 『도경』을 황제에게 바쳤는데, 태무제는 처음에는 이것을 그다지 탐탁지 않게 생각했다. 그러나 천문에 밝고 지혜가 뛰어나 조정에서 유명했으며 한족으로서는 유일하게 태무제를 보좌했던 최호는, 본래 노장의 학설을 싫어했으나 이때만은 바로 구겸지의 문하로 들어가 천사도의 신도가 되어 태무제에게 도교를 적극 추천하고 불교를 비방했다. 태무제가 평성에 천사도단을 설립하는 것을 허락하자 도교가 다시 흥성하기 시작했다. 구겸지가 제시한 대책과 예언은 여러 번 적중하여 태무제는 차츰 천사도교의 신통력을 믿기 시작했다. 종교정책도 도교를 숭상하고 불교를 배척하는 쪽으로 바뀌었다.

431년, 태무제는 각 주와 진에 도단을 설립하고 도단마다 수습생 100명씩을 모집하도록 하는 조서를 내렸다. 7년 후 다시 조서를 반포해 50세 이하의 사람이 출가하여 승려가 되는 것을 금지했다. 구겸지는 "태무제가 무를 문보다 더 중시하도록 운명으로 정해져 있어 천하를 태평하게 했다."라고 말하며 "덕이 있는 진정한 군주."라고 칭송했다. 태무제는 흔쾌히 440년 연호를 '태평진군'으로 고치고, 442년에는 구겸지가 준 부적을 받고는 한족을 통치할 천명을 받은 것으로 여겼다. 이듬해에는 민간의 신묘와 절을 폐쇄하고 사사로이 승려를 육성하는 행위를 금지했다.

445년 개오蓋吳가 이끄는 반위反魏 봉기가 서북 지역을 휩쓸었다. 태무제는 친히 출정해 이를 진압했다. 장안을 지나던 태무제는 우연히 절에서 다량의 무기를 발견하고 수색에 나섰다가 다른 지역의 장관과 현지 부호들이 맡긴 거액의 재물을 발견했다. 술을 빚는 도구며 승려와 처녀, 총각이 사통한 밀실도 나왔다. 태무제는 불같이 화를 냈고 옆에서 그를 수행하던 최호는 기회를 놓치지 않고 불교가 나라를 해친다고 맹렬히 비난했다. 태무제는 장안에 있는 모든 승려를 죽이고, 모든 절을 파괴하고, 불상을 불태우라고 명령했다. 그리고 다시 전국 각지에서도 이대로 집행하라는 조서를 내렸다. 조서에서 불교를 '서쪽 오랑캐를 빌려 망령되이 요괴를 불러들인다'라고 통렬하게 비난하고, 왕과 제후 이하 모든 사람은 같은 해 2월 15일 전까지 사적으로 육성한 승려들을 반드시 쫓아내고, 이행하지 않을 경우 승려들은 사형에 처하고 감춰준 자는 그 가문을 멸족한다고 선포했다. 이것이 바로 446년에 발생한 '북위 태무제 멸불滅佛' 사건이다.

 개오의 반란을 평정한 태무제는 다시 조서를 내려 불교는 '간악한 괴수' '큰소리로 허풍을 치며 인정을 벗어났다' '한과 진의 어리석은 군주들이 끌어들인 오랑캐 요괴들의 도'라고 비난을 퍼부었다. 그리고 중화 정통의 복희·신농씨의 통치를 회복하고 불교를 뿌리 뽑겠다고 선포했다. 태무제는 "비상식적인 사람은 비상식적인 일을 저지를 수 있다. 짐이 아니면 누가 역대로 전해 내려오는 비합법적인 것을 없앨 수 있겠는가?"라고 말했다. 또한 '앞으로 오랑캐 신(부처)을 섬기거나 흙이나 동으로 불상을 만드는 자는 일가족을 멸한다'는 조서를 내렸다. 각지의 절과 불상, 불경을 모두 파괴하고 불태웠으며 승려들은 나이에 관계없이 모두 사형에 처했다. 이 조서는 완전히 한족 황제의 어조로서 최호 등의 한족 관리들이 기초했을 가능성이 크다. 불교를 없애는 것이 단순한 종교투쟁이 아니라 정치투쟁의 일환임을 보여주고 있다. 최호를 비롯한 한족 관리들은 불교를 억압하여 북위 조정의 소수민족 통치 색채를 개조함으로써 한족 사족계층이 더 많은 통치권력을 쟁취하도록 기도했던 것이다. 실제로 도교의 교주 구겸지는 최호가 이처럼 잔혹한 방법으로 불교를 없애려는 것에 대해 적극 반대했다. 태무제가 일찍이 북량을 멸망시키고 3,000여 명의 승려를 죽이라고 명령을 내렸을 때도 구겸지가 나서서 말렸다. 불교를 탄압하던 해에도 구겸지는 최호에게 승려들을 학살하지 말라고 적극적으로 충고했지만 최호는 듣지 않았다.

멸불사건이 발생한 지 4년째 되던 해에 최호는 멸족을 당했다. 2년 뒤에는 태무제도 환관 종애에게 피살됐다. 선비족 대신 원하源賀 등은 종애를 죽이고 태무제의 13살 난 손자 탁발준拓跋濬을 옹립했다. 역사에서는 그를 문성제라고 한다. 같은 해(452년)에 문성제는 불교를 회복한다고 반포한 조서에서 각 주·군·현에는 비용에 구애받지 말고 절을 하나씩 세우고 출가자 수는 큰 주는 50명, 작은 주는 40명, 군현은 10명으로 제한한다고 규정했다.

후대의 불교숭상정책

문성제는 일부 승려들에게 직접 머리를 잘라주고 사현師賢을 사문통으로 임명했다. 멸불 초기에 황태자 탁발황拓跋晃은 멸불에 반대하는 입장이었기 때문에 사전에 많은 승려들에게 알려주어 달아나게 했다. 이때 탈출한 승려들이 절의 재산과 불경을 대부분 다른 곳에 감추어서 불교는 완전히 명맥이 끊어지지 않을 수 있었다. 또한 멸불을 주도한 황제와 대신들은 모두 비명에 죽었기에 승려들의 입장에서는 인과응보의 좋은 본보기였다. 불교가 되살아나자 그 발전 속도는 더욱 빨라졌다. 통치자들도 불교를 숭상하던 예전의 노선으로 돌아갔다.

같은 해에 문성제는 자신의 석상을 만든 데 이어 이듬해에는 북위의 앞서간 황제 5명의 형상으로 금불상을 주조했다. 금불상은 모두 높이가 1장 6척에 순금 2만 5천근을 사용했다. 그야말로 '제왕은 여래'라는 북조 불교의 원칙을 형상화하여 보여주고 있는 셈이다. 문성제는 불교를 부흥하는 동시에 도교도 억압하지 않았다. 구겸지는 멸불사건 2년 뒤 병사했지만, 이후 북위의 역대 황제들은 즉위 때마다 전통에 따라 도교의 부적을 받는 의식을 거행하여, 천명을 받아 한족 백성을 통치한다는 사실을 표명했다.

문성제는 불교를 관리하기 위한 체계를 마련했다. 사문통沙門統(후에 소현통으로 이름을 바꿨다)이 사무를 보는 기구를 원래 감복조監福曹라고 했는데 나중에 소현사昭玄寺로 이름을 바꿨다. 각지에는 승조僧曹를 두어 승려들을 관리하고 승조의 우두머리를 사문통이라고 불렀다. 조정의 사문통은 일반적으로 사문도통이라고 칭했다. 불교 관련 관직은 모두 승려들이 맡았다. 또 승려들의 계율에 따라 승률·내율內律과 같은 관련 법령을 제정해 살인 등 중범죄를 제외하고는 승려 관련 사건은 모두 승조와 소현통에서 계율에 따라 처리하게 했다. 양주에서 온 승려 담요曇曜는 30여 년 동안 사문통을 맡아 불교를 크게 발전시켰다.

460년 문성제의 명령에 따라 운강에 석굴사원을 파기 시작했다. 처음 5개의 석굴은 북위 초기 황제 5명의 극락왕생을 빌기 위해 만들었다. 각 석굴의 불상은 모두 황제의 실제 모습을 묘사한 여래불이었는데 높고 웅장했다. 그중에서도 불교를 부흥한 문성제의 상은 실물과 거의 흡사했다. 또 북위 헌문제의 명령에 따라 당시 천하제일로 일컬어지던 평성 영녕사를 건립했다. 영녕사 7층탑의 높이는 300여 척이나 되었다. 담요는 황제에게 요청해 승기호僧祇戶와 불도호제도를 설립했다.

승기호는 절의 소작인으로 매년 승조에 곡식 60곡을 바치면 나라에 바쳐야 하는 조세와 부역이 면제됐다. 승조는 이런 수입으로 돈을 빌려주고 이자를 받아 사원을 안정적으로 운영했다. 불도호는 절의 노예로 정부에서 중죄인이나 관청의 노비를 절에 보내 절을 수리하고 절의 토지를 경작하도록 했다. 이렇게 해서 불교는 경제적 토대를 확고하게 마련했으며 절은 하나의 독립왕국이 되었다.

문성제 이후 북위 황제들은 계속해서 불교숭상정책을 폈다. 효문제는 유교를 발전시켜 한화된 통치를 강화했지만 불교 또한 중시했고, 아울러 절과 정부 사이에 착취 대상을 다투는 문제에 관심을 기울여 일찍이 승려들의 호적을 정리했다. 492년에는 개인의 수계를 금지하고, 승조절에서는 매년 4월 8일 석가모니 탄생일과 7월 15일 우란분절盂蘭盆節에만 머리를 깎고 중이 되는 의식을 허용한다고 규정했다. 또한 승려수를 제한했는데 큰 주에서는 100명, 중간 주에서는 50명, 작은 주에서는 20명 만이 중이 될 수 있었다. 그러나 낙양으로 천도한 뒤에는 불교가 중원에서 널리 퍼질 수 있도록 각종 편의를 봐주었다.

효무제의 후계자인 선무제 원각元恪은 불교를 더욱 발전시켰다. 국가재정을 들여 중원에 많은 절을 짓고, 특히 낙양에 요광·경명·영명사 등의 대규모 절을 세웠다. 요광사瑤光寺에는 비구니 방만 500여 개

석조 협시보살상(脇侍菩薩像)

가 있었고, 영명사에는 승려 방이 1,000여 개로 서역 승려 3,000여 명이 머물렀다. 또 평성의 운강석굴을 모방해 낙양의 이궐산(伊闕山)에도 석굴을 팠다. 석굴은 23년 동안 80여만 명을 동원해 완성됐다.

선무제는 '불교를 숭상한 황제'로 일컬어졌는데 죽을 당시에 북위 전역에는 절이 이미 1만 3,000여 곳이나 됐다. 38년 전 선무제의 부친 효무제가 즉위했을 때는 절의 수가 그 절반도 안 됐었다. 선무제는 50세가 넘은 승려가 절을 세우는 것을 허용했다. 전국의 승려 수는 적어도 100만 명이 넘었다. 또 절이 통제하는 주민의 수가 점점 많아져 조정의 재정수입에도 심각한 영향을 미쳤기 때문에 선무제의 후계자인 효명제 원후는 효무제 때 출가를 제한했던 제도를 다시 도입해 지방 관리에게 승조의 출가 상황을 감독하고 노비의 출가를 금지하도록 했다. 그러나 조정에서 불교를 숭상하는 풍조는 더욱 심해졌다. 호태후는 낙양에 영녕사를 짓고 100장 높이의 9층탑을 세워 금탁 120개와 금종 5,400개로 장식했다. 대전에는 높이 8장의 금부처와 그보다 조금 작은 금부처 10개가 있었다. 승려 방만 1,000여 개에 달했다. 위에서 하는 일을 아랫사람들도 그대로 모방하여 각급 귀족관료들도 절의 건축에 적극 뛰어들었다. 백성들은 국가가 부과하는 노역을 피하기 위해 출가하거나 절에 의탁했다.

선무제가 죽고 20여 년이 지나 북위는 분열되기 시작했다. 이때 전국에는 절이 3만여 개가 있었고, 승려의 수는 200만여 명에 달했다. 낙양에만도 1,367개의 절이 있었는데 이것은 평균적으로 80호마다 절이 하나가 있었던 것으로 저택의 3분의 1이 절로 변했다고 보면 된다.

4. 동위-북제와 서위-북주의 상반된 종교정책

　　　　　　　　　　　　　　　　북위가 분열된 후 동위-북제와 서위-북주는 완전히 다른 종교정책을 채택했다. 동위-북제의 통치자들은 북위 후기의 황제들보다 더 열렬히 불교를 숭상하는 동시에 도교를 배척하는 정책을 취했고, 결국에는 도교를 없애려 했다. 그러나 서위-북주의 통치자들은 처음에는 불교와 도교 사이에 균형을 취하다가 후에는 유교만 숭상하고 불교와 도교는 모두 금했다.

　고환·고징·고양은 동위-북제의 고씨 통치집단이 실시한 선비화 정책에 발맞춰 불교를 숭상했다. 특히 북제 문선제 고양은 후기로 갈수록 방탕한 생활을 즐기면서, 한편으로는 불교에 심취했다. 당시 북제에는 4만여 개나 되는 절과 200만이 넘는 승려가 있었다. 554년 문선제는 각지에서 추천되어 평성에 올라온 인재들에게 대책을 물었다. "현재 승려와 도사가 민호의 반을 차지해 조세수입이 많이 줄어 국가재정이 어렵다. 어느 쪽을 폐지하는 편이 좋겠는가?" 그러자 누구도 감히 함부로 대답하지 못했다.

　문선제 자신은 도교가 더 많은 재정을 소모하고 있다는 결론을 내렸다. 이듬해 문선제는 불교와 도교의 대표를 불러 어느 쪽이 우월한지를 알아보기 위해 논쟁을 벌이게 했다. 그러나 황제가 불교를 떠받드는 이상 변론의 결과는 자연스레 도교의 패배로 끝났다. 이를 명분으로 내세워 문선제는 도교 금지령을 선포하여 도사는 모두 강제로 머리를 깎게 하여 중으로 만들고, 도관은 절로 바꾸도록 했다. 또한 머리를 깎으려 하지 않는 도사 네 명을 처형하여 본보기로 삼았다. 이로써 북제에는 도사가 사라졌다. 그러나 도사가 중으로 바뀌었다고 해서 정부의 수입이 전혀 늘어나지 않은 것을 보면 문선제가 도교를 없앤 것은 불교를 절대적으로 숭상하기 위해 '호신'의 절대권위를 세워준 것으로 해석할 수 있다.

문선제는 무고한 백성은 마구 죽이면서 오히려 동물의 생명은 매우 귀중히 여겼다. 살생하지 말라는 불교교리에 근거해 재위 7년째부터는 고기를 먹지 않았다. 이듬해에는 민간에서 물고기를 제외한 새우·게·조개 등은 잡지 못하게 하는 금령을 내리고 사냥용 매를 기르는 것도 금지했다.

나라에서 하늘에 제사 지낼 때 쓰는 제물은 모두 시장에서 구매하도록 하고 도살을 금했다. 토지신·곡직신·양잠신의 제사에만 술과 고기를 놓을 수 있었다. 풍신·우신 등 신령에게 제사지낼 때는 생선과 같은 비린 음식은 안 되고 과일·과자·주포만 허용되었다. 심지어 곤충과 초목을 보호한다는 이유로 민간에서 황무지의 들풀과 관목을 불태우는 것도 음력 11월에 한하여 허용했다. 문선제는 전 국민을 불교신자로 만들기 위해 백성들에게 매월 여섯 번, 매년 세 번의 시주를 요구했다. 그는 중원 한족의 신령에 대해서는 경외심이 없어 기우제가

세 보살상三菩薩像

효과가 없던 해에 서문표西門豹17) 를 모시는 사당을 부수고 서문표의 무덤을 파헤쳤다.

문선제의 뒤를 이은 황제들도 계속 불교에 심취했다. 문선제 때 30여만 명의 인부를 동원해 업성에 금봉金鳳 · 성덕聖德 · 숭광崇光 등 높고 평평한 건축물을 지었다. 모두 높이가 100 척에 이르고 사치스럽기 이를 데 없었다. 그러나 문선제의 동생 무성제 고담은 이것을 절에 시주했고 나중에 대흥성사大興聖寺로 개조되었다. 불교 관련 문헌에 따르면 북제가 멸망할 때 전국에는 4만여 개의 절과 400만 명의 승려가 있었다고 한다. 당시 북제에는 전체 303만여 호에 인구가 2,000만 명이었으니 평균적으로 국민 다섯 명당 한 명의 중을 먹여 살렸다는 얘기다.

서위-북주의 실리에 입각한 종교정책

관중에서 할거하던 서위-북주의 우문씨 통치집단은 상대적으로 약한 세력으로서 고씨집단과 맞서야 했기 때문에 한족 사족권세가들의 도움이 필요했다. 더욱이 방대한 불교사원이 인력과 물자를 축내는 것을 허용할 수 없는 상황이었다. 우문씨집단은 서주의 예법과 문화 회복이라는 기치를 내걸었기 때문에 불교에 특별히 심취하지 않았다. 오히려 위진시대 이후로 그다지 인기가 많지 않았던 유학을 적극 장려했다. 우문태 시절에는 소작의 건의에 따라 조정의 공문은 유교 경전인 『상서 · 대고』의 문체를 모방하고 주례에 입각해 정치제도를 개혁했다.

종교정책에 크게 이바지한 사람은 북주 무제 우문옹이었다. 그는

---
17) 위의 관리로 관개사업을 일으켜 농업생산에 기여했다.

여러 차례 조정에서 신하들에게 유교 경전을 강의하는가 하면 유교를 이용해 불교와 도교의 통일을 꾀했다. 566년, 무제는 황궁에서 문무백관과 승려, 도사를 모아놓고 몸소 『예기』를 강독했다. 567년에 환속승 위원숭衛元嵩이 무제에게 도교를 숭상하고 불교를 폐지하라는 상소를 올렸다. 도사 장빈張賓도 책을 저술하여 불교를 맹렬히 비난했다. 그러자 불교의 고승들도 앞 다투어 저술을 통해 반격에 나섰다. 무제는 그해에 두 번이나 문무백관과 도사 그리고 승려를 소집해서 두 종교의 교리를 토론했다.

2,000여 명이 참석한 두 번째 토론에서는 남량에서 온 유명한 유생 심중沈重이 유교의 관점에서 불교와 도교를 해석해 많은 유생들의 호응을 얻었다. 불교 측의 명승 견란甄鸞은 이 의견에 동의하지 않았지만 그 앞에서 공격하지 못했고 이듬해 「소도론笑道論」을 지어 무제에게 바쳐 도교의 허황됨을 비판했다. 그러나 「소도론」을 본 무제는 조회 때 여러 신하들 앞에서 도교를 비방하는 책이라고 말하며 불태워 버렸다.

유명한 승려 도안은 또 「이교론」을 올려 도교를 억누르고 불교를 숭상해야 한다고 주장했다. 무제 본인은 사실 도교에 상당한 호감을 갖고 있어 572년에는 직접 장안의 도교사원인 현도관玄道觀에 가서 법좌에 올라 도경을 강연했다. 또한 고관들과 승려, 도사들로 하여금 도교와 불교의 우열에 관한 토론을 시키고 이를 주재했다. 이렇게 여러 번의 토론을 거쳐 574년에는 문무백관과 유생·승려·도사들을 불러서 유교, 도교, 불교의 순위를 정하게 했다. 그 결과 유교가 으뜸을 차지하고 도교와 불교가 그 뒤를 이었다.

불자들은 불교가 맨 마지막을 차지한 사실이 달갑지 않아 도교를 맹렬히 비난했다. 무제는 불자들에게 어떠한 빌미도 제공하지 않으려는 목적으로 5개월 뒤 "불교와 도교 둘 다 폐지한다. 승려와 도사는 모두 환속하여 평민의 신분으로 돌아가 부역의 의무를 지도록 하라. 불교와 도교의 모든 경전과 조각상은 없애버리고 국가에서 인정하지 않은 제사는 일절 금지한다."라고 선포했다. 그리고 한 달 후에는 통도관通道觀을 세우고 유명한 승려와 도사 120명을 골라 학사로 입관시켜 두 종교가 어떻게 서로 소통하여 한 가지 이치로 득도할 수 있는지에 관해 토론하고 연구하게 했다.

577년 무제가 친정에 나서 북제를 멸망시켰다. 그해에 업성에서 500명의 승려대표를 소집하고 원래의 북제 지역에서 불교를 폐지한다고 선포했다. 명승 혜원법사慧遠法師가 그 자리에서 항변하고, 심지어 멸불한 자로서 아귀지옥에 떨어질 것이라고 무제를 협박했지만 무제는 "백성들이 복을 받을 수 있다면 나는 지옥에 떨어져 모든 고통을 받고 싶소."라고 맞받아쳤다. 승려들은 별다른 방법이 없어 황제의 명에 따라 환속했다. 그러나 환속승 임도림任道林이 다시 멸불에 관해 토론을 요구하는 상소를 올렸다. 부제는 그들 황궁으로 불러 의견을 말하라고 했다. 임도림은 계속해서 무제와 논쟁을 벌였지만 무제는 마지막으로 자신의 입장을 말했다. "불교는 서역에서 생겨난 종교이고 나는 오랑캐가 아니다. 따라서 나는 불교에 대해 어떠한 존경심도 없다. 불교가 정교가 아닌 이상 폐지해야 마땅하다." 임도림은 더 이상 할 말이 없어 통도관에 들어가 연구할 수 있도록 해달라고 요청했다.

무제 우문옹은 형식적으로는 불교와 도교를 모두 폐지했으나 실제로는 당시 방대한 세력을 형성하고 있던 불교를 폐지했다. 이로 인해 북방 전체에서 폐쇄된 절이 4만여 개에 달했고, 절은 왕과 귀족들을 위한 하사품이 되어 그들의 저택으로 바뀌었다. 절의 재산은 조정에서 전부 몰수해 신하들에게 나눠주었다. 강제로 환속한 승려가 300여만 명이나 되었고 절에 소속된 노비나 사병들은 해방됐다. 그러나 무제는 충분한 준비를 거쳐 불교를 폐지했고 3대 종교의 융합과 통일을 강조했기 때문에 그의 조치로 인한 사회적인 동요는 일어나지 않았다. 따라서 북위 태무제가 불교를 폐지할 때보다 더 큰 성과를 얻었다.

　무제가 578년에 죽고 뒤를 이은 우문윤宇文贇은 즉위한 지 일 년 만에 8살 난 아들 우문천(역사에서는 주 정제라고 한다)에게 황위를 물려주었다. 그러나 대권은 사실상 우문윤의 장인 양견의 수중에 있었다. 불교를 숭상한 양견은 정제가 즉위하던 해에 어린 황제에게 조서를 내리게 하여 120명의 환속한 고승을 골라 머리를 풀어헤치고 나라를 위해 정치 시위를 하도록 했다. 이듬해에 이들 환속승들에게 머리를 깎고 승려가 되는 것을 허락해 불교는 다시 부흥하기 시작했다.

　581년, 양견이 북주를 멸망시키고 수나라를 세워 황제가 되었다. 수 문제 양견은 정식으로 불교 회복을 선포하고 절을 중건했다. 강을 건너 남진을 멸망시킨 무제는 593년에 불교를 폐지한 북주 무제의 죄를 참회하면서 불교 중흥을 위해 많은 재물을 헌납했다. 그리하여 불교는 다시 전국에 유행하게 되었다.

5. 남북조 종교정책의 역사적 교훈

　　　　　　　　　　　　　남북조 시기 각 왕조의 종교정책의 출발점은 주로 다음과 같은 세 가지로 분류해 볼 수 있다.

첫째, 통치를 공고히 하기 위해 가장 우수한 정신적 지주를 찾으려 했다.

둘째, 종교세력을 통치에 활용할 목적으로 종교를 백성을 교화하는 도구로 삼았다.

셋째, 종교세력이 방대해져서 국가와 착취 대상을 놓고 다투는 상황을 방지하려 했다.

그 구체적인 정책의 양상은 왕조의 통치자가 세 개의 출발점 중에서 어디에 중점을 두었는지를 살펴보아야 한다. 북위와 북제의 정책은 첫 번째 출발점에 중점을 두었다. 북위 효문제와 남조의 대다수 황제 및 북주 무제의 정책은 두 번째 출발점에 중점을 두는 동시에 세 번째 출발점에도 상당한 주의를 기울였다.

역사적 사실이 증명하듯이 완전한 신권정치, 종교에 의탁하는 정치, 특히 외래종교에 의탁해 중국을 통치하는 정책은 오래 가지 못한다. 이런 점에서 북위 효문제, 북주 무제와 같은 통치자의 종교정책은 성공을 거둔 셈이다. 최소한 불교가 국교의 지위를 얻지 못하게 하면서 어느 정도 불교의 중국화를 이끌어 전통과 외래문화의 융합을 촉진했다. 이러한 정책은 역사 발전의 전체적인 추세와도 맞아떨어졌기 때문에 성공할 수 있었다.

남북조 시기 여러 봉건왕조의 변화무쌍한 종교정책은 당시의 복잡다단한 사회모순과 정치지형을 반영한 것이다. 또한 이를 통해 여러 민족 간에 이루어지는 문화교류와 융합의 험난한 과정을 엿볼 수 있다. 그러나 종교는 결국 국가정책을 통해 완전히 통제할 수 있는 대상이 아니어서 종교정책은 언제나 일시적인 효과밖에 볼 수 없다. 두 차례 불교를 폐지했을 때도 그 효과는 불과 몇 년 동안 유지되었을 뿐이다. 불교의 확산은 단순히 조정의 불교숭상정책만으로 이루어진 것은 아니었다.

　북위 말기와 북제 시기에 북방에서 불교가 크게 융성한 이유를 또 다른 각도에서 찾자면 지방 권세가들의 세력이 급속도로 성장했기 때문이다. 이들은 불교의 간판을 빌려 국가의 부역을 피하고 한 지역을 차지했지만 조정은 이를 해결할 좋은 방안이 없었다. 통치자의 종교정책, 엄격한 행정과 사법적 조치는 종교의 발전 방향에 영향을 미칠 수 있다. 또한 종교의 발전을 어느 정도 좌우하기도 한다. 그러나 결론적으로 어느 한 종교를 완전히 없애거나 반대로 모든 사람에게 보급하는 것은 불가능한 일이다.

찬란한 법전

— 삼국·양진·남북조시대의 입법 활동

춘추시대 정나라 자산이 법률을 공개하자 진나라 대부 숙향은 편지를 보내 '나라가 망하는 것은 제도가 너무 많기 때문'이라고 비판했다. 이 이야기는 삼국·양진·남북조시대에 적중된다. 이 시대에는 왕조마다 정비된 법전을 편찬했지만 몇 십 년 못 가서 나라는 망하고 법전은 바뀐 왕조의 장식품이 되었다. 법률이 제대로 시행된 때는 수나라와 당나라에 들어서면서부터였다.

1. 중국 입법시대의 개막

　　　　　　　　　　전란과 법률은 표면상으로는 아무런 관련이 없는 것처럼 보이지만 때로는 깊은 관계를 맺고 병행하기도 한다. 삼국·양진·남북조시대가 바로 그런 상황이었다. 이때는 전란이 끊임없이 일어나고 왕조는 자주 바뀌었지만 계속해서 찬란한 법전이 만들어졌다. 이 시기에 편찬된 법전들은 내용과 형식면에서 후세의 법률에 큰 영향을 미쳤다. 세계 5대 법체계의 하나인 중국법은 이때 그 틀을 마련했다.

　위대한 입법시대의 개막은 조위曹魏 때부터였다. 조조는 후세 사람들로부터 법가인물로 평가받는다. 전설을 통해서 그의 정신을 읽을 수 있다. 한번은 행군 도중에 조조가 "보리를 망치는 자는 사형에 처한다."라고 명령했다. 그런데 공교롭게도 조조가 탄 말이 놀라서 보리밭에 뛰어들어 보리를 잔뜩 짓밟았다. 그는 군 안에서 문서와 장부를 담당하는 주부를 불러 자신의 죄명을 물었다. 주부는 "죄는 성립되지만 『춘추』에 따르면 신분이 높은 자는 처벌하지 않는다고 했습니다."라고 말했다. 조조는 "내가 만든 법을 내가 위반한다면 어떻게 아랫사람을 지휘할 수 있겠는가? 나는 지휘자의 신분이니 자결을 할 수는 없지만 스스로 처벌을 내리도록 허락하라."라고 말한 뒤 칼로 자기 머리카락을 잘랐다. 스스로 머리를 박박 깎는 곤형髡刑에 처한 셈이다.

이 이야기에서 한나라 법률의 특징을 엿볼 수 있다. 한나라의 법률은 진秦나라를 답습했고, 진의 법률은 전국시대 위魏나라의 법가사상가 이회李悝의 『법경』을 발전시킨 것이다. 전하는 이야기에 따르면 상앙은 법경을 위나라에서 진나라로 가져와서 진나라 법률의 기본으로 삼고 이를 기초로 변법을 집행했다.

유방이 세운 한나라의 제왕·장군·재상은 대부분 진나라의 하급 관리를 지낸 사람들이었다. 이들은 '법령을 배우려면 하급 관리를 스승으로 삼으라'는 환경에서 성장하여 자연스럽게 진의 법률을 자신들의 시정 방침으로 삼았다. 한나라의 법률은 크게 율과 영, 두 부문으로 구성되어 있다. 지금의 용어로 말하면 율은 형법을 위주로 한 성문법규이고, 영은 황제가 반포한 조서로서 각 내용은 단행법의 성격을 띠었다. 그 중에서 형사에 관련된 조문은 그 조령을 반포한 황제가 죽은 뒤 흔히 율로 바뀌었다. 한나라의 율은 선진시대 법가사상에서 많은 영향을 받았다. 즉, 법률 규정은 한 치의 오차도 없이 그대로 집행해야 했다. 관료귀족은 법률이 정한 특권만 누릴 수 있으며 죄를 지으면 법에 따라 처벌을 받았다.

법률은 고도로 전문화되어 사법 부문에서 오랫동안 종사해야 조목조목 외워 순서대로 일을 진행할 수 있었다. 통치자의 사상이 유가사상 위주로 바뀌면서 이런 법규들은 관료귀족의 환영을 받지 못했으며 유생출신의 사법 부문 관리들도 좋아하지 않았다.

한 무제 때 유학자 동중서董仲舒는 사법 부문을 위해 어려운 안건들을 해결했다. 그는 법률조문은 제쳐놓고 유가의 경전, 특히 『춘추』에 있는 죄와 형량을 정하는 원칙을 인용해 판결했다. 이것은 '춘추결옥春秋決獄'이라고 알려져 있다. 이때부터 한나라에서는 춘추결옥이 사법 판결의 관례가 되어 일반적인 법률조문을 적용하기 적당하지 않은 어려운 안건에 대해서는 모두 유가 경전을 토대로 판결을 내렸다. 조조가 주부에게 자신을 판결하라고 했을 때도 주부는 당시의 관례에 따라 『춘추』에 의거해 조조의 죄를 사면해준 것이다. 조조가 보여준 태도에는 법가 '술術'파의 기풍이 담겨 있다.

한나라에는 율령이 많았으며 또한 판결을 내릴 때 사법 부문 고위직인 정위廷尉의 판례를 많이 인용했으므로 춘추결옥은 점차 확산되었다. 이밖에 동한 때 일부 유학 대가들도 유가의 학설로 법률조문을 해석했는데 이를 '장구'라 하여 이것 역시 사법적 효력을 갖고 있었다. 이렇다 보니 법률은 복잡하기 이를 데 없었다. 사법 부문에서 인용할 수 있는 '장구'만 해도 총 2만 6천 2백 조항에 773만 2천 2백여 자나 됐다. 어느 법관도 이것을 전부 알 수는 없었다. 따라서 한나라 말기에 이르면 법제 개혁은 피할 수 없는 과제로서 두 가지 문제를 해결해야 했다. 법률의 내용과 통치계급의 사상을 통일시키는 문제와 법률의 형식을 간소화하고 해석을 통일시키는 문제였다.

조조는 개혁정신이 넘쳤으나 집정 시기에는 군사 문제만으로도 바빴고 또한 한 왕실의 정통성이 필요했기 때문에 한나라의 법제에 대수술을 가할 수 없어 일부 단행 조례인 '갑자과' '군령' '군책령軍策令' '선전령船戰令' '보전령步戰令' 등등의 많은 군사 법령을 제정하는 데 그쳤다.

그리고 인심을 얻기 위해 한나라 법률에 따라 판결하되 일률적으로 절반을 감형하여 집행하라고 명령했다. 조조가 죽고 왕조가 조위로 바뀌면서 전면적인 법제 개혁이 가능해졌다. 그러나 조비 재위 기간에는 통치의 안정에 힘을 쏟아 새로운 법전을 때맞춰 편찬하지 못했다. 이후 법제를 중시한 위 명제 조예가 등극하고 새 법전 편찬작업이 정식으로 본격화됐다.

2. 조위의 선진적인 법전

229년, 조위는 〈신률〉을 반포했고 이 즈음에 '주군령' '상서관령' '군중령' 등등의 법규를 만들었다. 조위의 법제 개혁은 의의가 매우 크다.

첫째, 개국 초에 체계를 완비한 법전을 편찬하는 관례를 만들었다. 이후 여러 왕조는 이런 관례를 계승했다.

둘째, 율을 명확히 하여 완전하며 체계적인 법전으로 사용하기 시작했으며 기타 각종 법률 형식과 구분하여 국가의 법률체계 가운데서 가장 높은 위치에 놓았다. 그리고 영은 각종 제도에 관한 법규를 망라해 황제가 내리는 조칙과 모순되는 현상을 방지했다. 이로써 한 나라 법률체계의 결함을 어느 정도 극복했다.

셋째, 신률의 제정체계는 뚜렷한 발전을 보였다. 신률은 총 18장으로 구성되었는데, 제1장은 '형명'이라고 하여 『법경』의 '구법具法'과 진한시대 법률 중의 '구율'을 확충하여 만들었다. 그 내용은 죄를 규정하고 형량을 결정하는 기본원칙으로서 현대 형법 법전의 총칙에 해당한다. 과거의 구법은 『법경』 제6장 끝에 있고 구율은 진한 법률 각 장의 가운에 뒤섞여 있어서 지위가 명확치 않았다. 그러나 신률은 총칙에 해당하는 '형명'을 처음에 놓아 전체 법률 전반을 규정하는 총칙의 역할을 강조했다. 이는 입법의 기술적인 면에서 커다란 발전이었다. 이렇게 서두에 총칙을 둔 법전이 유럽에서는 1,000여 년 뒤에나 나온다.

더욱 중요한 점은 신률이 유가의 예교원칙을 제정하여 법률조문으로 삼았다는 것이다. 그 예로 『주례』에는 '팔벽八辟'이라는 것이 있었다. 서주 때 국왕의 친척이나 옛 친구, 덕행이 높은 현인, 재주가 탁월한 인재, 큰 공을 세운 공신, 지위가 높은 귀인, 오랫동안 성실히 근무한 대신, 전 왕조 국왕의 후예 등 8가지 부류의 사람은 죄를 범해도 곧바로 법률에 따라 처리하지 않고 국왕과 보좌 대신들이 상의해서 결정하는 것을 이르는 말이었다. 신률은 팔벽에 입각해 '팔의'라는 제도를 만들어 8가지 부류의 사람이 죄를 지으면 모두 이 내용에 따라 우대했다.

조비 때 일찍이 사사로이 복수를 하는 행위에 대해 친족을 몰살하여 엄격히 저벌했는데 신률에서는 어진 사람은 부모나 형제, 친구를 위해 원수를 갚아 원한을 풀어주어야 한다는 유가의 주장에 근거해 피해자의 친족은 원수를 죽일 수 있다고 규정했다. 또 상앙변법이 규정한 성인남자는 반드시 부모와 분가해야 한다는 조문을 정식으로 폐지함으로써 유가가 제창한 아버지와 아들의 재산은 같다는 이상을 실현하려 했다. 이리하여 법률 내용과 통치자의 지도사상 사이의 간극을 메우기 시작했다.

신률로 시작된 법제 개혁은 35년 후 한걸음 더 발전하게 된다. 264년 사마소司馬昭는 조위 조정을 장악하고 진왕이 되던 해에 전문가를 동원해 법률을 수정했고 5년여 동안의 시간을 들여 진시秦始 4년(268년)에 완성하여 정식으로 전국에 반포했다. 사마소가 개정한 법률 또한 '신률'이라 불렀다. 역사에서는 일반적으로 이것을 〈진시율秦始律〉 또는 〈진율晉律〉이라고 한다. 이것은 총 20장 620조로 구성되었다(일설에는 1,530조라고 한다).

진율은 조위 신률의 형명을 '형명'과 '법례' 2개의 장으로 나누고, 법률 전반의 적용 원칙을 규정하고 있다. 동시에 시행령인 '진령'은 총 40장 2,306조로서 정부 각 부문의 활동 규칙과 사회생활 관련 제도를 상세히 규정했다. 이로써 황제의 조서와 무관하게 율과 어깨를 나란히 하는 독립적이고 완전한 법전이 되었다.

율령 외에도 정부 각 부문의 관례를 기록한 〈고사〉 30권이 있었다. 한나라 때 법률에 대한 해석이 학파마다 다르고 각각의 해석이 사법에 영향을 미치는 것을 해결하기 위해 진율을 공포한데 이어 다시 장배張裵와 두예杜豫가 『장두율』을 내놓았다. 법률 조항을 풀이한 주해로서 기타 법률 해석보다 우선시되었고 법률 해석의 권위서로 자리 잡게 되었다.

법률 내용에 있어서 진율은 신률보다 한층 더 많이 유가학설의 원칙을 법률로 확정했다. 가장 특징적인 것은 유가의 상복에 따라 친족의 관계를 구분하자는 주장을 법률로 확정하여 친등제도를 제정했다. 이밖에 '존귀한 자는 처벌하지 않는다'는 '경의'에 입각해 제후는 죄가 있어도 체벌과 고문을 받지 않으며 돈으로 속죄된다고 규정했다.

3. 남조와 북조의 법전편찬

서진 이후 정권이 남북으로 나뉜 상황과 마찬가지로 법률의 발전 양상도 남과 북으로 구분된다. 남방의 동진東晉은 진율·진령·고사를 답습했고, 이후에 유송劉宋과 소제蕭齊 정권도 계속해서 이 법률을 사용했다. 237년 동안 왕조가 세 번 바뀌었지만 법률은 변함없이 계속해서 유지되었다. 소제 때 장배와 두예의 주해를 하나로 합치려 시도한 적이 있었으나 이런 제한적인 변경조차도 관철되지 못했다. 이것은 진율이 완전무결해서라기보다는 동진과 송제宋齊의 통치자들이 근본적으로 법률을 중시하지 않았고 낡은 것을 답습했다는 사실을 보여주고 있다.

남량이 제나라를 멸망시킨 해에 양 무제는 법률 개정을 지시했고 503년에 새로운 양나라의 법률이 반포되었다. 〈양률梁律〉의 편성 구조는 진율과 같아서 20장으로 구성되었고 각 장의 명칭만 약간 다를 뿐이었다. 양률은 소제 때 합치려고 했던 『장두율주해』의 초고를 토대로 진율을 수정해서 만든 것으로 많은 법률의 주해를 조문으로 넣어 조문이 2,529조로 늘어났다. 〈양령〉은 모두 30권으로 진령을 바탕으로 했다. 남량은 또한 진晉의 '고사'를 '과'로 개칭하고 〈양과〉 30권을 편찬했다.

이후 남진이 남량을 교체한 후 양률·양령·양과에 수정을 가했으나 기본은 그대로 유지했다. 이것의 큰 특색은 '관당' 제도를 마련했다는 점이다. 관직에 있는 자가 만약 죄를 범해 징역 4~5년 판결을 받았을 경우 관직의 품계로 2년을 경감하고 나머지 햇수만 징역을 살고 강제노역을 하도록 하는 제도였다. 만약 3년형의 판결을 받았을 경우에는 관직의 품계로 2년을 경감하고 나머지 일 년은 돈을 내면 속죄되었다. 이것은 '존귀한 자는 처벌하지 않는다'는 경의를 법조문으로 만든 것이다.

낡은 것을 답습한 남방과 달리 북방에서는 법률 개혁이 빈번하게 이루어졌다. 심지어 16국의 전란기에도 석륵과 부견은 '진율'을 조금씩 개정했다. 선비족 탁발씨가 몽골고원에서 활동하던 시절에는 원래 성문법이 없었다. 대국代國을 세운 후에도 그대로 관습법을 시행하여 살인과 절도를 저질렀을 경우 모두 소와 말로 배상하게 했는데 이것은 유목민족 관습법의 특징이다. 그러나 북위를 건립하고 중원으로 들어간 뒤에는 유목민의 관습법으로는 많은 한족 백성들을 통치할 수 없다고 느꼈기 때문에 한족 권문세족들의 도움을 받아 다섯 차례의 대규모 법률 제정을 진행했다. 제정된 법률은 중원 한족의 법률 전통에 따라 성문법전을 주체로 하고 여기에 위진 시기의 법률을 고쳐 만든 것으로 후대에 법률 제정의 기초가 되었다.

탁발규가 북위를 세운 해에 쉽고 간단함을 원칙으로 하여 중원의 이전 법률을 개혁했다. 33년 뒤 북위 태무제는 한족 사족의 영수인 최호에게 법률 개정을 맡겼다. 이때의 법률도 비교적 간단하여 총 391조로 구성되었는데 선비족의 유풍은 거의 보이지 않는다. 그 뒤에도 여러 차례 법률을 수정했는데 477년을 시작으로 북위 효문제가 주관한 수정작업이 가장 중요한 것으로 꼽힌다.

법률을 매우 중시한 효문제는 재위 기간에 여러 차례 신하들과 법

북위 영녕사(永寧寺) 유적에서 나온 벼루

률 수정 문제에 대해 토론하고 직접 바른 규율에 관해 집필했다. 효 문제는 부모에게 예절을 지키지 않는 자녀는 단지 머리를 박박 깎는 형에 처한다는 당시의 법률 규정이 유가에서 말하는 '3,000 가지 죄 중에서 불효보다 큰 죄는 없다'는 가르침에도 어긋난다고 강조하고 가중처벌을 요구했다. 이때 제정한 〈위율〉은 491년에 반포되었는데 총 20장 832조로 구성됐다. 동시에 〈위령〉도 반포했다.

북제와 북주의 법전체계

북위에서 갈라져 나온 동위와 서위 정권도 법률을 개정했다. 서위에서는 대통 원년(535년)에 가장 중요한 법규들을 한데 모아 〈대통식〉을 편찬했다. 서위의 소작은 〈신제新制 24조〉를 제정했는데 이는 관리가 반드시 준수해야 할 주요한 법규가 되었다. 나중에는 〈육조조서〉도 반포했다. 541년에 동위에서도 현행의 단행 법규를 집대성해 한 권의 법전으로 편찬했다. 이 법전은 황궁 인시전麟趾殿에서 수정작업을 했다고 해서 〈인지격〉이라고 일컬었다. 동위가 북제로, 서위가 북주로 왕조가 교체되었을 때 또 새로운 법전이 편찬되기 시작했다.

북제는 건국 14년 후 장기간의 준비를 거쳐 564년에 완전히 새로운 율과 영을 반포했다. 북제의 율은 주로 봉술封述이 기초했다. 봉씨는 하북의 대족으로 그 선조들은 서진·전연·후연·북위에 걸쳐 고관을 지냈다. 봉술도 요즘으로 치면 법원장에 해당하는 대리사경大理寺卿을 오랫동안 맡아 율령에 정통하기로 유명했다. 법률 개정에 참여한 관리 중에는 대학자들이 적지 않아서 역대 법률에 대해 충분한 토론과 연구를 거쳤다. 그리하여 북제의 율은 구조가 치밀하고 문장이

간결하여 남북조 시기의 가장 우수한 법전으로 손꼽힌다. 수나라와 당나라는 법을 제정할 때 이 법전을 기본으로 삼았다. 북제의 율은 총 949조에 12장으로 구성되었으며 제1장은 '명례名例'로서 진율의 형명과 법례, 두 장을 하나로 합쳐 법률 전반의 죄와 형량을 정하는 기본원칙을 밝히고 있다. 근대 형법전의 총칙과도 같다. 이때 이후로 중국 역대 법전의 제1장은 모두 명례편이다. 이하 각 장은 각각 여러 종류의 주요 죄명 및 그 처벌 내용을 규정하고 있는데 근대 형법전의 세칙에 해당한다.

내용 면에서 북제의 율은 위진 이래 법률 개혁의 성과들을 계승하고 있다. 가장 큰 특색은 '중죄 10조' 제도의 창설이다. 이것은 전체 율 중에서 통치질서를 해치는 가장 중대한 죄를 10가지로 정리하고 있다. 반역·대역·반란·투항·죄역·부도·불경·불효·불의·내란이 그것으로 이 10가지 죄를 범한 자는 대사면 때에도 사면을 받을 수 없었다. 관리와 귀족도 예외가 아니었고 팔의와 속죄류의 특권도 이 죄에는 적용되지 않았다. 이 제도는 수나라 때 약간 변경되고 이름도 '십악'으로 바뀌었는데 중국 봉건사회가 끝날 때까지 계속 유지됐다. 십악은 모반·모대역·모반·악역·부도·대불경·불효·불목·불의·내란을 말한다.

북제의 영은 위진의 영과 관례인 고사를 개편하여 제정했고 중앙 행정기구 상서성의 28조에 따라 장을 나누고 총 40권으로 구성됐다. 또한 '정법'으로 삼기에 적합하지 않은 법률을 〈권령權令〉으로 편성했고 단행 조례를 '격格'이라고 이름 붙였다.

북제와 대치하던 북주는 서주를 계승한 인물의 이름을 빌려 천하를 호령하려고 했다. 우문태는 모든 일에 있어서 『주례』를 계승한 유가를 모방했고 법률 제정에 있어서도 예외가 아니었다. 그는 판결을 주관하는 정위 조숙趙肅에게 『서경』 『주례』와 같은 유가 경전에 입각해 법전을 기초하라고 했다. 조숙은 한문 출신인데다 그가 거친 관직은 모두 사법 분야였으므로 심오하고 현실에 맞지 않는 유가 경전과 실용적인 법률을 결합할 방법이 없어 몇 년 동안 실패를 거듭했다. 결국 그는 근심과 우울이 겹쳐 심장병을 얻게 되어 어쩔 수 없이 사직했고 고향에 돌아와 얼마 있다가 죽었다. 그의 유고는 수정을 거쳐 562년에 반포되었다. 『서경』 가운데 주공이 신하와 백성들을 훈계하는 〈대고〉와 같은 위치에 놓기 위해 〈대율〉이라고 이름 지었다.

대율은 총 25장 1,537조로 구성되었다. 대율은 역사서에 기록된 평가대로 확실히 옛것과 후대의 것, 예와 율이 마구 섞여 있어 복잡하고 타당하지 않은 것이 사실이다. 실행이 불가능한 조항들도 있다. 일례를 들면 다음과 같다. 대율에서는 형벌을 5종으로 나누고 종류마다 5등급으로 다시 나누었는데 그중 유배형은 주례에 근거해 500리부터 4,500리까지 5개 등급으로 나누었다. 그러나 당시 북주의 영토였던 관중 지역은 사방 4,000리가 안 되기 때문에 죄인을 그 이상의 지역으로 유배 보낼 수는 없었다.

정치적·군사적인 우위에 있던 북주는 북제를 멸망시켰지만, 오히려 북제의 법률은 북주를 압도했다. 북주를 멸망시키고 수를 건국한 양견은 북주의 법률을 한쪽으로 내팽개치고 북제의 법률에 입각해 법률을 제정했다. 이것이 개황 3년(583년)에 반포한 〈개황률〉이다. 12장의 이름은 북제의 제율과 완전히 똑같고 총 500조로 구성되었다.

당나라는 수의 개황률을 기본으로 하여 그 유명한 〈영휘율永徽律〉과 법정 해석집 〈영휘율소〉를 편찬했다. 후대에는 이 둘을 합쳐 〈당율소의〉라고 한다. 당률은 송나라로 이어졌으며 반포 700년 뒤에는 명나라 법률의 기초가 되어 중국법 중에서 가장 대표적인 법전으로 꼽힌다. 그러나 그 근원을 거슬러 올라가 보면 북제의 법률이 중국의 법 발전에 적지 않은 공헌을 했음을 알 수 있다.

4. 양진·남북조 시기 입법의 성과와 한계점

이 시기 입법의 성과는 다음과 같이 정리할 수 있다.

첫째, 새로운 왕조가 들어설 때마다 초기에 정비된 법전을 편찬하고 반포하는 관행을 세웠다.

둘째, 여러 종류의 법률 형식을 규범화했다. 특히 '율(형법을 위주로 한 법전)'과 '영(정치 · 사회 등 각 방면의 제도를 규정한 법전)'의 두 가지 법전과 이를 보충한 '과' '격' '식(단행 법규 총집의 형식)'으로 중국법 특유의 법률체계를 확립했다.

셋째, 법전편찬의 격식을 한 차원 높였다. 더욱이 율의 편찬 격식은 초보적이나마 유가의 예교와 법가이론을 완벽하게 결합하여 법률로 제정했다. 즉 법률과 통치계급의 정치사상이 기본적으로 통일된 것이다. 이러한 성과는 중국법의 기반을 마련했으며 이후의 법률 발전에 지대한 영향을 끼쳤다.

한편 같은 시기 유럽에서도 대규모 법전편찬이 진행되고 있었다. 당시 지중해 일대를 지배하던 로마제국은 내부 분쟁과 이민족의 침입으로 내리막길을 걷고 있었지만 법률 개혁과 법전편찬 부문에서는 커다란 성과를 거뒀다.

2~3세기에 로마는 뛰어난 법학자들을 배출했다. 426년에는 〈인용법the Law of Citations〉을 편찬해 5대 법학자의 권위를 확립하고 법률 해석을 통일했다.

 295년의 〈그레고리아누스 법전〉, 438년의 〈테오도시우스 법전〉, 528년부터 534년까지 지속적으로 반포되어 로마법을 집대성한 〈유스티니아누스 법전〉〈법학총론法學總論〉〈학설휘찬學說彙纂〉〈유스티니아누스 신법률〉 등은 로마법을 완전하고 치밀한 체계로 발전시켜 지금까지도 대륙계 국가들의 입법에 영향을 미치고 있다. 세계의 두 문명이 거의 같은 시기에 비슷한 환경에서 법률의 정비를 진행했다는 사실은 인류 역사의 놀라운 우연의 일치가 아닐 수 없다.

 그러나 삼국·양진·남북조시대의 입법은 법률의 편에 서서 법률을 이야기했을뿐 사회의 실상과 동떨어진 경향이 있었다. 당시의 입법 행위는 대체로 각 왕조가 정통 지위를 확보하려는 정치책략이었다. 더욱이 북조의 입법은 한족 사족계층을 끌어들여 소수민족 정권을 지지하게 만들려는 목적에서 이루어진 것으로, 남조의 법률보다 유가 예교의 요구에 애써 맞추려는 경향이 더 강했다. 그 전형이 바로 북주였는데 완전히 유가 경전에 기초해 법을 제정했다.

 이러한 입법이 당시의 사회 상황에 부합하는지, 실행 가능한 것인지에 관한 문제는 결코 통치자들의 주된 관심사가 아니었다. 이 시기의 많은 통치자들은 무력으로 나라를 세웠기 때문에 주로 무력수단을 통해 사회질서를 유지했고, 법률은 무력을 보조하는 정도의 통치 도구에 불과했다. 이러한 역사적 배경에서 입법이란 법리로 따져서 완전했을 때 법률의 조문을 따를 뿐 법률의 실행 가능성 여부에는 신경을 쓸 필요가 없었다. 그래서 현재 남아 있는 북조의 법률을 살펴보면 소수민족 관습법의 흔적은 거의 찾아 볼 수 없다. 북조의 법률에서 완전무결한 것이란 유가의 정통인 예교가 주도하고 법가의 법률체계가 그것을 보조하는 중원 전통의 법률체계다. 이러했기 때문에 찬란한 법전은 단지 한쪽 구석에 모셔놓는 법전으로 남아있을 수밖에 없었다. 이것은 소수민족 통치자에게는 겉치레를 위한 장식품일 뿐이었다. 이 법전이 현실에서 제대로 집행되기 위해서는 평화롭고 투명한 정치 환경이 밑바침 되어야 했다.

백성에게 가혹하고
권세가에게 관대하다
― 삼국·양진·남북조시대의 사법

'법法'이라는 글자에 있는 'ⅰ(삼수변)'은 법이 물처럼 공평해야 한다는 의미를 표현한 것이다. 그러나 삼국·양진·남북조시대의 법률은 그 자체로 불공평했고, 사법 판결은 한층 더 불공평했으며, 권세가들은 공공연히 법 위에 군림했다. 그 결과 사회는 어지럽고 법률제도의 위신은 땅에 떨어질 수밖에 없었다.

1. 백성에게 가혹한 삼국·양진·남북조시대의 사법

남량의 무제가 제사를 지내러 남쪽 교외로 가고 있는데, 갑자기 백발노인이 나타나 큰 소리로 황제를 뵙겠다고 소리쳤다. 무제는 노인이 사람들 앞에서 자신의 공덕을 칭송할 것으로 생각했으나 뜻밖에도 "폐하는 백성에게는 가혹하고 권세가한테는 관대함을 법으로 삼으시는데, 이것은 장구한 계책이 아닙니다. 만약 시정하실 수만 있다면 천하의 모든 사람을 구제할 수 있습니다."라고 했다.

'백성에게는 가혹하고 권세가한테는 관대하다' 라는 말은 무제를 질책하는 것일 뿐 아니라 삼국·양진·남북조 시기의 사법 현실을 한마디로 정리하는 표현이다. 백성에게 가혹하다는 말의 뜻은 사법기관에서 일반 백성의 범죄사건을 가혹하게 다스리기 때문에, 가벼운 경범죄에도 무거운 형벌을 내리는 현상을 지적한 것이다.

남제 때 왕경칙은 오흥 태수였는데 오흥의 질서가 어지러워 노상강

도사건이 자주 일어났다. 왕경칙은 범인을 중형으로 다스린다는 대책을 세웠다. 한번은 십대 소년이 길에서 보따리를 주웠는데 왕경칙은 전후사정을 묻지도 않고 소년을 강도로 생각하여 체포한 다음 대중 앞에서 목을 벴다. 전하는 이야기에 따르면 그때부터 "길에 떨어진 물건을 줍는 사람이 없고 군현에는 도둑질하는 자가 없었다."고 한다.

남제 때 오현吳縣의 현령 공수지孔琇之는 10살짜리 아이가 옆집의 벼 한 다발을 몰래 벤 사실을 알고 아이를 붙잡아서 벌을 주라고 명령했다. 수하의 관리들이 너그러이 용서해줄 것을 권했지만 공수지는 오히려 "열 살에 벌써 도적질을 하면 더 큰 다음에는 무슨 짓을 못할까?"라고 호통치며 형을 판결하니 현의 백성들이 모두 놀라 조용해졌다.

북위 때 진주 및 익주 자사로 임명된 이홍지李洪之는 부임지로 가서 "칼을 지니고 밖을 다니는 자는 강도짓을 한 것과 같다."고 선포했다. 그는 먼저 진·익·주의 세력 있는 장로들을 시켜 길목마다 사람을 보내 행인들을 수색하도록 했다. 몸에 칼을 지닌 자를 발견하면 관아로 잡아다 처벌하는 등 무고한 백성 수백 명이 억울한 죽음을 당했다.

일부 사법 관리들은 유가의 예교 관념에서 출발해 없는 사실을 꾸며 유죄를 선고하기도 했다. 유송 때 패군 상현에 당사唐賜라는 사람이 있었다. 한번은 건넛마을에 가서 술을 마시고 집에 돌아와 병이 났는데 회충 십여 마리를 토하고 얼마 뒤에 죽었다. 그는 죽기 직전에 아내 장씨에게 자신이 죽으면 배를 갈라 사인을 규명해 달라고 부탁했다. 장씨는 남편의 유언대로 시체를 해부했다. 아들도 이 일을 알았으나 말리지 않았다. 그런데 누군가 이들 모자가 가장의 시신을 훼손했다고 고발했다.

당시의 법률은 타인의 시신을 훼손할 경우 4년형, 아내가 남편을 때려서 상처를 입히면 5년형, 자식이 부모에게 불효하면 길거리에서 처형해 시체를 내버려두는 기시棄市를 선고했다. 그러나 이 사건은 3개 조항에 모두 해당되지 않았다. 또한 이 사건이 고발되기 전에 조정에서 막 대사면을 포고한 상태였는데 고대 법률에 따르자면 관청에서는 사면 전에 발생한 사건은 접수해서는 안 되고, 사면 전에 일어난 일로 타인을 고발할 경우 무고죄에 해당하여 반좌[18]에 처했다.

따라서 법률대로라면 관청은 이 사건을 접수할 수 없었다. 한 관원은 장씨가 고의로 남편의 시신을 훼손한 것이 아니라 남편의 유언을 따른 것이므로 무죄라고 주장했다. 그러나 이부상서 고기지高覬之는 "법률에서는 길에 있는 시체를 옮기는 일조차 중죄로 다스리도록 했는데 하물며 고인의 아내가 일반인도 해서는 안 되는 일을 저질렀다. 사소한 인정에 얽매여서는 안 되고 대원칙에 입각해 처리하는 것이 마땅하다."라고 말했다. 그는 장씨가 도리에 어긋난 일을 했으므로 부노쇠들, 아들에게는 불효죄를 신고해야 한다고 건의했다. 둘 다 사형에 처해지는 죄목이었다. 황제는 이 의견의 실행을 허락했다.

같은 시기인 유송 때 백성이 현지의 행정장관을 살해한 사건이 발생했다. 이때 마침 대사면령이 내려져 범인은 사형을 면했다. 당시 규정에 따르면 죽을 죄를 지은 범인이 면죄될 경우 반드시 2,000리 밖으로 이주시켜야 한다. 서로 보복하는 일이 발생하는 것을 방지하기 위해서였다. 그런데 상서우복야 유수지劉秀之는 "비록 법률에는 평민이 장관을 살해할 경우 어떤 처벌을 내리라는 규정이 따로 없지만 범인이 사면을 받았다고 멀리 보내버리면 보통 살인 사건과 차이가 없다. 백성은 장관을 부모처럼 공경해야 하는데 사면으로 죄를 면

---

[18] 反坐 : 거짓으로 고발하여 남을 벌 받게 한 사람에게 똑같은 벌을 주는 일

했다고 하더라도 죽을 때까지 고된 노역에 종사하고 그 가족 또한 병역에 종사해야 한다."라고 주장했다. 이 역시 황제의 윤허를 받았다.

이상의 사례에서 주목할 점은 이 사건들이 모두 정치가 비교적 안정된 시기에 발생했다는 것이다. 사법기관도 정상적인 법 절차에 따라 판결했고 당시의 역사가들도 옳은 판결이라고 인정해서 역사서에 이 사건들을 기록했다. 그러나 삼국·양진·남북조 시기에는 전쟁이 수없이 일어났기 때문에 많은 경우 군법으로 처리하고 사형과 중형을 남발하는 경우가 비일비재하여, 무고한 백성을 함부로 죽이거나 백성의 목숨을 들풀처럼 하찮게 여기는 사례들이 셀 수 없이 많았다. 북위에는 정식으로 반포한 율령이 있었지만 실제로는 군령으로 처리해서 매년 사형을 당하는 사람의 수가 1만 명이 넘었다. 역사에서는 '북위는 형벌이 지나치게 가혹하고, 백관은 모두 잔혹함이 곧 공평무사함이라 여긴다'고 평가한다. 이와 같이 삼국·양진·남북조 시기의 사법은 백성들에게 가혹하게 적용되었다.

2. 권세가에게 관대한 법률

소위 '권세가한테 관대하다'는 말은 권세 있는 자들은 죄를 지어도 벌을 받지 않도록 최대한 눈감아 주는 것을 의미한다. 반란을 일으키거나 모반을 꾀하지 않는 이상 황족이나 권문세족들이 범죄로 처벌을 받는 일은 거의 없었.

동진 때 장사태수로 있던 손성孫盛은 뇌물에 욕심이 많아 법을 어기는 것으로 소문이 자자했다. 형주자사 환온이 부종사를 보내 감찰을 지시했는데 부종사는 손성의 악행을 확인하고도 그의 명성이 워낙 대단해서 탄핵하지 못했다. 당시의 청담명사 은호는 손성만큼이나 유명했는데 노장 담론에 있어서는 천하에 은호의 적수가 없었다. 그러나 손성과 청담을 나누면 그를 설복시킬 수가 없었다. 한번은 두 사람이 온종일 담론을 벌이느라 탁자에 차려진 식사조차 먹을 틈이 없었다. 손성은 만족스러운 고지를 차지할 때까지 이야기를 계속하면서 불자를 이리저리 흔들어 그 털이 음식 위로 잔뜩 떨어졌다. 이 일은 동진 조야에 미담으로 전해졌다.

 손성은 부종사가 일전에 와서 자신의 뒤를 캔 사실을 알고 있었지만 조금도 개의하지 않았다. 오히려 환온에게 자신을 비호해준 부종사를 조롱하는 내용의 편지를 보냈다. '들어올 때는 봉황과 같은 위엄이 없고 나갈 때는 먹이도 못 잡는 쓸모없는 매 꼴일세. 상천湘川을 배회하니 괴이한 새일세.' 환온은 손성이 자신을 우습게 본다고 생각하고 또 다른 부종사를 보내 철저히 조사하게 했다. 결국 손성의 집에 잔뜩 쌓인 부정한 재물을 적발하여 손성을 형주로 압송했다. 환온은 손성을 잡아오기는 했으나 이 일로 권문세족들의 미움을 사고 싶지 않아서 그를 풀어주었다. 사건은 곧 흐지부지되고 손성은 그 후에도 예전처럼 승직하여 높은 자리에 올랐다.

 동진 때 한 권문세족 대표도 이런 사법의 폐단을 목격했다. 유씨가 권력을 장악하고 있을 때 유익은 당시 조정을 주도하던 형 유빙에게 편지를 보내 "강동의 정치 폐단은 바로 권세가들의 비위만 맞추고 백성들에게 해를 끼치는 것입니다. 간혹 형벌을 가하지만 형량이 극히 가볍고 쉽게 그들을 놓아줍니다."라고 지적했다. 실례도 들었다. 당시 건강의 석두성 식량창고에서 모두 합쳐 100만 곡이 넘는 식량을 도둑맞았는데 도둑은 전부 성을 지키는 장수들이었다. 그러나 창고를 지키는 말단 관리에게 책임을 지워 처형하는 것으로 사태를 진정시켰다.

또 산하山遐라는 이름의 관리가 여요현餘姚縣 현령으로 부임한 지 80일이 지나 대지주들이 감춰둔 호구 2,000여 호를 적발했다. 당시의 법률 규정대로라면 마음대로 호구를 끼고 감춘 자는 사형에 처해야 했다. 산하는 호구를 감춘 권세가 우희虞喜를 체포해 법률대로 사형을 집행할 준비를 했다. 그러자 현지의 권세가들이 들고 일어나 산하를 비난하고 조정으로 달려가 우희를 변호했다. 이들은 "우희는 여러 차례 관리로 추천되었지만 그 때마다 사양할 정도로 절개가 곧습니다."라고 옹호하는 한편 산하가 마음대로 관가의 건물을 여러 채 지었다고 무고했다. 당시 집정자였던 왕도는 산하를 조정으로 압송해 심문했다. 산하는 담당 회계내사會稽內史에게 100일만 기한을 늦춰주면 호구를 감춘 자들을 전부 잡아들인 다음 서울로 가 심판을 받겠다고 부탁했다. 그러나 조정에서는 받아들이지 않았다. 산하는 끝내 파직되고 우희사건도 흐지부지되었다.

양진·남북조시대 사대부들이 누렸던 법률적 특권

고대 중국법률은 한 가구가 죄를 지으면 동네 사람들까지 모두 엮어서 함께 처벌했다. 만약 이웃이 사대부일 경우 연좌를 면할 수 있다는 규정은 법률에는 없었다. 그러나 양진·남북조 시기 사대부들은 연좌 처벌을 받지 않았다. 동네 사람이 죄를 지으면 연좌된 사대부는 법관이 풀어주었고 중대한 사안이라해도 조정에 보고하면 언제나 황제의 은혜를 입어 용서를 받았다. 반대로 사대부가 죄를 범하면 같은 동네 평민들은 철저히 연좌되었다. 평민이 죄를 지으면 사대부는 연좌를 면제 받고 사대부가 죄를 지으면 평민은 연좌되는 현실은 서민들의 강한 불만을 샀다.

유송 초기 조정에서는 이러한 사법상의 난제를 놓고 토론을 벌였다. 격렬한 논쟁 끝에 나온 결론은 이러했다. '사대부가 죄를 범하면 같은 동네 평민들은 연좌되어야 하고, 사대부도 원칙상 연좌를 면제받을 특권은 없다' 그러나 평민이 중대 범죄를 저질렀을 경우 사대부는 노비를 보내 대신 처벌받게 할 수 있다. 노비가 없는 사대부는 돈으로 속죄할 수 있다. 그러나 이런 타협책마저도 정식 법률로 제정되지 못했기 때문에 사법기관이 반드시 집행해야할 의무도 없었다. 더욱이 권문세족들이 집중돼 있는 수도 건강성에서 사대부들이 연좌를 당하는 일은 전혀 없었다.

동한 때부터 '서주의 관리를 채찍으로 때리는 채찍형'에 근거해 법률에서는 상급 관리에게 가벼운 죄를 짓거나 공무출장 시 일처리를 잘못한 하급 관리들을 채찍으로 때리거나 곤장을 칠 권리가 있다고 규정했다. 일찍이 조조 시절에는 이 법률을 매우 엄격히 집행했는데 조비 때부터 차츰 유명무실해졌다. 양진兩晉 시기에는 사대부들이 죄를 범해도 처벌하지 않았다. 법률 규정은 형식일 뿐이었다. 유송을 세운 뒤 유유는 다음과 같이 조서를 내렸다. '장형이 비록 법률 규정에 있지만 확증이 필요하므로 오히려 번거롭다는 문제가 있다. 정말로 장형을 시행하면 관리들은 견딜 수 없어 법률은 유명무실해 질 것이고, 시행하지 않으면 범죄자들을 처벌할 수가 없다.' 그는 사법부에 해결책을 연구하라고 지시했다. 그러나 사법부에서도 좋은 방안을 내놓지 못했고 이 문제는 남량 시기까지 해결되지 못한 채 그대로 존재했다. 양 무제도 이에 대해 명확한 규정을 만들라고 하달했으나 여전히 대책은 나오지 않았다. 그러나 소수민족이 통치하던 북조에서는 죄를 지은 관리를 장형으로 다스렸다.

고대 중국에서는 사건을 심리할 때 언제나 고문을 했다. 진秦·한漢 이후의 법률은 모두 죄를 지은 관리에게 고문을 가할 수 있다고 규정했다. 남조 때 고문에는 '측립測立'이라는 규정이 있었는데 범인으로 의심되는 자를 먼저 채찍 20대와 곤장 30대를 때리고 족쇄를 채워 일 척 높이의 원형 흙무지 위에 세운다. 하루에 105분씩 2번을 세웠는데 3일이나 5일 간격으로 반복했다. 측립을 총 150번 당해도 죄를 인정하지 않으면 사형이 면제되었다.

사대부 관리들은 우대를 받아 단식으로 측립을 대신할 수 있었다. 단식은 3일에 한 번 죽을 먹는 것으로 10일이 지나도 죄를 인정하지 않으면 무죄로 인정받았다. 이런 혜택이 있음에도 불구하고 사대부 관리가 실제로 측립을 받는 경우는 극히 드물었다. 남량 때 무창태수 하원何遠은 뇌물을 받았다는 무고를 당해 정위부에서 심문을 받았다. 하원은 스스로 측립을 요구하며 무죄를 주장했다. 당시에는 보기 드문 장수였다.

3. 남량시대의 권세가비호정책

남량南梁의 무제는 '권세가에게 관대한' 법을 집행한 대표 주자였다. 그는 유송과 소제 정권의 단명 원인을 조정이 황족과 권력가들을 지나치게 의심하고 경계했기 때문이라고 생각했다. 그래서 황제가 된 뒤에는 육친에 대한 깊은 애정으로 의심을 대신하고자 했다. 이러한 애정을 표현하는 방법은 바로 황족이나 권세가가 죄를 지으면 추궁하지 않고, 조정 대신들이 죄를 지으면 사법기관에 그들의 관대한 처분을 암시하거나 명시하는 것이었다.

무제의 동생 임천왕 소굉이 505년에 제군도독을 맡아 군대를 거느리고 대대적으로 북벌에 나섰다. 양나라 군대는 기세가 드높고 장비도 훌륭해 북위의 장수들조차 100년 만에 처음 보는 남방의 정예군이라고 칭찬했다. 그러나 소굉은 겁이 많아서 낙구에 일 년 동안이나 머물면서 한 발짝도 나아가지 않았다. 병사들은 지친 나머지 폭우가 쏟아지는 저녁에 다 흩어져버리고 소굉은 심복 몇 명을 데리고 황급히 도망쳤다. 이렇게 군대를 잃고 나라를 망신시킨 총사령관과 탈영병들이 아무런 처벌도 받지 않았다.

소굉은 온갖 수단을 동원해 열심히 남의 재산을 빼앗아 많은 재물을 긁어모았다. 그는 건강성에서 이자놀이를 했는데 채무자로부터 집과 토지 등 부동산을 담보로 잡고서 약정된 날짜에 돈이 들어오지 않으면 채무자를 집에서 내쫓아 많은 주민들이 유랑자 신세가 되었다. 소굉의 집에는 창고가 100개가 넘었는데 늘 꼭꼭 걸어 잠갔다. 어떤 이가 무제에게 "임천왕이 반란을 꾸민다."고 골래 일러바쳤다. 무제는 소굉의 집에 가서 술을 마시다가 취한 척하면서 창고로 들어가 이리저리 살폈다. 소굉은 부정한 수단으로 긁어모은 재물이 발견될까 두려워 안색이 싹 바뀌었고 이에 무제는 더욱 의심이 들어 자세하게 들여다보았다. 창고에는 돈이 잔뜩 쌓여 있었다. 100만 개의 동전 더미마다 황색 팻말을, 1,000만 개의 더미마다 자색 팻말을 세웠다. 다른 창고에는 베·비단·면·모시·염색재료·꿀·양초·견사 등등이 있었다. 무제는 소굉이 재물을 긁어모으는 데만 정신이 팔려 있다고 생각해 오히려 안심하면서 재물의 출처가 어디인지는 묻지 않았다. 단지 "여섯째 동생은 생활이 꽤 괜찮겠군!"이라고만 했다.

소굉의 아들 소정덕蕭正德은 무제의 양자로 들어갔다가 무제가 아들을 낳자 집으로 되돌아갔다. 소정덕은 이에 불만을 품고 북위로 달아나 '폐위당한 태자'를 자칭했다. 그러나 북위에서 중용되지 못하자 다시 남방으로 도망을 왔다. 무제는 이런 반역자에 대해서도 따끔한 훈계만 하고 예전의 지위로 복직시켜 주었다.

소정덕과 그 동생 소정칙蕭正則 등 집권자의 자제 네 명을 건강성 사람들은 '사흉'이라고 불렀다. 이들은 늘 한 무리의 무뢰한들을 거느리고 길에서 사람을 마구 죽였다. 또 재물을 강탈하고, 남의 아내와 첩을 빼앗고, 아이들을 유괴하는 등 온갖 못된 짓을 다 했다. 관청에서도 이들에 대해서는 속수무책이었다. 그래서 건강성 주민들은 이들의 눈에 띄지 않으려고 아침에는 늦게 나오고 저녁에는 빨리 돌아갔으며 아무도 혼자 길을 다니는 법이 없었다. 결국 소정칙은 중을 죽여 무제의 노여움을 사서 영남으로 유배되었다.

무제의 혈육에 대한 애정은 오히려 유송과 소제 때보다 더 추악한 골육상잔의 비극을 낳았다. 후경侯景이 반란을 일으키자 소정덕은 후경과 결탁하여 후경을 맞아들이고 건강성으로 들어가 황제를 자칭했다. 후경이 대성臺城을 공략하자 소정덕은 직접 칼을 들고 무제를 죽이러 가겠다고 나섰다. 소정덕은 나중에 후경과 충돌해 후경에게 살해되었다.

이런 와중에 무제의 아들 소륜蕭綸은 영郢, 소역蕭繹은 강릉, 소기蕭紀는 익주, 손자인 소찰은 양양에서 각각 할거하며 왕실에 충성을 바친다는 명목으로 군대를 일으키고 모두 황위 계승자를 자처했다. 이들은 서로 싸우면서 한편으로는 북조에 스스로 신하라 칭하며 도움을 요청하고 무제와 태자 소강이 후경에게 살해될 때는 빤히 보고만 있었다. 이리하여 남량은 끝내 망하고 말았다.

남량의 정부 감찰기구는 이미 정상적으로 직책을 수행할 수 없었다. 권문세족들은 서로 단결하고 어느 한쪽의 미움도 사려하지 않았다. 명성과 관계되는 탄핵을 받거나 이로 인해 처벌되면 두 집안은 대대로 원수가 되어 3대까지 왕래를 하지 않았다. 탄핵 당한 자의 자식·자손·동생·조카들은 반드시 황궁 앞에서 박박 깎은 머리와 맨발의 모습으로 용서를 호소해야 하고, 아들들은 짚신을 신고 무명옷을 입고 머리는 산발을 하고서 길가에서 대신들을 붙잡고 억울하다고 하소연하고, 심지어는 머리를 땅에 짓찧어 피를 흘려야 했다. 만약 유죄 판결을 받으면 자식·자손·동생·조카들은 관가 문 앞에 버티고 앉아서 기다려야 했다. 어느 누구도 이렇게 큰 망신을 당하면서까지 다른 가문과 대대로 원수지는 것을 원하지 않았기 때문에 감찰 기구는 허울뿐이었으며 탄핵을 당한 자는 모두 권문세가의 배경이 없는 하급 관리들 뿐이었다.

4. 삼국·양진·남북조시대 사법의 특징

삼국·양진·남북조시대에는 사회모순이 첨예했다. 그래서 통치자들은 '형벌이 어지러운 나라는 엄격한 법률로서 다스려야 한다' 는 유가의 이론에 따라 흔히 가혹하고 잔인한 내용의 법령을 반포했다. 조위 때는 '병사가 도망치면 그 아내는 사형에 처하고 자식들은 관청 노비로 삼는다' 라고 규정했다. 황실에서 정한 출입금지 구역 내에서 사슴 한 마리만 죽여도 사형에 처하고 재산을 몰수했다. 조조가 직접 제정한 '군중령' 중에서 작전과 관련된 조문에는 사형 이외의 다른 처벌은 없었다. 또한 통치질서를 빨리 안정시키기 위해 강도와 절도죄는 매우 엄히 다스렸다.

동진 때는 범죄자 본인과 그 가족이 모두 처형당하면 가까운 친척들이 병역을 대신 지게 했다. 남조에서는 절도범이 사면되더라도 얼굴에 먹으로 글자를 새기고 쇠사슬에 묶여 평생 나라를 위해 철 주조 노동을 해야 한다고 규정했다. 도둑을 다스리는 북조의 법령도 비슷했다.

그러나 반대로 관료귀족의 범죄에 대해서는 처벌이 갈수록 경감되었다. 귀족과 고관들은 팔의를 누렸고, 보통 관리들도 '상청[19]'이라는 소송을 제기할 수 있었으며, 법률 적용 시에는 공직으로 형을 경감시키거나 면제받는 등등의 특권을 누렸다. 황제를 거역한 경우를 빼고는 실제로 대다수 범법 관리들이 형벌 대신 행정처벌을 받았다. 제일 무거운 벌이 관직을 빼앗고 평생토록 관직에 나가지 못하게 하는 것이었다.

사면의 남발과 위기의 상관관계

삼국·양진·남북조시대 사법의 또 하나 특징은 사면의 남발이었다. 고대 중국의 황제들은 걸핏하면 대사면령을 반포했다. 대사면이 반포되면 규정된 기간 이전에 이미 고발을 당한 사건 혹은 아직 고발되지 않은 사건 모두 취소되었고, 이미 형이 확정되거나 판결 중인 사건의 범인은 면죄되었다. 서식규徐式圭의 『중국대사고中國大赦考』 통계에 따르면 삼국·양진·남북조 381년 동안 황제들마다 반포한 대사면령이 합쳐서 428회나 됐다. 여기에 16국 시기 할거정권이 발표한 사면령은 포함시키지 않았다. 특히 양진 시기 157년 동안에 116

---

19) 上請 : 사건을 황제가 판결하도록 요청하는 행위

회의 사면령이 반포되었는데 이는 평균 1.35년에 한 번씩 사면령을 내린 셈이다. 남조도 178년 동안 146회의 사면령을 반포해 평균적으로 1.22년에 한 번꼴이었다. 중국 역사상 이처럼 사면령이 남발된 적은 없었다.

왕조가 바뀌면 '백성과 함께 새롭게 시작한다'는 의미에서 사면령을 내렸다. 새 황제가 등극하면 '쌓인 폐단을 씻어낸다'며 사면령을 내렸다. 황제가 결혼을 하거나 자식을 낳아도 '천하가 함께 경축한다'며 사면령을 내렸다. 전쟁에서 이겨도 '황제의 무공을 기린다'며 사면령을 내렸다. 흉년이 들어도 '하늘의 경고'라며 사면령을 내렸다. 여러 가지 길조가 나타나도 '하늘의 뜻을 따른다'는 표시로 사면령을 내렸다. 이렇듯 사면을 선포하는 이유는 한두 가지가 아니었다. 그러나 통치질서를 심각하게 위협하는 범죄는 사면하지 못하게 했다. 북제 때는 특별히 법률에 '대사면에서 사면할 수 없는 열 가지 중죄'를 규정했다. 따라서 실제로 사면 조치를 받는 죄는 사소한 경범죄에 한했다고 할 수 있으며 죄를 지은 권세가들은 온갖 농간을 부려 대사면 때까지 자신의 사건을 질질 끌어 유야무야시키기가 일쑤였다.

법률은 계급통치의 도구로서 피통치계급을 억압하고 착취할 수 있는 한도를 규정하여 피통치계급 구성원들의 활동 범위를 제한했다. 유가는 이 점을 깊이 인식해 공자는 일찍이 "형벌이 알맞지 않으면 백성들은 손발을 둘 곳을 모른다."라고 말했다. 이는 법률은 적절해야 하며 그렇지 못할 경우 백성들이 어떻게 해야 할지를 모른다는 얘기다. 그러나 이 시기의 사법은 '백성들에게는 가혹'하여 피통치계급에 대한 억압이 법률의 한도를 넘어서고 그들의 활동 범위를 크게 축소했다. 이로 인해 공자의 경고처럼 '백성들이 손발을 둘 곳을 모른다'는 상황이 연출되면서 계급모순이 격화되어 백성들을 무력 저항의 단계로 몰고 갔다.

또한 법률은 통치계급의 행동 준칙을 규범화하는 의의도 갖고 있다. 봉건시대의 법률은 모두 특권법이다. 전국시대 법가가 말한 '형벌에는 등급이 없다'는 주장은 실질적으로 귀족관료들은 법률로 명문화된 특권만 누릴 수 있다는 점을 강조한 것이고, 유가에서 강조한 '형벌은 위로 대부에게는 미치지 않는다'는 조항은 귀족관료들은 법률에 정한 것 이외의 특권까지 누릴 수 있다는 점을 말한다. 유가의 주장은 권문세족 세력이 강했던 양진·남북조시대에 법률이 '권세가에게는 관대하다'는 형식으로 부분적으로 실현되었다. 이로써 통치계급 내의 일부가 통치계급의 행동 준칙을 어기고 전횡을 일삼게 되면서 피통치계급과의 갈등은 물론 통치계급 내부에서도 충돌을 일으켜 결국에는 사회질서가 무너지고 봉건왕조가 멸망하는 결과로 이어졌다.

빈번하게 대사면령을 내리는 관행은 전국시대에 이미 여러 사상가들이 효과가 떨어지는 정치의 하책으로 분류했다. 그 예로 『관자管子』에서 '사면이 잦으면 백성들이 우습게 안다'고 이미 지적한 바 있다. 한나라 때에는 '한 해에 두 번 사면하면 노비와 아이들도 웃는다'는 속담이 있었다. 대사면은 통치자 입장에서는 통치 위기를 모면하고 사회모순을 완화시키려는 의도에서 하는 조치다. 그러나 대사면을 남발할 경우, 그 결과는 의도와는 달리 법률의 권위를 실추시키고 통치계급의 무능을 드러내 오히려 통치 위기로 이어지기가 십상이었다.

삼국·양진·남북조 시기에 대사면령 반포 상황을 살펴보면, 왕조의 통치권이 강한 시기에는 사면을 상당히 절제했음을 알 수 있다. 예를 들어 개국 초기에는 일반적으로 대사면령 반포가 비교적 적었다. 그러나 말기에 이르러 조정의 통치 역량이 약해지면 대사면을 통해 각종 위기를 수습하려 했다. 그 결과 '위기→대사면' '더 큰 위기→다시 대사면'의 악순환으로 이어지고 종국에는 왕조의 멸망을 초래했다. 그 대표적인 사례가 바로 서진이다. 무제 사마염은 진晉나라를 세워 25년간 통치하면서 11차례 대사면령을 내렸다. 그러나 그의 아들인 백치 황제 혜제 때에 들어서면 팔왕의 난과 그에 따른 각종 전란으로 야심가들이 잇달아 출현해 조정을 손아귀에 쥐고 흔들었다. 위기를 수습하기 위해 혜제는 재위 16년 동안 총 23회의 대사면령을 발동했다. 그러나 대사면령을 내릴 때마다 더 큰 위기가 닥치고 더 큰 규모의 전란이 발발했던 사실은 역사가 우리에게 알려주는 하나의 교훈이 아닐 수 없다.

역사 연대표

한국사	중국사	세계사
		180년 마르쿠스 아우렐리우스 사망, 5현제 시대
	184년 황건적의 난	
191년 고구려 국상(國相) 을파소 삼아정책		
	192년 동탁 암살	192년 코모두스 암살 4황제의 난립
194년 고구려 진대법 실시		194년 세베루스, 파르티아 격파
	196년 둔전 실시, 조조 헌제 옹위	
198년 고구려 환도성 쌓음		
	200년 관도전투	
	205년 조조, 화북 일대 평정	
	208년 적벽대전	
209년 고구려 환도 천도		
		212년 카라칼라 황제 자유민에게 시민권 부여
		213년 파르티아 알타바누스 5세 즉위
		217년 카라칼라 대욕장 완성
	220년 조비, 위(魏) 건국 구품관인법 제정	
	221년 유비, 촉(蜀) 건국	
	222년 손권, 오(吳) 건국 **삼국시대 시작**	222년 로마, 세브루스 알렉스드르 즉위
		226년 사산 왕조 페르시아 건립
	229년 대제 손권 칭제, 건업을 수도로 정함	
		230년 사산조 페르시아, 조로아스터교 국교
		231년 막시미누스 트라쿠스 제위
234년 백제 고이왕 즉위		
		235년 군인황제 시대
		240년 게르만인의 침입 격화
244년 위나라 관구검, 고구려 침략		
	249년 사마씨 정권 장악	
		259년 페르시아, 로마군 격파
260년 16관등 및 공복 제정		
262년 백제 율령 반포		
	263년 촉 멸망	
	265년 위 멸망 사마염, 진(晉·서진)건국	
		270년 아우렐리아누스 즉위
277년 백제, 진(晉)과 외교 관계 수립		
	279년 흉노, 오나라 격파	
	280년 진나라 천하통일 점전·과전법 시행	
		284년 디오클레티아누스 전제정 시작

분열과 통일의 시대

한국사	중국사	세계사
		286년 로마 분할 통치 시작
293년 모용씨의 고구려 침입	300년 서진 팔왕의 난	303년 그리스도교 최후의 대박해 시작
	304년 흉노의 유연, 한왕 자칭	
	306년 성도왕 전촉(前蜀) 건국	306년 콘스탄티누스 대제 즉위
307년 계림 국호를 신라로 고침	311년 서진 영가의 난	
313년 고구려, 낙랑군 정복		313년 밀라노 칙령
	316년 서진 멸망 **5호16국 시작**	
	317년 사마예, 동진(東晉) 건국	
	319년 유요, 전조(前趙) 건국	
	갈족 석륵, 후조(後趙) 건국	320년 굽타 왕조 성립
		325년 니케아 공의회
		330년 콘스탄티노플 건설
	337년 선비족 모용황, 전연(前燕) 건국	
342년 전연(前燕)의 모용황, 고구려 침공 환도성 함락		
346년 백제 근초고왕, 고구려 침공 및 마한 점령	348년 서역 승려 불도징 사망	
	350년 한인 염민, 후조 멸하고 위왕이라 칭함	
	351년 저족 부견, 전진(前秦) 건립	
356년 신라 내물왕 즉위	370년 전연 멸망	
372년 고구려 태학 설립 및 불교 전래		
373년 고구려 율령 반포		375년 서고트, 로마 영내 이동 게르만족의 대이동 시작
	376년 전한(前漢), 화북 지방 통일	
	383년 비수전투	
384년 백제 불교 전래	384년 모용수, 후연(後燕) 건국	
	모용홍, 서연(西燕) 건국	
	요장, 후진(後秦) 건국	
	385년 걸복국인, 서진(西秦) 건국	
	386년 탁발규, 북위(北魏) 건국 **북조시작**	
391년 고구려 광개토대왕 즉위		392년 로마, 가톨릭을 국교로 공인

한국사	중국사	세계사
	394년 전진(前秦) 멸망	395년 로마 제국의 동·서 분열
	397년 독발오고 남량(南涼) 건국 저거몽손, 북량(北涼) 건국	
	398년 모용덕, 남연(南燕) 건국 북위 탁발규, 황제를 칭하고 평성 천도	
400년 고구려, 신라에 파병	400년 이고, 서량(西涼) 건국	
	403년 후량 멸망	
407년 신라, 왜구의 침입 격퇴	407년 혁련발발, 하(夏) 건국	
	409년 후연 멸망 풍발, 북연(北燕) 건국	
	410년 남연 멸망	
414년 고구려 장수왕 광개토대왕비 건립	414년 서진, 남량을 멸함	
	417년 후진 멸망	
	420년 유유, 유송(劉宋) 건국 **남조(南朝) 시작**	
	421년 북량, 서량을 멸함	
427년 고구려 장수왕 평양 천도		429년 반달 왕국 건설
	430년 북위, 낙양 함락	
	431년 서진 멸망	
433년 나제 동맹 성립		
	439년 북위 태무제, 화북 통일 **남북조시대 시작**	
	446년 태무제 멸불 사건	
458년 신라 불교 전래		
	471년 북위 효문제 즉위 풍태후 섭정, 선비족 한화정책 실시	
475년 백제 웅진 천도		476년 서로마 제국 멸망
	479년 유송 멸망, 제(齊)나라 건국	
	483년 북위 한화정책 실시	
	485년 북위 균전제 실시	486년 프랑크 왕국 건국
	493년 북위 낙양 천도	
494년 부여, 고구려에 투항		
		496년 프랑크 왕국 클로비스, 가톨릭으로 개종
		500년 인도 힌두교 창시
502년 신라 지증왕 전국에 우경 실시	502년 옹주자사 소연, 양(梁) 건국	
512년 신라, 우산국 정벌		
517년 신라 법흥왕 병무 설치		
520년 신라 율령 반포		
	524년 이주영 육진의 난 진압	

한국사	중국사	세계사
527년 신라 법흥왕 불교 공인		527년 동로마 제국 유스티니아누스 1세 즉위
		529년 〈로마법대전〉 편찬 시작
		사산조 페르시아, 동로마 제국 침입
		베네딕트 수도원 설립
531년 신라 상대등제도 도입		
532년 금관가야 멸망		
	534년 북위, 동위와 서위로 분열됨	
	535년 서위 문제 부병제 실시	
536년 신라 최초로 건원이라는 연호 사용		
		537년 성 소피아 성당 건립
538년 백제 사비 천도		
		540년 동로마 제국, 시리아와 메소포타미아, 아르메니아 정복
	550년 고양, 북제(北齊) 건국 북조 동위 멸망	
551년 신라, 개국(開國)연호 백제와 신라 연합하여 고구려 공격		
552년 백제, 일본에 불교 전파		552년 돌궐 제국 성립
553년 나제동맹 결렬 신라 한강 유역 차지		553년 동고트 왕국 멸망
555년 신라 진흥왕 북한산 순수비 건립	555년 돌궐, 유연 멸함	
	557년 북조 서위 멸망 우문각, 북주(北周) 건국 진패선 진(陳) 건국	
		558년 프랑크 왕국 재통일
562년 신라, 대가야 병합		
	574년 북주 무제, 폐불 단행	
	577년 북주의 화북 통일	
	580년 북주, 불교와 도교 부흥	580년 프랑크 왕국의 삼분열
	581년 북주의 양견, 수나라(隋) 건국	
586년 고구려 장안성 천도		
	587년 구품중정제 폐지	
	588년 수 문제 남벌 시작	
	589년 수의 통일	
		590년 그레고리우스 1세 교황권 확립

삼국·양진·남북조 - 분열과 통일의 시대

초판 1쇄 발행 2008년 11월 20일
초판 4쇄 발행 2011년 1월 7일

총편집　거지엔슝
지은이　궈지엔
옮긴이　이지연
펴낸이　김혜승
편　집　김신애
디자인　김경옥

펴낸곳　따뜻한손
등　록　제13-1345호
주　소　서울특별시 종로구 명륜동 1가 33-90번지 303호
전　화　02-574-1114　02-762-5114
팩　스　02-761-8888
블로그　www.humandom.com

이 책의 저작권은 저작권자에게 있습니다.
저작권자의 허락 없이 사진과 글을 인용하거나 발췌할 수 없습니다.

*잘못된 책은 바꿔 드립니다.
가격은 뒤표지에 명시되어 있습니다.

한국어판ⓒ 따뜻한손, Humandom Corp. 2008. Printed in Seoul, Korea
ISBN 978-89-91274-28-0
ISBN 978-89-91274-29-7 (전8권)

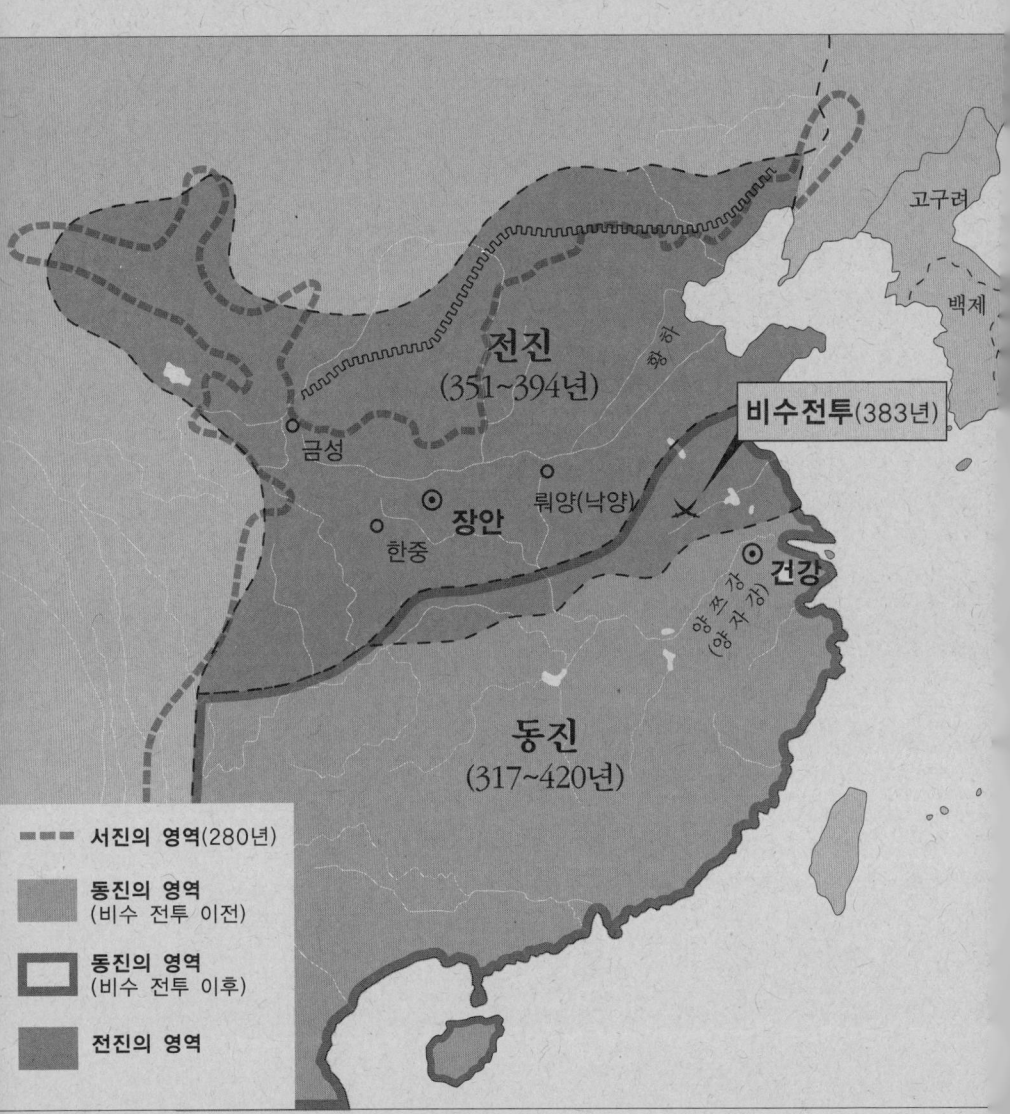

| 동진과 전진 시대 (4세기 후반) |

| 남북조 시대 (5세기 후반) |

* 지도 출처 | (주)천재교육 고등학교 역사부도